大数据环境下企业涉税案例800问

主　编　丁伟斌
副主编　张利军　杨仁标

中国财经出版传媒集团
中国财政经济出版社

图书在版编目（CIP）数据

大数据环境下企业涉税案例800问／丁伟斌主编；张利军，杨仁标副主编．--北京：中国财政经济出版社，2023.5

ISBN 978-7-5223-2075-5

Ⅰ.①大… Ⅱ.①丁… ②张… ③杨… Ⅲ.①数学技术-应用-企业管理-税收管理-案例-中国 Ⅳ.①F812.423

中国国家版本馆CIP数据核字（2023）第057366号

责任编辑：翁晓红　　责任校对：张　凡

封面设计：孙俪铭　　责任印制：刘春年

大数据环境下企业涉税案例800问

DASHUJU HUANJINGXIA QIYE SHESHUI ANLI 800 WEN

中国财政经济出版社 出版

URL：http：//www.cfeph.cn

E-mail：cfeph@cfeph.cn

社址：北京市海淀区阜成路甲28号　邮政编码：100142

营销中心电话：010-88191522

天猫网店：中国财政经济出版社旗舰店

网址：https：//zgczjjcbs.tmall.com

北京时捷印刷有限公司印刷　各地新华书店经销

成品尺寸：170mm×240mm　16开　29印张　470 000字

2023年5月第1版　2023年5月北京第1次印刷

定价：88.00元

ISBN 978-7-5223-2075-5

（图书出现印装问题，本社负责调换，电话：010-88190548）

本社质量投诉电话：010-88190744

打击盗版举报热线：010-88191661　QQ：2242791300

本书编委会

主　编： 丁伟斌

副主编： 张利军　杨仁标

编　委： 刘明辉　胡　靓　朱建芳　胡炎军　谢文博
钟晓红　王　超　翁凌略　来宇敏　毕神浩
王　凯　孙立辉　傅　浩　陈洁莹　张智伟
莫剑美　郑　恺　李　琤　沈雪梅　吴　琦
郭　磊　徐　潇　胡心怡　杨祝婕　胡代价
朱济舟　翁　竞　包璐瑶　褚晓芬　郑璐燕
刘敬君　徐路卿　邵世玉　陈　麾　聂海涛
唐　军　朱爱明　薛胡引　方　剑　蒋　蕾
赵心彦　沈　晨　朱珊霞　仇晓燕　李　叶
章菲菲　贾秋国　袁博恒　刘素晓　徐　洲
金　霄

前　言

党的二十大提出了“优化税制结构”“加大税收、社会保障、转移支付等的调节力度”“完善个人所得税制度”“完善支持绿色发展的财税、金融、投资、价格政策和标准体系”等一系列新要求，与之相适应的税收体制改革也将不断深化，税收征管水平不断提高。在为纳税人提供更多便利的同时，税务部门也应具备相应的税务管理能力。尤其是近年来，税务部门充分运用大数据提升税收治理现代化水平，“金税”四期不仅将“非税”业务纳入其中，还实现了各部委、人民银行以及商业银行等参与机构之间的信息共享。这意味着企业税收数据的透明化程度更高，对企业税务监控和稽查更加全面、精准、严格。但现实是，由于部分企业税务管理人员缺乏专业指导、对税收政策的变化不敏感等，导致其涉税处理不规范、不统一、不标准，企业涉税风险管理面临挑战。基于上述现实需求，我们组织编写了《大数据环境下企业涉税案例800问》一书，以帮助企业税务管理人员及财务人员强化内部税收管理，为各类税收问题提供正确的处理方法和参考，防范和控制大数据环境下企业涉税风险。

本书选取了800个企业经营过程中常见的涉税业务案例，内容涵盖增值税、企业所得税、个人所得税、房产税、城镇土地使用税、印花税、车辆购置税等各项税种，通过引用税收政策依据，介绍税务处理原则和方法，分析并给予相关建议等形式，对涉税案例进行精准讲解，为读者提供了企业日常业务与税收政策对应的参考索引。具体分述如下：

（1）增值税主要包括征税行为、适用税率、进项抵扣、销售额与销项税额、税收优惠等内容，共计187个涉税业务问题；

（2）企业所得税主要包括收入项目、费用项目、资产项目、税收优惠等内容，共计220个涉税业务问题；

（3）个人所得税主要包括工资薪金、劳务报酬、社保年金、税收优惠等内容，共计139个涉税业务问题；

(4) 房产税、城镇土地使用税主要包括征税范围、计税依据、税收优惠等内容，共计44个涉税业务问题；

(5) 契税主要包括征税范围、计税依据、税收优惠等内容，共计16个涉税业务问题；

(6) 土地增值税主要包括征税范围、纳税申报、计税依据、税收优惠等内容，共计16个涉税业务问题；

(7) 印花税主要包括征税范围、纳税申报、计税依据、税收优惠等内容，共计35个涉税业务问题；

(8) 车船税、车辆购置税主要包括征税范围、征收管理、税收优惠等内容，共计31个涉税业务问题；

(9) 其他税种主要包括环境保护税、耕地占用税、城建税、消费税、烟叶税等税种的征税范围、纳税申报、计税依据、税收优惠等内容，共计25个涉税业务问题；

(10) 非税收入、政府性基金主要包括文化事业建设费、残疾人就业保障金、水利建设基金等内容，共计11个涉税业务问题；

(11) 征收管理主要包括纳税申报、纳税信用等内容，共计17个涉税业务问题；

(12) 票据主要包括发票开具、取得、保管、作废、冲红以及其他票据相关的业务问题等内容，共计59个涉税业务问题。

本书融政策性、专业性和实操性为一体，是基于大数据环境下，用于指导企业涉税业务实际操作的参考读物，适用对象包括企业税务管理人员、财务人员、税务部门工作人员，财经类院校师生，以及税务师、注册会计师和律师等从事涉税专业服务的人士等。

由于作者水平有限，加之写作时间仓促，书中难免存在错误和疏漏之处，恳请广大读者批评指正。

编者

2023年2月

目　录

四、房产税、城镇土地使用税 ……………………………（304）

六、土地增值税

七、印花税

八、车船税、车辆购置税 …………………………………… (354)

九、其他税种 …………………………………………………… (368)

十、非税收入、政府性基金 ………………………………… (381)

十一、征收管理

一、增值税

（一）征税行为

▶≫ 1. 政府性基金手续费收入是否需要缴纳增值税

某供电企业收到当地财政部门拨付的当年度国家重大水利工程建设基金手续费收入。请问该手续费收入是否需要缴纳增值税？

答：《财政部、国家税务总局关于全面推开营业税改征增值税试点的通知》（财税〔2016〕36 号）所附《销售服务、无形资产、不动产注释》第一条第（六）项第八款规定："商务辅助服务，包括企业管理服务、经纪代理服务、人力资源服务、安全保护服务。……（2）经纪代理服务，是指各类经纪、中介、代理服务。包括金融代理、知识产权代理、货物运输代理、代理报关、法律代理、房地产中介、职业中介、婚姻中介、代理记账、拍卖等。企业代扣代缴并取得的收入（手续费），属于有偿提供服务，应按照'商务辅助服务——经纪代理服务'缴纳增值税。"

根据上述规定，企业收到财政部门拨付的国家重大水利工程建设基金手续费收入属于增值税征税范围，应缴纳增值税。

▶≫ 2. 向购货方收取的各种价外费用是否需要缴纳增值税

某供电企业收取客户随电费发生的违约金、滞纳金、逾期（超过合同约定时间）未退还的电费保证金以及向个人收取的电力设施损害赔偿费。请问上述收费是否需要缴纳增值税？

答：《中华人民共和国增值税暂行条例》（国务院令第 691 号）第六条规定："销售额为纳税人发生应税销售行为收取的全部价款和价外费用，但是不包括收取的销项税额。"《中华人民共和国增值税暂行条例实施细则》（财政部令第65号）第十二条规定："条例第六条第一款所称价外费用，包括价外向购买方收取的手续费、补贴、基金、集资费、返还利润、奖励费、违约金、滞纳金、延期付款利息、赔偿金、代收款项、代垫款项、包装费、包装物租金、储备费、优质费、运输装卸费以及其他各种性质的价外收费。"《电力产品增值税征收管理办法》（国家税务总局令第44号）第三条规定："电力产品增值税的计税销售额为纳税人销售电力产品向购买方收取的全部价款和价外费用，但不包括收取的销项税额。价外费用是指纳税人销售电力产品在目录电价或上网电价之外向购买方收取的各种性质的费用。供电企业收取的电费保证金，凡逾期（超过合同约定时间）未退还的，一律并入价外费用缴纳增值税。"

根据上述规定，随电费发生的违约金、滞纳金以及逾期未退还的保证金属于收取电费的价外费用，需要缴纳增值税；而收取个人的电力设施损害赔偿费不属于价外费用，不属于增值税的应税项目，不缴纳增值税。

3. 金融商品持有期间取得的非保本收益是否需要缴纳增值税

某企业购买并持有一项金融商品。请问在持有该金融商品期间取得的非保本收益是否需要缴纳增值税？

答：《财政部 国家税务总局关于全面推开营业税改征增值税试点的通知》（财税〔2016〕36号）所附《销售服务、无形资产、不动产注释》第一条第（五）项第1款规定："贷款，是指将资金贷与他人使用而取得利息收入的业务活动。各种占用、拆借资金取得的收入，包括金融商品持有期间（含到期）利息（保本收益、报酬、资金占用费、补偿金等）收入、信用卡透支利息收入、买入返售金融商品利息收入、融资融券收取的利息收入，以及融资性售后回租、押汇、罚息、票据贴现、转贷等业务取得的利息及利息性质的收入，按照贷款服务缴纳增值税。"《关于明确金融房地产开发教育辅助服务等增值税政策的通知》（财税〔2016〕140号）第一条规定："《销售服务、无形资产、不动产注释》（财税〔2016〕36号）第一条第（五）项第1点所称'保本收益、报酬、资金占用费、补偿金'，是指合同中明确承诺到期本金可全部收回的投资收益。金融商品持有期间（含到期）取得的非保本的上述收益，不属于利息或利息性质的收入，不征收增值税。"

根据上述规定，企业持有某金融商品期间取得的非保本收益，不需要缴纳增值税。

▶≫ 4. 企业获得不动产拆迁补偿款是否需要缴纳增值税

某企业因市区规划需要拆迁，政府向其支付拆迁补偿款，主要涉及土地使用权、房屋所有权的补偿等。请问企业取得的补偿款是否需要缴纳增值税？

答：《营业税改征增值税试点过渡政策》（财税〔2016〕36号附件3）第一条第（三十七）项规定："土地所有者出让土地使用权和土地使用者将土地使用权归还给土地所有者免征增值税。"《财政部 国家税务总局关于明确无偿转让股票等增值税政策的公告》（财政部 国家税务总局公告2020年第40号）第三条规定："土地所有者依法征收土地，并向土地使用者支付土地及其相关有形动产、不动产补偿费的行为，属于财税〔2016〕36号文件第一条第三十七款规定的土地使用者将土地使用权归还给土地使用者的情形。"

根据上述规定，企业被政府征收土地而获得土地使用权的补偿款免征增值税，而获得房屋所有权的补偿税法未明确规定是否缴纳增值税。

▶≫ 5. 取得保险公司的理赔收入是否需要缴纳增值税

某企业由于台风等不可抗力因素导致部分设施损坏，根据协议，保险公司对此赔偿50万元。请问企业获得保险公司的理赔收入是否需要缴纳增值税？

答：《营业税改征增值税试点有关事项的规定》（财税〔2016〕36号附件2）第一条第（二）项第3款规定："被保险人获得的保险赔付为不征收增值税项目。"

根据上述规定，企业获得保险公司的理赔收入，不缴纳增值税。

▶≫ 6. 没收承租方的定金是否需要缴纳增值税

某企业租赁房屋，签订租赁合同并收取承租方定金，后因承租方原因导致合同不能履行，企业没收了该定金。请问企业是否需要缴纳增值税？

答：《中华人民共和国增值税暂行条例实施细则》（财政部令第65号）第十二条规定："条例第六条第一款所称价外费用，包括价外向购买方收取的手续费、补贴、基金、集资费、返还利润、奖励费、违约金、滞纳金、延期付款利息、赔偿金、代收款项、代垫款项、包装费、包装物租金、储备费、优质费、运输装卸费以及其他各种性质的价外收费。"

根据上述规定，因租赁合同未实际履行，企业没收承租方定金不属于发生应税行为而取得的价款和价外费用，不缴纳增值税。

7. 赔偿款是否需要缴纳增值税

某建筑施工企业因违章作业导致停电，向供电公司支付了赔偿款80000元。请问供电公司该赔偿款收入是否需要缴纳增值税？

答：《中华人民共和国增值税暂行条例实施细则》（财政部令第65号）第十二条规定："条例第六条第一款所称价外费用，包括价外向购买方收取的手续费、补贴、基金、集资费、返还利润、奖励费、违约金、滞纳金、延期付款利息、赔偿金、代收款项、代垫款项、包装费、包装物租金、储备费、优质费、运输装卸费以及其他各种性质的价外收费。"

根据上述规定，只有在确认销售收入的同时以"价外向购买方收取"的形式取得赔偿款，才能列为价外费用计算征收增值税，如果未确认收入，增值税纳税义务没有形成，此时收取的赔偿款不属于随"价外向购买方收取"，仅作为一种违约赔偿，列为营业外收入，无须缴纳增值税。

8. 合同约定免租期是否需要视同销售缴纳增值税

某企业将办公楼出租，租赁双方签订的租赁合同中约定有三个月的免租期，主要是承租方企业用来装修。请问免租期是否需要按照视同提供应税服务计算缴纳增值税？

答：《国家税务总局关于土地价款扣除时间等增值税征管问题的公告》（国家税务总局公告2016年第86号）第七条规定："纳税人出租不动产，租赁合同中约定免租期的，不属于《营业税改征增值税试点实施办法》（财税〔2016〕36号文件印发）第十四条规定的视同销售服务。"

根据上述规定，企业出租办公楼的免租期内不需要按照视同销售服务缴纳增值税。

9. 为员工提供的班车服务是否需要缴纳增值税

某企业为解决员工上下班交通问题，购置一辆大巴车为员工上下班提供班车服务。请问该项服务是否需要缴纳增值税？

答：《营业税改征增值税试点实施办法》（财税〔2016〕36号附件1）第十条规定："销售服务、无形资产或者不动产，是指有偿提供服务、有偿转让无形资产或者不动产，但属于下列非经营活动的情形除外：（一）行政单位收取的同时满足以下条件的政府性基金或者行政事业性收费。1. 由国务院或者财政部批准设立的政府性基金，由国务院或者省级人民政府及其财政、价格主管部门批准设立的行政事业性收费；2. 收取时开具省级以上（含省级）财政部门监（印）制的财政票据；3. 所收款项全额上缴财政。（二）单位或者个体工商户聘用的员工为本单位或者雇主提供取得工资的服务。（三）单位或者个体工商户为聘用的员工提供服务。（四）财政部和国家税务总局规定的其他情形。”

根据上述规定，企业为员工提供的上下班班车服务属于非营业活动，非营业活动不属于提供应税服务，不缴纳增值税。

10. 以不动产进行股权投资是否视同销售缴纳增值税

某企业是一般纳税人，将其购入的位于同一市（区）的房屋和土地投资入股另一家公司，取得该公司50%股权。请问该企业以不动产和土地使用权换取股权是否应缴纳增值税？

答:《营业税改征增值税试点实施办法》（财税〔2016〕36号附件1）第十条规定:“销售服务、无形资产或者不动产，是指有偿提供服务、有偿转让无形资产或者不动产。”《财政部、国家税务总局关于全面推开营业税改征增值税试点的通知》（财税〔2016〕36号）所附《销售服务、无形资产、不动产注释》第三条规定：“销售不动产，是指转让不动产所有权的业务活动。”《国家税务总局关于发布〈纳税人转让不动产增值税征收管理暂行办法〉的公告》（国家税务总局公告2016年第14号）第三条第五款规定:“一般纳税人转让其2016年5月1日后取得（不含自建）的不动产，适用一般计税方法，以取得的全部价款和价外费用为销售额计算应纳税额。纳税人应以取得的全部价款和价外费用扣除不动产购置原价或者取得不动产时的作价后的余额，按照5%的预征率向不动产所在地主管地税机关预缴税款，向机构所在地主管国税机关申报纳税。”

根据上述规定，企业以不动产或土地使用权对外进行股权投资，属于以不动产、土地使用权为代价取得股权的有偿转让行为，应按销售无形资产、不动产处理，并可以开具增值税专用发票。

11. 销售机器设备同时提供安装服务如何缴纳增值税

某企业是一家设备生产企业，同时也提供安装服务。请问该企业在销售自产设备的同时提供建筑服务应当如何缴纳增值税？

答:《国家税务总局关于进一步明确营改增有关征管问题的公告》（国家税务总局公告2017年第11号）第一条规定:“纳税人销售活动板房、机器设备、钢结构件等自产货物的同时提供建筑、安装服务，不属于《营业税改征增值税试点实施办法》（财税〔2016〕36号文件印发）第四十条规定的混合销售，应分别核算货物和建筑服务的销售额，分别适用不同的税率或者征收率。”《国家税务总局关于明确中外合作办学等若干增值税征管问题的公告》（国家税务总局公告2018年第42号）第六条规定：“一般纳税人销售自产机器设备的同时提供安装服务，应分别核算机器设备和安装服务的销售额，安装服务可以按照甲供工程选择适用简易计税方法计税。一般纳税人销售外购机器设备的同时提供安装服务，如果已经按照兼营的有关规定，分别核算机器设备和安装服务的销售额，安装服务可以按照甲供工程选择适用简易计税方法计税。”

根据上述规定，企业销售自产设备同时提供安装服务的，可在销售合同中分别注明销售设备价款和提供安装服务价款，并分别按照销售货物和提供服务缴纳增值税。

12. 集团内资金无偿拆借是否需要缴纳增值税

某企业集团母公司将5亿元资金拨付给10家全资子公司使用，未签订借款合同，也不收取利息。请问这种情况是否缴纳增值税？

答：《营业税改征增值税试点实施办法》（财税〔2016〕36号附件1）第十四条规定：“下列情形视同销售服务、无形资产或者不动产：单位或者个体工商户向其他单位或者个人无偿提供服务，但用于公益事业或者以社会公众为对象的除外。”《财政部、税务总局关于明确养老机构免征增值税等政策的通知》（财税〔2019〕20号）第三条规定：“自2019年2月1日至2020年12月31日，对企业集团内单位（含企业集团）之间的资金无偿借贷行为，免征增值税。”《财政部 税务总局关于延长部分税收优惠政策执行期限的公告》（财政部 税务总局公告2021年第6号）第一条规定：“《财政部 税务总局关于设备器具扣除有关企业所得税政策的通知》（财税〔2018〕54号）等16个文件规定的税收优惠政策凡已经到期的，执行期限延长至2023年12月31日，详见附件1。”

根据上述规定，目前对关联方无偿借贷的增值税政策是自2019年1月至2023年12月集团企业内部的资金无偿借贷行为，免征增值税。

13. 出售废旧物资如何缴纳增值税

某企业2022年4月报废并出售1台机器，该机器于2007年1月购进，未抵扣增值税。请问是否适用简易计税方法缴纳增值税？

答：《财政部、国家税务总局关于部分货物适用增值税低税率和简易办法征收增值税政策的通知》（财税〔2009〕9号）第二条第（一）款第一项规定："一般纳税人销售自己使用过的属于条例第十条规定不得抵扣且未抵扣进项税额的固定资产，按简易办法依4%征收率减半征收增值税。"《财政部、国家税务总局关于简并增值税征收率政策的通知》（财税〔2014〕57号）第一条规定："《财政部、国家税务总局关于部分货物适用增值税低税率和简易办法征收增值税政策的通知》（财税〔2009〕9号）第二条第（一）项和第（二）项中'按照简易办法依照4%征收率减半征收增值税'调整为'按照简易办法依照3%征收率减按2%征收增值税'。"《国家税务总局关于营业税改征增值税试点期间有关增值税问题的公告》（国家税务总局公告2015年第90号）第二条规定："纳税人销售自己使用过的固定资产，适用简易办法依照3%征收率减按2%征收增值税政策的，可以放弃减税，按照简易办法依照3%征收率缴纳增值税，并可以开具增值税专用发票。"

根据上述规定，企业出售自己使用过的未抵扣进项税的固定资产可按照简易办法依照3%征收率减按2%征收增值税，也可以放弃减税，按照简易办法依照3%征收率缴纳增值税，并可以开具增值税专用发票。

14. 融资性售后回租的增值税如何处理

某企业将现有一项资产出售给融资租赁公司并与其签订租赁合同，将该资产从融资租赁公司租回。请问该企业的该项业务应当如何缴纳增值税？

答：《国家税务总局关于融资性售后回租业务中承租方出售资产行为有关税收问题的公告》（国家税务总局公告〔2010〕13号）第一条规定："根据现行增值税和营业税有关规定，融资性售后回租业务中承租方出售资产的行为，不属于增值税和营业税征收范围，不征收增值税和营业税。"《营业税改征增值税试点实施办法》（财税〔2016〕36号附件1）第二十七条第（六）项规定："购进的贷款服务进项税额不得从销项税额中抵扣。"《财政部、国家税务总局关于全面推开营业税改征增值税试点的通知》（财税〔2016〕36号）所附《销售服务、无形资产、不动产注释》第一条第（五）项第1点规定："贷款是指将资金贷与他人使用而取得利息收入的业务活动。各种占用、拆借资金取得的收入，包括金融商品持有期间（含到期）利息（保本收益、报酬、资金占用费、补偿金等）收入、信用卡透支利息收入、买入返售金融商品利息收入、融资融券收取的利息收入，以及融资性售后回租、押汇、罚息、票据贴现、转贷等业务取得的利息及利息性质的收入，按照贷款服务缴纳增值税。融资性售后回租，是指承租方以融资为目的，将资产出售给从事融资性售后回租业务的企业后，从事融资性售后回租业务的企业将该资产出租给承租方的业务活动。”

根据上述规定，企业在融资性售后回租业务中出售资产的行为不缴纳增值税，支付融资费用取得的“贷款服务”增值税专用发票对应的进项税额也不得抵扣。

15. 无偿服务是否需要视同销售缴纳增值税

某企业向其母公司提供宣传品制作服务，材料由母公司提供，子公司免费加工。请问该企业的无偿服务是否属于增值税视同销售行为？

答：《营业税改征增值税试点实施办法》（财税〔2016〕36号附件1）第十四条规定：“下列情形视同销售服务、无形资产或者不动产：（一）单位或者个体工商户向其他单位或者个人无偿提供服务，但用于公益事业或者以社会公众为对象的除外。（二）单位或者个人向其他单位或者个人无偿转让无形资产或者不动产，但用于公益事业或者以社会公众为对象的除外。（三）财政部和国家税务总局规定的其他情形。”第四十四条规定：“纳税人发生应税行为价格明显偏低或者偏高且不具有合理商业目的的，或者发生本办法第十四条所列行为而无销售额的，主管税务机关有权按照下列顺序确定销售额：（一）按照纳税人最近时期销售同类服务、无形资产或者不动产的平均价格确定。（二）按照其他纳税人最近时期销售同类服务、无形资产或者不动产的平均价格确定。（三）按照组成计税价格确定。组成计税价格的公式为：组成计税价格 = 成本 × （1 + 成本利润率）；成本利润率由国家税务总局确定。不具有合理商业目的，是指以谋取税收利益为主要目的，通过人为安排，减少、免除、推迟缴纳增值税税款，或者增加退还增值税税款。”

根据上述规定，该企业的无偿服务属于增值税视同销售行为，加工费若为市场价格，则该企业应按照加工费计算销项税额；若加工费与提供的加工服务市场价格相差较大，应该采用“（三）按照组成计税价格确定”。

16. 取得稳岗补贴是否需要缴纳增值税

某企业收到了政府拨付的稳岗补贴，主要用于员工的技能提升培训。请问该稳岗补贴收入是否需要缴纳增值税？

答：《国家税务总局关于取消增值税扣税凭证认证确认期限等增值税征管问题的公告》（国家税务总局公告2019年第45号）第七条规定：“纳税人取得的财政补贴收入，与其销售货物、劳务、服务、无形资产、不动产的收入或者数量直接挂钩的，应按规定计算缴纳增值税。纳税人取得的其他情形的财政补贴收入，不属于增值税应税收入，不征收增值税。”

根据上述规定，稳岗补贴与企业取得的销售收入或数量无关，所以不需要缴纳增值税。

17. 无偿转让股票应如何缴纳增值税

某企业A所持股票的买入价为10元，6月30日无偿转让给企业B，当日股票的公允价值为20元；12月31日，企业B将该股票以30元的价格售出。请问企业A将股票无偿转让给企业B的行为中各方应如何缴纳增值税？

答：《财政部 税务总局关于明确无偿转让股票等增值税政策的公告》（财政部 税务总局公告2020年第40号）第一条规定：“纳税人无偿转让股票时，转出方以该股票的买入价为卖出价，按照‘金融商品转让’计算缴纳增值税；在转入方将上述股票再转让时，以原转出方的卖出价为买入价，按照‘金融商品转让’计算缴纳增值税。”

根据上述规定，6月30日企业A无偿转让股票时，应当以该股票的买入价（即10元）为卖出价，扣除买入价后的余额为销售额，计算得出的销售额为0，无须缴纳增值税；12月31日企业B再转让时，卖出价为30元，以企业A的卖出价为买入价（即10元），计算得出的销售额为20元，以此计算缴纳增值税。

18. 异地出租不动产未按规定预缴应承担哪些法律责任

某企业未按照规定向不动产所在地主管税务机关预缴税款，但企业已按规定在机构所在地申报纳税。请问不动产所在地主管税务机关能否要求企业补缴应预缴的税款？

答：《纳税人提供不动产经营租赁服务增值税征收管理暂行办法》（国家税务总局公告2016年第16号）第十三条规定，“纳税人出租不动产，按照本办法规定应向不动产所在地主管国税机关预缴税款而自应当预缴之月起超过6个月没有预缴税款的，由机构所在地主管国税机关按照《中华人民共和国税收征收管理法》及相关规定进行处理。纳税人出租不动产，未按照本办法规定缴纳税款的，由主管税务机关按照《中华人民共和国税收征收管理法》及相关规定进行处理。”

根据上述规定，企业出租不动产，应当按照规定在预缴之月起6个月内向不动产所在地主管税务机关预缴税款，同时，企业可在机构所在地应纳税额中扣减补缴的预缴税款；企业如果应填报未填报，根据具体情形按《中华人民共和国税收征收管理法》第六十二条、第六十三条、第六十四条处理。

19. 善意取得增值税专用发票是否应缴纳滞纳金

某企业向外省的一家企业购买货物，取得了增值税专用发票并进行了抵扣，三个月后发现此企业被税务机关认定为走逃企业。请问企业是否需要缴纳滞纳金？

答：《国家税务总局关于纳税人善意取得虚开增值税专用发票已抵扣税款加收滞纳金问题的批复》（国税函〔2007〕1240号）规定："纳税人善意取得虚开的增值税专用发票指购货方与销售方存在真实交易，且购货方不知取得的增值税专用发票是以非法手段获得的。纳税人善意取得虚开的增值税专用发票，如能重新取得合法、有效的专用发票，准许其抵扣进项税款；如不能重新取得合法、有效的专用发票，不准其抵扣进项税款或追缴其已抵扣的进项税款。纳税人善意取得虚开的增值税专用发票被依法追缴已抵扣税款的，不属于税收征收管理法第三十二条'纳税人未按照规定期限缴纳税款'的情形，不适用该条'税务机关除责令限期缴纳外，从滞纳税款之日起，按日加收滞纳税款万分之五的滞纳金"的规定。'"

根据上述规定，企业如果属于善意取得虚开增值税专用发票导致被依法追缴已抵扣税款的，不需要缴纳滞纳金。

20. 取得报废车辆补贴收入是否需要缴纳增值税

某企业购买的车辆已达到使用年限，按照国家的规定报废，将报废的车辆交给车管所，车管所按照财政规定给予该企业一笔补贴。请问该企业企业取得的此笔补贴是否需要缴纳增值税？

答：《国家税务总局关于取消增值税扣税凭证认证确认期限等增值税征管问题的公告》（国家税务总局公告2019年第45号）第七条规定："纳税人取得的财政补贴收入，与其销售货物、劳务、服务、无形资产、不动产的收入或者数量直接挂钩的，应按规定计算缴纳增值税；纳税人取得的其他情形的财政补贴收入，不属于增值税应税收入，不征收增值税。"

根据上述规定，企业取得报废车辆补贴收入属于与其销售货物、劳务、服务、无形资产、不动产的收入或者数量无直接关系的财政补贴，不缴纳增值税。

21. 结构性存款利息收入是否需要缴纳增值税

某企业利用闲置资金在银行办理了结构性存款。请问企业取得的该结构性存款利息收入是否缴纳增值税？

答：《关于进一步规范商业银行结构性存款业务的通知》（银保监办发〔2019〕204号）第一条规定："结构性存款是指商业银行吸收的嵌入金融衍生产品的存款，通过与利率、汇率、指数等的波动挂钩或者与某实体的信用情况挂钩，使存款人在承担一定风险的基础上获得相应的收益。"《财政部、国家税务总局关于全面推开营业税改征增值税试点的通知》（财税〔2016〕36号）所附《销售服务、无形资产、不动产注释》第一条第（五）项第一款规定："贷款，是指将资金贷与他人使用而取得利息收入的业务活动。各种占用、拆借资金取得的收入，包括金融商品持有期间（含到期）利息（保本收益、报酬、资金占用费、补偿金等）收入、信用卡透支利息收入、买入返售金融商品利息收入、融资融券收取的利息收入，以及融资性售后回租、押汇、罚息、票据贴现、转贷等业务取得的利息及利息性质的收入，按照贷款服务缴纳增值税。"《关于明确金融房地产开发教育辅助服务等增值税政策的通知》（财税〔2016〕140号）第一条规定："《销售服务、无形资产、不动产注释》（财税〔2016〕36号）第一条第（五）项第1点所称'保本收益、报酬、资金占用费、补偿金'，是指合同中明确承诺到期本金可全部收回的投资收益。金融商品持有期间（含到期）取得的非保本的上述收益，不属于利息或利息性质的收入，不征收增值税。"

依据上述规定，结构性存款若合同中明确承诺到期保本收益，取得的利息收入，计入"财务费用"核算，按"贷款服务"计缴增值税；若不保本，取得的收益，计入"投资收益"核算，不缴纳增值税。

22. 多收的货款转为收入是否按价外费用征收增值税

某企业在内部审计时发现应收账款科目有贷方余额，经查，发现是多收某科技公司货款造成，因故无法退回而转入营业外收入。请问该企业是否需要按照价外费用缴纳增值税？

答：《中华人民共和国增值税暂行条例》（国务院令第691号）第六条规定："销售额为纳税人发生应税销售行为收取的全部价款和价外费用，但是不包括收取的销项税额。"《中华人民共和国增值税暂行条例实施细则》（财政部令第65号）第十二条规定："条例第六条第一款所称价外费用，包括价外向购买方收取的手续费、补贴、基金、集资费、返还利润、奖励费、违约金、滞纳金、延期付款利息、赔偿金、代收款项、代垫款项、包装费、包装物租金、储备费、优质费、运输装卸费以及其他各种性质的价外收费。但下列项目不包括在内：（一）受托加工应征消费税的消费品所代收代缴的消费税。（二）同时符合以下条件的代垫运输费用：1. 承运部门的运输费用发票开具给购买方的；2. 纳税人将该项发票转交给购买方的。（三）同时符合以下条件代为收取的政府性基金或者行政事业性收费：1. 由国务院或者财政部批准设立的政府性基金，由国务院或者省级人民政府及其财政、价格主管部门批准设立的行政事业性收费；2. 收取时开具省级以上财政部门印制的财政票据；3. 所收款项全额上缴财政。（四）销售货物的同时代办保险等而向购买方收取的保险费，以及向购买方收取的代购买方缴纳的车辆购置税、车辆牌照费。”

根据上述规定，企业需将多收的货款按照“其他各种性质价外费用”计征增值税。

23. 向疫情隔离点人员无偿提供餐食是否需要缴纳增值税

某企业食堂购买了一批食材，因突然遭遇疫情，食堂自发组织人员制作餐食，无偿供应给集中隔离点的工作人员和隔离人员食用。请问这部分免费提供的餐食是否需要视同销售缴纳增值税？

答：《营业税改征增值税试点实施办法》（财税〔2016〕36号附件1）第十四条规定：“下列情形视同销售服务、无形资产或者不动产：（一）单位或者个体工商户向其他单位或者个人无偿提供服务，但用于公益事业或者以社会公众为对象的除外。（二）单位或者个人向其他单位或者个人无偿转让无形资产或者不动产，但用于公益事业或者以社会公众为对象的除外。（三）财政部和国家税务总局规定的其他情形。”

根据上述规定，向集中隔离点工作人员和隔离人员无偿提供餐食，属于无偿提供餐饮服务用于公益事业或者以社会公众为对象，无须视同销售，不缴纳增值税。

24. 出借建筑施工设备并配备操作人员如何缴纳增值税

某企业将建筑施工设备出租给另一家企业，该企业要求配备一名专业技术操作人员。请问企业应当如何缴纳增值税？

答：《关于明确金融房地产开发教育辅助服务等增值税政策的通知》（财税〔2016〕140号）第十六条规定：“纳税人将建筑施工设备出租给他人使用

并配备操作人员的，按照‘建筑服务’缴纳增值税。”

根据上述规定，企业出租建筑施工设备并配备操作人员的，应按照“建筑服务”缴纳增值税。

25. 将集体宿舍出租给本单位员工是否需要缴纳增值税

某企业将集体宿舍出租给本单位员工。请问取得的租金收入是否需要缴纳增值税？

答：《营业税改征增值税试点实施办法》（财税〔2016〕36号附件1）第十条规定：“销售服务、无形资产或者不动产，是指有偿提供服务、有偿转让无形资产或者不动产，但属于下列非经营活动的情形除外：（三）单位或者个体工商户为聘用的员工提供服务。”

根据上述规定，企业将集体宿舍出租给本单位员工，取得的租金收入不需要缴纳增值税。

26. 内部食堂对外提供餐饮服务是否需要缴纳增值税

某企业食堂除了为员工供应餐饮外，还向项目组等外来人员提供餐饮服务。请问企业对外提供餐饮服务而收取的餐费是否需要缴纳增值税？

答：《中华人民共和国增值税暂行条例》（国务院令第691号）第一条规定：“在中华人民共和国境内销售货物或者加工、修理修配劳务（以下简称劳务），销售服务、无形资产、不动产以及进口货物的单位和个人，为增值税的纳税人，应当依照本条例缴纳增值税。”

根据上述规定，如企业内部食堂对外提供餐饮服务，应确认收入并缴纳增值税，增值税税率为6%。

27. 购进货物无偿划转是否视同销售缴税

某企业将一批购进的设备无偿划转给了集团内另一家企业（独立法人）。请问这批无偿划转的设备是否视同销售缴纳增值税？

答：《中华人民共和国增值税暂行条例实施细则》（财政部令第65号）第四条第（八）款规定：“单位或者个体工商户的下列行为，视同销售货物：（一）将货物交付其他单位或者个人代销；（二）销售代销货物；（三）设有两个以上机构并实行统一核算的纳税人，将货物从一个机构移送其他机构用于销售，但相关机构设在同一县（市）的除外；（四）将自产或者委托加工的货物用于非增值税应税项目；（五）将自产、委托加工的货物用于集体福利或者个人消费；（六）将自产、委托加工或者购进的货物作为投资，提供给其他单位或者个体工商户；（七）将自产、委托加工或者购进的货物分配给股东或者投资者；（八）将自产、委托加工或者购进的货物无偿赠送其他单位或者个人。”

根据上述规定，企业与其他单位之间的设备无偿划转视同销售，缴纳增值税。

28. 新能源汽车推广应用补助资金是否需要缴纳增值税

某汽车销售企业2022年度申请补助，根据审核和检查结果，该企业新能源汽车销售清单中有1229辆满足申报要求，取得补助资金14682.15万元。请问企业取得该补助资金是否需要缴纳增值税？

答：《国家税务总局关于取消增值税扣税凭证认证确认期限等增值税征管问题的公告》（国家税务总局公告2019年第45号）第七条规定：“纳税人取得的财政补贴收入，与其销售货物、劳务、服务、无形资产、不动产的收入或者数量直接挂钩的，应按规定计算缴纳增值税。纳税人取得的其他情形的财政补贴收入，不属于增值税应税收入，不征收增值税。”

根据上述规定，企业取得的新能源汽车推广应用补助资金与销售数量相关，所以需要缴纳增值税。

29. 售后提供免费维修服务是否缴纳增值税

某企业为制造业一般纳税人，其在销售产品后为客户提供限期免费维修服务。请问该服务是否需要缴纳增值税？

答：《中华人民共和国增值税暂行条例》（国务院令第691号）第六条规定：“销售额为纳税人发生应税销售行为收取的全部价款和价外费用，但是不包括收取的销项税额。”《中华人民共和国增值税暂行条例实施细则》（财政部令第65号）第十二条规定：“条例第六条第一款所称价外费用，包括价外向购买方收取的手续费、补贴、基金、集资费、返还利润、奖励费、违约金、滞纳金、延期付款利息、赔偿金、代收款项、代垫款项、包装费、包装物租金、储备费、优质费、运输装卸费以及其他各种性质的价外收费。”

根据上述规定，保修期内免费保修业务作为销售合同的一部分，有关收入实际已作为价外费用在销售时并入销售额缴纳了税款，免费保修时无须再缴纳增值税，维修领用零件也无须视同销售缴纳增值税。

30. 预收电费无法退还结转收入是否缴纳增值税

某供电企业预收账款有余额，对方企业已注销无法退还。请问结转营业外收入后是否需要缴纳增值税？

答：《中华人民共和国增值税暂行条例》（国务院令第691号）第六条规定："销售额为纳税人发生应税销售行为收取的全部价款和价外费用，但是不包括收取的销项税额。"《中华人民共和国增值税暂行条例实施细则》（财政部令第65号）第十二条规定："条例第六条第一款所称价外费用，包括价外向购买方收取的手续费、补贴、基金、集资费、返还利润、奖励费、违约金、滞纳金、延期付款利息、赔偿金、代收款项、代垫款项、包装费、包装物租金、储备费、优质费、运输装卸费以及其他各种性质的价外收费。"

根据上述规定，该笔款项不属于合同约定的销售价款，也不属于价外费用，无须缴纳增值税。

31. 收到财政部拨付的可再生能源电价补贴增值税问题

某可再生能源发电企业的项目尚未纳入可再生能源补贴目录，尚未取得补贴资格，无法向电网企业开具补贴收入发票，账务也未做收入。请问后期如获取补贴资格，并按照上网电价申请补助，是否需要就该补贴收入缴纳增值税？

答：《国家税务总局关于取消增值税扣税凭证认证确认期限等增值税征管问题的公告》（国家税务总局公告2019年第45号）第七条规定："纳税人取得的财政补贴收入，与其销售货物、劳务、服务、无形资产、不动产的收入或者数量直接挂钩的，应按规定计算缴纳增值税。纳税人取得的其他情形的财政补贴收入，不属于增值税应税收入，不征收增值税。"《财政部 国家发展改革委 国家能源局关于印发〈可再生能源电价附加资金管理办法〉的通知》（财建〔2020〕5号）第八条规定："电网企业和省级相关部门按以下办法测算补助资金需求：（一）电网企业收购补助项目清单内项目的可再生能源发电量，按照上网电价（含通过招标等竞争方式确定的上网电价）给予补助的，补助标准=（电网企业收购价格-燃煤发电上网基准价）/（1+适用增值税率）。（二）电网企业收购补助项目清单内项目的可再生能源发电量，按照定额补助的，补助标准=定额补助标准/（1+适用增值税率）。"

根据上述规定，该可再生能源发电企业若取得补贴资格，并按照上网电价申请补助，其取得的补贴收入与其销售货物的收入或者数量不直接挂钩，无须缴纳增值税。

32. 盘盈固定资产是否缴纳增值税

某企业年末进行资产盘点时发现盘盈了5台设备。请问该固定资产盘盈是否缴纳增值税？

答：《中华人民共和国增值税暂行条例》（国务院令第691号）第一条规定："在中华人民共和国境内销售货物或者加工、修理修配劳务（以下简称劳务），销售服务、无形资产、不动产以及进口货物的单位和个人，为增值税的纳税人，应当依照本条例缴纳增值税。"

根据上述规定，盘盈的固定资产属于企业前期差错，未实现销售，不构成应征增值税行为，因此无须缴纳增值税。

33. 被征用为隔离酒店取得政府补贴是否缴纳增值税

某酒店企业为一般纳税人，因为疫情暴发，2021年4月临时被征用为隔离酒店。请问取得的政府补贴是否要缴纳增值税？

答：《国家税务总局关于取消增值税扣税凭证认证确认期限等增值税征管问题的公告》（国家税务总局公告2019年第45号）第七条规定："纳税人取得的财政补贴收入，与其销售货物、劳务、服务、无形资产、不动产的收入或者数量直接挂钩的，应按规定计算缴纳增值税。纳税人取得的其他情形的财政补贴收入，不属于增值税应税收入，不征收增值税。"

根据上述规定，对于酒店作为隔离酒店从政府取得的收入，是按照时间、房间数、酒店登记等作为标准计算的，与销售数量直接挂钩，需要依法缴纳增值税。

34. "存电费送小礼品"是否视同销售缴纳增值税

某供电企业于2022年3月开展"存电费送小礼品"营销活动。请问赠送客户的礼品是否视同销售缴纳增值税？

答：《中华人民共和国增值税暂行条例实施细则》（财政部令第65号）第四条规定："单位或者个体工商户的下列行为，视同销售货物：（一）将货物交付其他单位或者个人代销；（二）销售代销货物；（三）设有两个以上机构并实行统一核算的纳税人，将货物从一个机构移送其他机构用于销售，但相关机构设在同一县（市）的除外；（四）将自产或者委托加工的货物用于非增值税应税项目；（五）将自产、委托加工的货物用于集体福利或者个人消费；（六）将自产、委托加工或者购进的货物作为投资，提供给其他单位或者个体工商户；（七）将自产、委托加工或者购进的货物分配给股东或者投资者；（八）将自产、委托加工或者购进的货物无偿赠送其他单位或者个人。”

根据上述规定，企业赠送的小礼品若属于捆绑销售，可提供相关佐证材料，无须视同销售；否则，应视同销售，并计算缴纳增值税。

35. 塌方清理服务应如何缴纳增值税

某企业受托对地震灾区提供塌方清理服务。请问应如何缴纳增值税？

答：《财政部、国家税务总局关于全面推开营业税改征增值税试点的通知》（财税〔2016〕36号）所附《销售服务、无形资产、不动产注释》第一条第（四）项第5点规定：“其他建筑服务。其他建筑服务，是指上列工程作业之外的各种工程作业服务，如钻井（打井）、拆除建筑物或者构筑物、平整土地、园林绿化、疏浚（不包括航道疏浚）、建筑物平移、搭脚手架、爆破、矿山穿孔、表面附着物（包括岩层、土层、沙层等）剥离和清理等工程作业。”

根据上述规定，企业提供塌方清理服务，应按照其他建筑服务缴纳增值税。

36. 授权集团内第三方提供建筑服务如何缴纳增值税

某建筑企业与发包方签订建筑合同后，以三方协议授权集团内其他纳税人为发包方提供建筑服务，并由第三方直接与发包方结算工程款。请问增值税由谁缴纳？

答：《国家税务总局关于进一步明确营改增有关征管问题的公告》（国家税务总局公告2017年第11号）第二条规定：“建筑企业与发包方签订建筑合同后，以内部授权或者三方协议等方式，授权集团内其他纳税人（以下称‘第三方’）为发包方提供建筑服务，并由第三方直接与发包方结算工程款的，由第三方缴纳增值税并向发包方开具增值税发票，与发包方签订建筑合同的建筑企业不缴纳增值税。发包方可凭实际提供建筑服务的纳税人开具的增值税专用发票抵扣进项税额。”

根据上述规定，企业授权集团内第三方提供服务并结算工程款的，应当由结算工程款的一方即第三方缴纳增值税并开具增值税发票。

37. 为抗击新冠肺炎疫情无偿提供服务是否需要缴纳增值税

某建筑企业为抗击新冠疫情，参与改建方舱医院，无偿提供了建筑设计、建筑施工等服务。请问是否需要缴纳增值税？

答：《营业税改征增值税试点实施办法》（财税〔2016〕36号附件1）第十四条规定："下列情形视同销售服务、无形资产或者不动产：（一）单位或者个体工商户向其他单位或者个人无偿提供服务，但用于公益事业或者以社会公众为对象的除外。"

根据上述规定，该建筑企业在抗击疫情过程中为改建方舱医院无偿提供的建筑设计、建筑施工等服务，属于无偿提供服务用于公益事业或者以社会公众为对象，因此不视同销售，不需要缴纳增值税。

38. 非保本理财产品未持有至到期转让是否需要缴纳增值税

某企业将持有的一项非保本理财产品在到期前进行了转让。请问该行为是否需要缴纳增值税？

答：《关于明确金融房地产开发教育辅助服务等增值税政策的通知》（财税〔2016〕140号）第一条规定："《销售服务、无形资产、不动产注释》（财税〔2016〕36号）第一条第（五）项第1点所称'保本收益、报酬、资金占用费、补偿金'，是指合同中明确承诺到期本金可全部收回的投资收益。金融商品持有期间（含到期）取得的非保本的上述收益，不属于利息或利息性质的收入，不征收增值税。"

根据上述规定，不征税增值税的情形并不包括未持有到期转让的情形，因此，企业提前转让非保本理财产品属于金融商品转让，需要按照差价缴纳增值税。

39. 餐饮企业将外购酒水直接销售如何缴纳增值税

某餐饮企业将外购的酒水等货物直接销售。请问应当如何缴纳增值税，是否按照"餐饮服务"缴纳增值税？

答：《财政部 国家税务总局关于明确金融房地产开发教育辅助服务等增值税政策的通知》（财税〔2016〕140号）第九条规定："提供餐饮服务的纳税人销售的外卖食品，按照'餐饮服务'缴纳增值税。"《财政部 国家税务总局关于明确金融房地产开发教育辅助服务等增值税政策的通知》（财税〔2016〕140号）政策解读第三条规定："关于第九条'提供餐饮服务的纳税人销售的外卖食品，按照"餐饮服务"缴纳增值税'的解读。本条政策明确，餐饮企业销售的外卖食品，与堂食适用同样的增值税政策，统一按照提供餐饮服务缴纳增值税。以上‘外卖食品’，仅指该餐饮企业参与了生产、加工过程的食品。对于餐饮企业将外购的酒水、农产品等货物，未进行后续加工而直接与外卖食品一同销售的，应根据该货物的适用税率，按照兼营的有关规定计算缴纳增值税。”

根据上述规定和政策解读，企业未参与所购买酒水的生产加工，而是直接销售，应当根据酒水的适用税率，按照兼营的有关规定计算缴纳增值税。

40. 国家调增外购电成本财政补助资金是否需要缴纳增值税

某供电企业收到省财政厅拨付的2022年国家调增外购电成本财政补助资金2100万元，该补贴根据国家调增平均电量、用电时长以及电价确定。请问企业取得该补贴是否需要缴纳增值税？

答：《国家税务总局关于取消增值税扣税凭证认证确认期限等增值税征管问题的公告》（国家税务总局公告2019年第45号）第七条规定：“纳税人取得的财政补贴收入，与其销售货物、劳务、服务、无形资产、不动产的收入或者数量直接挂钩的，应按规定计算缴纳增值税。纳税人取得的其他情形的财政补贴收入，不属于增值税应税收入，不征收增值税。2020年1月1日前，纳税人取得的中央财政补贴，不属于增值税应税收入，不征收增值税。已经申报缴纳增值税的，可以按现行红字发票管理规定，开具红字增值税发票将取得的中央财政补贴从销售额中扣减。”

根据上述规定，企业收到的国家调增外购电成本财政补助资金不与销售收入或数量直接挂钩，无须申报缴纳增值税。

（二）适用税率

41. 办公大楼外墙修补和养护服务适用税率是多少

某施工企业主要为客户提供办公大楼外墙的修补和养护服务。请问该服务应当开具税率为多少的发票？

答：《财政部、国家税务总局关于全面推开营业税改征增值税试点的通知》（财税〔2016〕36号）所附《销售服务、无形资产、不动产注释》第一条第（四）项第3点规定：“修缮服务，是指对建筑物、构筑物进行修补、加固、养护、改善，使之恢复原来的使用价值或者延长其使用期限的工程作业。”

根据上述规定，施工企业提供的办公大楼外墙的修补和养护服务应当开具9%的“建筑服务”增值税发票。

42. 中央空调维修适用税率是多少

某企业办公大楼中央空调出现故障，由于已过免费维修期，企业付费由生产厂家对其进行了修理和换件。请问该修理行为适用增值税税率是多少？

答：《财政部 国家税务总局关于固定资产进项税额抵扣问题的通知》（财税〔2009〕113号）规定：“以建筑物或者构筑物为载体的附属设备和配套设施，无论在会计处理上是否单独记账与核算，均应作为建筑物或者构筑物的组成部分，其进项税额不得在销项税额中抵扣。附属设备和配套设施是指：给排水、采暖、卫生、通风、照明、通讯、煤气、消防、中央空调、电梯、电气、智能化楼宇设备和配套设施。”《国家税务总局关于明确中外合作办学等若干增值税征管问题的公告》（国家税务总局公告2018年第42号）第六条规定：“纳税人对安装运行后的机器设备提供的维护保养服务，按照‘其他现代服务’缴纳增值税。”

根据上述规定，如果是对中央空调进行的定期维修保养服务，应按照“其他现代服务”缴纳增值税，适用税率6%，小规模纳税人征收率3%；如果是中央空调出现故障需要修理、换件的，应按“建筑服务—修缮服务”缴纳增值税，适用税率9%，小规模纳税人征收率3%。

43. 输电线路维护适用税率是多少

某供电企业从事输电线路维护业务。请问适用税率是多少？

答：《财政部 国家税务总局关于固定资产进项税额抵扣问题的通知》（财税〔2009〕113号）规定：“《中华人民共和国增值税暂行条例实施细则》（财政部令第65号）第二十三条第二款所称建筑物，是指供人们在其内生产、生活和其他活动的房屋或者场所，具体为《固定资产分类与代码》（GB/T14885－1994）中代码前两位为‘02’的房屋；所称构筑物，是指人们不在其内生产、生活的人工建造物，具体为《固定资产分类与代码》（GB/T 14885－1994）中代码前两位为‘03’的构筑物；所称其他土地附着物，是指矿产资源及土地上生长的植物。《固定资产分类与代码》（GB/T14885－1994）电子版可在财政部或国家税务总局网站查询。”《财政部、国家税务总局关于全面推开营业税改征增值税试点的通知》（财税〔2016〕36号）所附《销售服务、无形资产、不动产注释》第一条第（六）项第9点规定：“其他现代服务，是指除研发和技术服务、信息技术服务、文化创意服务、物流辅助服务、租赁服务、鉴证咨询服务、广播影视服务和商务辅助服务以外的现代服务。”《中华人民共和国增值税暂行条例实施细则》（财政部令第65号）第二条规定：“条例第一条所称货物，是指有形动产，包括电力、热力、气体在内。条例第一条所称加工，是指受托加工货物，即委托方提供原料及主要材料，受托方按照委托方的要求，制造货物并收取加工费的业务。条例第一条所称修理修配，是指受托对损伤和丧失功能的货物进行修复，使其恢复原状和功能的业务。”

根据上述规定，输电线路在《固定资产分类与代码》中代码前两位为“28”，属于电力工业专用设备，如果企业提供的维护是对输电线路进行维护保养，属于其他现代服务，适用6%税率；如果企业提供的维护是受托对损伤和丧失功能的输电线路进行修复，属于修理修配，适用13%税率。

44. 提供车辆服务的税率如何确定

某企业与车辆租赁公司签订包车服务合同，合同中规定车辆租赁公司在提供车辆的同时配备驾驶人员，按出车次数结算运行台班费。请问此类业务应当取得的发票税率为多少？

答：《财政部、国家税务总局关于全面推开营业税改征增值税试点的通知》（财税〔2016〕36号）所附《销售服务、无形资产、不动产注释》第一条第（一）款规定：“交通运输服务，是指利用运输工具将货物或者旅客送达目的地，使其空间位置得到转移的业务活动。”第一条第（六）项第5点规定：“经营租赁服务，是指在约定时间内将有形动产或者不动产转让他人使用且租赁物所有权不变更的业务活动。”

根据上述规定，车辆租赁公司不仅提供车辆，同时配备驾驶人员，按出车次数结算运行台班费，符合陆路运输服务的规定，应按“交通运输服务”9%税率缴纳增值税。若车辆租赁公司仅提供车辆，而不配备驾驶人员，不承担运输过程中的任何费用，只收取固定租赁费的，则符合有形动产租赁的规定，应按“有形动产租赁”13%税率缴纳增值税。

45. 提供长租房的税率如何确定

某酒店企业的客户需要长住半年，双方协商后未按照客房标准收费，实际按照协商价格收费。请问开票时应选择什么税率？

答：《国家税务总局关于在境外提供建筑服务等有关问题的公告》（国家税务总局公告2016年第69号）第五条规定：“纳税人以长（短）租形式出租

酒店式公寓并提供配套服务的，按照住宿服务缴纳增值税。”

根据上述规定，该酒店长租房应按照住宿服务 6% 缴纳增值税。

46. 提供车辆停放服务的增值税率是多少

某企业将自有的办公楼停车场对外开放，并收取车辆停放服务费。请问该业务实际应开具税率为多少的发票？

答：《财政部、国家税务总局关于全面推开营业税改征增值税试点的通知》（财税〔2016〕36 号）所附《销售服务、无形资产、不动产注释》第一条第（六）项第 5 点规定：“租赁服务，包括融资租赁服务和经营租赁服务。经营租赁服务，是指在约定时间内将有形动产或者不动产转让他人使用且租赁物所有权不变更的业务活动。按照标的物的不同，经营租赁服务可分为有形动产经营租赁服务和不动产经营租赁服务。将建筑物、构筑物等不动产或者飞机、车辆等有形动产的广告位出租给其他单位或者个人用于发布广告，按照经营租赁服务缴纳增值税。”

根据上述规定，办公楼停车场租赁属于销售“租赁服务—不动产租赁服务”，应开具 9% 税率的增值税发票。

47. 授课培训费的税率如何确定

某企业邀请培训机构会计讲课老师为本单位财务人员授课培训。请问该项服务应当取得的发票税率为多少？

答：《财政部、国家税务总局关于全面推开营业税改征增值税试点的通知》（财税〔2016〕36 号）附件 1：《营业税改征增值税试点实施办法》附《销售服务、无形资产、不动产注释》第七条第二款规定：“教育医疗服务，包括教育服务和医疗服务。教育服务，是指提供学历教育服务、非学历教育服务、教育辅助服务的业务活动。非学历教育服务，包括学前教育、各类培训、演讲、讲座、报告会等。”

根据上述规定，企业邀请某机构会计讲课老师为本单位财务人员授课培训属于“非学历教育服务”，应当取得 6% 税率的增值税发票。

48. 技术开发类业务税率如何确定

某企业委托外部单位开发一项新技术。请问该项业务应当取得的发票税率为多少？

答：《财政部、国家税务总局关于全面推开营业税改征增值税试点的通知》（财税〔2016〕36号）所附《销售服务、无形资产、不动产注释》第一条第六款规定："现代服务，是指围绕制造业、文化产业、现代物流产业等提供技术性、知识性服务的业务活动。包括研发和技术服务、信息技术服务、文化创意服务、物流辅助服务、租赁服务、鉴证咨询服务、广播影视服务、商务辅助服务和其他现代服务。研发和技术服务，包括研发服务、合同能源管理服务、工程勘察勘探服务、专业技术服务。（1）研发服务，也称技术开发服务，是指就新技术、新产品、新工艺或者新材料及其系统进行研究与试验开发的业务活动。"

根据上述规定，技术开发类业务属于购进"现代服务—研发和技术服务"，应取得6%税率的增值税发票。

49. 兼营业务税率应如何确定

某企业2021年1月与某物业管理有限公司签订绿化管理合同，合同约定物业公司提供公共绿地的养护和管理服务，包含公共绿地、景观的养护及植物摆租服务，均取得6%税率服务费发票。请问取得的发票是否有税务风险？

答：《财政部、国家税务总局关于全面推开营业税改征增值税试点的通知》（财税〔2016〕36号）所附《销售服务、无形资产、不动产注释》第一条第（六）项第5点规定、第一条第（七）项第6点规定："经营租赁服务，是指在约定时间内将有形动产或者不动产转让他人使用且租赁物所有权不变更的业务活动。按照标的物的不同，经营租赁服务可分为有形动产经营租赁服务和不动产经营租赁服务；其他生活服务，是指除文化体育服务、教育医疗服务、旅游娱乐服务、餐饮住宿服务和居民日常服务之外的生活服务。"《营业税改征增值税试点实施办法》（财税〔2016〕36号附件1）第三十九条规定："纳税人兼营销售货物、劳务、服务、无形资产或者不动产，适用不同税率或者征收率的，应当分别核算适用不同税率或者征收率的销售额；未分别核算的，从高适用税率。"《营业税改征增值税试点有关事项的规定》（财税〔2016〕36号附件2）第一条第（一）项规定："试点纳税人销售货物、加工修理修配劳务、服务、无形资产或者不动产适用不同税率或者征收率的，应当分别核算适用不同税率或者征收率的销售额，未分别核算销售额的，按照以下方法适用税率或者征收率：1. 兼有不同税率的销售货物、加工修理修配劳务、服务、无形资产或者不动产，从高适用税率。2. 兼有不同征收率的销售货物、加工修理修配劳务、服务、无形资产或者不动产，从高适用征收率。3. 兼有不同税率和征收率的销售货物、加工修理修配劳务、服务、无形资产或者不动产，从高适用税率。”

根据上述规定，植物摆租服务属于购进“有形动产租赁服务”，适用税率13%；绿化养护属于购进“生活服务—其他生活服务”，适用税率为6%。企业应当分别核算，取得对应税率的发票。

50. 园林绿化养护增值税率如何确定

某企业2022年将公司园区内草坪和树木种植、后期养护承包给一家个体工商户（小规模纳税人）。该个体工商户为农业生产者，跨地区经营，执照经营范围：花草苗木种植，开具零税率发票。请问该免税农户超出其经营范围提供后期养护服务，企业将取得多少税率的合规发票？

答：《中华人民共和国发票管理办法》（国务院令第709号）第十九条规定：“销售商品、提供服务以及从事其他经营活动的单位和个人，对外发生经营业务收取款项，收款方应当向付款方开具发票；特殊情况下，由付款方向收款方开具发票。”《关于明确增值税小规模纳税人减免增值税等政策的公告》（财政部 税务总局公告2023年第1号）第二条规定：“自2023年1月1日至2023年12月31日，增值税小规模纳税人适用3%征收率的应税销售收入，减按1%征收率征收增值税；适用3%预征率的预缴增值税项目，减按1%预征率预缴增值税。”河北省税务局12366热点问题回复（202008）：“纳税人发生的应税行为超出营业执照上的经营范围，是否可以开具发票？答：根据《国务院关于修改〈中华人民共和国发票管理办法〉的决定》及《增值税发票开具使用指南》规定：‘销售商品、提供服务以及从事其他经营活动的单位和个人，对外发生经营业务收取款项，收款方应当向付款方开具发票；特殊情况下，由付款方向收款方开具发票。’因此，纳税人发生应税行为，除国家有明令禁止销售的外，即使超出营业执照上的经营范围，也应当据实开具发票。”

根据上述规定及12366答复，该免税农户超出其经营范围提供后期养护服务，企业应当取得税率为3%的增值税发票（在2023年1月1日至2023年12月31日小规模纳税人3%征收率减按1%征收率期间取得1%增值税普通发票）。

51. 企业为员工购买保险的税率如何确定

某企业2022年11月1日给员工购买了团体意外险。请问企业应当向保险公司取得发票的税率为多少？

答：《财政部、国家税务总局关于全面推开营业税改征增值税试点的通知》（财税〔2016〕36号）所附《销售服务、无形资产、不动产注释》第一条第五款规定："金融服务，是指经营金融保险的业务活动。包括贷款服务、直接收费金融服务、保险服务和金融商品转让。保险服务，是指投保人根据合同约定，向保险人支付保险费，保险人对于合同约定的可能发生的事故因其发生所造成的财产损失承担赔偿保险金责任，或者当被保险人死亡、伤残、疾病或者达到合同约定的年龄、期限等条件时承担给付保险金责任的商业保险行为。包括人身保险服务和财产保险服务。人身保险服务，是指以人的寿命和身体为保险标的的保险业务活动。财产保险服务，是指以财产及其有关利益为保险标的的保险业务活动。"

根据上述规定，企业为员工购买保险属于购进"金融服务—保险服务"，应取得6%税率的增值税发票。

52. 能否开具税率与实际业务不符的发票

某企业2022年5月签订的框架合同约定税率为13%，而公司实际提供的是技术服务，税率为6%。请问可以根据对方的要求开具13%税率的发票吗？

答：《中华人民共和国发票管理办法》（国务院令第709号）第二十二条规定："开具发票应当按照规定的时限、顺序、栏目，全部联次一次性如实开具，并加盖发票专用章。任何单位和个人不得有下列虚开发票行为：（一）为他人、为自己开具与实际经营业务情况不符的发票……"《国家税务总局关于增值税发票开具有关问题的公告》（国家税务总局公告2017年第16号）第二条规定："销售方开具增值税发票时，发票内容应按照实际销售情况如实开具，不得根据购买方要求填开与实际交易不符的内容。"

根据上述规定，企业提供的是技术服务，则开具发票时必须根据《商品和服务税收分类与编码（试行）》选择正确的开票编码，开具税率为6%的技术服务费发票，不得根据客户的要求开具与实际情况不符的发票。

53. 广告类业务的税率如何选择

某企业2022年3月委托广告公司制作广告牌，取得13%税率的增值税专用发票。请问该业务是否应按广告服务6%税率取得发票？

答：《财政部、国家税务总局关于全面推开营业税改征增值税试点的通知》（财税〔2016〕36号）所附《销售服务、无形资产、不动产注释》第六条第三款规定："文化创意服务，包括设计服务、知识产权服务、广告服务和会议展览服务。设计服务，是指把计划、规划、设想通过文字、语言、图画、声音、视觉等形式传递出来的业务活动。包括工业设计、内部管理设计、业务运作设计、供应链设计、造型设计、服装设计、环境设计、平面设计、包装设计、动漫设计、网游设计、展示设计、网站设计、机械设计、工程设计、广告设计、创意策划、文印晒图等。”

根据上述规定，若是企业委托设计连带制作广告牌的，应按照现代服务业中文化创意服务的设计服务，适用6%税率；若是仅仅委托企业单独或批量制作广告牌的，应按照广告制作业务，包括广告牌、灯箱、宣传纸等各种有形广告载体的制作，适用税率为13%。

54. 工程零星抢修业务的税率如何选择

某供电企业发生的工程零星抢修业务有的合同税率为9%，有的合同税率是13%。请问实务中应当如何区别处理？

答：《中华人民共和国增值税暂行条例》（国务院令第691号）第二条第（一）款规定：“纳税人销售货物、劳务、有形动产租赁服务或者进口货物，除本条第二项、第四项、第五项另有规定外，税率为17%（注：2019年4月1日后为13%）”。《中华人民共和国增值税暂行条例实施细则》（财政部令第65号）第二条第三款规定：“条例第一条所称修理修配，是指受托对损伤和丧失功能的货物进行修复，使其恢复原状和功能的业务。”《财政部、国家税务总局关于全面推开营业税改征增值税试点的通知》（财税〔2016〕36号）所附《销售服务、无形资产、不动产注释》一、销售服务（四）建筑服务第2点规定：“安装服务，是指生产设备、动力设备、起重设备、运输设备、传动设备、医疗实验设备以及其他各种设备、设施的装配、安置工程作业，包括与被安装设备相连的工作台、梯子、栏杆的装设工程作业，以及被安装设备的绝缘、防腐、保温、油漆等工程作业。”

根据上述规定，企业对工程零星抢修业务，应当根据实际开展的业务内容选择合适的税率纳税，其中提供动产的加工、修理修配劳务的，应按13%的税率开具发票，提供不动产安装的按9%的税率开具发票。

55. 地铁车厢投放广告的税率如何确定

某企业在地铁车厢内发布广告，与地铁运营公司签订了广告发布合同，合同约定对方仅提供地铁车厢内广告位置，企业自行承担广告的设计、制作及安装费用，对方仅负责广告发布位置的指定，不承担其他费用。现地铁运营企业开具增值税税率为6%的广告发布增值税专用发票。请问税率是否适用正确？

答：《营业税改征增值税试点实施办法》（财税〔2016〕36号附件1）第

一条第5点第（2）款规定："将建筑物、构筑物等不动产或者飞机、车辆等有形动产的广告位出租给其他单位或者个人用于发布广告，按照经营租赁服务缴纳增值税。"

根据上述规定，地铁车厢内发布广告应按照"有形动产经营租赁服务"缴纳增值税，税率为13%。

56. 委托搬家公司进行搬运的税率如何确定

某企业将整体搬迁至新办公大楼，委托某搬家公司（一般纳税人）进行搬运，搬家公司开具的发票增值税税率为9%。请问增值税税率是否正确？

答：《国家税务总局关于营业税若干征税问题的通知》（国税发〔1994〕159号）第四条规定："搬家业务是搬家公司利用运输工具或人力实现了空间位置的转移的业务，它具有装卸搬运的特征。因此，对搬家业务收入，应按'交通运输业'税目中的'装卸搬运'征收营业税。"《财政部、国家税务总局关于全面推开营业税改征增值税试点的通知》（财税〔2016〕36号）所附《销售服务、无形资产、不动产注释》第一条第（一）款规定："交通运输服务，是指利用运输工具将货物或者旅客送达目的地，使其空间位置得到转移的业务活动。包括陆路运输服务、水路运输服务、航空运输服务和管道运输服务。"第一条（六）款第4点规定："装卸搬运服务，是指使用装卸搬运工具或者人力、畜力将货物在运输工具之间、装卸现场之间或者运输工具与装卸现场之间进行装卸和搬运的业务活动。"《营业税改征增值税试点有关事项的规定》（财税〔2016〕36号附件2）第一条第（六）款规定："一般纳税人发生下列应税行为可以选择适用简易计税方法计税：3. 电影放映服务、仓储服务、装卸搬运服务、收派服务和文化体育服务。"

根据上述规定，搬家服务属于装卸搬运而不是交通运输服务，搬家公司开票错误，装卸搬运如果选择一般计税法应按照6%缴纳增值税，如果选择简易计税法按照3%缴纳增值税。

57. 将承租的商铺转租取得转租费的税率如何确定

某企业租入一个店铺，在店铺租期内（未到期）征得房东同意后将房屋转租，把和房东之间的租赁剩余期限，连同租户自己的装修、原来购买的设备、货物等，一并转租给下一个租户。请问其向下一个租户收取的超过应收取房租的费用如何缴纳增值税？

答：《财政部、国家税务总局关于全面推开营业税改征增值税试点的通知》（财税〔2016〕36号）所附《销售服务、无形资产、不动产注释》第一条第（六）款第5点规定："经营租赁服务，是指在约定时间内将有形动产或者不动产转让他人使用且租赁物所有权不变更的业务活动。"《中华人民共和国增值税暂行条例》（国务院令第691号）第六条规定："销售额为纳税人发生应税销售行为收取的全部价款和价外费用，但是不包括收取的销项税额。"《中华人民共和国增值税暂行条例实施细则》（财政部令第65号）第十二条规定："条例第六条第一款所称价外费用，包括价外向购买方收取的手续费、补贴、基金、集资费、返还利润、奖励费、违约金、滞纳金、延期付款利息、赔偿金、代收款项、代垫款项、包装费、包装物租金、储备费、优质费、运输装卸费以及其他各种性质的价外收费。"

根据上述规定，原承租者向继承租者收取的商铺转租费，属于与转租收入相关的价外费用，原承租人应按"不动产经营租赁服务"缴纳增值税。

58. 刊登论文支付版面费的税率如何确定

某企业员工因评职称需要在某期刊上刊登论文，支付版面费。请问此版面费增值税税率是多少？

答：《财政部、国家税务总局关于全面推开营业税改征增值税试点的通知》（财税〔2016〕36号）所附《销售服务、无形资产、不动产注释》第一条第（六）项第3点规定："广告服务，是指利用图书、报纸、杂志、广播、电视、电影、幻灯、路牌、招贴、橱窗、霓虹灯、灯箱、互联网等各种形式为客户的商品、经营服务项目、文体节目或者通告、声明等委托事项进行宣传和提供相关服务的业务活动。包括广告代理和广告的发布、播映、宣传、展示等。"

根据上述规定，对刊登论文所收取的版面费，应按广告服务6%征收增值税。

（三）进项抵扣

59. 滴滴打车费发票的进项税额能否抵扣

某企业员工公务出差取得滴滴电子发票。请问其进项税额是否可以抵扣？

答：《营业税改征增值税试点实施办法》（财税〔2016〕36号）附件1：《营业税改征增值税试点实施办法》所附《销售服务、无形资产、不动产注释》第一条第（一）款规定："交通运输服务，是指利用运输工具将货物或者旅客送达目的地，使其空间位置得到转移的业务活动。包括陆路运输服务、水路运输服务、航空运输服务和管道运输服务。"《财政部 税务总局 海关总署关于深化增值税改革有关政策的公告》（财政部 税务总局 海关总署公告 2019 年第 39 号）第六条规定："纳税人购进国内旅客运输服务，其进项税额允许从销项税额中抵扣。（一）纳税人未取得增值税专用发票的，暂按照以下规定确定进项税额：1. 取得增值税电子普通发票的，为发票上注明的税额。"

根据上述规定，该企业取得的滴滴打车电子发票进项税可以抵扣，进项税额为电子发票上注明的税额。

60. 取得 ETC 充值的通行费电子发票能否抵扣进项税额

某企业为本单位的车辆统一办理了 ETC 卡充值。请问充值取得的通行费增值税电子普通发票能否抵扣进项税额？

答：《交通运输部 财政部 国家税务总局 国家档案局关于收费公路通行费电子票据开具汇总等有关事项的公告》（交通运输部 财政部 国家税务总局 国家档案局公告 2020 年第 24 号）第二条规定："（一）收费公路通行费增值税电子普通发票（以下简称通行费电子发票）。通行费电子发票包括左上角标识'通行费'字样且税率栏次显示适用税率或征收率的通行费电子发票（以下简称征税发票）以及左上角无'通行费'字样，且税率栏次显示'不征税'的通行费电子发票（以下简称不征税发票）。客户通行经营性收费公路，由经营管理者开具征税发票，可按规定用于增值税进项抵扣；客户采取充值方式预存通行费，可由 ETC 客户服务机构开具不征税发票，不可用于增值税进项抵扣。（二）收费公路通行费财政票据（电子）（以下简称通行费财政电子票据）。客户通行政府还贷公路，由经营管理者开具财政部门统一监制的通行费财政电子票据。通行费财政电子票据先行选择部分地区进行试点。试点期间，非试点地区暂时开具不征税发票。试点完成后，在全国范围内全面实行通行费财政电子票据。"第五条规定："（一）ETC 后付费客户索取通行费电子票据的，通过经营性公路的部分，在服务平台取得由经营管理者开具的征税发票；通过政府还贷公路的部分，在服务平台取得由经营管理者开具的通行费财政电子票据。（二）ETC 预付费客户可以自行选择在充值后索取不征税发票或待实际发生通行交易后索取通行费电子票据。客户在充值后索取不征税发票的，在服务平台取得由 ETC 客户服务机构全额开具的不征税发票；实际发生通行交易后，ETC 客户服务机构和收费公路经营管理者均不再向其开具通行费电子票据。客户在充值后未索取不征税发票，在实际发生通行交易后索取电子票据的，参照本条第（一）项ETC后付费客户执行。”

根据上述规定，企业在充值后取得的左上角无“通行费”字样，且税率栏次显示“不征税”的通行费电子发票不可抵扣进项税；企业在实际发生通行费用后取得左上角标识“通行费”字样，且税率栏次显示适用税率或征收率的通行费电子发票，进项税可抵扣。

61. 包含餐费的会议费发票进项税额的处理

某企业举行大型会议，取得的会务费发票中将餐费及会务费金额分项开具在同一张增值税专用发票中。请问进项税额如何处理？

答：《营业税改征增值税试点实施办法》（财税〔2016〕36号附件1）第二十七条规定：“下列项目的进项税额不得从销项税额中抵扣：（一）用于简易计税方法计税项目、免征增值税项目、集体福利或者个人消费的购进货物、加工修理修配劳务、服务、无形资产和不动产。其中涉及的固定资产、无形资产、不动产，仅指专用于上述项目的固定资产、无形资产（不包括其他权益性无形资产）、不动产。……（六）购进的旅客运输服务、贷款服务、餐饮服务、居民日常服务和娱乐服务。”《财政部 税务总局 海关总署关于深化增值税改革有关政策的公告》（财政部 税务总局 海关总署公告2019年第39号）第六条规定：“（二）《营业税改征增值税试点实施办法》（财税〔2016〕36号印发）第二十七条第（六）项和《营业税改征增值税试点有关事项的规定》（财税〔2016〕36号印发）第二条第（一）项第5点中‘购进的旅客运输服务、贷款服务、餐饮服务、居民日常服务和娱乐服务’修改为‘购进的贷款服务、餐饮服务、居民日常服务和娱乐服务’。”

根据上述规定，若会务费与餐费分项开票，取得会务费部分可以抵扣进项税额，餐费部分不可抵扣进项税额。

62. 住宿费超标准部分的进项税额如何处理

某企业员工出差时按规定取得住宿费专用发票，但住宿费金额超过了企业制度中的差旅费住宿标准。请问超出部分的进项税额如何处理？

答：《中华人民共和国增值税暂行条例》（国务院令第691号）第八条规定：“纳税人购进货物、劳务、服务、无形资产、不动产支付或者负担的增值税额，为进项税额。”《营业税改征增值税试点实施办法》（财税〔2016〕36号附件1）第二十七条规定：“下列项目的进项税额不得从销项税额中抵扣：

（一）用于简易计税方法计税项目、免征增值税项目、集体福利或者个人消费的购进货物、加工修理修配劳务、服务、无形资产和不动产。其中涉及的固定资产、无形资产、不动产，仅指专用于上述项目的固定资产、无形资产（不包括其他权益性无形资产）、不动产。纳税人的交际应酬消费属于个人消费。”

根据上述规定，进项税额定义强调是“纳税人购进”，则超标准的住宿费不是企业负担的支出，也就不属于一般纳税人的“购进货物、劳务、服务、无形资产、不动产支付或者负担的增值税额”，所以取得的住宿费专用发票先全额抵扣，超标准部分的住宿费增值税额再作进项税转出处理。

63. 可以凭分割单抵扣进项税额吗

某企业从A公司租赁场地，共用一个电表，A公司从供电公司取得电费发票，并开具分割单给该企业。请问该分割单能否用于抵扣进项税额？

答：《中华人民共和国增值税暂行条例》（国务院令第691号）第八条规定：“纳税人购进货物、劳务、服务、无形资产、不动产支付或者负担的增值税额，为进项税额。下列进项税额准予从销项税额中抵扣：（一）从销售方取得的增值税专用发票上注明的增值税额。（二）从海关取得的海关进口增值税专用缴款书上注明的增值税额。（三）购进农产品，除取得增值税专用发票或者海关进口增值税专用缴款书外，按照农产品收购发票或者销售发票上注明的农产品买价和11%的扣除率计算的进项税额，国务院另有规定的除外……（四）自境外单位或者个人购进劳务、服务、无形资产或者境内的不动产，从税务机关或者扣缴义务人取得的代扣代缴税款的完税凭证上注明的增值税额。”

根据上述规定，分割单不属于规定的进项税额抵扣凭证，只能用于企业所得税的税前扣除，对于分割单金额对应的进项税额不得抵扣。

64. 收到进项留抵退税如何进行会计处理

某企业因符合留抵退税条件而申请退还存量留抵税额，后收到税务局退回的留抵增值税。请问如何进行相关会计处理？

答：财政部会计司关于增值税期末留抵退税政策适用《增值税会计处理规定》有关问题的解读规定：“增值税一般纳税人应当根据《增值税会计处理规定》的相关规定对上述增值税期末留抵退税业务进行会计处理，经税务机关核准的允许退还的增值税期末留抵税额以及缴回的已退还的留抵退税款项，应当通过‘应交税费——增值税留抵税额’明细科目进行核算。纳税人在税务机关准予留抵退税时，按税务机关核准允许退还的留抵税额，借记‘应交税费——增值税留抵税额’科目，贷记‘应交税费——应交增值税（进项税额转出）’科目；在实际收到留抵退税款项时，按收到留抵退税款项的金额，借记‘银行存款’科目，贷记‘应交税费——增值税留抵税额’科目。纳税人将已退还的留抵退税款项缴回并继续按规定抵扣进项税额时，按缴回留抵退税款项的金额，借记‘应交税费——应交增值税（进项税额）’科目，贷记‘应交税费——增值税留抵税额’科目，同时借记‘应交税费——增值税留抵税额’科目，贷记‘银行存款’科目。”

根据上述规定，企业收到退回的增值税留抵税额，应当借记“银行存款”科目，贷记“应交税费——增值税留抵税额”科目。

65. 充值加油卡只能取得普通发票应如何抵扣进项

某企业在加油站充值加油卡，只取得了增值税普通发票，导致不能抵扣进项税额。请问应如何处理？

答：《成品油零售加油站增值税征收管理办法》（国家税务总局令第2号）第十二条规定：“发售加油卡、加油凭证销售成品油的纳税人（以下简称‘预售单位’）在售卖加油卡、加油凭证时，应按预收账款方法作相关账务处理，不征收增值税。预售单位在发售加油卡或加油凭证时可开具普通发票，如购油单位要求开具增值税专用发票，待用户凭卡或加油凭证加油后，根据加油卡或加油凭证回笼纪录，向购油单位开具增值税专用发票。接受加油卡或加油凭证销售成品油的单位与预售单位结算油款时，接受加油卡或加油凭证销售成品油的单位根据实际结算的油款向预售单位开具增值税专用发票。”

根据上述规定，企业充值加油卡时取得增值税普通发票不得抵扣进项税额，相应的进项税额应当在实际消费时凭加油卡或加油凭证回笼记录向加油站索取增值税专用发票用于抵扣。

66. 取得境外企业开具的发票能抵扣进项税额吗

某企业支付境外公司咨询服务费并取得了境外公司开具的形式发票，该境外公司无境内分支机构。请问该发票能抵扣进项税吗？

答：《中华人民共和国增值税暂行条例》（国务院令第691号）第八条规定：“纳税人购进货物、劳务、服务、无形资产、不动产支付或者负担的增值税额，为进项税额。下列进项税额准予从销项税额中抵扣：（一）从销售方取得的增值税专用发票上注明的增值税额。（二）从海关取得的海关进口增值税专用缴款书上注明的增值税额。（三）购进农产品，除取得增值税专用发票或者海关进口增值税专用缴款书外，按照农产品收购发票或者销售发票上注明的农产品买价和11%的扣除率计算的进项税额，国务院另有规定的除外……（四）自境外单位或者个人购进劳务、服务、无形资产或者境内的不动产，从税务机关或者扣缴义务人取得的代扣代缴税款的完税凭证上注明的增值税额。”《营业税改征增值税试点实施办法》（财税〔2016〕36号附件1）第一条规定：“在中华人民共和国境内（以下称境内）销售服务、无形资产或者不动产（以下称应税行为）的单位和个人，为增值税纳税人，应当按照本办法缴纳增值税，不缴纳营业税。单位，是指企业、行政单位、事业单位、军事单位、社会团体及其他单位。”第六条规定：“中华人民共和国境外（以下称境外）单位或者个人在境内发生应税行为，在境内未设有经营机构的，以购买方为增值税扣缴义务人。财政部和国家税务总局另有规定的除外。”《营业税改征增值税试点有关事项的规定》（财税〔2016〕36号附件2）第二条第（一）项第3点规定：“原增值税一般纳税人从境外单位或者个人购进服务、无形资产或者不动产，按照规定应当扣缴增值税的，准予从销项税额中抵扣的进项税额为自税务机关或者扣缴义务人取得的解缴税款的完税凭证上注明的增值税额。纳税人凭完税凭证抵扣进项税额的，应当具备书面合同、付款证明和境外单位的对账单或者发票。资料不全的，其进项税额不得从销项税额中抵扣。”

根据上述规定，企业取得的形式发票不能抵扣进项税，但作为境外公司增值税的扣缴义务人，企业应按规定为境外公司扣缴增值税并取得解缴税款的完税凭证并可凭该完税凭证抵扣进项税，同时应具备该笔业务的书面合同、付款证明和境外公司的对账单或者发票。

67. 取得融资租赁利息发票是否允许抵扣进项税额

某企业从事融资租赁相关业务，取得一张融资租赁利息专用发票。请问该利息发票是否能够抵扣进项税额？

答：《营业税改征增值税试点有关事项的规定》（财税〔2016〕36号附件2）第一条第（四）项规定：“……3. 纳税人接受贷款服务向贷款方支付的与该笔贷款直接相关的投融资顾问费、手续费、咨询费等费用，其进项税额不得从销项税额中抵扣。”

根据上述规定，应根据融资租赁的具体业务模式进行判断，其中，融资性售后回租属于“贷款服务”，该业务取得的租赁利息专用发票的进项税额不得从销项税额中抵扣，而其余的融资租赁业务按照“现代服务—租赁服务”，其取得的租赁利息专用发票的进项税额可以从销项税额中抵扣。

68. 兼用于办公的员工食堂进项税额是否需要转出

某企业购置一幢房产用作员工食堂，同时在其中划出一块区域用于企业一些部门人员的办公场所。请问企业是否需要将用于员工食堂部分的进项税额予以转出？

答：《营业税改征增值税试点实施办法》（财税〔2016〕36号附件1）第二十七条规定：“下列项目的进项税额不得从销项税额中抵扣：（一）用于简易计税方法计税项目、免征增值税项目、集体福利或者个人消费的购进货物、加工修理修配劳务、服务、无形资产和不动产。其中涉及的固定资产、无形资产、不动产，仅指专用于上述项目的固定资产、无形资产（不包括其他权益性无形资产）、不动产。纳税人的交际应酬消费属于个人消费。（二）非正常损失的购进货物，以及相关的加工修理修配劳务和交通运输服务。（三）非正常损失的在产品、产成品所耗用的购进货物（不包括固定资产）、加工修理修配劳务和交通运输服务。（四）非正常损失的不动产，以及该不动产所耗用的购进货物、设计服务和建筑服务。（五）非正常损失的不动产在建工程所耗用的购进货物、设计服务和建筑服务。纳税人新建、改建、扩建、修缮、装饰不动产，均属于不动产在建工程。（六）购进的旅客运输服务、贷款服务、餐饮服务、居民日常服务和娱乐服务。（七）财政部和国家税务总局规定的其他情形。本条第（四）项、第（五）项所称货物，是指构成不动产实体的材料和设备，包括建筑装饰材料和给排水、采暖、卫生、通风、照明、通讯、煤气、消防、中央空调、电梯、电气、智能化楼宇设备及配套设施。”

根据上述规定，企业员工食堂部分用于集体福利、部分用于正常经营办公，不属于专用于集体福利的不动产，对应进项税额无须进行转出处理。

69. 取得商业承兑汇票贴现费用专票能否抵扣进项

某企业为一般纳税人，其销售货物并取得采购企业商业承兑汇票，到开户银行贴现，支付贴现费用后取得银行开具的专用发票。请问该贴现费用专票能否抵扣进项？

答：《营业税改征增值税试点实施办法》（财税〔2016〕36号附件1）第二十七条第（六）项规定：“购进的贷款服务的进项税额不得从销项税额中抵扣。”后附《销售服务、无形资产、不动产注释》第一条第（五）项规定：

"贷款是指将资金贷与他人使用而取得利息收入的业务活动。各种占用、拆借资金取得的收入，包括金融商品持有期间（含到期）利息（保本收益、报酬、资金占用费、补偿金等）收入、信用卡透支利息收入、买入返售金融商品利息收入、融资融券收取的利息收入，以及融资性售后回租、押汇、罚息、票据贴现、转贷等业务取得的利息及利息性质的收入，按照贷款服务缴纳增值税。"

根据上述规定，企业商业承兑汇票贴现取得的增值税专用发票，属于购进贷款服务，对应的进项税额不得抵扣。

70. 购买发放给员工的防疫物资能抵扣进项税额吗

某企业为做好防疫工作，购买了一批口罩和消毒产品发放给员工办公时使用，取得增值税专用发票。请问该防疫物资支出能否抵扣进项税额？

答：《中华人民共和国增值税暂行条例》（国务院令第 691 号）第十条规定："下列项目的进项税额不得从销项税额中抵扣：（一）用于简易计税方法计税项目、免征增值税项目、集体福利或者个人消费的购进货物、劳务、服务、无形资产和不动产；（二）非正常损失的购进货物，以及相关的劳务和交通运输服务；（三）非正常损失的在产品、产成品所耗用的购进货物（不包括固定资产）、劳务和交通运输服务；（四）国务院规定的其他项目。"

根据上述规定，企业在新冠疫情期间购买的口罩、酒精等防护用品，用于本企业复工复产的，属于特殊时期的劳保用品，取得合法有效扣税凭证的，其进项税额可以从销项税额中抵扣。

71. 租入车辆用于集体福利以及其他用途能否全额抵扣

某企业签订车辆租赁合同，合同中约定该车辆用于接送员工上下班，而实际使用过程中除了用作班车，还用来营运或接送其他客人。请问租赁费进项税额能否抵扣？

答：《财政部 国家税务总局关于租入固定资产进项税额抵扣等增值税政策的通知》（财税〔2017〕90 号）第一条规定："自 2018 年 1 月 1 日起，纳税人租入固定资产、不动产，既用于一般计税方法计税项目，又用于简易计税方法计税项目、免征增值税项目、集体福利或者个人消费的，其进项税额准予从销项税额中全额抵扣。"

根据上述规定，企业租入车辆既用于员工集体福利，又用于其他项目的，其进项税额可以全额抵扣。

72. 运输途中商品毁损是否要进项转出

某企业购进一批商品，在运输途中发生交通事故，导致大部分商品毁损，由于事前已投保，保险公司支付了保险理赔款。请问该毁损的商品对应的进项税额是否需要转出？

答：《中华人民共和国增值税暂行条例》（国务院令第691号）第十条规定："下列项目的进项税额不得从销项税额中抵扣：（一）用于简易计税方法计税项目、免征增值税项目、集体福利或者个人消费的购进货物、劳务、服务、无形资产和不动产；（二）非正常损失的购进货物，以及相关的劳务和交通运输服务；（三）非正常损失的在产品、产成品所耗用的购进货物（不包括固定资产）、劳务和交通运输服务；（四）国务院规定的其他项目。"《中华人民共和国增值税暂行条例实施细则》（财政部令第65号）第二十四条规定："条例第十条第（二）项所称非正常损失，是指因管理不善造成被盗、丢失、霉烂变质的损失。"

根据上述规定，企业因交通事故导致的商品损失不属于非正常损失，不需要作进项转出处理。

73. 被列为异常增值税扣税凭证应当如何处理

某企业当月有一张已申报抵扣的增值税专用发票被主管税务机关列为异常增值税扣税凭证。请问应当如何处理，是否可以先向主管税务机关提出核实申请再进行后续处理？

答：《国家税务总局关于异常增值税扣税凭证管理等有关事项的公告》（国家税务总局公告2019年第38号）第三条规定："增值税一般纳税人取得的增值税专用发票列入异常凭证范围的，应按照以下规定处理：（一）尚未申报抵扣增值税进项税额的，暂不允许抵扣。已经申报抵扣增值税进项税额的，除另有规定外，一律作进项税额转出处理。（二）尚未申报出口退税或者已申报但尚未办理出口退税的，除另有规定外，暂不允许办理出口退税。适用增值税免抵退税办法的纳税人已经办理出口退税的，应根据列入异常凭证范围的增值税专用发票上注明的增值税额作进项税额转出处理；适用增值税免退税办法的纳税人已经办理出口退税的，税务机关应按照现行规定对列入异常凭证范围的增值税专用发票对应的已退税款追回。纳税人因骗取出口退税停止出口退（免）税期间取得的增值税专用发票列入异常凭证范围的，按照本条第（一）项规定执行。（三）消费税纳税人以外购或委托加工收回的已税消费品为原料连续生产应税消费品，尚未申报扣除原料已纳消费税税款的，暂不允许抵扣；已经申报抵扣的，冲减当期允许抵扣的消费税税款，当期不足冲减的应当补缴税款。（四）纳税信用A级纳税人取得异常凭证且已经申报抵扣增值税、办理出口退税或抵扣消费税的，可以自接到税务机关通知之日起10个工作日内，向主管税务机关提出核实申请。经税务机关核实，符合现行增值税进项税额抵扣、出口退税或消费税抵扣相关规定的，可不作进项税额转出、追回已退税款、冲减当期允许抵扣的消费税税款等处理。纳税人逾期未提出核实申请的，应于期满后按照本条第（一）项、第（二）项、第（三）项规定作相关处理。（五）纳税人对税务机关认定的异常凭证存有异议，可以向主管税务机关提出核实申请。经税务机关核实，符合现行增值税进项税额抵扣或出口退税相关规定的，纳税人可继续申报抵扣或者重新申报出口退税；符合消费税抵扣规定且已缴纳消费税税款的，纳税人可继续申报抵扣消费税税款。”

根据上述规定，企业已申报抵扣的增值税专用发票被主管税务机关列为异常增值税扣税凭证的，应当先进项税额转出，如果存在异议，可以向主管税务机关提出核实申请，经税务机关核实，符合现行增值税进项税额抵扣相关规定的，可继续申报抵扣进项税额。

74. 过期报废存货的进项税额是否要转出

某企业购进一批商品，其中一部分由于滞销而一直存放在仓库，导致超过了保质期，企业对其予以了报废处理。请问该过期报废的商品是否属于非正常损失并进项税额转出？

答：《中华人民共和国增值税暂行条例》（国务院令第691号）第十条规定：“下列项目的进项税额不得从销项税额中抵扣：（一）用于简易计税方法计税项目、免征增值税项目、集体福利或者个人消费的购进货物、劳务、服务、无形资产和不动产；（二）非正常损失的购进货物，以及相关的劳务和交通运输服务；（三）非正常损失的在产品、产成品所耗用的购进货物（不包括固定资产）、劳务和交通运输服务；（四）国务院规定的其他项目。”《中华人民共和国增值税暂行条例实施细则》（财政部令第65号）第二十四条规定：“条例第十条第（二）项所称非正常损失，是指因管理不善造成被盗、丢失、霉烂变质的损失。”

根据上述规定，企业购入在货物外包装或使用说明书中注明有使用期限的货物，超过有效（保质）期无法进行正常销售，需作销毁处理的，可视作企业在经营过程中的正常经营损失，不纳入非正常损失，无须进项税额转出。

75. 购入农产品的进项税额抵扣处理

某企业下属酒店采购农产品用于餐饮服务，取得了增值税专用发票、农产品收购发票或者销售发票。请问进项税额的抵扣如何处理？

答：《营业税改征增值税试点实施办法》（财税〔2016〕36号附件1）第二十五条第（三）项规定："购进农产品，除取得增值税专用发票或者海关进口增值税专用缴款书外，按照农产品收购发票或者销售发票上注明的农产品买价和13%的扣除率计算的进项税额。计算公式为：进项税额 = 买价 × 扣除率。买价，是指纳税人购进农产品在农产品收购发票或者销售发票上注明的价款和按照规定缴纳的烟叶税。购进农产品，按照《农产品增值税进项税额核定扣除试点实施办法》抵扣进项税额的除外。"《财政部 国家税务总局关于简并增值税税率有关政策的通知》（财税〔2017〕37号）第二条第（一）项规定："除本条第（二）款规定外，纳税人购进农产品，取得一般纳税人开具的增值税专用发票或海关进口增值税专用缴款书的，以增值税专用发票或海关进口增值税专用缴款书上注明的增值税额为进项税额；从按照简易计税方法依照3%征收率计算缴纳增值税的小规模纳税人取得增值税专用发票的，以增值税专用发票上注明的金额和11%的扣除率计算进项税额；取得（开具）农产品销售发票或收购发票的，以农产品销售发票或收购发票上注明的农产品买价和11%的扣除率计算进项税额。"第（四）项规定："纳税人从批发、零售环节购进适用免征增值税政策的蔬菜、部分鲜活肉蛋而取得的普通发票，不得作为计算抵扣进项税额的凭证。"《财政部 税务总局关于调整增值税税率的通知政策的通知》（财税〔2018〕32号）第二条规定："自2018年5月1日起，纳税人购进农产品，原适用11%扣除率的，扣除率调整为10%。"《财政部 税务总局 海关总署关于深化增值税改革有关政策的公告》（财政部 税务总局 海关总署公告2019年第39号）第二条规定："纳税人购进农产品，原适用10%扣除率的，扣除率调整为9%。纳税人购进用于生产或者委托加工13%税率货物的农产品，按照10%的扣除率计算进项税额。第五条规定，本通知自2019年4月1日起执行。"

根据上述规定，企业如取得的是增值税专用发票，则以发票注明的增值税额为进项税额；如取得的是农产品销售发票或收购发票的，可按发票上注明的农产品买价和9%的扣除率计算进项税额；如果是从批发、零售环节购进的免税农产品，取得普通发票，不得计算抵扣进项税额。

76. 甲供工程取得分包劳务发票能否抵扣进项

某建筑企业为一般纳税人，其提供甲供工程服务，选择简易计税并开具了3%税率增值税发票，同时分包方向建筑企业也开具了3%税率劳务费发票。请问企业能否抵扣进项税额？

答：《营业税改征增值税试点有关事项的规定》（财税〔2016〕36号附件2）第一条第（六）项规定："一般纳税人为甲供工程提供的建筑服务，可以选择适用简易计税方法计税。"《营业税改征增值税试点实施办法》（财税〔2016〕36号附件1）第二十七条第（一）项规定："用于简易计税方法计税项目、免征增值税项目、集体福利或者个人消费的购进货物、加工修理修配劳务、服务、无形资产和不动产。其中涉及的固定资产、无形资产、不动产，仅指专用于上述项目的固定资产、无形资产（不包括其他权益性无形资产）、不动产。"

根据上述规定，企业从事甲供工程提供的建筑服务可以选择适用简易计税方法计税，而"简易计税方法计税项目"的增值税进项税额不得抵扣。由于企业选择了3%税率简易计税，其取得的劳务费发票不得抵扣进项。

77. 经营地点变动而变更税务登记机关应如何处理

某企业为一般纳税人，因经营地点发生变动导致涉及改变税务登记机关。请问迁移前尚未抵扣的进项税额能否继续抵扣？

答：《国家税务总局关于一般纳税人迁移有关增值税问题的公告》（国家税务总局公告2011年第71号）第一条规定："增值税一般纳税人（以下简称纳税人）因住所、经营地点变动，按照相关规定，在工商行政管理部门作变更登记处理，但因涉及改变税务登记机关，需要办理注销税务登记并重新办理税务登记的，在迁达地重新办理税务登记后，其增值税一般纳税人资格予以保留，办理注销税务登记前尚未抵扣的进项税额允许继续抵扣。"第二条规定："迁出地主管税务机关应认真核实纳税人在办理注销税务登记前尚未抵扣的进项税额，填写'增值税一般纳税人迁移进项税额转移单'（见附件）。'增值税一般纳税人迁移进项税额转移单'一式三份，迁出地主管税务机关留存一份，交纳税人一份，传递迁达地主管税务机关一份。"第三条规定："迁达地主管税务机关应将迁出地主管税务机关传递来的'增值税一般纳税人迁移进项税额转移单'与纳税人报送资料进行认真核对，对其迁移前尚未抵扣的进项税额，在确认无误后，允许纳税人继续申报抵扣。"

根据上述规定，企业在重新办理税务登记后，其增值税一般纳税人资格予以保留，且办理注销税务登记前尚未抵扣的进项税额允许继续抵扣。

78. 机票中的民航发展基金能否纳入进项抵扣范围

某企业员工报销差旅费，根据规定，国内旅客运输服务的机票款进项税计税基础为票价+燃油附加费。请问民航发展基金能纳入进项抵扣范围吗？

答：《财政部 税务总局 海关总署关于深化增值税改革有关政策的公告》（财政部 税务总局 海关总署公告2019年第39号）第六条规定："纳税人购进国内旅客运输服务，其进项税额允许从销项税额中抵扣。纳税人未取得增值税专用发票的，暂按照以下规定确定进项税额：1. 取得增值税电子普通发票的，为发票上注明的税额；2. 取得注明旅客身份信息的航空运输电子客票行程单的，为按照下列公式计算进项税额：航空旅客运输进项税额 =（票价 + 燃油附加费）÷（1+9%）×9%；3. 取得注明旅客身份信息的铁路车票的，为按照下列公式计算的进项税额：铁路旅客运输进项税额 = 票面金额 ÷（1+9%）×9%；4. 取得注明旅客身份信息的公路、水路等其他客票的，按照下列公式计算进项税额：公路、水路等其他旅客运输进项税额 = 票面金额 ÷（1+3%）×3%。"

根据规定，在航空运输电子客票行程单中，票价、燃油附加费和民航发展基金是分别列示的，其中民航发展基金属于政府性基金，不计入航空运输企业的销售收入，不征收增值税。

79. 无偿提供服务行为对应的进项税额能否抵扣

新冠疫情期间，某企业为社会群众无偿提供服务。请问对应的进项税额能否抵扣？

答：《营业税改征增值税试点实施办法》（财税〔2016〕36号附件1）第十四条规定："下列情形视同销售服务、无形资产或者不动产：（一）单位或者个体工商户向其他单位或者个人无偿提供服务，但用于公益事业或者以社会公众为对象的除外。（二）单位或者个人向其他单位或者个人无偿转让无形资产或者不动产，但用于公益事业或者以社会公众为对象的除外。（三）财政部和国家税务总局规定的其他情形。"《营业税改征增值税试点有关事项的规定》（财税〔2016〕36号附件2）第一条第二款规定："不征收增值税项目：根据国家指令无偿提供的铁路运输服务、航空运输服务，属于《试点实施办法》第十四条规定的用于公益事业的服务。"

根据上述规定，企业无偿提供服务用于公益事业，则不需要视同有偿服务缴税，属于不征税项目，其对应的进项税额可以抵扣。

80. 临时建筑工程完工后拆除是否需要进项税额转出

某企业在工地搭建的临时建筑在工程完工后拆除。请问原已抵扣的成本的进项税额是否需要转出？

答：《营业税改征增值税试点实施办法》（财税〔2016〕36号附件1）第二十七条规定：“下列项目的进项税额不得从销项税额中抵扣：（一）用于简易计税方法计税项目、免征增值税项目、集体福利或者个人消费的购进货物、加工修理修配劳务、服务、无形资产和不动产。其中涉及的固定资产、无形资产、不动产，仅指专用于上述项目的固定资产、无形资产（不包括其他权益性无形资产）、不动产。纳税人的交际应酬消费属于个人消费。（二）非正常损失的购进货物，以及相关的加工修理修配劳务和交通运输服务。（三）非正常损失的在产品、产成品所耗用的购进货物（不包括固定资产）、加工修理修配劳务和交通运输服务。（四）非正常损失的不动产，以及该不动产所耗用的购进货物、设计服务和建筑服务。（五）非正常损失的不动产在建工程所耗用的购进货物、设计服务和建筑服务。纳税人新建、改建、扩建、修缮、装饰不动产，均属于不动产在建工程。（六）购进的旅客运输服务、贷款服务、餐饮服务、居民日常服务和娱乐服务。（七）财政部和国家税务总局规定的其他情形。本条第（四）项、第（五）项所称货物，是指构成不动产实体的材料和设备，包括建筑装饰材料和给排水、采暖、卫生、通风、照明、通讯、煤气、消防、中央空调、电梯、电气、智能化楼宇设备及配套设施。”

根据上述规定，建筑工地的临时建筑在工程结束时被拆除，不属于非正常损失的不动产，其进项税额不需要转出。

81. 劳务派遣员工购进国内旅客运输服务进项能否抵扣

某企业从劳务派遣单位接受一批劳务派遣人员。请问作为用工单位接受的劳务派遣员工购进国内旅客运输服务的进项税额，是否可以从企业的销项税额中抵扣？

答：《国家税务总局关于国内旅客运输服务进项税抵扣等增值税征管问题的公告》（国家税务总局公告2019年第31号）第一条规定：“关于国内旅客运输服务进项税抵扣（一）《财政部 税务总局 海关总署关于深化增值税改革有关政策的公告》（财政部 税务总局 海关总署公告2019年第39号）第六条所称‘国内旅客运输服务’，限于与本单位签订了劳动合同的员工，以及本单位作为用工单位接受的劳务派遣员工发生的国内旅客运输服务。”

根据上述规定，企业作为用工单位接受的劳务派遣员工购进国内旅客运输服务的进项税额，可以从企业的销项税额中抵扣。

82. 个体户改制有限责任公司尚未抵扣进项如何处理

某个体户为一般纳税人，后改制为有限责任公司。请问其尚未抵扣的进项税额应如何处理？

答：《国家税务总局关于纳税人资产重组增值税留抵税额处理有关问题的公告》（国家税务总局公告2012年第55号）第一条规定：“增值税一般纳税人在资产重组过程中，将全部资产、负债和劳动力一并转让给其他增值税一般纳税人，并按程序办理注销税务登记的，其在办理注销登记前尚未抵扣的进项税额可结转至新纳税人处继续抵扣。”第二条规定：“原纳税人主管税务机关应认真核查纳税人资产重组相关资料，核实原纳税人在办理注销税务登记前尚未抵扣的进项税额，填写‘增值税一般纳税人资产重组进项留抵税额转移单’。‘增值税一般纳税人资产重组进项留抵税额转移单’一式三份，原纳税人主管税务机关留存一份，交纳税人一份，传递新纳税人主管税务机关一份。”

根据上述规定，一般纳税人由个体工商户改制为有限责任公司，其在办理注销登记前尚未抵扣的进项税额可结转至新纳税人处继续抵扣。

83. 临时聘用人员取得国内旅客运输服务发票能否抵扣

某企业临时外聘一名律师，该律师未与企业签订劳动合同。请问该律师取得的国内旅客运输服务发票能否用于抵扣企业进项？

答：《国家税务总局关于国内旅客运输服务进项税抵扣等增值税征管问题的公告》（国家税务总局公告2019年第31号）第一条规定：“（一）《财政部 税务总局 海关总署关于深化增值税改革有关政策的公告》（财政部 税务总局 海关总署公告2019年第39号）第六条所称‘国内旅客运输服务’，限于与本单位签订了劳动合同的员工，以及本单位作为用工单位接受的劳务派遣员工发生的国内旅客运输服务。（二）纳税人购进国内旅客运输服务，以取得的增值税电子普通发票上注明的税额为进项税额的，增值税电子普通发票上注明的购买方‘名称’‘纳税人识别号’等信息，应当与实际抵扣税款的纳税人一致，否则不予抵扣。（三）纳税人允许抵扣的国内旅客运输服务进项税额，是指纳税人2019年4月1日及以后实际发生，并取得合法有效增值税扣税凭证注明的或依据其计算的增值税税额。以增值税专用发票或增值税电子普通发票为增值税扣税凭证的，为2019年4月1日及以后开具的增值税专用发票或增值税电子普通发票。”

根据上述规定，企业临时外聘的未与企业签订劳动合同的律师取得的国内旅客运输服务发票，不能用于抵扣企业进项。

84. 简易计税开具的专票能否抵扣进项税额

某企业下属建筑公司适用简易计税方法，其开具增值税专用发票给该企业。请问该企业取得的增值税专用发票能够认证并抵扣进项税额吗？

答：《中华人民共和国增值税暂行条例》（国务院令第691号）第八条规定：“纳税人购进货物、劳务、服务、无形资产、不动产支付或者负担的增值税额，为进项税额。下列进项税额准予从销项税额中抵扣：（一）从销售方取得的增值税专用发票上注明的增值税额。（二）从海关取得的海关进口增值税专用缴款书上注明的增值税额。（三）购进农产品，除取得增值税专用发票或者海关进口增值税专用缴款书外，按照农产品收购发票或者销售发票上注明的农产品买价和11%的扣除率计算的进项税额，国务院另有规定的除外……（四）自境外单位或者个人购进劳务、服务、无形资产或者境内的不动产，从税务机关或者扣缴义务人取得的代扣代缴税款的完税凭证上注明的增值税额。”《财政部、国家税务总局关于全面推开营业税改征增值税试点的通知》（财税〔2016〕36号）附件1：《营业税改征增值税试点实施办法》第二十七条规定：“下列项目的进项税额不得从销项税额中抵扣：（一）用于简易计税方法计税项目、免征增值税项目、集体福利或者个人消费的购进货物、加工修理修配劳务、服务、无形资产和不动产。其中涉及的固定资产、无形资产、不动产，仅指专用于上述项目的固定资产、无形资产（不包括其他权益性无形资产）、不动产。纳税人的交际应酬消费属于个人消费。（二）非正常损失的购进货物，以及相关的加工修理修配劳务和交通运输服务。（三）非正常损失的在产品、产成品所耗用的购进货物（不包括固定资产）、加工修理修配劳务和交通运输服务。（四）非正常损失的不动产，以及该不动产所耗用的购进货物、设计服务和建筑服务。（五）非正常损失的不动产在建工程所耗用的购进货物、设计服务和建筑服务。纳税人新建、改建、扩建、修缮、装饰不动产，均属于不动产在建工程。（六）购进的旅客运输服务、贷款服务、餐饮服务、居民日常服务和娱乐服务。（七）财政部和国家税务总局规定的其他情形。”

根据上述规定，企业取得建筑公司开具的专票可以抵扣，与其是否为简易计税没有关系。

85. 外购物品用于员工福利的进项税额能否抵扣

某企业准备购买20张机票用于奖励公司优秀团队。请问购买机票支出对应的进项税额能否抵扣？

答：《营业税改征增值税试点实施办法》（财税〔2016〕36号附件1）第二十七条规定："下列项目的进项税额不得从销项税额中抵扣：（一）用于简易计税方法计税项目、免征增值税项目、集体福利或者个人消费的购进货物、加工修理修配劳务、服务、无形资产和不动产。其中涉及的固定资产、无形资产、不动产，仅指专用于上述项目的固定资产、无形资产（不包括其他权益性无形资产）、不动产。纳税人的交际应酬消费属于个人消费。（二）非正常损失的购进货物，以及相关的加工修理修配劳务和交通运输服务。（三）非正常损失的在产品、产成品所耗用的购进货物（不包括固定资产）、加工修理修配劳务和交通运输服务。（四）非正常损失的不动产，以及该不动产所耗用的购进货物、设计服务和建筑服务。（五）非正常损失的不动产在建工程所耗用的购进货物、设计服务和建筑服务。纳税人新建、改建、扩建、修缮、装饰不动产，均属于不动产在建工程。（六）购进的旅客运输服务、贷款服务、餐饮服务、居民日常服务和娱乐服务。（七）财政部和国家税务总局规定的其他情形。本条第（四）项、第（五）项所称货物，是指构成不动产实体的材料和设备，包括建筑装饰材料和给排水、采暖、卫生、通风、照明、通讯、煤气、消防、中央空调、电梯、电气、智能化楼宇设备及配套设施。"

根据上述规定，企业用于奖励员工的20张机票，属于集体福利项目，对应的进项税额不得从销项税额中抵扣。

86. 跨年未入账的发票能否抵扣

某企业采购一批物资，2021年12月29日对方开具了增值税专用发票，由于相关人员沟通不到位，导致发票未能及时传递到财务人员手上，直到2022年8月才提交给财务人员。请问该专票是否可以抵扣？

答：《国家税务总局关于取消增值税扣税凭证认证确认期限等增值税征管问题的公告》（国家税务总局公告2019年第45号）第一条规定，"增值税一般纳税人取得2017年1月1日及以后开具的增值税专用发票、海关进口增值税专用缴款书、机动车销售统一发票、收费公路通行费增值税电子普通发票，取消认证确认、稽核比对、申报抵扣的期限。纳税人在进行增值税纳税申报时，应当通过本省（自治区、直辖市和计划单列市）增值税发票综合服务平台对上述扣税凭证信息进行用途确认。增值税一般纳税人取得2016年12月31日及以前开具的增值税专用发票、海关进口增值税专用缴款书、机动车销售统一发票，超过认证确认、稽核比对、申报抵扣期限，但符合规定条件的，仍可按照《国家税务总局关于逾期增值税扣税凭证抵扣问题的公告》（国家税务总局公告2011年第50号）、《国家税务总局关于未按期申报抵扣增值税扣税凭证有关问题的公告》（国家税务总局公告2011年第78号）规定，继续抵扣进项税额。"

根据上述规定，2017年1月1日及以后开具的增值税专用发票、海关进口增值税专用缴款书、机动车销售统一发票、收费公路通行费增值税电子普通发票，取消认证确认、稽核比对、申报抵扣的期限，取得的增值税专用票发票其应税行为不属于不得抵扣范围的，涉及跨年的也可认证抵扣。

87. 班车租赁进项税能否抵扣进项税额

某企业每年固定支付班车租赁费，一辆班车用于接送员工上下班，另一辆班车用于接送员工往返各个工地。请问是否需要进项税额转出？

答：《中华人民共和国增值税暂行条例》（国务院令第691号）第十条规定，用于简易计税方法计税项目、免征增值税项目、集体福利或者个人消费的购进货物、劳务、服务、无形资产和不动产，其进项税额不得从销项税额中抵扣。

根据上述规定，一辆班车租赁用于接送员工上下班属于福利性质的，不得抵扣进项税额，另一辆班车用于接送员工往返各个工地属于正常生产经营性质的，可以抵扣进项税额。

88. 合并前尚未抵扣的进项税能否结转至新企业抵扣

某企业2021年10月吸收合并子公司，成立了新的分公司，子公司按程序办理了税务登记注销手续。请问子公司在办理注销登记前尚未抵扣的进项税额可否结转至分公司处继续抵扣？

答：《国家税务总局关于纳税人资产重组增值税留抵税额处理有关问题的公告》（国家税务总局公告2012年第55号）第一条规定："增值税一般纳税人在资产重组过程中，将全部资产、负债和劳动力一并转让给其他增值税一般纳税人，并按程序办理注销税务登记的，其在办理注销登记前尚未抵扣的进项税额可结转至新纳税人处继续抵扣。”第二条规定：“原纳税人主管税务机关应认真核查纳税人资产重组相关资料，核实原纳税人在办理注销税务登记前尚未抵扣的进项税额，填写‘增值税一般纳税人资产重组进项留抵税额转移单’。‘增值税一般纳税人资产重组进项留抵税额转移单’一式三份，原纳税人主管税务机关留存一份，交纳税人一份，传递新纳税人主管税务机关一份。”

根据上述规定，子公司在办理注销登记前尚未抵扣的进项税额可结转至新纳税人处继续抵扣。

89. 物业管理合同涉及集体福利设施增值税如何处理

某企业和物业公司签订的物业管理合同中标的包括食堂等福利性设施。请问其相关的进项税如何处理？

答：《营业税改征增值税试点实施办法》（财税〔2016〕36号附件1）第二十七条第（一）款规定：“用于简易计税方法计税项目、免征增值税项目、集体福利或者个人消费的购进货物、加工修理修配劳务、服务、无形资产和不动产的进项税额不得从销项税额中抵扣。其中涉及的固定资产、无形资产、不动产，仅指专用于上述项目的固定资产、无形资产（不包括其他权益性无形资产）、不动产。”第三十条规定：“已抵扣进项税额的购进货物（不含固定资产）、劳务、服务，发生本办法第二十七条规定情形（简易计税方法计税项目、免征增值税项目除外）的，应当将该进项税额从当期进项税额中扣减；无法确定该进项税额的，按照当期实际成本计算应扣减的进项税额。”

根据上述规定，物业管理合同中，用于食堂等集体福利设施的应税服务不得抵扣，已抵扣的，应当将该进项税额从当期进项税额中扣减。建议企业根据物业管理标的在合同中分别注明合同金额。

90. 购进的礼品能否抵扣进项税额

某企业营销部为了开拓市场，于2022年6月采购了一些礼品送给客户。请问购进礼品的进项税额能否抵扣？

答：《中华人民共和国增值税暂行条例实施细则》（财政部令第65号）第四条规定：“单位或者个体工商户的下列行为，视同销售货物：（八）将自产、委托加工或者购进的货物无偿赠送其他单位或者个人。”

根据上述规定，企业购进礼品用于无偿赠送客户，应视同销售缴纳增值税，其相应的进项税额可以抵扣。

91. 职工宿舍生活用电是否可以抵扣增值税进项税额

某企业员工集体宿舍以及职工个人生活用电共用一个电表，电力部门统一开具了一张增值税专用发票。请问取得的进项税额如何处理？

答：《中华人民共和国增值税暂行条例》（国务院令第691号）第十条规定："下列项目的进项税额不得从销项税额中抵扣：（一）用于简易计税方法计税项目、免征增值税项目、集体福利或者个人消费的购进货物、劳务、服务、无形资产和不动产；（二）非正常损失的购进货物，以及相关的劳务和交通运输服务；（三）非正常损失的在产品、产成品所耗用的购进货物（不包括固定资产）、劳务和交通运输服务；（四）国务院规定的其他项目。"

根据上述规定，员工集体宿舍用电属于集体福利范畴，职工个人生活用电属于个人消费费用范畴，所以，对企业用于集体福利和个人消费所购进的电力相应的进项税部分不能抵扣，应做进项税额转出。

92. 被盗笔记本电脑的进项税额是否转出

某企业2022年1月购买一批电子产品，由于管理不善导致其中2台笔记本电脑被盗。请问该被盗货物的进项税额是否可以抵扣？

答：《中华人民共和国增值税暂行条例》（国务院令第691号）第十条规定："下列项目的进项税额不得从销项税额中抵扣……（二）非正常损失的购进货物，以及相关的劳务和交通运输服务……"《中华人民共和国增值税暂行条例实施细则》（财政部令第65号）第二十四条规定："条例第十条第（二）项所称非正常损失，是指因管理不善造成被盗、丢失、霉烂变质的损失。"

根据上述规定，被盗笔记本电脑的进项税额不得从销项税额中抵扣，应转出。

93. 不能抵扣的项目取得的专票是否需要认证

某企业财务人员对于不能抵扣的项目虽取得了专用发票，但没有进行认证，导致税务系统存在一些未认证发票。请问该行为是否合规？

答：《营业税改征增值税试点有关事项的规定》（财税〔2016〕36号附件2）第二条第（一）款第8点规定："按照《增值税暂行条例》第十条和上述第5点不得抵扣且未抵扣进项税额的固定资产、无形资产、不动产，发生用途改变，用于允许抵扣进项税额的应税项目，可在用途改变的次月按照下列公式，依据合法有效的增值税扣税凭证，计算可以抵扣的进项税额：可以抵扣的进项税额＝固定资产、无形资产、不动产净值/（1＋适用税率）×适用税率；上述可以抵扣的进项税额应取得合法有效的增值税扣税凭证。”

根据上述规定，虽然文件没有要求专票必须认证，但是如果系统上滞留大量未认证发票，可能会引起税务机关的关注，一般较为合规的方式是先将专用发票认证但不进行抵扣，待转变用途时据以计算进项税额。

94. 留抵税额是否可以抵减稽查补缴的增值税

某企业被抽中为2022年度随机检查对象，需在月底前完成2019—2021年度全税种自查并将税款补缴至稽查局。请问稽查补缴的增值税是否可以抵减留抵税额？

答：《国家税务总局关于增值税一般纳税人将增值税进项留抵税额抵减查补税款欠税问题的批复》（国税函〔2005〕169号）第一条规定：“增值税一般纳税人拖欠纳税检查应补缴的增值税税款，如果纳税人有进项留抵税额，可按照《国家税务总局关于增值税一般纳税人用进项留抵税额抵减增值税欠税问题的通知》（国税发〔2004〕112号）的规定，用增值税留抵税额抵减查补税款欠税。”

根据上述规定，留抵税额可以抵减稽查补缴的增值税。

95. 筹建期间取得的专票是否可以抵扣进项税额

某企业筹建期间购置办公桌椅等，取得了增值税专用发票。请问该支出是否可以在认定为一般纳税人后抵扣进项税额？

答：《国家税务总局关于纳税人认定或登记为一般纳税人前进项税额抵扣问题的公告》（国家税务总局公告2015年第59号）第一条规定：“纳税人自办理税务登记至认定或登记为一般纳税人期间，未取得生产经营收入，未按照销售额和征收率简易计算应纳税额申报缴纳增值税的，其在此期间取得的增值税扣税凭证，可以在认定或登记为一般纳税人后抵扣进项税额。”

根据上述规定，企业筹建期间取得的增值税扣税凭证，可以在认定或登记为一般纳税人后抵扣进项税额。

96. 购进不动产的进项税额是否还需要分期抵扣

某企业为增值税一般纳税人，2022年4月20日，其购进一幢办公大楼的一层用于办公，计入“固定资产”科目，取得销售方开具的增值税专用发票上注明的购置金额1000万元，增值税税额为90万元。请问进项税额是否需要分期抵扣？

答：《国家税务总局关于深化增值税改革有关事项的公告》（国家税务总

局公告 2019 年第 14 号）第九条规定："本公告自 2019 年 4 月 1 日起施行。《不动产进项税额分期抵扣暂行办法》（国家税务总局公告 2016 年第 15 号发布）同时废止。"

根据上述规定，2022 年新购的办公楼进项税额不需要分期抵扣，可以一次性扣除。

97. 改变用途的不动产已抵扣进项税额如何处理

某企业 2022 年 7 月将一幢购置的不动产从仓库改造成职工食堂。请问原已抵扣的相关进项税额应如何处理？

答：《中华人民共和国增值税暂行条例》（国务院令第 691 号）第十条规定："下列项目的进项税额不得从销项税额中抵扣：（一）用于简易计税方法计税项目、免征增值税项目、集体福利或者个人消费的购进货物、劳务、服务、无形资产和不动产；（二）非正常损失的购进货物，以及相关的劳务和交通运输服务；（三）非正常损失的在产品、产成品所耗用的购进货物（不包括固定资产）、劳务和交通运输服务；（四）国务院规定的其他项目。"《中华人民共和国增值税暂行条例实施细则》（财政部令第 65 号）第二十四条规定："条例第十条第（二）项所称非正常损失，是指因管理不善造成被盗、丢失、霉烂变质的损失。"《国家税务总局关于深化增值税改革有关事项的公告》（国家税务总局公告 2019 年第 14 号）第六条规定："已抵扣进项税额的不动产，发生非正常损失，或者改变用途，专用于简易计税方法计税项目、免征增值税项目、集体福利或者个人消费的，按照下列公式计算不得抵扣的进项税额，并从当期进项税额中扣减：不得抵扣的进项税额 = 已抵扣进项税额 × 不动产净值率；不动产净值率 =（不动产净值 ÷ 不动产原值）× 100%。"

根据上述规定，公司应在 7 月当月根据不动产净值率计算不得抵扣的进项税，并将不得抵扣进项税额从进项税额中扣减。

98. 旅游服务发票进项税是否可以抵扣

某企业在业务招待费中列支旅游服务费。请问取得发票的进项税额是否可以抵扣？

答：《营业税改征增值税试点实施办法》（财税〔2016〕36 号文件附件 1）第二十七条规定："下列项目的进项税额不得从销项税额中抵扣：（一）用于简易计税方法计税项目、免征增值税项目、集体福利或者个人消费的购进货物、加工修理修配劳务、服务、无形资产和不动产。其中涉及的固定资产、无形资产、不动产，仅指专用于上述项目的固定资产、无形资产（不包括其他权益性无形资产）、不动产。”

根据上述规定，交际应酬消费属于个人消费，企业在宴请、招待等活动中取得的旅游发票进项税额不得抵扣。

99. 小规模纳税人取得增值税专票在成为一般纳税人后是否允许抵扣

某小规模纳税人2022年8月被认定为一般纳税人，在2022年8月之前一直按照征收率简易计算应纳税额申报缴纳增值税，2022年6月购买一批商品，并取得增值税专用发票。请问6月购买商品取得的增值税专用发票在8月成为一般纳税人后允许抵扣吗？

答：《国家税务总局关于纳税人认定或登记为一般纳税人前进项税额抵扣问题的公告》（国家税务总局公告2015年第59号）第一条规定：“纳税人自办理税务登记至认定或登记为一般纳税人期间，未取得生产经营收入，未按照销售额和征收率简易计算应纳税额申报缴纳增值税的，其在此期间取得的增值税扣税凭证，可以在认定或登记为一般纳税人后抵扣进项税额。”

根据上述规定，企业2022年8月之前一直按照征收率简易计算应纳税额申报缴纳增值税，不符合“未取得生产经营收入，未按照销售额和征收率简易计算应纳税额申报缴纳增值税的”的情况，因此，小规模纳税人取得的增值税专用发票在成为一般纳税人后也不允许抵扣。

100. 取得超经营范围开具的专用发票能否抵扣

某企业2022年初签订了设备维修合同，对方开具了税率为13%的增值税专用发票，服务内容为维护费，经核实该企业经营范围不含维修服务。请问该票能否抵扣，是否涉嫌虚开？

答：《国家税务总局关于纳税人对外开具增值税专用发票有关问题的公告》（国家税务总局公告2014年第39号）规定：“纳税人通过虚增增值税进项税额偷逃税款，但对外开具增值税专用发票同时符合以下情形的，不属于对外虚开增值税专用发票：一、纳税人向受票方纳税人销售了货物，或者提供了增值税应税劳务、应税服务；二、纳税人向受票方纳税人收取了所销售货物、所提供应税劳务或者应税服务的款项，或者取得了索取销售款项的凭据；三、纳税人按规定向受票方纳税人开具的增值税专用发票相关内容，与所销售货物、所提供应税劳务或者应税服务相符，且该增值税专用发票是纳税人合法取得、并以自己名义开具的。受票方纳税人取得的符合上述情形的增值税专用发票，可以作为增值税扣税凭证抵扣进项税额。”

根据上述规定，服务内容为维护费，对应的增值税税率应为6%，但取得的13%的增值税专用发票不得抵扣，企业应当退回并要求对方重新开具正确服务内容的增值税发票。

101. 取得的退票费专票能否抵扣进项

某企业员工出差计划取消，支付给航空代理公司退票费，并取得了6%税率的增值税专用发票。请问取得的退票费发票进项税额是否可以抵扣?

答：《营业税改征增值税试点实施办法》（财税〔2016〕36号附件1）“销售服务、无形资产、不动产注释”第一条第（六）款规定：“现代服务，是指围绕制造业、文化产业、现代物流产业等提供技术性、知识性服务的业务活动。包括研发和技术服务、信息技术服务、文化创意服务、物流辅助服务、租赁服务、鉴证咨询服务、广播影视服务、商务辅助服务和其他现代服务。”

根据上述规定，航空代理公司收取的退票费，属于现代服务业的征税范围，应按照6%税率计算缴纳增值税。因公务支付的退票费，属于可抵扣的进项税范围，其增值税专用发票上注明的税额，可以从销项税额中抵扣。

102. 暂估入库跨年增值税进项税额如何处理

某企业在采购材料的过程中，供应方在当年末未提供增值税专用发票，财务资产部先根据内部入库单进行暂估入库。请问暂估材料时是否需要同时暂估进项税额?

答：《财政部关于印发〈增值税会计处理规定〉的通知》（财会〔2016〕22号）第二条第4点规定：“货物等已验收入库但尚未取得增值税扣税凭证的账务处理。一般纳税人购进的货物等已到达并验收入库，但尚未收到增值税扣税凭证并未付款的，应在月末按货物清单或相关合同协议上的价格暂估入账，不需要将增值税的进项税额暂估入账。下月初，用红字冲销原暂估入账金额，待取得相关增值税扣税凭证并经认证后，按应计入相关成本费用或资产的金额，借记‘原材料’‘库存商品’‘固定资产’‘无形资产’等科目，按可抵扣的增值税额，借记‘应交税费——应交增值税（进项税额）’科目，按应付金额，贷记‘应付账款’等科目。”

根据上述规定，购入材料因未收到发票账单而于年终暂估入账时，可只估计材料成本，不需要将增值税的进项税额暂估入账。增值税进项税额抵扣方法目前只限于凭票抵扣、计算抵扣、加计抵扣，没有暂估抵扣。

103. 报销借用人员差旅费用的进项税额能否抵扣

某企业因工作原因向关联企业借用某人员一年，双方约定借用期间发生的差旅费由借用单位据实报销。请问发票涉及的进项税额如何处理？

答：《国家税务总局关于国内旅客运输服务进项税抵扣等增值税征管问题的公告》（国家税务总局公告2019年第31号）第一条第（一）款："《财政部 税务总局 海关总署关于深化增值税改革有关政策的公告》（财政部 税务总局 海关总署公告2019年第39号）第六条所称'国内旅客运输服务'，限于与本单位签订了劳动合同的员工，以及本单位作为用工单位接受的劳务派遣员工发生的国内旅客运输服务。"

根据上述规定，该借用人员未与企业签订劳动合同，也未作为劳务派遣员工派遣至该企业，其发生的差旅费进项税额不得抵扣。

104. "三包"期内免费提供材料维修是否作进项税额转出

某企业销售给客户的商品有瑕疵，在"三包"期间免费更换材料并维修，请问是否作进项税额转出或视同销售？

答：《中华人民共和国增值税暂行条例》（国务院令第691号）第十条规定："下列项目的进项税额不得从销项税额中抵扣：（一）用于简易计税方法计税项目、免征增值税项目、集体福利或者个人消费的购进货物、劳务、服务、无形资产和不动产；（二）非正常损失的购进货物，以及相关的劳务和交通运输服务；（三）非正常损失的在产品、产成品所耗用的购进货物（不包括固定资产）、劳务和交通运输服务；（四）国务院规定的其他项目。"根据《中华人民共和国增值税暂行条例实施细则》（财政部令第65号）第四条规定："单位或者个体工商户的下列行为，视同销售货物……（八）将自产、委托加工或者购进的货物无偿赠送其他单位或者个人。"

根据上述规定，保修期内免费保修业务作为销售合同的一部分，有关收入实际已经在销售时获得，该公司已就销售额缴纳了税款，免费保修时无须再缴纳增值税，维修领用零件也无须视同销售缴纳增值税。因此，企业在"三包"期内免费维修更换的零部件进项税额不需要转出，免费维修不需要再缴纳增值税，维修时更换的零部件也不需要视同销售缴纳增值税。

105. 保险赔付支出取得专票是否可以抵扣进项税额

某保险企业车辆出险后向被保险人支付赔偿金，由被保险人自行修理，维修费的增值税专用发票开具给保险企业。请问该保险企业取得的专用发票能否抵扣进项税额？

答：《国家税务总局关于国内旅客运输服务进项税抵扣等增值税征管问题的公告》（国家税务总局公告2019年第31号）第十一条规定：“（一）提供保险服务的纳税人以实物赔付方式承担机动车辆保险责任的，自行向车辆修理劳务提供方购进的车辆修理劳务，其进项税额可以按规定从保险公司销项税额中抵扣。（二）提供保险服务的纳税人以现金赔付方式承担机动车辆保险责任的，将应付给被保险人的赔偿金直接支付给车辆修理劳务提供方，不属于保险公司购进车辆修理劳务，其进项税额不得从保险公司销项税额中抵扣。（三）纳税人提供的其他财产保险服务，比照上述规定执行。”

根据上述规定，该保险企业向被保险人支付赔偿金，由被保险人自行修理，因此，保险企业取得维修费的增值税专用发票不能抵扣进项税额。

106. 外包洗涤费取得的专用发票是否可以抵扣进项税额

某企业为一般纳税人，主要提供培训及住宿场所。其中，床单用品等洗涤支出采取外包方式，取得服务提供方开具的洗涤服务增值税专用发票。请问该企业购进洗涤服务是否属于购进居民生活服务，不得抵扣进项税额？

答：《财政部 国家税务总局关于全面推开营业税改征增值税试点的通知》（财税〔2016〕36号）附件1《营业税改征增值税试点实施办法》第二十七条规定：“下列项目的进项税额不得从销项税额中抵扣：（六）购进的旅客运输服务、贷款服务、餐饮服务、居民日常服务和娱乐服务。”《销售服务、无形资产、不动产注释》规定：“居民日常服务是指主要为满足居民个人及其家庭日常生活需求提供的服务，包括市容市政管理、家政、婚庆、养老、殡葬、照料和护理、救助救济、美容美发、按摩、桑拿、氧吧、足疗、沐浴、洗染、摄影扩印等服务。”

根据上述规定，该企业购进的洗涤服务不属于居民日常服务，取得增值税专用发票对应的进项税额，可以按规定从销项税额中抵扣。

（四）销售额与销项税额

107. 工程预收款如何预缴增值税

某施工企业一般在施工前要求先收取预收款，按税法规定，提供建筑服务收到预收款时按预征率预缴增值税。请问应当在哪里预缴？

答：《财政部 税务总局关于建筑服务等营改增试点政策的通知》（财税〔2017〕58号）第三条规定："纳税人提供建筑服务取得预收款，应在收到预收款时，以取得的预收款扣除支付的分包款后的余额，按照本条第三款规定的预征率预缴增值税。适用一般计税方法计税的项目预征率为2%，适用简易计税方法计税的项目预征率为3%。"《国家税务总局关于发布〈纳税人跨县（市、区）提供建筑服务增值税征收管理暂行办法〉的公告》（国家税务总局公告2016年第17号）第十条规定："对跨县（市、区）提供的建筑服务，纳税人应自行建立预缴税款台账，区分不同县（市、区）和项目逐笔登记全部收入、支付的分包款、已扣除的分包款、扣除分包款的发票号码、已预缴税款以及预缴税款的完税凭证号码等相关内容，留存备查。"《国家税务总局关于进一步明确营改增有关征管问题的公告》（国家税务总局公告2017年第11号）第三条规定："纳税人在同一地级行政区范围内跨县（市、区）提供建筑服务，不适用《纳税人跨县（市、区）提供建筑服务增值税征收管理暂行办法》（国家税务总局公告2016年第17号印发）。"

根据上述规定，公司如果是在同一地级行政区范围内跨县（市、区）提供建筑服务收到预收款，则应当在机构所在地预缴增值税；如果是在不同地级行政区范围内跨县（市、区）提供建筑服务收到预收款，则应当在建筑服务发生地预缴增值税。

108. 法院判决书能否作为增值税差额扣除凭证

某企业为一般纳税人，2015年通过法院判决取得一处抵债房产，无法取得债务人开具的发票，后转让此房产时，选择简易计税。请问能否以法院判决书作为增值税扣除额的合法有效凭证？

答：《营业税改征增值税试点有关事项的规定》（财税〔2016〕36号附件2）第二条第（八）项第1点规定："一般纳税人销售其2016年4月30日前取得（不含自建）的不动产，可以选择适用简易计税方法，以取得的全部价款和价外费用减去该项不动产购置原价或者取得不动产时的作价后的余额为销售额，按照5%的征收率计算应纳税额。纳税人应按照上述计税方法在不动产所在地预缴税款后，向机构所在地主管税务机关进行纳税申报。”《国家税务总局关于发布〈纳税人转让不动产增值税征收管理暂行办法〉的公告》（国家税务总局公告2016年第14号）第三条第（一）项规定：“一般纳税人转让其2016年4月30日前取得（不含自建）的不动产，可以选择适用简易计税方法计税，以取得的全部价款和价外费用扣除不动产购置原价或者取得不动产时的作价后的余额为销售额，按照5%的征收率计算应纳税额。纳税人应按照上述计税方法向不动产所在地主管地税机关预缴税款，向机构所在地主管国税机关申报纳税。”第八条规定：“纳税人按规定从取得的全部价款和价外费用中扣除不动产购置原价或者取得不动产时的作价的，应当取得符合法律、行政法规和国家税务总局规定的合法有效凭证。否则，不得扣除。上述凭证是指：（一）税务部门监制的发票。（二）法院判决书、裁定书、调解书，以及仲裁裁决书、公证债权文书。（三）国家税务总局规定的其他凭证。”

根据上述规定，企业转让抵债取得的房产可以以生效的法院判决书作为增值税扣除额的合法有效凭证，以取得的全部价款和价外费用减去该项不动产取得时作价后的余额为销售额，按照5%的征收率计算应纳增值税额。

109. 没收房屋租赁保证金是否确认增值税收入

某企业将闲置厂房租赁给其他单位，已签订租赁合同，但对方由于发生变故导致未实际入驻，企业根据合同约定没收了房屋租赁保证金。请问该行为是否确认增值税收入并缴纳增值税？

答：《中华人民共和国增值税暂行条例》（国务院令第691号）第五条规定：“纳税人发生应税销售行为，按照销售额和本条例第二条规定的税率计算收取的增值税额，为销项税额。销项税额计算公式：销项税额 = 销售额 × 税率。”第六条规定：“销售额为纳税人发生应税销售行为收取的全部价款和价外费用，但是不包括收取的销项税额。”

根据上述规定，如果企业已经发生租赁行为的应计算缴纳增值税，即已经发生房屋租赁行为而没收的保证金应作为价外费用和租赁收入一并申报缴纳增值税。而本例中企业是因为租赁行为没有实际发生而产生的违约责任导致的没收保证金，则不作为价外费用申报缴纳增值税。

110. 取得送转股缴纳增值税时如何确认买入价

某企业持有一家上市公司股票，后该上市公司决定按每 5 股送 1 股实施分红。请问持有期间取得送转股，在缴纳增值税时应如何确认买入价？

答：《营业税改征增值税试点有关事项的规定》（财税〔2016〕36 号附件 2）第一条第（三）项第 3 点规定："金融商品转让，按照卖出价扣除买入价后的余额为销售额。转让金融商品出现的正负差，按盈亏相抵后的余额为销售额。若相抵后出现负差，可结转下一纳税期与下期转让金融商品销售额相抵，但年末时仍出现负差的，不得转入下一个会计年度。金融商品的买入价，可以选择按照加权平均法或者移动加权平均法进行核算，选择后 36 个月内不得变更。金融商品转让，不得开具增值税专用发票。"

根据上述规定，企业取得送转股的买入价可以选择按照加权平均法或者移动加权平均法进行核算，且选择后 36 个月内不得变更。

111. 适用加计抵减的销售额是否包括简易计税部分

某企业为一般纳税人，主要从事物业管理服务，此外还有部分不动产租赁业务，企业对该不动产租赁采取简易计税。请问企业在判断是否适用加计抵减政策时，销售额是否包含简易计税部分的销售额？

答：《财政部 税务总局 海关总署关于深化增值税改革有关政策的公告》（财政部 税务总局 海关总署公告 2019 年第 39 号）第七条规定："自 2019 年 4 月 1 日至 2021 年 12 月 31 日，允许生产、生活性服务业纳税人按照当期可抵扣进项税额加计 10%，抵减应纳税额。本公告所称生产、生活性服务业纳税人，是指提供邮政服务、电信服务、现代服务、生活服务（以下称四项服务）取得的销售额占全部销售额的比重超过 50% 的纳税人。四项服务的具体范围按照《销售服务、无形资产、不动产注释》（财税〔2016〕36 号印发）执行。"《财政部 税务总局关于促进服务业领域困难行业纾困发展有关增值税政策的公告》（财政部 税务总局公告 2022 年第 11 号）第一条规定："《财政部 税务总局 海关总署关于深化增值税改革有关政策的公告》（财政部 税务总局 海关总署公告 2019 年 39 号）第七条和《财政部 税务总局关于明确生活性服务业增值税加计抵减政策的公告》（财政部 税务总局公告 2019 年第 87 号）规定的生产、生活性服务业增值税加计抵减政策，执行期限延长至 2022 年 12 月 31 日。"《营业税改征增值税试点实施办法》（财税〔2016〕36 号附件 1）第三十七条规定："销售额，是指纳税人发生应税行为取得的全部价款和价外费用，财政部和国家税务总局另有规定的除外。"

根据上述规定，销售额是指纳税人发生应税行为取得的全部价款和价外费用，包括按照一般计税方法计税的销售额和按照简易计税方法计税的销售额。因此，企业在判断是否适用加计抵减政策时，销售额包括简易计税的销售额。

112. 返还建筑企业现金折扣能否冲减增值税应税收入

某企业转让一块土地给子公司建写字楼，合同总价 1000 万元。签订合同时，子公司支付合同价款的 70%，即 700 万元给该企业；待写字楼完工后，再支付剩余的 300 万元。企业收到款项的同时开出了相应的发票。为了提前收回款项，该企业与子公司约定，若写字楼能提前 1 个月完工并付清尾款，企业愿意作为现金折扣返还 80 万元给子公司。请问返还给子公司 80 万元的现金折扣是否可以开具红字发票冲减收入？

答：《中华人民共和国增值税暂行条例实施细则》（财政部令第 65 号）第十一条规定："小规模纳税人以外的纳税人（以下称一般纳税人）因销售折让、中止或者退回而退还给购买方的增值税额，应当从当期的销项税额中扣减；因销售折让、中止或者退回而收回的增值税额，应当从当期的进项税额中扣减。纳税人发生应税行为，开具增值税专用发票后，发生开票有误或者销售折让、中止、退回等情形的，应当按照国家税务总局的规定开具红字增值税专用发票；未按照规定开具红字增值税专用发票的，增值税额不得从销项税额中扣减。"

根据上述规定，企业返还子公司的 80 万元现金折扣可以作为销售折扣冲减收入，按规定开具红字增值税专用发票后，方可冲减当期收入并扣减。

113. 资金池产生的利息收入是否缴纳增值税

某集团企业（非金融机构）为了更好地统筹安排资金，2022 年启用资金池业务。请问集团内单位存入该资金池产生的利息收入是否缴纳增值税？

答：《营业税改征增值税试点实施办法》（财税〔2016〕36 号附件 1）第一条第（五）款第 1 点规定："各种占用、拆借资金取得的收入，包括金融商品持有期间（含到期）利息（保本收益、报酬、资金占用费、补偿金等）收入、信用卡透支利息收入、买入返售金融商品利息收入、融资融券收取的利息收入，以及融资性售后回租、押汇、罚息、票据贴现、转贷等业务取得的利息及利息性质的收入，按照贷款服务缴纳增值税。"《营业税改征增值税试点有关事项的规定》（财税〔2016〕36 号附件 2）第一条第（二）款第 2 点规定："存款利息为不征收增值税项目。"

根据上述规定，存款利息是指按照《中华人民共和国商业银行法》的规定，经国务院银行业监督管理机构审查批准，具有吸收公众存款业务的金融机构支付的存款利息，而非金融机构产生的利息收入应缴纳增值税。

114. 违约金是否缴纳增值税

某企业将向用户收取的违约金直接计入营业外收入且未缴纳增值税。请问该处理是否正确？

答：《中华人民共和国增值税暂行条例》（国务院令第691号）第六条规定："销售额为纳税人发生应税销售行为收取的全部价款和价外费用，但是不包括收取的销项税额。"《中华人民共和国增值税暂行条例实施细则》（财政部令第65号）第十二条规定："条例第六条第一款所称价外费用，包括价外向购买方收取的手续费、补贴、基金、集资费、返还利润、奖励费、违约金、滞纳金、延期付款利息、赔偿金、代收款项、代垫款项、包装费、包装物租金、储备费、优质费、运输装卸费以及其他各种性质的价外收费。"

根据上述规定，如果违约金属于价外费用，公司应将其换算为不含税收入后并入销售额缴纳增值税；如果违约金不产生于交易业务中，不构成价外费用的，不需要缴纳增值税。

115. 资产重组缴纳增值税的处理

某制造业企业为优化资源配置，提升市场占有率，需要与一家公司进行合并，该制造业企业账上主要有固定资产、无形资产——土地（除了土地，没有其他无形资产）、存货、往来款、应付职工薪酬。请问该资产重组是否需要缴纳增值税？

答：《国家税务总局关于纳税人资产重组有关增值税问题的公告》（国家税务总局公告2011年第13号）规定："纳税人在资产重组过程中，通过合并、分立、出售、置换等方式，将全部或者部分实物资产以及与其相关联的债权、负债和劳动力一并转让给其他单位和个人，不属于增值税的征税范围，其中涉及的货物转让，不征收增值税。"《营业税改征增值税试点有关事项的规定》财税〔2016〕36号附件2）第一条（二）不征收增值税项目第5点规定："在资产重组过程中，通过合并、分立、出售、置换等方式，将全部或者部分实物资产以及与其相关联的债权、负债和劳动力一并转让给其他单位和个人，其中涉及的不动产、土地使用权转让行为。"

根据上述规定，若吸收合并过程中将资产、负债、劳动力一并转让，则不需要缴纳增值税。

116. 工程质保金是否需要缴纳增值税

某企业与业主结算某工程进度款时，工程结算单显示的结算金额为2000万元，按合同约定工程结算时需要付款70%，工程验收时再付款25%，剩下的5%工程质量保证金待保修期满付清。请问工程已结算但未实际收到的工程质量保证金是否应当缴纳增值税？

答：《国家税务总局关于在境外提供建筑服务等有关问题的公告》（国家税务总局公告2016年第69号）第四条规定："纳税人提供建筑服务，被工程发包方从应支付的工程款中扣押的质押金、保证金，未开具发票的，以纳税人实际收到质押金、保证金的当天为纳税义务发生时间。"《营业税改征增值税试点实施办法》（财税〔2016〕36号附件1）第四十五条规定："增值税纳税义务、扣缴义务发生时间为：（一）纳税人发生应税行为并收讫销售款项或者取得索取销售款项凭据的当天；先开具发票的，为开具发票的当天……"

根据上述规定，企业并未实际收到该工程质量保证金，如果已开具发票的，以开具发票当天为纳税义务发生时间；未开具发票的，不发生增值税纳税义务，无须缴纳增值税。

117. 出租设备收取押金是否需要缴纳增值税

某企业2022年5月将一套大型设备对外出租，收取了一笔押金。请问该押金是否需要缴纳增值税？

答：《中华人民共和国增值税暂行条例》（国务院令第691号）第六条规定："销售额为纳税人发生应税销售行为收取的全部价款和价外费用，但是不包括收取的销项税额。"《中华人民共和国增值税暂行条例实施细则》（财政部令第65号）第十二条规定："条例第六条第一款所称价外费用，包括价外向购买方收取的手续费、补贴、基金、集资费、返还利润、奖励费、违约金、滞纳金、延期付款利息、赔偿金、代收款项、代垫款项、包装费、包装物租金、储备费、优质费、运输装卸费以及其他各种性质的价外收费。"

根据上述规定，租赁业的增值税，只对租金、预收租金、租金的价外费用、视同销售的租金这四项金额征税。押金不属于上述情况，不需要缴纳增值税，只有当其不再是押金时，才征税。因此，企业收到的押金暂不需要缴纳增值税。当押金被冲抵为租金，或合同履行过程中因违约被扣且不再退还时需要缴纳增值税。

118. 关联方交易价格不公允如何确定销售额

某企业接受关联方物业服务企业提供的1年期物业服务，合同不含税价款为60万元，建筑面积为1万平方米，物业服务费标准为5元/平方米·月(不含税)。同时期，物业服务企业销售同类服务的平均价格为7元/平方米·月(不含税)。请问企业关联方交易价格不公允如何确定销售额?

答:《营业税改征增值税试点实施办法》(财税〔2016〕36号附件1)第四十四条规定:"纳税人发生应税行为价格明显偏低或者偏高且不具有合理商业目的的，或者发生本办法第十四条所列行为而无销售额的，主管税务机关有权按照下列顺序确定销售额:(一)按照纳税人最近时期销售同类服务、无形资产或者不动产的平均价格确定。(二)按照其他纳税人最近时期销售同类服务、无形资产或者不动产的平均价格确定。(三)按照组成计税价格确定。组成计税价格的公式为:组成计税价格 = 成本 × (1 + 成本利润率)，成本利润率由国家税务总局确定。不具有合理商业目的，是指以谋取税收利益为主要目的，通过人为安排，减少、免除、推迟缴纳增值税税款，或者增加退还增值税税款。"

根据上述规定，该物业服务企业卖给关联方的价格明显偏低，主管税务机关有权按照最近时期销售同类服务的平均价格确定销售额。

119. 房地产企业转让在建工程如何确认销售额

新冠疫情期间某房地产企业资金链断裂，遂决定将一处2020年在建但未完工的项目于2022年整体转让给其他企业。请问该房地产企业应如何缴纳增值税?

答:《国家税务总局关于发布〈房地产开发企业销售自行开发的房地产项目增值税征收管理暂行办法〉的公告》(国家税务总局公告2016年第18号)第四条规定:"房地产开发企业中的一般纳税人(以下简称一般纳税人)销售自行开发的房地产项目，适用一般计税方法计税，按照取得的全部价款和价外费用，扣除当期销售房地产项目对应的土地价款后的余额计算销售额。销售额的计算公式如下:销售额 = (全部价款和价外费用 - 当期允许扣除的土地价款) ÷ (1 + 11%)。"第十四条规定:"一般纳税人销售自行开发的房地产项目适用一般计税方法计税的，应按照《营业税改征增值税试点实施办法》

（财税〔2016〕36 号文件印发，以下简称《试点实施办法》）第四十五条规定的纳税义务发生时间，以当期销售额和 11% 的适用税率（2019 年 4 月 1 日起为税率 9%）计算当期应纳税额，抵减已预缴税款后，向主管国税机关申报纳税。未抵减完的预缴税款可以结转下期继续抵减。”第八条规定：“房地产老项目，是指：（一）《建筑工程施工许可证》注明的合同开工日期在 2016 年 4 月 30 日前的房地产项目；（二）《建筑工程施工许可证》未注明合同开工日期或者未取得《建筑工程施工许可证》但建筑工程承包合同注明的开工日期在 2016 年 4 月 30 日前的建筑工程项目。”

根据上述规定，该房地产出售的在建项目为新项目，按照取得的全部价款和价外费用，扣除该在建项目对应的土地价款后的余额计算销售额。

120. 房地产企业接手开发“烂尾楼”如何缴纳增值税

某房地产企业 2022 年初通过法院拍卖，取得“烂尾楼”并继续开发，该“烂尾楼”为 2015 年的老项目。请问如何缴纳增值税？

答：《国家税务总局关于发布〈房地产开发企业销售自行开发的房地产项目增值税征收管理暂行办法〉的公告》（国家税务总局公告 2016 年第 18 号）第三条规定：“房地产开发企业以接盘等形式购入未完工的房地产项目继续开发后，以自己的名义立项销售的，属于本办法规定的销售自行开发的房地产项目。”第八条规定：“一般纳税人销售自行开发的房地产老项目，可以选择适用简易计税方法按照 5% 的征收率计税。一经选择简易计税方法计税的，36 个月内不得变更为一般计税方法计税。房地产老项目，是指：（一）《建筑工程施工许可证》注明的合同开工日期在 2016 年 4 月 30 日前的房地产项目；（二）《建筑工程施工许可证》未注明合同开工日期或者未取得《建筑工程施工许可证》但建筑工程承包合同注明的开工日期在 2016 年 4 月 30 日前的建筑工程项目。”

根据上述规定，该房地产企业可以选择简易计税方法缴纳增值税，一般纳税人销售自行开发的房地产老项目适用简易计税方法计税的，以取得的全部价款和价外费用为销售额，不得扣除对应的土地价款。

121. 代建安置房如何缴纳增值税

某房地产企业替政府代建安置房，土地为政府划拨，房地产企业以自己的名义立项建造。安置房建成后，房地产企业按照政府核定价开具销售发票给动迁户办理产权证，政府向房地产企业支付项目开发成本及代建手续费。

请问该代建行为如何缴纳增值税?

答:《国家税务总局关于发布〈房地产开发企业销售自行开发的房地产项目增值税征收管理暂行办法〉的公告》(国家税务总局公告2016年第18号)第四条规定:"房地产开发企业中的一般纳税人(以下简称一般纳税人)销售自行开发的房地产项目,适用一般计税方法计税,按照取得的全部价款和价外费用,扣除当期销售房地产项目对应的土地价款后的余额计算销售额。"

根据上述规定,该房地产企业以自己的名义立项建造安置房,应按照政府支付的项目开发成本与代建手续费之和计算销项税额,同时按照实际发生的进项税额抵扣。

122. 延期付款利息是否可以单独确认销售收入

某企业收到客户支付的延期付款利息,因货款的增值税发票已经开具,请问收到的延期付款利息是否可以单独确认销售收入并开具增值税发票?

答:《中华人民共和国增值税暂行条例实施细则》(财政部令第65号)第十二条规定:"条例第六条第一款所称价外费用,包括价外向购买方收取的手续费、补贴、基金、集资费、返还利润、奖励费、违约金、滞纳金、延期付款利息、赔偿金、代收款项、代垫款项、包装费、包装物租金、储备费、优质费、运输装卸费以及其他各种性质的价外收费。"

根据上述规定,延期付款利息属于价外费用,开具发票时需要并入主货物的销售额核算,在票面上不再单独体现。

123. 投标留样及送检的产品是否需要视同销售

某企业每年有一部分产品作为投标留样或送检,请问是否需要视同销售缴纳增值税?

答:《中华人民共和国增值税暂行条例实施细则》(财政部令第65号)第四条规定:"单位或者个体工商户的下列行为,视同销售货物:(一)将货物交付其他单位或者个人代销;(二)销售代销货物;(三)设有两个以上机构并实行统一核算的纳税人,将货物从一个机构移送其他机构用于销售,但相关机构设在同一县(市)的除外;(四)将自产或者委托加工的货物用于非增值税应税项目;(五)将自产、委托加工的货物用于集体福利或者个人消费;(六)将自产、委托加工或者购进的货物作为投资,提供给其他单位或者个体工商户;(七)将自产、委托加工或者购进的货物分配给股东或者投资者;(八)将自产、委托加工或者购进的货物无偿赠送其他单位或者个人。"

根据上述规定，该企业因投标留样及检验需要，把产品移交给其他单位或个人，是生产经营的需要，这部分产品属于企业生产经营的成本部分，用于连续生产，不需要单独视同销售缴纳增值税。

124. 销售货物以旧换新增值税如何处理

某企业 2022 年 5 月采取以旧换新方式销售一批设备，新设备含税价格为 339 万元，旧设备折价 39 万元，实际收款 300 万元。请问企业应如何缴纳增值税？

答：《国家税务总局关于印发〈增值税若干具体问题的规定〉的通知》（国税发〔1993〕154 号）第二条第（三）款规定："纳税人采取以旧换新方式销售货物，应按新货物的同期销售价格确定销售额。"

根据上述规定，取得的旧设备没有发票根据折价入账作为存货，没有进项税额，销售开票按照折价前的金额开具，全额缴纳增值税。

125. 房地产企业销售现房是否需要预缴增值税

某房地产企业 2022 年初销售一批现房。请问是否需要预缴增值税？

答：《国家税务总局关于发布〈房地产开发企业销售自行开发的房地产项目增值税征收管理暂行办法〉的公告》（国家税务总局公告 2016 年第 18 号）第十条规定："一般纳税人采取预收款方式销售自行开发的房地产项目，应在收到预收款时按照 3% 的预征率预缴增值税。"第十一条规定："应预缴税款按照以下公式计算：应预缴税款 = 预收款 ÷（1 + 适用税率或征收率）×3%。适用一般计税方法计税的，按照 11%（2019 年 4 月 1 日起为税率 9%）的适用税率计算；适用简易计税方法计税的，按照 5% 的征收率计算。"

根据上述规定，现房销售收取的销售款与预售销售收取的预收款不同，不预缴而是直接按照 9% 税率缴纳增值税。

126. 支付的拆迁补偿费是否可以在计算销售额时扣除

某房地产企业在开发一处房地产项目时，向拆迁户支付了拆迁补偿款。请问支付的拆迁补偿费是否可以在计算销售额时扣除？

答：《国家税务总局关于发布〈房地产开发企业销售自行开发的房地产项目增值税征收管理暂行办法〉的公告》（国家税务总局公告 2016 年第 18 号）第四条规定："房地产开发企业中的一般纳税人（以下简称一般纳税人）销售自行开发的房地产项目，适用一般计税方法计税，按照取得的全部价款和价外费用，扣除当期销售房地产项目对应的土地价款后的余额计算销售额。”《财政部 国家税务总局关于明确金融房地产开发教育辅助服务等增值税政策的通知》（财税〔2016〕140号）第七条规定：“《营业税改征增值税试点有关事项的规定》（财税〔2016〕36号）第一条第（三）项第10点中‘向政府部门支付的土地价款’，包括土地受让人向政府部门支付的征地和拆迁补偿费用、土地前期开发费用和土地出让收益等。房地产开发企业中的一般纳税人销售其开发的房地产项目（选择简易计税方法的房地产老项目除外），在取得土地时向其他单位或个人支付的拆迁补偿费用也允许在计算销售额时扣除。纳税人按上述规定扣除拆迁补偿费用时，应提供拆迁协议、拆迁双方支付和取得拆迁补偿费用凭证等能够证明拆迁补偿费用真实性的材料。”

根据上述规定，房地产企业在取得土地时向其他单位或个人支付的拆迁补偿费属于土地价款的定义范围，可以在计算销售额时扣除。

127. 鼓励付款给予现金折扣如何缴纳增值税

某企业为制造业一般纳税人，为鼓励客户早日付款，企业给予2/10、1/20、N/30的现金折扣。请问提供现金折扣应如何缴纳增值税？

答：目前没有出台关于现金折扣的增值税处理的文件。《国家税务总局关于确认企业所得税收入若干问题的通知》（国税函〔2008〕875号）第一条第（五）项规定：“债权人为鼓励债务人在规定的期限内付款而向债务人提供的债务扣除属于现金折扣，销售商品涉及现金折扣的，应当按扣除现金折扣前的金额确定销售商品收入金额，现金折扣在实际发生时作为财务费用扣除。”财政部会计司2020年12月11日发布的《收入准则实施问答》中关于现金折扣的解答规定：“企业在销售商品时给予客户的现金折扣，应当按照《企业会计准则第14号——收入》（财会〔2017〕22号）中关于可变对价的相关规定进行会计处理。”《企业会计准则第14号——收入》（财会〔2017〕22号）第三章第十六条规定：“合同中存在可变对价的，企业应当按照期望值或最可能发生金额确定可变对价的最佳估计数，但包含可变对价的交易价格，应当不超过在相关不确定性消除时累计已确认收入极可能不会发生重大转回的金额。企业在评估累计已确认收入是否极可能不会发生重大转回时，应当同时考虑收入转回的可能性及其比重。每一资产负债表日，企业应当重新估计应计入交易价格的可变对价金额。可变对价金额发生变动的，按照本准则第二十四条和第二十五条规定进行会计处理。”

根据上述规定，在会计处理时按照扣除现金折扣后的实际收款金额确认收入，而在企业所得税处理时按照扣除现金折扣前的金额确认收入，两者存在税会差异，增值税应按照实际收取的全部价款和价外费用乘以适用税率确认销项税额。

128. 转让土地使用权如何以简易计税方法计算缴纳增值税

某企业因国有资产整合，转让一块2015年初购入的土地，选择简易计税方法。但由于管理不到位，相应的不动产发票已丢失。请问应当如何计算缴纳增值税？

答：《财政部 国家税务总局关于进一步明确全面推开营改增试点有关劳务派遣服务、收费公路通行费抵扣等政策的通知》（财税〔2016〕47号）第三条第（二）款规定：“纳税人转让2016年4月30日前取得的土地使用权，可以选择适用简易计税方法，以取得的全部价款和价外费用减去取得该土地使用权的原价后的余额为销售额，按照5%的征收率计算缴纳增值税。”《国家税务总局关于纳税人转让不动产缴纳增值税差额扣除有关问题的公告》（国家税务总局公告2016年第73号）第一条规定：“纳税人转让不动产，按照有关规定差额缴纳增值税的，如因丢失等原因无法提供取得不动产时的发票，可向税务机关提供其他能证明契税计税金额的完税凭证等资料，进行差额扣除。”第二条规定：“纳税人以契税计税金额进行差额扣除的，按照下列公式计算增值税应纳税额：（一）2016年4月30日及以前缴纳契税的，增值税应纳税额＝［全部交易价格（含增值税）－契税计税金额（含营业税）］÷（1+5%）×5%。（二）2016年5月1日及以后缴纳契税的，增值税应纳税额＝［全部交易价格（含增值税）÷（1+5%）－契税计税金额（不含增值税）］×5%。”

根据上述规定，转让2016年4月30日前取得的土地使用权，可以选择适用简易计税方法，适用征收率5%。如果未找到不动产发票，但能提供契税完税凭证等资料的，可以按照契税计税金额计算。

129. 企业预收租金如何缴纳增值税

某企业租赁房屋并签订了房屋租赁合同，合同约定乙方于2022年12月20日入住时一次性交清租金，合同租期为一年。请问该企业预收的租金如何缴纳增值税？

答：《营业税改征增值税试点实施办法》（财税〔2016〕36号附件1）第四十五条规定：“增值税纳税义务、扣缴义务发生时间为……（二）纳税人提供租赁服务采取预收款方式的，其纳税义务发生时间为收到预收款的当天。”

根据上述规定，对于租赁服务，该企业应该在收到租金的当天缴纳增值税。

130. 随货物一并收取的运费是否缴纳增值税

某企业向某客户销售一批柜子并受托将货物运到客户的仓库，将承运工作委托给另一运输企业并已支付运输费用，运输企业已开发票并让该企业转交给客户，客户验收合格后一个月后支付货款和运费给该企业。请问随货物一并收取的运费是否缴纳增值税？

答：《中华人民共和国增值税暂行条例实施细则》（财政部令第65号）第十二条规定："条例第六条第一款所称价外费用，包括价外向购买方收取的手续费、补贴、基金、集资费、返还利润、奖励费、违约金、滞纳金、延期付款利息、赔偿金、代收款项、代垫款项、包装费、包装物租金、储备费、优质费、运输装卸费以及其他各种性质的价外收费。但下列项目不包括在内：（一）受托加工应征消费税的消费品所代收代缴的消费税；（二）同时符合以下条件的代垫运输费用：1. 承运部门的运输费用发票开具给购买方的；2. 纳税人将该项发票转交给购买方的。"

根据上述规定，该运费符合文件规定的"代垫运输费用"条件，因此不属于价外费用，该企业只需就货物销售部分缴纳增值税。

131. "一元秒杀"商品如何缴纳增值税

某企业"6·18"的大促除了买赠、满减，又新增了多件千元商品"一元秒杀"活动。请问"一元秒杀"商品如何缴纳增值税？

答：《中华人民共和国增值税暂行条例实施细则》（财政部令第65号）第七条规定："纳税人发生应税销售行为的价格明显偏低并无正当理由的，由主管税务机关核定其销售额。"

根据上述规定，企业对于千元商品以一元价格销售其目的是为了带动其他商品的正常销售，具有合理的商业目的，属于价款偏低而有正当合理理由的情形，所以不属于核定调整销售价格的范围，该企业按照正常的销售价格1元申报缴纳增值税。

132. 跨地区提供建筑服务扣除分包款应取得什么凭证

某企业到他市提供建筑服务，将其中部分业务外包给其他单位。请问在预缴增值税时，对于扣除的分包款应取得何种凭证？

答：《国家税务总局关于发布〈纳税人跨县（市、区）提供建筑服务增值税征收管理暂行办法〉的公告》（国家税务总局公告2016年第17号）第六条规定："纳税人按照上述规定从取得的全部价款和价外费用中扣除支付的分包款，应当取得符合法律、行政法规和国家税务总局规定的合法有效凭证，否则不得扣除。上述凭证是指：（一）从分包方取得的2016年4月30日前开具的建筑业营业税发票。上述建筑业营业税发票在2016年6月30日前可作为预缴税款的扣除凭证。（二）从分包方取得的2016年5月1日后开具的，备注栏注明建筑服务发生地所在县（市、区）、项目名称的增值税发票。（三）国家税务总局规定的其他凭证。"

根据上述规定，企业跨地区提供建筑服务，计算预缴增值税时，应当取得在2016年4月30日前开具的建筑业营业税发票，或者在2016年5月1日后开具的、备注栏注明建筑服务发生地所在县（市、区）、项目名称的增值税发票作为所支付分包款的合法有效凭证。

133. 取得注明两家单位的增值税专用缴款书如何抵扣

某企业为一般纳税人，其办理委托进口并取得注明了两家单位名称的海关进口增值税专用缴款书。请问是否可以用于抵扣进项税额？

答：《国家税务总局关于加强进口环节增值税专用缴款书抵扣税款管理的通知》（国税发〔1996〕32号）第一条规定："对海关代征进口环节增值税开具的增值税专用缴款书上标明有两个单位名称，即既有代理进口单位名称，又有委托进口单位名称的，只准予其中取得专用缴款书原件的一个单位抵扣税款。"第二条规定："申报抵扣税款的委托进口单位，必须提供相应的海关代征增值税专用缴款书原件，委托代理合同及付款凭证，否则，不予抵扣进项税款。"《国家税务总局关于增值税发票管理等有关事项的公告》（国家税务总局公告2019年第33号）第二条规定："增值税一般纳税人取得海关进口增值税专用缴款书（以下简称'海关缴款书'）后如需申报抵扣或出口退税，按以下方式处理……（二）增值税一般纳税人取得注明两个缴款单位信息的海关缴款书，应当上传海关缴款书信息，经系统稽核比对相符后，纳税人登录选择确认平台查询、选择用于申报抵扣或出口退税的海关缴款书信息。"

根据上述规定，企业作为代理进口单位或委托进口单位，取得专用缴款书原件可以抵扣进项税额，企业需要通过增值税发票综合服务平台上传海关缴款书信息，经稽核比对相符后，再通过增值税发票综合服务平台对海关缴款书进行用途确认。

134. 转让在建工程能否差额计算增值税

某企业为一般纳税人，2022 年以出让方式取得土地使用权并建造厂房，厂房施工到一半时准备转让。请问企业能否扣除取得土地时向政府部门支付的土地价款，并以差额计算缴纳增值税？

答：《国家税务总局关于发布〈纳税人转让不动产增值税征收管理暂行办法〉的公告》（国家税务总局公告 2016 年第 14 号）第三条第（六）项规定："一般纳税人转让其 2016 年 5 月 1 日后自建的不动产，适用一般计税方法，以取得的全部价款和价外费用为销售额计算应纳税额。纳税人应以取得的全部价款和价外费用，按照 5% 的预征率向不动产所在地主管地税机关预缴税款，向机构所在地主管国税机关申报纳税。房地产开发企业销售自行开发的房地产项目不适用本办法。"

根据上述规定，企业转让 2016 年 5 月 1 日后自建的在建工程，按照销售不动产适用一般计税方法，以取得的全部价款和价外费用为销售额计算应纳税额，不能扣除取得土地时向政府部门支付的土地价款。

135. 确认收入时点早于增值税纳税义务如何处理

某企业为建筑业一般纳税人，在很多施工项目中对甲方发票未开具，但按照新准则，应当根据履约进度确认收入。请问确认收入后增值税怎么处理？

答：《财政部关于印发〈增值税会计处理规定〉的通知》（财会〔2016〕22 号）第一条规定："按照国家统一的会计制度确认收入或利得的时点早于按照增值税制度确认增值税纳税义务发生时点的，应将相关销项税额计入'应交税费——待转销项税额'科目，待实际发生纳税义务时再转入'应交税费——应交增值税（销项税额）'或'应交税费——简易计税'科目。"财政部关于《增值税会计处理规定》有关问题的解读第三条规定："企业提供建筑服务，在向业主办理工程价款结算时，借记'应收账款'等科目，贷记'工程结算'科目，贷记'应交税费——应交增值税（销项税额）'等科目，企业向业主办理工程价款结算的时点早于增值税纳税义务发生的时点的，应贷记'应交税费——待转销项税额'等科目，待增值税纳税义务发生时再转入'应交税费——应交增值税（销项税额）'等科目；增值税纳税义务发生的时点早于企业向业主办理工程价款结算的，应借记'银行存款'等科目，贷记'预收账款'和'应交税费——应交增值税（销项税额）'等科目。"

根据上述规定及政策解读，建筑企业根据收入准则确认收入时点早于增值税纳税义务发生时点，应当将相关销项税额计入"应交税费——待转销项税额”科目，待实际开票时再转入“应交税费——应交增值税（销项税额）”或“应交税费——简易计税”科目。

（五）税收优惠

136. 增值税税控系统技术维护费用抵减税额

某企业实际列支的防伪税控系统技术维护费用因故未全额抵减增值税应纳税额。请问事后能否继续抵减？

答：《财政部、国家税务总局关于增值税税控系统专用设备和技术维护费用抵减增值税税额有关政策的通知》（财税〔2012〕15号）第一条规定：“增值税纳税人2011年12月1日（含，下同）以后初次购买增值税税控系统专用设备（包括分开票机）支付的费用，可凭购买增值税税控系统专用设备取得的增值税专用发票，在增值税应纳税额中全额抵减（抵减额为价税合计额），不足抵减的可结转下期继续抵减。”第二条规定：“增值税纳税人2011年12月1日以后缴纳的技术维护费（不含补缴的2011年11月30日以前的技术维护费），可凭技术维护服务单位开具的技术维护费发票，在增值税应纳税额中全额抵减，不足抵减的可结转下期继续抵减。”

根据上述规定，税控系统专用设备购置费和技术维护费用抵减增值税税额没有期限，因此漏抵减税额的，可以继续抵减。

137. 税控系统费用已全额抵减增值税能否再抵扣进项

某企业为一般纳税人，其支付的初次购买增值税税控系统专用设备的费用已经全额抵减增值税应纳税额。请问其进项税额还能否在销项税额中抵扣？

答：《财政部 国家税务总局关于增值税税控系统专用设备和技术维护费用抵减增值税税额有关政策的通知》（财税〔2012〕15号）第一条规定：“增值税纳税人2011年12月1日（含，下同）以后初次购买增值税税控系统专用设备（包括分开票机）支付的费用，可凭购买增值税税控系统专用设备取得的增值税专用发票，在增值税应纳税额中全额抵减（抵减额为价税合计额），不足抵减的可结转下期继续抵减。增值税纳税人非初次购买增值税税控系统专用设备支付的费用，由其自行负担，不得在增值税应纳税额中抵减。”第三条规定：“增值税一般纳税人支付的二项费用在增值税应纳税额中全额抵减的，其增值税专用发票不作为增值税抵扣凭证，其进项税额不得从销项税额中抵扣。”

根据上述规定，企业初次购买增值税税控系统专用设备的费用已经用于抵减增值税，不得再用于抵扣进项税额。

138. 销售自己使用过的固定资产能否放弃减税政策

某企业将2005年购进的一台设备出售给另一家企业，适用简易办法依照3%征收率减按2%征收增值税政策，但由于对方要求开具专用发票，请问能否放弃减税政策并开具增值税专用发票？

答：《国家税务总局关于营业税改征增值税试点期间有关增值税问题的公告》（国家税务总局公告2015年第90号）第二条规定：“纳税人销售自己使用过的固定资产，适用简易办法依照3%征收率减按2%征收增值税政策的，可以放弃减税，按照简易办法依照3%征收率缴纳增值税，并可以开具增值税专用发票。”

根据上述规定，企业销售自己使用过的固定资产，可以适用简易办法依照3%征收率减按2%征收增值税政策并开具增值税普通发票，也可以放弃减税，按照简易办法依照3%征收率缴纳增值税并开具增值税专用发票。

139. 差额征税如何享受小微企业增值税优惠

某企业为小规模纳税人，其业务适用增值税差额征税政策。请问其判断是否可以免征增值税时是以差额前还是差额后的销售额确定？

答：《国家税务总局关于小规模纳税人免征增值税征管问题的公告》（国家税务总局公告2021年第5号）第二条规定：“适用增值税差额征税政策的小规模纳税人，以差额后的销售额确定是否可以享受本公告规定的免征增值税政策。‘增值税纳税申报表（小规模纳税人适用）’中的‘免税销售额’相关栏次，填写差额后的销售额。”

根据上述规定，适用增值税差额征税政策的小规模纳税人应当以差额后的销售额确定是否可以享受免征增值税政策。

140. 四项服务外的进项税额能否加计抵减

某企业为生产、生活性服务业纳税人，适用进项税额加计抵减政策。请问其在邮政服务、电信服务、现代服务、生活服务以外提供其他服务，相应的进项税额能否加计抵减？

答：《财政部 税务总局 海关总署关于深化增值税改革有关政策的公告》

（财政部 税务总局 海关总署公告2019年第39号）第七条规定："自2019年4月1日至2021年12月31日，允许生产、生活性服务业纳税人按照当期可抵扣进项税额加计10%，抵减应纳税额（以下称加计抵减政策）。（一）本公告所称生产、生活性服务业纳税人，是指提供邮政服务、电信服务、现代服务、生活服务（以下称四项服务）取得的销售额占全部销售额的比重超过50%的纳税人。四项服务的具体范围按照《销售服务、无形资产、不动产注释》（财税〔2016〕36号印发）执行。"《财政部 税务总局关于明确生活性服务业增值税加计抵减政策的公告》（财政部 税务总局公告2019年第87号）第一条规定："2019年10月1日至2021年12月31日，允许生活性服务业纳税人按照当期可抵扣进项税额加计15%，抵减应纳税额（以下称加计抵减15%政策）。"第二条规定："本公告所称生活性服务业纳税人，是指提供生活服务取得的销售额占全部销售额的比重超过50%的纳税人。生活服务的具体范围按照《销售服务、无形资产、不动产注释》（财税〔2016〕36号印发）执行。"《财政部 税务总局关于促进服务业领域困难行业纾困发展有关增值税政策的公告》（财政部 税务总局公告2022年第11号）第一条规定："《财政部 税务总局 海关总署关于深化增值税改革有关政策的公告》（财政部 税务总局 海关总署公告2019年39号）第七条和《财政部 税务总局关于明确生活性服务业增值税加计抵减政策的公告》（财政部 税务总局公告2019年第87号）规定的生产、生活性服务业增值税加计抵减政策，执行期限延长至2022年12月31日。"

根据上述规定，企业如提供四项服务取得的销售额占全部销售额的比重超过50%而适用加计抵减政策的，当期可抵扣进项税额，均可以进行加计抵减，不仅限于相关服务对应的进项税额。但出口货物劳务、发生跨境应税行为除外。

141. 增值税加计抵减忘记享受应如何补救

某企业为提供物业管理服务的一般纳税人，符合加计抵减政策，但由于信息滞后导致其未申请享受加计抵减。请问能否就之前没有加计的进项税额补充加计？

答：《国家税务总局关于深化增值税改革有关事项的公告》（国家税务总局公告2019年第14号）第八条规定："按照《财政部 税务总局 海关总署关于深化增值税改革有关政策的公告》（财政部 税务总局 海关总署公告2019年第39号）规定，适用加计抵减政策的生产、生活性服务业纳税人，应在年度首次确认适用加计抵减政策时，通过电子税务局（或前往办税服务厅）提交《适用加计抵减政策的声明》。适用加计抵减政策的纳税人，同时兼营邮政服务、电信服务、现代服务、生活服务的，应按照四项服务中收入占比最高的业务在《适用加计抵减政策的声明》中勾选确定所属行业。”《财政部 税务总局 海关总署关于深化增值税改革有关政策的公告》（财政部 税务总局 海关总署公告 2019 年第 39 号）第七条第（一）项规定：“纳税人可计提但未计提的加计抵减额，可在确定适用加计抵减政策当期一并计提。”

根据上述规定，企业符合加计抵减的条件而因未提交声明未享受抵减的，可以在补交《适用加计抵减政策的声明》的月份，将原应加计抵减而未抵减的部分与当月一并计提享受抵减。

142. 增值税免税期间如何放弃免税

某企业是增值税一般纳税人，按国家政策享受生活服务免征增值税的优惠，后企业决定放弃享受免税。请问应如何处理？

答：《营业税改征增值税试点实施办法》（财税〔2016〕36 号附件 1）第四十八条规定：“纳税人发生应税行为适用免税、减税规定的，可以放弃免税、减税，依照本办法的规定缴纳增值税；放弃免税、减税后，36 个月内不得再申请免税、减税。”《国家税务总局关于明确二手车经销等若干增值税征管问题的公告》（国家税务总局公告 2020 年第 9 号）第五条规定：“一般纳税人可以在增值税免税、减税项目执行期限内，按照纳税申报期选择实际享受该项增值税免税、减税政策的起始时间。一般纳税人在享受增值税免税、减税政策后，按照《营业税改征增值税试点实施办法》（财税〔2016〕36 号文件印发）第四十八条的有关规定，要求放弃免税、减税权的，应当以书面形式提交纳税人放弃免（减）税权声明，报主管税务机关备案。一般纳税人自提交备案资料的次月起，按照规定计算缴纳增值税。”

根据上述规定，企业在享受增值税免税政策后，如选择放弃免税权，应按规定以书面形式向主管税务机关提交放弃免（减）税权声明，并自提交声明的次月起，按照现行规定计算缴纳增值税；放弃免税后，36 个月内不得再申请。

143. 向境外提供技术转让是否免缴增值税

某企业给境外某科技企业提供建筑智能化工程施工技术转让，该转让技术完全在境外消费，合同金额 50 万美元。请问企业境外提供的技术转让是否

可以免缴增值税?

答:《跨境应税行为适用增值税零税率和免税政策的规定》(财税〔2016〕36 号附件 4)第一条(三)项第 10 点规定:“中华人民共和国境内(以下称境内)的单位和个人向境外单位提供的完全在境外消费的转让技术,适用增值税零税率。”《国家税务总局关于发布〈营业税改征增值税跨境应税行为增值税免税管理办法(试行)〉的公告》(国家税务总局公告 2016 年第 29 号)第二条项规定:“下列跨境应税行为免征增值税……(二十)符合零税率政策但适用简易计税方法或声明放弃适用零税率选择免税的下列应税行为……4. 向境外单位转让完全在境外消费的技术。”

根据上述规定,企业向境外单位转让完全在境外消费的技术适用零税率,也可声明放弃适用零税率而选择免税。

144. 统借统还业务取得的利息收入免征增值税如何开票

某企业从某银行取得 1 年期流动资金贷款 8000 万元,然后将该笔贷款平均分配给下属两家全资子公司用于经营资金周转。银行的贷款年利率为 6.5%,约定按年计算并支付利息。企业按 6.5% 向子公司收取利息。请问这种情形是否符合统借统还业务取得的利息收入免征增值税的优惠政策,该如何开具发票?

答:《营业税改征增值税试点过渡政策的规定》(财税〔2016〕36 号附件 3)第一条第(十九)款第 7 项规定:“统借统还业务中,企业集团或企业集团中的核心企业以及集团所属财务公司按不高于支付给金融机构的借款利率水平或者支付的债券票面利率水平,向企业集团或者集团内下属单位收取的利息。统借方向资金使用单位收取的利息,高于支付给金融机构借款利率水平或者支付的债券票面利率水平的,应全额缴纳增值税。统借统还业务,是指:(1)企业集团或者企业集团中的核心企业向金融机构借款或对外发行债券取得资金后,将所借资金分拨给下属单位(包括独立核算单位和非独立核算单位,下同),并向下属单位收取用于归还金融机构或债券购买方本息的业务。(2)企业集团向金融机构借款或对外发行债券取得资金后,由集团所属财务公司与企业集团或者集团内下属单位签订统借统还贷款合同并分拨资金,并向企业集团或者集团内下属单位收取本息,再转付企业集团,由企业集团统一归还金融机构或债券购买方的业务。”

根据上述规定,该情形符合统借统还业务取得的利息收入免征增值税的优惠政策,并且应开具增值税普通发票,增值税普通发票中的“税率栏”和

“税额栏”为“×××”；“税率栏”也可以填写“免税”，“税额栏”为“×××”。

145. 小规模纳税人异地销售不动产是否需要预缴增值税

某企业为小规模纳税人，2022 年 9 月有一处厂房需要对外出售，该厂房的所在地与企业机构所在地不在同一个城市。请问企业出售该厂房是否仍需要预缴增值税？

答：《财政部 税务总局关于对增值税小规模纳税人免征增值税的公告》（财政部 税务总局 2022 年第 15 号）规定：“自 2022 年 4 月 1 日至 2022 年 12 月 31 日，增值税小规模纳税人适用 3% 征收率的应税销售收入，免征增值税；适用 3% 预征率的预缴增值税项目，暂停预缴增值税。”《国家税务总局关于发布〈纳税人转让不动产增值税征收管理暂行办法〉的公告》（国家税务总局公告 2016 年第 14 号）第四条规定：“小规模纳税人转让其取得的不动产，除个人转让其购买的住房外，按照以下规定缴纳增值税：（一）小规模纳税人转让其取得（不含自建）的不动产，以取得的全部价款和价外费用扣除不动产购置原价或者取得不动产时的作价后的余额为销售额，按照 5% 的征收率计算应纳税额。（二）小规模纳税人转让其自建的不动产，以取得的全部价款和价外费用为销售额，按照 5% 的征收率计算应纳税额。除其他个人之外的小规模纳税人，应按照本条规定的计税方法向不动产所在地主管税务机关预缴税款，向机构所在地主管国税机关申报纳税；其他个人按照本条规定的计税方法向不动产所在地主管税务机关申报纳税。”

根据上述规定，企业销售与机构所在地不在同一县（市、区）的厂房，适用 5% 征收率，不适用 2022 年第 15 号公告的规定，需按现行规定在不动产所在地预缴增值税。

146. 小规模纳税人免征增值税政策的适用情形是什么

某企业为一家小型劳务派遣公司，属于增值税小规模纳税人。请问 2022 年 4 月起该企业是否可以适用财政部、税务总局 2022 年第 15 号公告关于小规模纳税人免征增值税的政策？

答：《财政部 国家税务总局关于进一步明确全面推开营改增试点有关劳务派遣服务、收费公路通行费抵扣等政策的通知》（财税〔2016〕47 号）第一条规定：“小规模纳税人提供劳务派遣服务，可以按照《财政部 国家税务总局关于全面推开营业税改征增值税试点的通知》（财税〔2016〕36 号）的有关规定，以取得的全部价款和价外费用为销售额，按照简易计税方法依3%的征收率计算缴纳增值税；也可以选择差额纳税，以取得的全部价款和价外费用，扣除代用工单位支付给劳务派遣员工的工资、福利和为其办理社会保险及住房公积金后的余额为销售额，按照简易计税方法依5%的征收率计算缴纳增值税。”《财政部 税务总局关于对增值税小规模纳税人免征增值税的公告》（财政部 税务总局2022年第15号）规定：“自2022年4月1日至2022年12月31日，增值税小规模纳税人适用3%征收率的应税销售收入，免征增值税；适用3%预征率的预缴增值税项目，暂停预缴增值税。”

根据上述规定，自2022年4月1日至2022年12月31日，企业选择以取得的全部价款和价外费用为销售额，按照简易计税方法依3%的征收率计算缴纳增值税的，可以免征增值税，并按规定开具免税普通发票；企业选择差额纳税，以取得的全部价款和价外费用，扣除代用工单位支付给劳务派遣员工的工资、福利和为其办理社会保险及住房公积金后的余额为销售额，按照简易计税方法依5%的征收率计算缴纳增值税的，不适用免税政策。

147. 小规模纳税人适用免征增值税如何开具发票

某企业为小规模纳税人，适用3%征收率应税销售收入免征增值税。请问应如何开具发票，是否不能开具专用发票？

答：《国家税务总局关于小规模纳税人免征增值税等征收管理事项的公告》（国家税务总局公告2022年第6号）第一条规定：“增值税小规模纳税人适用3%征收率应税销售收入免征增值税的，应按规定开具免税普通发票。纳税人选择放弃免税并开具增值税专用发票的，应开具征收率为3%的增值税专用发票。”

根据上述规定，企业适用3%征收率应税销售收入免征增值税的，只能开具免税的普通发票，放弃免税后可以开具征收率为3%的增值税专用发票。

148. 不动产被政府收储取得补偿款是否可以免征增值税

某企业所持有的一块土地使用权及地上的房屋被当地政府收储，企业取得了政府拨付的补偿款。请问该补偿款收入是否可以免征增值税？

答：《财政部 税务总局关于明确无偿转让股票等增值税政策的公告》（财政部 税务总局公告2020年第40号）第三条规定：“土地所有者依法征收土地，并向土地使用者支付土地及其相关有形动产、不动产补偿费的行为，属于《营业税改征增值税试点过渡政策的规定》（财税〔2016〕36号印发）第一条第

（三十七）项规定的土地使用者将土地使用权归还给土地所有者的情形。”

根据上述规定，企业的土地及地上的不动产被政府收储，取得补偿款可以免征增值税。如果政府要求开具发票的，应开具免税的增值税普通发票。

149. 招用自主就业退役士兵未抵减完的额度如何处理

某企业于当年4月招用一名自主就业退役士兵，享受定额扣减税费优惠政策；后来该士兵于10月离职，此时企业还有未抵减完的额度。请问是否可以在以后月份继续抵减？

答：《财政部 税务总局 退役军人部关于进一步扶持自主就业退役士兵创业就业有关税收政策的通知》（财税〔2019〕21号）第二条规定：“企业招用自主就业退役士兵，与其签订1年以上期限劳动合同并依法缴纳社会保险费的，自签订劳动合同并缴纳社会保险当月起，在3年内按实际招用人数予以定额依次扣减增值税、城市维护建设税、教育费附加、地方教育附加和企业所得税优惠。……纳税年度终了，如果企业实际减免的增值税、城市维护建设税、教育费附加和地方教育附加小于核算减免税总额，企业在企业所得税汇算清缴时以差额部分扣减企业所得税。当年扣减不完的，不再结转以后年度扣减。……自主就业退役士兵在企业工作不满1年，应当按月换算减免税限额。计算公式为：企业核算减免税总额＝Σ每名自主就业退役士兵本年度在本单位工作月份÷12×具体定额标准。”

根据上述规定，由于自主就业退役士兵在企业工作不满1年，企业应按月换算减免税限额，士兵离职时未抵减完的额度可以结转到本年度以后月份继续抵减，但是不能结转到以后年度抵减。

150. 招用失业人员可以享受什么增值税税收优惠

某企业准备招收一名失业人员。请问税收法规对此有无相关的增值税税收优惠？

答：《财政部 税务总局 人力资源社会保障部 国务院扶贫办关于进一步支持和促进重点群体创业就业有关税收政策的通知》（财税〔2019〕22号）第二条规定：“企业招用建档立卡贫困人口，以及在人力资源社会保障部门公共就业服务机构登记失业半年以上且持‘就业创业证’或‘就业失业登记证’（注明‘企业吸纳税收政策’）的人员，与其签订1年以上期限劳动合同并依法缴纳社会保险费的，自签订劳动合同并缴纳社会保险当月起，在3年内按实际招用人数予以定额依次扣减增值税、城市维护建设税、教育费附加、地方教育附加和企业所得税优惠。定额标准为每人每年6000元，最高可上浮30%。按上述标准计算的税收扣减额应在企业当年实际应缴纳的增值税、城市维护建设税、教育费附加、地方教育附加和企业所得税税额中扣减，当年扣减不完的，不得结转下年使用。"《财政部 国家税务总局 国家乡村振兴局 人力资源和社会保障部关于延长部分扶贫税收优惠政策执行期限的公告》（财政部 税务总局 人力资源社会保障部 国家乡村振兴局公告2021年第18号）规定："《财政部 税务总局 人力资源社会保障部 国务院扶贫办关于进一步支持和促进重点群体创业就业有关税收政策的通知》（财税〔2019〕22号）、《财政部 税务总局 国务院扶贫办关于企业扶贫捐赠所得税税前扣除政策的公告》（财政部 税务总局 国务院扶贫办公告2019年第49号）、《财政部 税务总局 国务院扶贫办关于扶贫货物捐赠免征增值税政策的公告》（财政部 税务总局 国务院扶贫办公告2019年第55号）中规定的税收优惠政策，执行期限延长至2025年12月31日。"

根据上述规定，企业招用符合财税〔2019〕22号第二条规定条件的失业人员，可以享受在3年内按实际招用人数予以定额依次扣减增值税、城市维护建设税、教育费附加、地方教育附加和企业所得税的优惠政策。

151. 计算留抵退税进项构成比例是否需要扣除转出进项

某企业适用增值税期末留抵税额退税。请问在计算允许退还的留抵税额的进项构成比例时，是否需要扣除该期间转出的进项税额？

答：《国家税务总局关于进一步加大增值税期末留抵退税政策实施力度有关征管事项的公告》（国家税务总局公告2022年第4号）第二条规定："计算允许退还的留抵税额的进项构成比例时，纳税人在2019年4月至申请退税前一税款所属期内按规定转出的进项税额，无须从已抵扣的增值税专用发票（含带有'增值税专用发票'字样全面数字化的电子发票、税控机动车销售统一发票）、收费公路通行费增值税电子普通发票、海关进口增值税专用缴款书、解缴税款完税凭证注明的增值税额中扣减。"

根据上述规定，企业计算允许退还的留抵税额的进项构成比例时，无须将所属期内按规定转出的进项税额予以扣除。

152. 适用增值税即征即退政策应如何提交资料

某企业提供资源综合利用劳务，并按规定享受了增值税即征即退政策。请问企业应如何向税务机关提交资料，是否每年都要提供？

答：《国家税务总局关于进一步优化增值税优惠政策办理程序及服务有关

事项的公告》（国家税务总局公告2021年第4号）第二条规定："纳税人适用增值税即征即退政策的，应当在首次申请增值税退税时，按规定向主管税务机关提供退税申请材料和相关政策规定的证明材料。纳税人后续申请增值税退税时，相关证明材料未发生变化的，无须重复提供，仅需提供退税申请材料并在退税申请中说明有关情况。纳税人享受增值税即征即退条件发生变化的，应当在发生变化后首次纳税申报时向主管税务机关书面报告。"

根据上述规定，企业应在首次申请增值税退税时，按规定向主管税务机关提供退税申请材料和相关政策规定的证明材料，后续期间无须重复提供，除非条件发生了变化。

153. 住房租赁企业向个人出租住房有哪些增值税优惠政策

某企业为一般纳税人，其主要从事住房租赁经营业务。请问该企业向个人出租住房有无相关增值税优惠政策？

答：《财政部 税务总局 住房城乡建设部关于完善住房租赁有关税收政策的公告》（财政部 税务总局 住房城乡建设部公告2021年第24号）第一条规定："住房租赁企业中的增值税一般纳税人向个人出租住房取得的全部出租收入，可以选择适用简易计税方法，按照5%的征收率减按1.5%计算缴纳增值税，或适用一般计税方法计算缴纳增值税。住房租赁企业中的增值税小规模纳税人向个人出租住房，按照5%的征收率减按1.5%计算缴纳增值税。住房租赁企业向个人出租住房适用上述简易计税方法并进行预缴的，减按1.5%预征率预缴增值税。"

根据上述规定，企业向个人出租住房取得的全部出租收入，可以选择适用简易计税方法，按照5%的征收率减按1.5%计算缴纳增值税。

154. 享受制造业留抵退税政策需要满足什么条件

某企业为制造业一般纳税人。请问其要享受制造业中型企业一次性退还存量留抵税额的优惠政策需满足哪些条件？

答：《财政部 税务总局关于进一步加大增值税期末留抵退税政策实施力度的公告》（财政部 税务总局公告2022年第14号）第三条规定："适用本公告政策的纳税人需同时符合以下条件：（一）纳税信用等级为A级或者B级；（二）申请退税前36个月未发生骗取留抵退税、骗取出口退税或虚开增值税专用发票情形；（三）申请退税前36个月未因偷税被税务机关处罚两次及以上；（四）2019年4月1日起未享受即征即退、先征后返（退）政策。"

根据上述规定，企业应满足纳税信用等级为 A 级或者 B 级；申请退税前 36 个月未发生骗取留抵退税、骗取出口退税或虚开增值税专用发票情形；申请退税前 36 个月未因偷税被税务机关处罚两次及以上以及 2019 年 4 月 1 日起未享受即征即退、先征后返（退）政策等条件。

155. 从境内总包方取得境外工程款是否免征增值税

某企业作为分包方，为施工地点在境外的工程项目提供建筑服务，并从境内工程总承包方取得分包款收入。请问该收入能否适用跨境应税行为免征增值税优惠政策？

答：《跨境应税行为适用增值税零税率和免税政策的规定》（财税〔2016〕36 号附件 4）第二条第（一）项规定："工程项目在境外的建筑服务免征增值税。"《国家税务总局关于发布〈营业税改征增值税跨境应税行为增值税免税管理办法（试行）〉的公告》（国家税务总局公告 2016 年第 29 号）第二条第（一）项规定："工程项目在境外的建筑服务免征增值税，工程总承包方和工程分包方为施工地点在境外的工程项目提供的建筑服务，均属于工程项目在境外的建筑服务。"第六条规定："纳税人向境外单位销售服务或无形资产，按本办法规定免征增值税的，该项销售服务或无形资产的全部收入应从境外取得，否则，不予免征增值税。下列情形视同从境外取得收入：（一）纳税人向外国航空运输企业提供物流辅助服务，从中国民用航空局清算中心、中国航空结算有限责任公司或者经中国民用航空局批准设立的外国航空运输企业常驻代表机构取得的收入。（二）纳税人与境外关联单位发生跨境应税行为，从境内第三方结算公司取得的收入。上述所称第三方结算公司，是指承担跨国企业集团内部成员单位资金集中运营管理职能的资金结算公司，包括财务公司、资金池、资金结算中心等。（三）纳税人向外国船舶运输企业提供物流辅助服务，通过外国船舶运输企业指定的境内代理公司结算取得的收入。（四）国家税务总局规定的其他情形。"《国家税务总局关于取消增值税扣税凭证认证确认期限等增值税征管问题的公告》（国家税务总局公告 2019 年第 45 号）第四条规定："自 2020 年 1 月 1 日起，中华人民共和国境内单位和个人作为工程分包方，为施工地点在境外的工程项目提供建筑服务，从境内工程总承包方取得的分包款收入，属于《国家税务总局关于发布〈营业税改征增值税跨境应税行为增值税免税管理办法（试行）〉的公告》（国家税务总局公告 2016 年第 29 号）第六条规定的'视同从境外取得收入'。"

根据上述规定，企业作为工程分包方，为施工地点在境外的工程项目提供建筑服务，从境内工程总承包方取得的分包款收入，视同从境外取得收入，适用跨境应税行为免征增值税优惠政策。

156. 安置残疾人的企业如何享受增值税优惠政策

某企业2022年平均职工人数50人，其中残疾人员15人。请问是否可以享受增值税优惠政策，是否能同时享受多种增值税优惠政策？

答：《财政部 国家税务总局关于促进残疾人就业增值税优惠政策的通知》（财税〔2016〕52号）第一条规定："对安置残疾人的单位和个体工商户（以下称纳税人），实行由税务机关按纳税人安置残疾人的人数，限额即征即退增值税的办法。安置的每位残疾人每月可退还的增值税具体限额，由县级以上税务机关根据纳税人所在区县（含县级市、旗，下同）适用的经省（含自治区、直辖市、计划单列市，下同）人民政府批准的月最低工资标准的4倍确定。"第二条规定："享受税收优惠政策的条件。（一）纳税人（除盲人按摩机构外）月安置的残疾人占在职职工人数的比例不低于25%（含25%），并且安置的残疾人人数不少于10人（含10人）；盲人按摩机构月安置的残疾人占在职职工人数的比例不低于25%（含25%），并且安置的残疾人人数不少于5人（含5人）。（二）依法与安置的每位残疾人签订了一年以上（含一年）的劳动合同或服务协议。（三）为安置的每位残疾人按月足额缴纳了基本养老保险、基本医疗保险、失业保险、工伤保险和生育保险等社会保险。（四）通过银行等金融机构向安置的每位残疾人，按月支付了不低于纳税人所在区县适用的经省人民政府批准的月最低工资标准的工资。"《国家税务总局关于安置残疾人单位是否可以同时享受多项增值税优惠政策问题的公告》（国家税务总局公告2011年第61号）规定："安置残疾人单位既符合促进残疾人就业增值税优惠政策条件，又符合其他增值税优惠政策条件的，可同时享受多项增值税优惠政策，但年度申请退还增值税总额不得超过本年度内应纳增值税总额。"

根据上述规定，企业残疾人数占在职职工人数的比例为30%，大于25%，如果符合财税〔2016〕52号第二条规定的其他条件则可以享受该优惠政策；若该企业又符合其他增值税优惠政策条件的，可同时享受多项增值税优惠政策，但年度申请退还增值税总额不得超过本年度内应纳增值税总额。

▶≫157. 新冠疫情防控期间定点接送医护人员能否免征增值税

某客运企业根据政府的调配安排，在外省医护人员支援期间，负责在住宿地和定点医院之间接送医护人员。请问本地卫健部门为此向该客运企业支付的运输收入，能否享受公共交通运输服务免征增值税政策？

答：《财政部 税务总局关于促进服务业领域困难行业纾困发展有关增值税政策的公告》（财政部 税务总局公告2022年第11号）第三条规定：“自2022年1月1日至2022年12月31日，对纳税人提供公共交通运输服务取得的收入，免征增值税。公共交通运输服务的具体范围，按照《营业税改征增值税试点有关事项的规定》（财税〔2016〕36号印发）执行。在本公告发布之前已征收入库的按上述规定应予免征的增值税税款，可抵减纳税人以后月份应缴纳的增值税税款或者办理税款退库。已向购买方开具增值税专用发票的，应将专用发票追回后方可办理免税。”

根据上述规定，该客运企业点对点接送医护人员取得的运输收入，属于提供公共交通运输服务，可以享受免征增值税优惠政策。

▶≫158. 什么情况下可以享受增值税零税率政策

某信息技术企业近期有意向承接一些境外业务，主要是向境外企业提供软件服务和信息技术服务等。请问什么情况下该信息技术企业可以享受增值税零税率政策？

答：《国家税务总局关于〈适用增值税零税率应税服务退（免）税管理办法〉的补充公告》（国家税务总局公告2015年第88号）第一条规定：“适用增值税零税率应税服务的广播影视节目（作品）的制作和发行服务、技术转让服务、软件服务、电路设计及测试服务、信息系统服务、业务流程管理服务，以及合同标的物在境外的合同能源管理服务的范围，按照《营业税改征增值税试点实施办法》（财税〔2013〕106号文件印发）所附的《应税服务范围注释》对应的应税服务范围执行；适用增值税零税率应税服务的离岸服务外包业务的范围，按照《离岸服务外包业务》（附件1）对应的适用范围执行。以上适用增值税零税率的应税服务，本公告统称为新纳入零税率范围的应税服务。境内单位和个人向国内海关特殊监管区域及场所内的单位或个人提供的应税服务，不属于增值税零税率应税服务适用范围。”第二条规定：“向境外单位提供新纳入零税率范围的应税服务的，增值税零税率应税服务提供者申报退（免）税时，应按规定办理出口退（免）税备案。”第三条规定：“增值税零税率应税服务提供者收齐有关凭证后，可在财务作销售收入次月起至次年4月30日前的各增值税纳税申报期内向主管税务机关申报退（免）税；逾期申报的，不再按退（免）税申报，改按免税申报；未按规定申报免税的，应按规定缴纳增值税。”《营业税改征增值税试点实施办法》（财税〔2016〕36号附件1）第四十八条规定：“纳税人发生应税行为适用免税、减税规定的，可以放弃免税、减税，依照本办法的规定缴纳增值税。放弃免税、减税后，36个月内不得再申请免税、减税。纳税人发生应税行为同时适用免税和零税率规定的，纳税人可以选择适用免税或者零税率。”

根据上述规定，该企业向境外企业提供软件服务和信息技术服务等符合上述文件规定范围的，可按照文件规定申报零税率，也可以放弃适用增值税零税率，选择免税或按规定缴纳增值税。但放弃适用增值税零税率后，36个月内不得再申请适用增值税零税率。

159. 是否能同时享受先征后返（退）和留抵退税政策

某企业此前选择享受先征后返（退）政策，自留抵退税力度加大后，企业想申请留抵退税。请问企业能同时使用先征后返（退）政策和留抵退税政策吗？

答：《财政部 税务总局关于进一步加大增值税期末留抵退税政策实施力度的公告》（财政部 税务总局公告2022年第14号）第十条规定：“纳税人自2019年4月1日起已取得留抵退税款的，不得再申请享受增值税即征即退、先征后返（退）政策。纳税人可以在2022年10月31日前一次性将已取得的留抵退税款全部缴回后，按规定申请享受增值税即征即退、先征后返（退）政策。”

根据上述规定，企业不能同时使用留抵退税政策和先征后返（退）政策，享受过先征后返（退）的，不得申请留抵退税；已获得留抵退税的，也不得再享受先征后返（退）。

160. 建设期制造业企业是否能够申请留抵退税

某企业为新成立2个月的制造业企业，正处于建设期。请问是否能够申请留抵退税？

答：《财政部 税务总局关于进一步加大增值税期末留抵退税政策实施力度的公告》（财政部 税务总局公告2022年第14号）第一条规定：“加大小微企业增值税期末留抵退税政策力度，将先进制造业按月全额退还增值税增量留抵税额政策范围扩大至符合条件的小微企业（含个体工商户，下同），并一次性退还小微企业存量留抵税额。”第二条规定：“加大‘制造业’、‘科学研究和技术服务业’、‘电力、热力、燃气及水生产和供应业’、‘软件和信息技术服务业’、‘生态保护和环境治理业’和‘交通运输、仓储和邮政业’（以下称制造业等行业）增值税期末留抵退税政策力度，将先进制造业按月全额退还增值税增量留抵税额政策范围扩大至符合条件的制造业等行业企业（含个体工商户，下同），并一次性退还制造业等行业企业存量留抵税额。”第七条规定：“本公告所称制造业等行业企业，是指从事《国民经济行业分类》中‘制造业’、‘科学研究和技术服务业’、‘电力、热力、燃气及水生产和供应业’、‘软件和信息技术服务业’、‘生态保护和环境治理业’和‘交通运输、仓储和邮政业’业务相应发生的增值税销售额占全部增值税销售额的比重超过50%的纳税人。上述销售额比重根据纳税人申请退税前连续12个月的销售额计算确定；申请退税前经营期不满12个月但满3个月的，按照实际经营期的销售额计算确定。”第三条规定：“适用本公告政策的纳税人需同时符合以下条件：（一）纳税信用等级为A级或者B级；（二）申请退税前36个月未发生骗取留抵退税、骗取出口退税或虚开增值税专用发票情形；（三）申请退税前36个月未因偷税被税务机关处罚两次及以上；（四）2019年4月1日起未享受即征即退、先征后返（退）政策。”

根据上述规定，经营期不满3个月是不能享受留抵退税的，也就是说建设期的制造业企业如果没有开始经营，不能申请留抵退税；而只有非制造业6个行业的收入，也不能按制造业行业享受留抵退税。但如果符合工信部等部门的小微企业划分标准，且满足财政部、税务总局公告2022年第14号第三条中列举的所有四个条件，则可按小微企业申请留抵退税。

161. 国内科研机构采购国产机器设备是否有增值税优惠

国内某科研机构为研究新技术于2022年初采购一批国产设备。请问该批设备是否有增值税优惠？

答：《财政部 商务部 税务总局关于继续执行研发机构采购设备增值税政策的公告》（财政部公告2019年第91号）第一条规定：“适用采购国产设备全额退还增值税政策的内资研发机构和外资研发中心包括：（一）科技部会同财政部、海关总署和税务总局核定的科技体制改革过程中转制为企业和进入企业的主要从事科学研究和技术开发工作的机构；（二）国家发展改革委会同财政部、海关总署和税务总局核定的国家工程研究中心；（三）国家发展改革委会同财政部、海关总署、税务总局和科技部核定的企业技术中心；（四）科技部会同财政部、海关总署和税务总局核定的国家重点实验室（含企业国家重点实验室）和国家工程技术研究中心；（五）科技部核定的国务院部委、直属机构所属从事科学研究工作的各类科研院所，以及各省、自治区、直辖市、计划单列市科技主管部门核定的本级政府所属从事科学研究工作的各类科研院所；（六）科技部会同民政部核定或者各省、自治区、直辖市、计划单列市及新疆生产建设兵团科技主管部门会同同级民政部门核定的科技类民办非企业单位；（七）工业和信息化部会同财政部、海关总署、税务总局核定的国家中小企业公共服务示范平台（技术类）；（八）国家承认学历的实施专科及以上高等学历教育的高等学校（以教育部门户网站公布名单为准）；（九）符合本公告第二条规定的外资研发中心；（十）财政部会同国务院有关部门核定的其他科学研究机构、技术开发机构和学校。”第四条第（五）款规定：“本公告所述‘设备’，是指为科学研究、教学和科技开发提供必要条件的实验设备、装置和器械。在计算累计购置的设备原值时，应将进口设备和采购国产设备的原值一并计入，包括已签订购置合同并于当年内交货的设备（应提交购置合同清单及交货期限），上述采购国产设备应属于本公告《科技开发、科学研究和教学设备清单》所列设备（见附件2）。对执行中国产设备范围存在异议的，由主管税务机关逐级上报税务总局商财政部核定。”根据《财政部 税务总局关于延长部分税收优惠政策执行期限的公告》（财政部 税务总局公告2021年第6号）第一条规定：“《财政部 税务总局关于设备器具扣除有关企业所得税政策的通知》（财税〔2018〕54号）等16个文件规定的税收优惠政策凡已经到期的，执行期限延长至2023年12月31日，详见附件1。”

根据上述规定，如果该机构符合财政部公告2019年第91号第一条规定的内资研发机构和外资研发中心，且采购的设备属于“科技开发、科学研究和教学设备清单”所列设备，可以全额退还增值税。

162. 利用农作物秸秆发电是否可以享受增值税优惠

某企业从大型农业企业购买农作物剩余物玉米秸秆发电并对外销售。请问用农作物秸秆发电是否可以享受增值税优惠？

答：《财政部 税务总局关于完善资源综合利用增值税政策的公告》（财政部 税务总局公告2021年第40号）第三条规定：“增值税一般纳税人销售自产的资源综合利用产品和提供资源综合利用劳务（以下称销售综合利用产品和劳务），可享受增值税即征即退政策。（一）综合利用的资源名称、综合利用产品和劳务名称、技术标准和相关条件、退税比例等按照本公告所附《资源综合利用产品和劳务增值税优惠目录（2022年版）》（以下称《目录》）的相关规定执行。（二）纳税人从事《目录》所列的资源综合利用项目，其申请享受本公告规定的增值税即征即退政策时，应同时符合下列条件：1. 纳税人在境内收购的再生资源，应按规定从销售方取得增值税发票；适用免税政策的，应按规定从销售方取得增值税普通发票。2. 纳税人应建立再生资源收购台账，留存备查。3. 销售综合利用产品和劳务，不属于发展改革委《产业结构调整指导目录》中的淘汰类、限制类项目。4. 销售综合利用产品和劳务，不属于生态环境部《环境保护综合名录》中的'高污染、高环境风险'产品或重污染工艺。5. 综合利用的资源，属于生态环境部《国家危险废物名录》列明的危险废物的，应当取得省级或市级生态环境部门颁发的'危险废物经营许可证'，且许可经营范围包括该危险废物的利用。6. 纳税信用级别不为C级或D级。7. 纳税人申请享受本公告规定的即征即退政策时，申请退税税款所属期前6个月（含所属期当期）不得发生下列情形：（1）因违反生态环境保护的法律法规受到行政处罚（警告、通报批评或单次10万元以下罚款、没收违法所得、没收非法财物除外；单次10万元以下含本数，下同）。（2）因违反税收法律法规被税务机关处罚（单次10万元以下罚款除外），或发生骗取出口退税、虚开发票的情形。"

根据上述规定，该企业利用农作物秸秆发电若符合文件规定的条件，可以享受增值税即征即退的优惠。

163. 留抵进项税额已退税是否需要相应调减加计抵减额

某服务行业企业适用加计抵减政策，由于有较大进项留抵税额，企业申请退税，税务局批准后退税，2022年3月税款已经到账。请问该已退税款的进项税额对应的已经计提的加计抵减额需要调减吗？

答：《财政部 税务总局 海关总署关于深化增值税改革有关政策的公告》（财政部 税务总局 海关总署公告2019年第39号）第七条规定："自2019年4月1日至2021年12月31日，允许生产、生活性服务业纳税人按照当期可抵扣进项税额加计10%，抵减应纳税额（以下称加计抵减政策）。纳税人应按照当期可抵扣进项税额的10%计提当期加计抵减额。按照现行规定不得从销项税额中抵扣的进项税额，不得计提加计抵减额；已计提加计抵减额的进项税额，按规定作进项税额转出的，应在进项税额转出当期，相应调减加计抵减额。计算公式如下：当期计提加计抵减额 = 当期可抵扣进项税额 × 10%。当期可抵减加计抵减额 = 上期末加计抵减额余额 + 当期计提加计抵减额 − 当期调减加计抵减额。纳税人应单独核算加计抵减额的计提、抵减、调减、结余等变动情况。骗取适用加计抵减政策或虚增加计抵减额的，按照《中华人民共和国税收征收管理法》等有关规定处理。加计抵减政策执行到期后，纳税人不再计提加计抵减额，结余的加计抵减额停止抵减。”《财政部 税务总局关于促进服务业领域困难行业纾困发展有关增值税政策的公告》（财政部 税务总局公告2022年第11号）第一条规定：“《财政部 税务总局 海关总署关于深化增值税改革有关政策的公告》（财政部 税务总局 海关总署公告2019年39号）第七条和《财政部 税务总局关于明确生活性服务业增值税加计抵减政策的公告》（财政部 税务总局公告2019年第87号）规定的生产、生活性服务业增值税加计抵减政策，执行期限延长至2022年12月31日。”

根据上述规定，加计抵减未使用，仍然可以在以后使用，并不属于转出、调减事项。如果已经计提一直未使用，加计抵减政策执行到期后，纳税人不再计提加计抵减额，结余的加计抵减额停止抵减，同时将结余的“加计抵减额”冲回。

（六）其　他

164. 出租营改增前的房产能否选择简易计税方法

某企业为一般纳税人，于2022年1月将一幢2016年4月30日前取得的房产出租。请问能否选择按5%的税率简易计税计算税额？

答：《国家税务总局关于发布〈纳税人提供不动产经营租赁服务增值税征收管理暂行办法〉的公告》（国家税务总局公告2016年第16号）所附纳税人提供不动产经营租赁服务增值税征收管理暂行办法第三条规定：“一般纳税人出租不动产，按照以下规定缴纳增值税：（一）一般纳税人出租其2016年4月30日前取得的不动产，可以选择适用简易计税方法，按照5%的征收率计算应纳税额。不动产所在地与机构所在地不在同一县（市、区）的，纳税人应按照上述计税方法向不动产所在地主管税务机关预缴税款，向机构所在地主管税务机关申报纳税。不动产所在地与机构所在地在同一县（市、区）的，纳税人向机构所在地主管税务机关申报纳税。”

根据上述规定，出租于2016年4月30日前取得的房产，增值税一般纳税人可以选择简易办法计算缴纳增值税，其中不动产所在地与机构所在地不在同一县（市、区）的，应向不动产所在地主管税务机关预缴税款。

165. 提供仓储服务能否选择简易计税

某企业是物流企业一般纳税人，兼营仓储服务。请问仓储服务应如何计算缴纳增值税，能否选择简易计税？

答：财税〔2016〕36 号附件 1 后附《销售服务、无形资产、不动产注释》第一条第（六）项规定："现代服务，是指围绕制造业、文化产业、现代物流产业等提供技术性、知识性服务的业务活动。包括研发和技术服务、信息技术服务、文化创意服务、物流辅助服务、租赁服务、鉴证咨询服务、广播影视服务、商务辅助服务和其他现代服务。物流辅助服务，包括航空服务、港口码头服务、货运客运场站服务、打捞救助服务、装卸搬运服务、仓储服务和收派服务。仓储服务，是指利用仓库、货场或者其他场所代客贮放、保管货物的业务活动。"《营业税改征增值税试点有关事项的规定》（财税〔2016〕36 号附件 2）第一条第（六）项第 3 目规定："一般纳税人发生电影放映服务、仓储服务、装卸搬运服务、收派服务和文化体育服务，可以选择适用简易计税方法计税。"

根据上述规定，企业提供仓储服务属于现代服务，可以选择一般计税方法按 6% 计算缴纳增值税，也可以选择简易计税按 3% 征收率计算缴纳增值税。但需注意，一经选择简易计税，36 个月内不得变更。

166. 纳税人提供建筑服务适用简易计税是否需要备案

某企业主要提供建筑服务并选择了简易计税方法。请问该公司是否需要申请备案？

答：《国家税务总局关于国内旅客运输服务进项税抵扣等增值税征管问题的公告》（国家税务总局公告 2019 年第 31 号）第八条规定："提供建筑服务的一般纳税人按规定适用或选择适用简易计税方法计税的，不再实行备案制。以下证明材料无须向税务机关报送，改为自行留存备查：（一）为建筑工程老项目提供的建筑服务，留存"建筑工程施工许可证"或建筑工程承包合同；（二）为甲供工程提供的建筑服务、以清包工方式提供的建筑服务，留存建筑工程承包合同。"

根据上述规定，企业选择简易计税方法不需要向税务机关备案，可自行将证明材料留存备查。

167. 取得不征收增值税的财政补贴收入是否填写申报表

某企业为一般纳税人，当期取得政府给予的科技项目财政补贴收入，符合不征税收入条件。请问该补贴收入是否在增值税纳税申报表中体现？

答：《国家税务总局关于取消增值税扣税凭证认证确认期限等增值税征管问题的公告》（国家税务总局公告2019年第45号）第七条规定："纳税人取得的财政补贴收入，与其销售货物、劳务、服务、无形资产、不动产的收入或者数量直接挂钩的，应按规定计算缴纳增值税。纳税人取得的其他情形的财政补贴收入，不属于增值税应税收入，不征收增值税。"

根据上述规定，企业取得不征收增值税的财政补贴收入，不需要将该笔补贴填写在增值税纳税申报表中。

168. 3%征收率应税销售收入减按1%如何填写申报表

某企业为小规模纳税人，其主要从事征收率3%税率的业务，目前适用3%征收率的应税销售收入减按1%征收率征收增值税优惠。请问在申报增值税的时候享受3%征收率应税销售收入减按1%征收率征收增值税如何填写申报表？

答：《关于明确增值税小规模纳税人减免增值税等政策的公告》（财政部 税务总局公告2023年第1号）第二条规定："自2023年1月1日至2023年12月31日，增值税小规模纳税人适用3%征收率的应税销售收入，减按1%征收率征收增值税；适用3%预征率的预缴增值税项目，减按1%预征率预缴增值税。"《关于〈国家税务总局关于增值税小规模纳税人减免增值税等政策有关征管事项的公告〉的解读》第五条规定："小规模纳税人发生增值税应税销售行为，合计月销售额未超过10万元的，免征增值税的销售额等项目应当填写在'增值税及附加税费申报表（小规模纳税人适用）''小微企业免税销售额'或者'未达起征点销售额'相关栏次，如果没有其他免税项目，则无须填报'增值税减免税申报明细表'；减按1%征收率征收增值税的销售额应当填写在'增值税及附加税费申报表（小规模纳税人适用）''应征增值税不含税销售额（3%征收率）'相应栏次，对应减征的增值税应纳税额按销售额的2%计算填写在'增值税及附加税费申报表（小规模纳税人适用）''本期应纳税额减征额'及'增值税减免税申报明细表'减税项目相应栏次。"

根据上述规定，企业减按1%征收率征收增值税的销售额应当填写在"增值税及附加税费申报表（小规模纳税人适用）""应征增值税不含税销售额（3%征收率）"相应栏次，对应减征的增值税应纳税额按销售额的2%计算填写在“增值税及附加税费申报表（小规模纳税人适用）”“本期应纳税额减征额”及“增值税减免税申报明细表”减税项目相应栏次。

169. 商贸企业销售砂石是否可以选择简易征收方式

某企业为一般纳税人，主要业务是销售建筑用的砂石。请问该企业能否采取3%简易征收方式计税？

答：《财政部 国家税务总局关于部分货物适用增值税低税率和简易办法征收增值税政策的通知》（财税〔2009〕9号）第二条规定：“（三）一般纳税人销售自产的下列货物，可选择按照简易办法依照6%征收率计算缴纳增值税：1. 县级及县级以下小型水力发电单位生产的电力。小型水力发电单位，是指各类投资主体建设的装机容量为5万千瓦以下（含5万千瓦）的小型水力发电单位。2. 建筑用和生产建筑材料所用的砂、土、石料。……”《财政部 国家税务总局关于简并增值税征收率政策的通知》（财税〔2014〕57号）第二条规定：“财税〔2009〕9号文件第二条第（三）项和第三条‘依照6%征收率’调整为‘依照3%征收率’。”

根据上述规定，如果企业销售建筑用和生产建筑材料所用的砂、土、石料为自产的，可以选择按照简易办法依照3%征收率计算缴纳增值税，否则应按照一般计税方法计算缴纳增值税。

170. 通行费电子发票增值税抵扣时如何填写申报表

某企业为一般纳税人，当月报销车辆使用费时取得了车队提供的通行费电子发票。请问该企业在申报抵扣进项税额时如何填写申报表？

答：《交通运输部 财政部 国家税务总局 国家档案局关于收费公路通行费电子票据开具汇总等有关事项的公告》（交通运输部 财政部 国家税务总局 国家档案局2020年第24号）第六条规定：“通行费电子票据其他规定（二）收费公路通行费增值税进项抵扣事项按照现行增值税政策有关规定执行。增值税一般纳税人申报抵扣的通行费电子发票进项税额，在纳税申报时应当填写在《增值税及附加税费申报表附列资料（二）》（本期进项税额明细）中‘认证相符的增值税专用发票’相关栏次中。（三）纳税人取得通行费电子发票后，应当登录增值税发票综合服务平台确认发票用途。税务总局通过增值税发票综合服务平台为纳税人提供通行费电子发票批量选择确认服务。”

根据上述规定，企业应当将通行费电子发票的进项税额填写在“增值税及附加税费申报表附列资料（二）”（本期进项税额明细）中“认证相符的增值税专用发票”相关栏次中。

171. 提供国际运输服务适用零税率是否要办理备案

某企业为一般纳税人，主要从事在境外载运旅客及货物的业务，根据相关规定适用增值税零税率。请问该企业是否需要办理备案?

答：《跨境应税行为适用增值税零税率和免税政策的规定》（财税〔2016〕36号附件4）第一条规定：“中华人民共和国境内（以下称境内）的单位和个人销售的下列服务和无形资产，适用增值税零税率：（一）国际运输服务。国际运输服务，是指：1. 在境内载运旅客或者货物出境。2. 在境外载运旅客或者货物入境。3. 在境外载运旅客或者货物。”《国家税务总局关于发布〈适用增值税零税率应税服务退（免）税管理办法〉的公告》（国家税务总局公告2014年第11号）第八条规定：“增值税零税率应税服务提供者办理出口退（免）税资格认定后，方可申报增值税零税率应税服务退（免）税。如果提供的适用增值税零税率应税服务发生在办理出口退（免）税资格认定前，在办理出口退（免）税资格认定后，可按规定申报退（免）税。”《国家税务总局关于〈适用增值税零税率应税服务退（免）税管理办法〉的补充公告》（国家税务总局公告2015年第88号）第二条规定：“向境外单位提供新纳入零税率范围的应税服务的，增值税零税率应税服务提供者申报退（免）税时，应按规定办理出口退（免）税备案。”《国家税务总局关于部分税务行政审批事项取消后有关管理问题的公告》（国家税务总局公告2015年第56号）第三条第（一）项规定：“出口企业或其他单位应于首次申报出口退（免）税时，向主管税务机关提供以下资料，办理出口退（免）税备案手续，申报退（免）税。”

根据上述规定，企业作为一般纳税人提供国际运输服务增值税适用增值税零税率的，需要办理出口退（免）税备案。

172. 目前出口退免税办税程序有哪些规定

某企业为新成立的企业，准备从事出口贸易。请问目前针对出口退（免）税申报有哪些政策规定?

答：《国家税务总局关于优化整合出口退税信息系统更好服务纳税人有关事项的公告》（国家税务总局公告2021年第15号）第三条规定：“优化出口退（免）税办税程序。（一）纳税人办理出口退（免）税申报时，根据现行规定应在申报表中填写业务类型的，按照优化后的‘业务类型代码表’（附件15）填写。（二）纳税人发现已申报、但尚未经主管税务机关核准的出口退（免）税申报数据有误的，应报送‘企业撤回退（免）税申报申请表’（附件16），主管税务机关未发现存在不予退税情形的，即可撤回该批次（所属期）申报数据。纳税人自愿放弃已申报、但尚未经主管税务机关核准的出口退（免）税的，应报送‘企业撤回退（免）税申报申请表’，主管税务机关未发现存在不予退税情形或者因涉嫌骗取出口退税被税务机关稽查部门立案查处未结案的，即可撤回该笔申报数据。已撤回申报数据涉及的相关单证，不得重新用于办理出口退（免）税申报。（三）国家计划内出口的免税卷烟，因指定口岸海关职能变化不办理报关出口业务，而由其下属海关办理卷烟报关出口业务的，自海关职能变化之日起，下属海关视为指定口岸海关。从上述下属海关出口的免税卷烟，可按规定办理免税核销手续。已实施通关一体化的地区，自本地区通关一体化实施之日起，从任意海关报关出口的免税卷烟，均可按规定办理免税核销手续。”

根据上述规定，企业出口退免税办税程序有所优化，企业可以按上述文件中的要求办理。

173. 应登未登期间发生的业务是否可以采取简易计税

某企业原为小规模纳税人，当年8月超过小规模纳税人标准但逾期仍不登记为一般纳税人。请问企业在应登记未登记期间发生的业务符合简易计税条件，是否可以采取简易计税方法缴纳增值税？

答：《国家税务总局关于增值税一般纳税人登记管理办法》（国家税务总局令第43号）第八条规定：“纳税人在年应税销售额超过规定标准的月份（或季度）的所属申报期结束后15日内按照本办法第六条或者第七条的规定办理相关手续；未按规定时限办理的，主管税务机关应当在规定时限结束后5日内制作‘税务事项通知书’，告知纳税人应当在5日内向主管税务机关办理相关手续；逾期仍不办理的，次月起按销售额依照增值税税率计算应纳税额，不得抵扣进项税额，直至纳税人办理相关手续为止。”

根据上述规定，企业超过“税务事项通知书”规定的期限仍不办理一般纳税人登记，次月起按销售额依照增值税税率计算应纳税额，此前发生的业务仍采取简易计税方法。

174. 未达到标准年应税销售额是否可以成为一般纳税人

某企业经数据测算成为一般纳税人实际增值税税负率更低，但是尚未达到年应税销售额标准。请问该企业是否可以成为一般纳税人？

答：《营业税改征增值税试点实施办法》（财税〔2016〕36号附件1）第四条规定："年应税销售额未超过规定标准的纳税人，会计核算健全，能够提供准确税务资料的，可以向主管税务机关办理一般纳税人资格登记，成为一般纳税人。会计核算健全，是指能够按照国家统一的会计制度规定设置账簿，根据合法、有效凭证核算。"

根据上述规定，未达到标准年应税销售额的企业，但是会计核算健全，能够提供准确税务资料的，可以向主管税务机关办理一般纳税人资格登记。

175. 查补销售额归属期如何影响一般纳税人认定

某小规模纳税人企业于2020年5月、2021年10月曾销售两批货物，未开票也未缴纳增值税。2022年8月企业自查发现并补缴税款，加上这部分补缴销售收入后达到了一般纳税人登记标准。请问该企业是否应认定为增值税一般纳税人？

答：《国家税务总局关于增值税一般纳税人登记管理若干事项的公告》（国家税务总局公告2018年第6号）第二条规定："《办法》第二条所称'纳税申报销售额'是指纳税人自行申报的全部应征增值税销售额，其中包括免税销售额和税务机关代开发票销售额。'稽查查补销售额'和'纳税评估调整销售额'计入查补税款申报当月（或当季）的销售额，不计入税款所属期销售额。"

根据上述规定，该企业补缴税金对应的以前年度销售收入归属为2022年8月，应认定为增值税一般纳税人。

176. 分公司出租总公司房屋如何缴纳增值税

某企业在外省A市有一处房产，2021年购入并登记在总公司名下，由A市分公司就地管理，总、分公司均为增值税一般纳税人，2022年初分公司与另一家企业签订租房合同。请问A市房产出租产生的增值税是由总公司还是分公司缴纳，税率如何确定？

答：《国家税务总局关于发布〈纳税人提供不动产经营租赁服务增值税征收管理暂行办法〉的公告》（国家税务总局公告2016年第16号）第三条第（二）款规定："一般纳税人出租其2016年5月1日后取得的不动产，适用一般计税方法计税。不动产所在地与机构所在地不在同一县（市、区）的，纳税人应按照3%的预征率向不动产所在地主管国税机关预缴税款，向机构所在地主管国税机关申报纳税。不动产所在地与机构所在地在同一县（市、区）的，纳税人应向机构所在地主管国税机关申报纳税。”《国家税务总局纳税服务司关于下发营改增热点问题答复口径和营改增培训参考材料的函》（税总纳便函〔2016〕71号）全面推开营改增试点12366热点问题解答（一）规定：“关于转租不动产如何纳税的问题，总局明确按照纳税人出租不动产来确定。一般纳税人将2016年4月30日之前租入的不动产对外转租的，可选择简易办法征税；将5月1日之后租入的不动产对外转租的，不能选择简易办法征税。”

根据上述规定，因与承租方签订租房合同的为分公司，应由分公司在A市缴纳增值税，由于是在2016年5月1日以后租入并转租的，应采用一般方法计税；同时，由于分公司没有产权，应与总公司补充签订租赁合同。

177. 以前多缴的营业税是否可以抵减增值税

某企业在2022年税务自查时发现账上仍存在2016年及以前累计的100多万元营业税未退税，但又发现需要补缴增值税10万元。请问以前多缴的营业税是否可以抵减增值税？

答：《营业税改征增值税试点有关事项的规定》（财税〔2016〕36号）第一条第（十三）款规定：“试点前发生的业务。1. 试点纳税人发生应税行为，按照国家有关营业税政策规定差额征收营业税的，因取得的全部价款和价外费用不足以抵减允许扣除项目金额，截至纳入营改增试点之日前尚未扣除的部分，不得在计算试点纳税人增值税应税销售额时抵减，应当向原主管地税机关申请退还营业税。2. 试点纳税人发生应税行为，在纳入营改增试点之日前已缴纳营业税，营改增试点后因发生退款减除营业额的，应当向原主管地税机关申请退还已缴纳的营业税。3. 试点纳税人纳入营改增试点之日前发生的应税行为，因税收检查等原因需要补缴税款的，应按照营业税政策规定补缴营业税。”

根据上述规定，以前多缴的营业税不可以抵减增值税。

178. 房地产企业增值税留抵税额是否可以抵减预缴税款

某房地产企业2021年末增值税留抵税额100万元，2022年1月预缴税款20万元。请问增值税留抵税额是否可以抵减预缴税款？

答：《营业税改征增值税试点实施办法》（财税〔2016〕36号附件1）第二十一条规定：“一般计税方法的应纳税额，是指当期销项税额抵扣当期进项税额后的余额。应纳税额计算公式：应纳税额＝当期销项税额－当期进项税额。当期销项税额小于当期进项税额不足抵扣时，其不足部分可以结转下期继续抵扣。”《国家税务总局关于发布〈房地产开发企业销售自行开发的房地产项目增值税征收管理暂行办法〉的公告》（国家税务总局公告 2016 年第 18 号）第十条规定：“一般纳税人采取预收款方式销售自行开发的房地产项目，应在收到预收款时按照 3% 的预征率预缴增值税。”第十一条规定：“应预缴税款按照以下公式计算：应预缴税款＝预收款÷(1＋适用税率或征收率)×3%。适用一般计税方法计税的，按照 11% 的适用税率（2019 年 4 月 1 日起为税率 9%）计算；适用简易计税方法计税的，按照 5% 的征收率计算。”

根据上述规定，增值税留抵税额是留待以后的销项税额进行抵扣的进项税额，预缴税款不可以用增值税留抵税额进行抵减。

179. 不同项目的预缴税款是否可以相互抵减

某房地产企业新项目分期开发，一期 2021 年 3 月预售，按照 3% 预缴税款，2022 年 4 月清算后多预缴了税款；二期 2022 年 9 月预售，一期预缴时多缴的税款是否能抵减二期预售需要预缴的税款？

答：《国家税务总局关于发布〈房地产开发企业销售自行开发的房地产项目增值税征收管理暂行办法〉的公告》（国家税务总局公告 2016 年第 18 号）第十四条规定：“一般纳税人销售自行开发的房地产项目适用一般计税方法计税的，应按照《营业税改征增值税试点实施办法》（财税〔2016〕36 号文件印发，以下简称《试点实施办法》）第四十五条规定的纳税义务发生时间，以当期销售额和 11% 的适用税率（2019 年 4 月 1 日起为税率 9%）计算当期应纳税额，抵减已预缴税款后，向主管国税机关申报纳税。未抵减完的预缴税款可以结转下期继续抵减。”

根据上述规定，一期预缴税款不能抵减二期预售需要预缴的税款。一期未抵减完的预缴税款可以结转下期继续抵减。

180. 支付境外的设计费如何扣缴增值税

某建筑企业支付境外单位设计费 100 万元，境外单位在境内没有经营机构。请问该业务应如何缴纳增值税？

答：《营业税改征增值税试点实施办法》（财税〔2016〕36 号附件 1）第六条规定：“中华人民共和国境外（以下称境外）单位或者个人在境内发生应税行为，在境内未设有经营机构的，以购买方为增值税扣缴义务人。”第二十六条规定："纳税人凭完税凭证抵扣进项税额的，应当具备书面合同、付款证明和境外单位的对账单或者发票。资料不全的，其进项税额不得从销项税额中抵扣。"《营业税改征增值税试点有关事项的规定》(财税〔2016〕36号附件2）第一条第（十五）款规定："境内的购买方为境外单位和个人扣缴增值税的，按照适用税率扣缴增值税。"

根据上述规定，该建筑企业应代扣代缴增值税。

181. 企业私车公用的增值税如何处理

某企业员工因工作需要使用车，但企业暂时无法安排，为了不影响业务的开展，同意员工用自己的车为企业服务，并向员工支付租赁车辆的费用。请问增值税如何处理？

答：《营业税改征增值税试点实施办法》(财税〔2016〕36号附件1）第十条规定："销售服务、无形资产或者不动产，是指有偿提供服务、有偿转让无形资产或者不动产，但属于下列非经营活动的情形除外：(一）行政单位收取的同时满足以下条件的政府性基金或者行政事业性收费。1. 由国务院或者财政部批准设立的政府性基金，由国务院或者省级人民政府及其财政、价格主管部门批准设立的行政事业性收费；2. 收取时开具省级以上（含省级）财政部门监（印）制的财政票据；3. 所收款项全额上缴财政。(二）单位或者个体工商户聘用的员工为本单位或者雇主提供取得工资的服务。(三）单位或者个体工商户为聘用的员工提供服务。(四）财政部和国家税务总局规定的其他情形。"《营业税改征增值税试点实施办法》(财税〔2016〕36号附件1）附件《销售服务、无形资产、不动产注释》规定："经营租赁服务，是指在约定时间内将有形动产或者不动产转让他人使用且租赁物所有权不变更的业务活动。"《国家税务总局关于纳税人申请代开增值税发票办理流程的公告》(国家税务总局公告2016年第59号）规定："现将纳税人代开发票（纳税人销售取得的不动产和其他个人出租不动产代开增值税发票业务除外）办理流程公告如下：(一）在办税服务厅指定窗口：1. 提交《代开增值税发票缴纳税款申报单》(见附件)；2. 自然人申请代开发票，提交身份证件及复印件。"

根据上述规定，员工收取提供租赁服务的费用，企业应与员工签订租赁合同，完成业务后，员工再前往税务局代开发票后去企业报销，按照"有形动产租赁"缴纳增值税。

182. 购买预付卡增值税如何处理

某企业2022年7月购入超市购物卡5000元交给工会用于慰问退休老员工。请问增值税如何处理，能否抵扣进项？

答：《国家税务总局关于营改增试点若干征管问题的公告》（国家税务总局公告2016年第53号）第三条规定："单用途商业预付卡（以下简称'单用途卡'）业务按照以下规定执行：（一）单用途卡发卡企业或者售卡企业（以下统称'售卡方'）销售单用途卡，或者接受单用途卡持卡人充值取得的预收资金，不缴纳增值税。售卡方可按照本公告第九条的规定，向购卡人、充值人开具增值税普通发票，不得开具增值税专用发票。（三）持卡人使用单用途卡购买货物或服务时，货物或者服务的销售方应按照现行规定缴纳增值税，且不得向持卡人开具增值税发票。"

根据上述规定，该企业购买购物卡时，超市开具增值税普通发票，开票时选择"601预付卡销售和充值"，发票税率栏为"不征税"。待工会实际购买时，取得购物小票作为实际业务发生的证明附件，此环节不再开具增值税发票。企业在上述环节未取得增值税专用发票，不得抵扣进项税额。

183. 金融商品转让差额计税是否必须取得购买时的凭证

某企业购买并转让金融商品，按规定应以转让金融商品出现的正负差按照盈亏相抵后的余额作为销售额计算增值税应纳税税额。请问扣除买入价时是否应取得购买时的凭证？

答：《营业税改征增值税试点有关事项的规定》（财税〔2016〕36号附件2）第一条第（三）款第3点规定："金融商品转让，按照卖出价扣除买入价后的余额为销售额。转让金融商品出现的正负差，按盈亏相抵后的余额为销售额。若相抵后出现负差，可结转下一纳税期与下期转让金融商品销售额相抵，但年末时仍出现负差的，不得转入下一个会计年度。金融商品的买入价，可以选择按照加权平均法或者移动加权平均法进行核算，选择后36个月内不得变更。金融商品转让，不得开具增值税专用发票。"第一条第（三）款第11点规定："试点纳税人按照上述4—10款的规定从全部价款和价外费用中扣除的价款，应当取得符合法律、行政法规和国家税务总局规定的有效凭证。否则，不得扣除。"

根据上述规定，《营业税改征增值税试点有关事项的规定》（财税〔2016〕36号附件2）第一条第（三）款第3点至第10点对增值税差额征税进行了规定，上述第3点金融商品转让并不在第4款至第10款必须取得有效凭证的规定内，扣除额按买入价规定执行即可，无须凭取得时的凭证进行扣除。

184. 已开的免税发票在享受减按1%征收增值税政策后是否追回

某企业为按月申报的增值税小规模纳税人，2023年1月5日开具了一张免税发票并已交给客户。请问如果要享受减按1%征收增值税政策，是否必须追回该免税发票？

答：《关于明确增值税小规模纳税人减免增值税等政策的公告》（财政部 税务总局公告2023年第1号）第二条规定："自2023年1月1日至2023年12月31日，增值税小规模纳税人适用3%征收率的应税销售收入，减按1%征收率征收增值税；适用3%预征率的预缴增值税项目，减按1%预征率预缴增值税。"

根据上述规定，企业在上述政策规定期间享受减按1%征收率征收增值税政策，在政策文件发布前已开具的免税发票无须追回，在申报纳税时减按1%征收率计算缴纳增值税即可。但在政策文件发布后，纳税人适用减按1%征收率征收增值税政策的，应按照1%征收率开具增值税发票。

185. 已按3%征收率缴纳的增值税能退还吗

某企业为按月申报的增值税小规模纳税人，适用3%征收率，在财政部、税务总局公告2023年第1号文件出台前已按照3%征收率缴纳了增值税，请问能够退还相应的税款吗？

答：《关于明确增值税小规模纳税人减免增值税等政策的公告》（财政部 税务总局公告2023年第1号）第二条规定："自2023年1月1日至2023年12月31日，增值税小规模纳税人适用3%征收率的应税销售收入，减按1%征收率征收增值税；适用3%预征率的预缴增值税项目，减按1%预征率预缴增值税。"第四条规定："按照本公告规定，应予减免的增值税，在本公告下发前已征收的，可抵减纳税人以后纳税期应缴纳税款或予以退还。"《国家税务总局关于增值税小规模纳税人减免增值税等政策有关征管事项的公告》（国家税务总局公告2023年第1号）第十三条规定："纳税人按照1号公告第四条规定申请办理抵减或退还已缴纳税款，如果已经向购买方开具了增值税专用发票，应先将增值税专用发票追回。"

根据上述规定，企业按照财政部、税务总局公告2023年第1号第四条规定应予减免的增值税，在该文件下发前已征收的，可抵减以后纳税期应缴纳税款或予以退还。但是企业如果已经向购买方开具了增值税专用发票，应先将增值税专用发票追回。

186. 资产重组中包含无形资产是否需要缴纳增值税

某企业于2022年7月发生同一控制下的企业合并，将全部固定资产、无形资产以及与其相关联的债权、负债和劳动力一并转让给母公司。请问合并中包含的无形资产是否需要缴纳增值税？

答：《国家税务总局关于纳税人资产重组有关增值税问题的公告》（国家税务总局公告2011年第13号）规定："纳税人在资产重组过程中，通过合并、分立、出售、置换等方式，将全部或者部分实物资产以及与其相关联的债权、负债和劳动力一并转让给其他单位和个人，不属于增值税的征税范围，其中涉及的货物转让，不征收增值税。"《营业税改征增值税试点有关事项的规定》（财税〔2016〕36号附件2）第（二）款第5款规定："在资产重组过程中，通过合并、分立、出售、置换等方式，将全部或者部分实物资产以及与其相关联的债权、负债和劳动力一并转让给其他单位和个人，其中涉及的不动产、土地使用权转让行为。"

根据上述规定，货物、不动产和土地使用权属于不征税范围，而除土地使用权以外的无形资产的转让行为，不属于上述规定的不征税范围，该企业应按规定缴纳增值税。

187. 国内企业能否不承担境外企业税费代扣代缴的责任

境外企业向国内某企业提供服务，国内企业向境外企业支付相应款项时不愿意代扣代缴税款。请问国内企业能否不承担境外企业税费代扣代缴的责任？

答：《营业税改征增值税试点实施办法》（财税〔2016〕36号附件1）第六条规定："中华人民共和国境外（以下称境外）单位或者个人在境内发生应税行为，在境内未设有经营机构的，以购买方为增值税扣缴义务人。财政部和国家税务总局另有规定的除外。"《中华人民共和国税收征收管理法》第三十条规定："扣缴义务人依照法律、行政法规的规定履行代扣、代收税款的义务。对法律、行政法规没有规定负有代扣、代收税款义务的单位和个人，税务机关不得要求其履行代扣、代收税款义务。"第六十八条规定："纳税人、扣缴义务人在规定期限内不缴或者少缴应纳或者应解缴的税款，经税务机关责令限期缴纳，逾期仍未缴纳的，税务机关除依照本法第四十条的规定采取强制执行措施追缴其不缴或者少缴的税款外，可以处不缴或者少缴的税款百分之五十以上五倍以下的罚款。”第六十九条规定：“扣缴义务人应扣未扣、应收而不收税款的，由税务机关向纳税人追缴税款，对扣缴义务人处应扣未扣、应收未收税款百分之五十以上三倍以下的罚款。”第七十七条规定：“纳税人、扣缴义务人有本法第六十三条、第六十五条、第六十六条、第六十七条、第七十一条规定的行为涉嫌犯罪的，税务机关应当依法移交司法机关追究刑事责任。”

根据上述规定，对于境外企业应扣缴的税款，是支付方（国内企业）的法定义务，如果不履行将会受到法律的惩处。

二、企业所得税

（一）收入项目

188. 个税手续费返还收入是否需要缴纳企业所得税

某企业申请返还上年度个人所得税扣缴手续费，4 月份收到税务机关退还的个税手续费 25500 元。请问企业收到的个税手续费返还是否需要缴纳企业所得税？

答：《中华人民共和国企业所得税法》（中华人民共和国主席令第二十三号）第六条规定："企业以货币形式和非货币形式从各种来源取得的收入，为收入总额。包括：（一）销售货物收入；（二）提供劳务收入；（三）转让财产收入；（四）股息、红利等权益性投资收益；（五）利息收入；（六）租金收入；（七）特许权使用费收入；（八）接受捐赠收入；（九）其他收入。"《中华人民共和国企业所得税法实施条例》（国务院令第 714 号）第二十二条规定："企业所得税法第六条第（九）项所称其他收入，是指企业取得的除企业所得税法第六条第（一）项至第（八）项规定的收入外的其他收入，包括企业资产溢余收入、逾期未退包装物押金收入、确实无法偿付的应付款项、已作坏账损失处理后又收回的应收款项、债务重组收入、补贴收入、违约金收入、汇兑收益等。"

根据上述规定，企业收到的个税手续费返还属于"其他收入"，应并入企业当期收入，缴纳企业所得税。

189. 取得稳岗补贴是否需要缴纳企业所得税

某企业申请并收到了当地人力资源和社会保障局发放的职工稳岗补贴。请问该补贴收入是否需要缴纳企业所得税？如果不缴纳，应如何处理？

答：《财政部 国家税务总局关于专项用途财政性资金企业所得税处理问

题的通知》（财税〔2011〕70号）第一条规定："企业从县级以上各级人民政府财政部门及其他部门取得的应计入收入总额的财政性资金，凡同时符合以下条件的，可以作为不征税收入，在计算应纳税所得额时从收入总额中减除：（1）企业能够提供规定资金专项用途的资金拨付文件；（2）财政部门或其他拨付资金的政府部门对该资金有专门的资金管理办法或具体管理要求；（3）企业对该资金以及以该资金发生的支出单独进行核算。"

根据上述规定，企业对取得的稳岗补贴采用上述措施进行管理的，可以作为不征税收入，否则应作为应税收入缴纳企业所得税。

190. 股权转让应纳所得税能否递延纳税

某企业将所持有的部分其他企业股权进行了对外转让。请问该转让所得能否进行递延纳税处理？

答：《国家税务总局关于企业取得财产转让等所得企业所得税处理问题的公告》（国家税务总局公告2010年第19号）第一条规定："企业取得财产（包括各类资产、股权、债权等）转让收入、债务重组收入、接受捐赠收入、无法偿付的应付款收入等，不论是以货币形式、还是非货币形式体现，除另有规定外，均应一次性计入确认收入的年度计算缴纳企业所得税。"《财政部 国家税务总局关于非货币性资产投资企业所得税政策问题的通知》（财税〔2014〕116号）第一条规定："居民企业以非货币性资产对外投资确认的非货币性资产转让所得，可在不超过5年期限内，分期均匀计入相应年度的应纳税所得额，按规定计算缴纳企业所得税。"第六条规定："企业发生非货币性资产投资，符合《财政部 国家税务总局关于企业重组业务企业所得税处理若干问题的通知》（财税〔2009〕59号）等文件规定的特殊性税务处理条件的，也可选择按特殊性税务处理规定执行。"

根据上述规定，如果是对外转让股权的，应当一次性计入确认收入的年度计算缴纳企业所得税；如果是以股权对外投资，且满足财税〔2014〕116号规定的，可以按规定在5年内递延纳税；满足特殊性税务处理条件的也可以按财税〔2009〕59号等文件规定执行。

191. 企业发生资产盘盈是否需要并入收入总额

某企业在股权多元化改革过程中，对现有资产进行盘点，其中存货发生盘盈。请问对于盘盈的资产是否需要并入收入总额？

答：《中华人民共和国企业所得税法》（中华人民共和国主席令第二十三

号）第六条规定："企业以货币形式和非货币形式从各种来源取得的收入，为收入总额。包括：（一）销售货物收入；（二）提供劳务收入；（三）转让财产收入；（四）股息、红利等权益性投资收益；（五）利息收入；（六）租金收入；（七）特许权使用费收入；（八）接受捐赠收入；（九）其他收入。"《中华人民共和国企业所得税法实施条例》（国务院令第714号）第二十二条规定："企业所得税法第六条第（九）项所称其他收入，是指企业取得的除企业所得税法第六条第（一）项至第（八）项规定的收入外的其他收入，包括企业资产溢余收入、逾期未退包装物押金收入、确实无法偿付的应付款项、已作坏账损失处理后又收回的应收款项、债务重组收入、补贴收入、违约金收入、汇兑收益等。"

根据上述规定，企业发生资产盘盈，属于"其他收入"范围中的资产溢余收入，应并入收入总额。

192. 企业收取未退的押金是否缴纳企业所得税

某企业销售货物时随货款一同收取包装物押金，后客户未退回包装物。请问企业该项收取未退的押金是否需要缴纳企业所得税？

答：《中华人民共和国企业所得税法实施条例》（国务院令第714号）第二十二条规定："企业所得税法第六条第（九）项所称其他收入，是指企业取得的除企业所得税法第六条第（一）项至第（八）项规定的收入外的其他收入，包括企业资产溢余收入、逾期未退包装物押金收入、确实无法偿付的应付款项、已作坏账损失处理后又收回的应收款项、债务重组收入、补贴收入、违约金收入、汇兑收益等。"

根据上述规定，企业取得逾期未退还的押金应计入收入总额缴纳企业所得税。

193. 核定征收企业所得税如何确定应税收入

某企业的企业所得税采用核定征收方式缴纳，其部分收入是按照差额后的余额作为销售额计算增值税。请问对于这部分收入在核定企业所得税时是否也要按差额后的余额计算？

答：《国家税务总局关于确认企业所得税收入若干问题的通知》（国税函〔2008〕875号）第六条规定："采用应税所得率方式核定征收企业所得税的，应纳所得税额计算公式如下：应纳所得税额 = 应纳税所得额 × 适用税率，应纳税所得额 = 应税收入额 × 应税所得率，或：应纳税所得额 = 成本（费用）支出额/（1 - 应税所得率） × 应税所得率。"《国家税务总局关于企业所得税核定征收若干问题的通知》（国税函〔2009〕377 号）第二条规定：“国税发〔2008〕30 号文件第六条中的‘应税收入额’等于收入总额减去不征税收入和免税收入后的余额。用公式表示为：应税收入额 = 收入总额 - 不征税收入 - 免税收入，其中，收入总额为企业以货币形式和非货币形式从各种来源取得的收入。”

根据上述规定，核定征收是根据应税收入总额作为计算基数，即应根据《企业所得税法》第六条规定，企业以货币形式和非货币形式从各种来源取得的收入，为收入总额。因此，在增值税处理上不管是否差额征税，企业所得税均不能按差额后的余额作为收入确认。

194. 将资产在总分支机构之间转移是否视同销售

某企业将一批货物划转给分公司。请问该行为是否视同销售确认企业所得税收入？

答：《国家税务总局关于企业处置资产所得税处理问题的通知》（国税函〔2008〕828 号）第一条规定：“企业发生下列情形的处置资产，除将资产转移至境外以外，由于资产所有权属在形式和实质上均不发生改变，可作为内部处置资产，不视同销售确认收入，相关资产的计税基础延续计算。（一）将资产用于生产、制造、加工另一产品；（二）改变资产形状、结构或性能；（三）改变资产用途（如，自建商品房转为自用或经营）；（四）将资产在总机构及其分支机构之间转移；（五）上述两种或两种以上情形的混合；（六）其他不改变资产所有权属的用途。”

根据上述规定，企业发生将资产在总机构及其分支机构之间转移情形的处置资产，除将资产转移至境外以外，由于资产所有权属在形式和实质上均不发生改变，可作为内部处置资产，不视同销售确认收入，相关资产的计税基础延续计算。

195. 取得的即征即退款是否计入企业所得税收入

某企业主要从事资源综合利用，根据税法规定取得税务机关返还的增值税即征即退款。请问该款项是否应计入企业所得税收入总额中？

答：《财政部 国家税务总局关于财政性资金行政事业性收费政府性基金有关企业所得税政策问题的通知》（财税〔2008〕151 号）第一条规定：“（一）企业取得的各类财政性资金，除属于国家投资和资金使用后要求归还本金的以外，均应计入企业当年收入总额。本条所称财政性资金，是指企业取得的来源于政府及其有关部门的财政补助、补贴、贷款贴息，以及其他各类财政专项资金，包括直接减免的增值税和即征即退、先征后退、先征后返的各种税收，但不包括企业按规定取得的出口退税款；所称国家投资，是指国家以投资者身份投入企业、并按有关规定相应增加企业实收资本（股本）的直接投资。”

根据上述规定，企业直接减免的增值税和即征即退、先征后退、先征后返的各种税收属于财政性资金，除国家投资和资金使用后要求归还本金的以外，均应计入企业当年收入总额中。

196. 企业预收客户费用应何时确认收入

某物业管理企业12月预收了业主下年度的物业管理费。请问该预收的物业管理费应于何时确认企业所得税收入？

答：《中华人民共和国企业所得税法实施条例》（国务院令第714号）第九条规定：“企业应纳税所得额的计算，以权责发生制为原则，属于当期的收入和费用，不论款项是否收付，均作为当期的收入和费用；不属于当期的收入和费用，即使款项已经在当期收付，均不作为当期的收入和费用。本条例和国务院财政、税务主管部门另有规定的除外。”《国家税务总局关于确认企业所得税收入若干问题的通知》（国税函〔2008〕875号）第二条第（四）项规定：“下列提供劳务满足收入确认条件的，应按规定确认收入……8. 劳务费。长期为客户提供重复的劳务收取的劳务费，在相关劳务活动发生时确认收入。”

根据上述规定，物业管理企业预收业主下年度的物业管理费，应在实际提供物业管理服务年度内确认为当期收入。

197. 以无形资产对外投资应如何缴纳企业所得税

某企业为居民企业，以本企业一项发明专利注入另一家居民企业，取得其30%的股权，该投资协议已生效并办理了股权登记手续。请问该投资所得应如何缴纳企业所得税？

答：《财政部 国家税务总局关于非货币性资产投资企业所得税政策问题的通知》（财税〔2014〕116号）第一条规定：“居民企业以非货币性资产对外投资确认的非货币性资产转让所得，可在不超过5年期限内，分期均匀计入相应年度的应纳税所得额，按规定计算缴纳企业所得税。”《国家税务总局关于非货币性资产投资企业所得税有关征管问题的公告》（国家税务总局公告

2015 年第 33 号）第三条规定：“符合财税〔2014〕116 号文件规定的企业非货币性资产投资行为，同时又符合《财政部 国家税务总局关于企业重组业务企业所得税处理若干问题的通知》（财税〔2009〕59 号）、《财政部 国家税务总局关于促进企业重组有关企业所得税处理问题的通知》（财税〔2014〕109 号）等文件规定的特殊性税务处理条件的，可由企业选择其中一项政策执行，且一经选择，不得改变。”

根据上述规定，企业可以在不超过 5 年期限内分期缴纳企业所得税；如果符合特殊性税务处理条件的，也可以作为特殊性税务处理，但只能选择其中一项执行。

198. 无偿接受捐赠取得收入能否分期确认

某企业接受捐赠。请问该捐赠收入可以分期确认吗？

答：《国家税务总局关于企业取得财产转让等所得企业所得税处理问题的公告》（国家税务总局公告 2010 年第 19 号）第一条规定：“企业取得财产（包括各类资产、股权、债权等）转让收入、债务重组收入、接受捐赠收入、无法偿付的应付款收入等，不论是以货币形式、还是非货币形式体现，除另有规定外，均应一次性计入确认收入的年度计算缴纳企业所得税。”

根据上述规定，企业接受捐赠的收入，如无其他规定，应当一次性计入确认收入年度计算缴纳企业所得税，而不得分期确认收入缴纳企业所得税。

199. 一次性收取数年租金应如何确认企业所得税收入

某企业将本单位办公楼中闲置的一层出租给其他企业，并一次性收取了三年的租金。请问在缴纳企业所得税时如何确认收入？

答：《中华人民共和国企业所得税法实施条例》（国务院令第 714 号）（以下简称《实施条例》）第十九条规定：“企业所得税法第六条第（六）项所称租金收入，是指企业提供固定资产、包装物或者其他有形资产的使用权取得的收入。租金收入，按照合同约定的承租人应付租金的日期确认收入的实现。”《国家税务总局关于贯彻落实企业所得税法若干税收问题的通知》（国税函〔2010〕79 号）第一条规定：“根据《实施条例》第十九条的规定，企业提供固定资产、包装物或者其他有形资产的使用权取得的租金收入，应按交易合同或协议规定的承租人应付租金的日期确认收入的实现。其中，如果交易合同或协议中规定租赁期限跨年度，且租金提前一次性支付的，根据《实施条例》第九条规定的收入与费用配比原则，出租人可对上述已确认的收入，在租赁期内，分期均匀计入相关年度收入。”

根据上述规定，企业如在合同或协议中规定了应付租金日期的，可以按照合同或协议规定的应付租金日期确认收入，也可以按照国税函〔2010〕79号的规定在租赁期内分期均匀计入相关年度收入。

200. 提前开具全额建筑服务发票应如何确认企业所得税

某建筑企业承接一项工程，工期为两年，当年底累计收到发包方支付的全部工程款并根据要求全额开具了建筑服务增值税发票。请问当年应如何确认企业所得税收入？

答：《中华人民共和国企业所得税法实施条例》（国务院令第714号）第二十三条规定：“企业的下列生产经营业务可以分期确认收入的实现：（一）以分期收款方式销售货物的，按照合同约定的收款日期确认收入的实现；（二）企业受托加工制造大型机械设备、船舶、飞机，以及从事建筑、安装、装配工程业务或者提供其他劳务等，持续时间超过12个月的，按照纳税年度内完工进度或者完成的工作量确认收入的实现。”《国家税务总局关于确认企业所得税收入若干问题的通知》（国税函〔2008〕875号）第二条规定：“企业在各个纳税期末，提供劳务交易的结果能够可靠估计的，应采用完工进度（完工百分比）法确认提供劳务收入。（一）提供劳务交易的结果能够可靠估计，是指同时满足下列条件：1. 收入的金额能够可靠地计量；2. 交易的完工进度能够可靠地确定；3. 交易中已发生和将发生的成本能够可靠地核算。（二）企业提供劳务完工进度的确定，可选用下列方法：1. 已完工作的测量；2. 已提供劳务占劳务总量的比例；3. 发生成本占总成本的比例。（三）企业应按照从接受劳务方已收或应收的合同或协议价款确定劳务收入总额，根据纳税期末提供劳务收入总额乘以完工进度扣除以前纳税年度累计已确认提供劳务收入后的金额，确认为当期劳务收入；同时，按照提供劳务估计总成本乘以完工进度扣除以前纳税期间累计已确认劳务成本后的金额，结转为当期劳务成本。”

根据上述规定，企业当年应根据取得的建筑服务收入总额乘以完工进度，确认当期建筑服务收入。

201. 房产被政府征用取得货币补偿是否确认所得税收入

某企业房产被政府征用，政府为此支付货币进行补偿。请问取得的该补偿收入是否需要确认为企业所得税收入？

答：《财政部 国家税务总局关于非货币性资产投资企业所得税政策问题

的通知》（财税〔2014〕116号）第六条规定：“企业以货币形式和非货币形式从各种来源取得的收入，为收入总额。包括：（一）销售货物收入；（二）提供劳务收入；（三）转让财产收入；（四）股息、红利等权益性投资收益；（五）利息收入；（六）租金收入；（七）特许权使用费收入；（八）接受捐赠收入；（九）其他收入。”《国家税务总局关于发布〈企业政策性搬迁所得税管理办法〉的公告》（国家税务总局公告2012年第40号）第十五条：“企业在搬迁期间发生的搬迁收入和搬迁支出，可以暂不计入当期应纳税所得额，而在完成搬迁的年度，对搬迁收入和支出进行汇总清算。”《国家税务总局关于企业所得税若干政策征管口径问题的公告》（国家税务总局公告2021年第17号）第六条规定：“企业按照市场价格销售货物、提供劳务服务等，凡由政府财政部门根据企业销售货物、提供劳务服务的数量、金额的一定比例给予全部或部分资金支付的，应当按照权责发生制原则确认收入。除上述情形外，企业取得的各种政府财政支付，如财政补贴、补助、补偿、退税等，应当按照实际取得收入的时间确认收入。”

根据上述规定，企业房产被政府征用，政府支付的货币补偿应确认企业所得税收入，并区分政策性搬迁和非政策性搬迁分别进行处理。其中政策性搬迁按照国家税务总局公告2012年第40号规定可以暂不计入当期应纳税所得额，而在完成搬迁的年度进行汇总清算；非政策性搬迁按照国家税务总局公告2021年第17号规定在实际取得收入的时间确认收入。

202. 销售退回是否需要冲减当期企业所得税收入

某企业收到客户通知，因发出货物品种不符合要求，对上年某批次货物予以退货，企业当月收到退回的货物。请问该销售退回是否应冲减当期销售收入？

答：《中华人民共和国企业所得税法实施条例》（国务院令第714号）第九条规定：“企业应纳税所得额的计算，以权责发生制为原则，属于当期的收入和费用，不论款项是否收付，均作为当期的收入和费用；不属于当期的收入和费用，即使款项已经在当期收付，均不作为当期的收入和费用。本条例和国务院财政、税务主管部门另有规定的除外。”《国家税务总局关于确认企业所得税收入若干问题的通知》（国税函〔2008〕875号）第一条第（五）项规定：“企业因售出商品的质量不合格等原因而在售价上给的减让属于销售折让；企业因售出商品质量、品种不符合要求等原因而发生的退货属于销售退回。企业已经确认销售收入的售出商品发生销售折让和销售退回，应当在发生当期冲减当期销售商品收入。”

根据上述规定，企业因售出商品质量、品种不符合要求等原因而发生的退货，应当在发生当期冲减当期销售商品收入。

203. 打折促销让利活动如何确认销售收入金额

某企业为扩大销售，开展了打折促销让利活动，对各类产品采取了折扣程度不同的价格优惠。请问应如何确认销售收入金额?

答:《国家税务总局关于确认企业所得税收入若干问题的通知》（国税函〔2008〕875号）中第一条第五项规定："企业为促进商品销售而在商品价格上给予的价格扣除属于商业折扣，商品销售涉及商业折扣的，应当按照扣除商业折扣后的金额确定销售商品收入金额。债权人为鼓励债务人在规定的期限内付款而向债务人提供的债务扣除属于现金折扣，销售商品涉及现金折扣的，应当按扣除现金折扣前的金额确定销售商品收入金额，现金折扣在实际发生时作为财务费用扣除。企业因售出商品的质量不合格等原因而在售价上给的减让属于销售折让；企业因售出商品质量、品种不符合要求等原因而发生的退货属于销售退回。企业已经确认销售收入的售出商品发生销售折让和销售退回，应当在发生当期冲减当期销售商品收入。"

根据上述规定，企业促销而提供的价格优惠属于商业折扣，应当按照扣除商业折扣后的金额确认商品销售收入。

204. 权益性投资收益是否需要缴纳企业所得税

某企业为居民企业，其持有另一家居民企业A股上市流通的股票，年末所投资企业股东大会作出股息分配决定。请问该取得的股息收益是否免征企业所得税?

答:《中华人民共和国企业所得税法》（中华人民共和国主席令第二十三号）第二十六条规定："企业的下列收入为免税收入:（一）国债利息收入；（二）符合条件的居民企业之间的股息、红利等权益性投资收益；（三）在中国境内设立机构、场所的非居民企业从居民企业取得与该机构、场所有实际联系的股息、红利等权益性投资收益；（四）符合条件的非营利组织的收入。"《中华人民共和国企业所得税法实施条例》（国务院令第714号）第八十三条规定："企业所得税法第二十六条第（二）项所称符合条件的居民企业之间的股息、红利等权益性投资收益，是指居民企业直接投资于其他居民企业取得的投资收益。企业所得税法第二十六条第（二）项和第（三）项所称股息、红利等权益性投资收益，不包括连续持有居民企业公开发行并上市流通的股票不足12个月取得的投资收益。"《国家税务总局关于贯彻落实企业所得税法若干税收问题的通知》(国税函〔2010〕79号)第四条规定:"企业权益性投资取得股息、红利等收入,应以被投资企业股东会或股东大会作出利润分配或转股决定的日期,确定收入的实现。"

根据上述规定,如果该居民企业连续持有另一家居民企业公开发行并上市流通的股票超过12个月取得的投资收益,免征企业所得税;如果连续持有期限不足12个月取得的投资收益需要缴纳企业所得税,并在所投资企业股东会或股东大会作出利润分配或转股决定的日期确认收入的实现。

205. 取得政府培训补贴是否需要缴纳企业所得税

某企业组织员工参加线上技能培训,当地人力资源社会保障局向其拨付了一次性技能培训补贴,该企业按照政府部门的要求使用该补贴。请问该企业取得的补贴收入是否需要缴纳企业所得税?

答:《中华人民共和国企业所得税法》(中华人民共和国主席令第二十三号)第七条规定:"收入总额中的下列收入为不征税收入:(一)财政拨款;(二)依法收取并纳入财政管理的行政事业性收费、政府性基金;(三)国务院规定的其他不征税收入。"《财政部 国家税务总局关于财政性资金行政事业性收费政府性基金有关企业所得税政策问题的通知》(财税〔2008〕151号)第一条规定:"(一)企业取得的各类财政性资金,除属于国家投资和资金使用后要求归还本金的以外,均应计入企业当年收入总额。(二)对企业取得的由国务院财政、税务主管部门规定专项用途并经国务院批准的财政性资金,准予作为不征税收入,在计算应纳税所得额时从收入总额中减除。(三)纳入预算管理的事业单位、社会团体等组织按照核定的预算和经费报领关系收到的由财政部门或上级单位拨入的财政补助收入,准予作为不征税收入,在计算应纳税所得额时从收入总额中减除,但国务院和国务院财政、税务主管部门另有规定的除外。本条所称财政性资金,是指企业取得的来源于政府及其有关部门的财政补助、补贴、贷款贴息,以及其他各类财政专项资金,包括直接减免的增值税和即征即退、先征后退、先征后返的各种税收,但不包括企业按规定取得的出口退税款;所称国家投资,是指国家以投资者身份投入企业、并按有关规定相应增加企业实收资本(股本)的直接投资。"《财政部 国家税务总局关于专项用途财政性资金企业所得税处理问题的通知》(财税〔2011〕70号)第一条规定:"企业从县级以上各级人民政府财政部门及其他部门取得的应计入收入总额的财政性资金,凡同时符合以下条件的,可以作为不征税收入，在计算应纳税所得额时从收入总额中减除：（一）企业能够提供规定资金专项用途的资金拨付文件；（二）财政部门或其他拨付资金的政府部门对该资金有专门的资金管理办法或具体管理要求；（三）企业对该资金以及以该资金发生的支出单独进行核算。”

根据上述规定，企业收到一次性技能培训补贴，如果符合财税〔2011〕70号文件规定的情形，可以作为不征税收入，在计算应纳税所得额时从收入总额中减除，同时不征税收入用于支出所形成的费用，不得在计算应纳税所得额时扣除。

206. 核定征收企业所得税取得转让股权收入如何计税

某企业采用核定应税所得率方式核定征收并缴纳企业所得税，当年企业将持有的某单位股权转让。请问该股权转让收入应如何确认应税收入？

答：《国家税务总局关于企业所得税核定征收有关问题的公告》（国家税务总局公告2012年第27号）第二条规定：“依法按核定应税所得率方式核定征收企业所得税的企业，取得的转让股权（股票）收入等转让财产收入，应全额计入应税收入额，按照主营项目（业务）确定适用的应税所得率计算征税；若主营项目（业务）发生变化，应在当年汇算清缴时，按照变化后的主营项目（业务）重新确定适用的应税所得率计算征税。”

根据上述规定，企业应将取得的转让股权收入全额计入应税收入额，按照适用的应税所得率计算缴纳企业所得税。

207. 确实无法支付的款项是否需要缴纳企业所得税

某企业购买了一台机器设备，设备安装完毕后，企业支付了90%的款项，剩余10%作为维修保证金，三年后支付。第三年企业去函要求厂商对机器核心部件进行维修，但因该厂商经营不善倒闭无法对机器进行维修，致使剩余款项无法支付。请问企业是否需要将该笔无法支付的应付款确认收入缴纳企业所得税？

答：《中华人民共和国企业所得税法》（中华人民共和国主席令第二十三号）第六条规定：“企业以货币形式和非货币形式从各种来源取得的收入，为收入总额。包括：（一）销售货物收入；（二）提供劳务收入；（三）转让财产收入；（四）股息、红利等权益性投资收益；（五）利息收入；（六）租金收入；（七）特许权使用费收入；（八）接受捐赠收入；（九）其他收入。”《中华人民共和国企业所得税法实施条例》（国务院令第714号）第二十二条规定："企业所得税法第六条第（九）项所称其他收入，是指企业取得的除企业所得税法第六条第（一）项至第（八）项规定的收入外的其他收入，包括企业资产溢余收入、逾期未退包装物押金收入、确实无法偿付的应付款项、已作坏账损失处理后又收回的应收款项、债务重组收入、补贴收入、违约金收入、汇兑收益等。"

根据上述规定，企业无法支付的应付款项，应在该年确认收入，并入应纳税所得额缴纳企业所得税。

208. 将自产货物发放给职工是否应视同销售确认收入

某企业中秋节将自产月饼发放给公司职工作为福利。请问该行为是否应视同销售并入应纳税所得额？

答：《中华人民共和国企业所得税法实施条例》（国务院令第714号）第二十五条规定："企业发生非货币性资产交换，以及将货物、财产、劳务用于捐赠、偿债、赞助、集资、广告、样品、职工福利或者利润分配等用途的，应当视同销售货物、转让财产或者提供劳务，但国务院财政、税务主管部门另有规定的除外。"《国家税务总局关于企业处置资产所得税处理问题的通知》（国税函〔2008〕828号）第二条规定："企业将资产移送他人的下列情形，因资产所有权属已发生改变而不属于内部处置资产，应按规定视同销售确定收入。（一）用于市场推广或销售；（二）用于交际应酬；（三）用于职工奖励或福利；（四）用于股息分配；（五）用于对外捐赠；（六）其他改变资产所有权属的用途。"《国家税务总局关于企业所得税有关问题的公告》（国家税务总局公告2016年第80号）第二条规定："企业发生《国家税务总局关于企业处置资产所得税处理问题的通知》（国税函〔2008〕828号）第二条规定情形的，除另有规定外，应按照被移送资产的公允价值确定销售收入。"

根据上述规定，企业将自产货物发放给职工，会计上应根据受益对象，按照该产品的公允价值和相关税费，计入相关资产成本或当期损益，同时确认应付职工薪酬，相关收入、成本的处理与正常商品销售相同，税法上也应视同销售，确认企业所得税收入。

209. "买一赠一"销售商品计算企业所得税时是否视同销售

某企业在促销活动中采用"买一赠一"的方式销售商品，即销售A商品时同时附赠B商品。请问该赠品是否视同销售确认企业所得税收入。

答：《中华人民共和国企业所得税法实施条例》（国务院令第714号）第

二十五条规定："企业发生非货币性资产交换，以及将货物、财产、劳务用于捐赠、偿债、赞助、集资、广告、样品、职工福利或者利润分配等用途的，应当视同销售货物、转让财产或者提供劳务，但国务院财政、税务主管部门另有规定的除外。"《国家税务总局关于确认企业所得税收入若干问题的通知》（国税函〔2008〕875号）第三条规定："企业以'买一赠一'等方式组合销售本企业商品的，不属于捐赠，应将总的销售金额按各项商品的公允价值的比例来分摊确认各项的销售收入。"

根据上述规定，企业"赠送"为有偿的销售，而非无偿的赠送，应将收取的全部销售额按照A商品和B商品公允价值的比例进行分摊，分别确认各项商品的销售收入。

210. 视同销售时外购资产如何确定收入额

某企业将外购的一批礼盒物品发放给全体员工，在企业所得税处理上应视同销售。请问该外购礼盒的收入额如何确定？

答：《国家税务总局关于确认企业所得税收入若干问题的通知》（国税函〔2008〕875号）第三条规定："企业将资产移送他人的下列情形，因资产所有权属已发生改变而不属于内部处置资产，应按规定视同销售确定收入。（一）用于市场推广或销售；（二）用于交际应酬；（三）用于职工奖励或福利；（四）用于股息分配；（五）用于对外捐赠；（六）其他改变资产所有权属的用途。"《国家税务总局关于企业所得税有关问题的公告》（国家税务总局公告2016年第80号）第二条规定："企业发生《国家税务总局关于企业处置资产所得税处理问题的通知》（国税函〔2008〕828号）第二条规定情形的，除另有规定外，应按照被移送资产的公允价值确定销售收入。"

根据上述规定，企业将外购的一批礼盒物品发放给全体员工，应按照其公允价值作为企业所得税视同销售收入额。

211. 开发的新产品给客户试用是否确认企业所得税收入

某企业将其开发的新产品给客户试用，未取得收入、未开具发票，也未签订合同。请问是否要确认收入缴纳企业所得税？

答：《中华人民共和国企业所得税法实施条例》（国务院令第714号）第二十五条规定："企业发生非货币性资产交换，以及将货物、财产、劳务用于捐赠、偿债、赞助、集资、广告、样品、职工福利或者利润分配等用途的，应当视同销售货物、转让财产或者提供劳务，但国务院财政、税务主管部门另有规定的除外。”《国家税务总局关于确认企业所得税收入若干问题的通知》（国税函〔2008〕875号）第一条规定：“除企业所得税法及实施条例另有规定外，企业销售收入的确认，必须遵循权责发生制原则和实质重于形式原则。（一）企业销售商品同时满足下列条件的，应确认收入的实现：1. 商品销售合同已经签订，企业已将商品所有权相关的主要风险和报酬转移给购货方；2. 企业对已售出的商品既没有保留通常与所有权相联系的继续管理权，也没有实施有效控制；3. 收入的金额能够可靠地计量；4. 已发生或将发生的销售方的成本能够可靠地核算。”

根据上述规定，企业开发的新产品若属于样品，将其移送给客户试用应按照视同销售缴纳企业所得税。

212. 收取合同违约金是否需要确认企业所得税收入

某企业与客户签订合同，向客户销售一批产品，后因客户违约，根据合同约定条款收取了合同违约金20万元。请问该违约金是否需要确认企业所得税收入？

答：《中华人民共和国企业所得税法》（中华人民共和国主席令第二十三号）第六条规定：“企业以货币形式和非货币形式从各种来源取得的收入，为收入总额。包括：（一）销售货物收入；（二）提供劳务收入；（三）转让财产收入；（四）股息、红利等权益性投资收益；（五）利息收入；（六）租金收入；（七）特许权使用费收入；（八）接受捐赠收入；（九）其他收入。”《中华人民共和国企业所得税法实施条例》（国务院令第714号）第二十二条规定：“企业所得税法第六条第（九）项所称其他收入，是指企业取得的除企业所得税法第六条第（一）项至第（八）项规定的收入外的其他收入，包括企业资产溢余收入、逾期未退包装物押金收入、确实无法偿付的应付款项、已作坏账损失处理后又收回的应收款项、债务重组收入、补贴收入、违约金收入、汇兑收益等。”

根据上述规定，公司收取客户合同违约金收入属于《中华人民共和国企业所得税法》第六条第（九）项所称的“其他收入”，应确认为企业所得税收入。

213. 非营利性组织提供培训服务是否缴纳企业所得税

某税收宣传协会属于非营利性组织，为政府部门提供税法相关的培训并取得培训收入。请问该收入是否要缴纳企业所得税？

答：《中华人民共和国企业所得税法》（中华人民共和国主席令第二十三

号）第二十六条规定："企业的下列收入为免税收入：（一）国债利息收入；（二）符合条件的居民企业之间的股息、红利等权益性投资收益；（三）在中国境内设立机构、场所的非居民企业从居民企业取得与该机构、场所有实际联系的股息、红利等权益性投资收益；（四）符合条件的非营利组织的收入。"《中华人民共和国企业所得税法实施条例》（国务院令第714号）第八十五条规定："企业所得税法第二十六条第（四）项所称符合条件的非营利组织的收入，不包括非营利组织从事营利性活动取得的收入，但国务院财政、税务主管部门另有规定的除外。"《财政部 国家税务总局关于非营利组织企业所得税免税收入问题的通知》（财税〔2009〕122号）规定："非营利组织的下列收入为免税收入：（一）接受其他单位或者个人捐赠的收入；（二）除《中华人民共和国企业所得税法》第七条规定的财政拨款以外的其他政府补助收入，但不包括因政府购买服务取得的收入；（三）按照省级以上民政、财政部门规定收取的会费；（四）不征税收入和免税收入孳生的银行存款利息收入；（五）财政部、国家税务总局规定的其他收入。"

根据上述规定，非营利性组织为政府机构提供培训服务收取的费用，属于因政府购买服务取得的收入，应按规定缴纳企业所得税。

214. 法人合伙人从合伙企业取得的经营所得如何处理

某企业为一家合伙企业的法人合伙人，当年合伙企业未实际分配所得。请问该企业是否需要计算缴纳企业所得税？

答：《财政部 国家税务总局关于合伙企业合伙人所得税问题的通知》（财税〔2008〕159号）第二条规定："合伙企业以每个合伙人为纳税义务人。合伙企业合伙人是自然人的，缴纳个人所得税。合伙人是法人和其他组织的，缴纳企业所得税。"第三条规定："合伙企业生产经营所得和其他所得采取'先分后税'的原则。具体应纳税所得额的计算按照《关于个人独资企业和合伙企业投资者征收个人所得税的规定》（财税〔2000〕91号）及《财政部 国家税务总局关于调整个体工商户个人独资企业和合伙企业个人所得税税前扣除标准有关问题的通知》（财税〔2008〕65号）的有关规定执行。前款所称生产经营所得和其他所得，包括合伙企业分配给所有合伙人的所得和企业当年留存的所得（利润）。"

根据上述规定，企业作为法人参与合伙企业出资的，应根据财税〔2008〕159号文件规定，将合伙企业的年度生产经营所得和其他所得，依据合伙协议约定的分配比例计算应享有的份额，并将此份额并入企业的生产经营所得计算缴纳企业所得税。

215. 撤回或减少投资如何确认投资所得

某企业投资于另一家单位，初始投资 100 万元，累计应分配利润 30 万元。2022 年 5 月企业决定撤回投资，共取得 200 万元。请问这部分撤回的投资是否需要确认收入？

答：《国家税务总局关于企业所得税若干问题的公告》（国家税务总局公告 2011 年第 34 号）第五条规定：“投资企业从被投资企业撤回或减少投资，其取得的资产中，相当于初始出资的部分，应确认为投资收回；相当于被投资企业累计未分配利润和累计盈余公积按减少实收资本比例计算的部分，应确认为股息所得；其余部分确认为投资资产转让所得。”

根据上述规定，企业从被投资单位撤资取得的 200 万元中的 100 万元作为投资收回不征税，30 万元作为股息所得视情况纳税，70 万元作为投资资产转让所得。

216. 资本公积转增资本是否需要缴纳企业所得税

某企业投资于另一家单位，被投资企业将吸收投资溢价形成的资本公积转增资本。请问企业是否需要缴纳企业所得税？

答：《国家税务总局关于贯彻落实企业所得税法若干税收问题的通知》（国税函〔2010〕79 号）第四条规定：“关于股息、红利等权益性投资收益收入确认问题，被投资企业将股权（票）溢价所形成的资本公积转为股本的，不作为投资方企业的股息、红利收入，投资方企业也不得增加该项长期投资的计税基础。”

根据上述规定，企业所投资的被投资企业将吸收投资溢价形成的资本公积转增资本，企业无须确认股息、红利收入，同时也无须增加长期投资的计税基础。

217. 取得股东划入资产是否需要缴纳企业所得税

某企业取得股东赠与的一项资产，赠与协议中约定作为资本金，企业已经进行了会计处理。请问该行为是否要确认企业所得税收入？

答：《国家税务总局关于企业所得税应纳税所得额若干问题的公告》（国家税务总局公告 2014 年第 29 号）第二条规定：“（一）企业接收股东划入资产（包括股东赠予资产、上市公司在股权分置改革过程中接收原非流通股股东和新非流通股股东赠予的资产、股东放弃本企业的股权，下同），凡合同、协议约定作为资本金（包括资本公积）且在会计上已做实际处理的，不计入企业的收入总额，企业应按公允价值确定该资产的计税基础。（二）企业接收股东划入资产，凡作为收入处理的，应按公允价值计入收入总额，计算缴纳企业所得税，同时按公允价值确定该项资产的计税基础。”

根据上述规定，企业接收股东赠与资产，协议约定作为资本金且在会计上已作实际处理的，不计入企业的收入总额，无须缴纳企业所得税。

218. 减免的税款是否缴纳企业所得税

某企业为小规模纳税人，根据现行增值税政策规定享受了免征增值税优惠。请问该企业免征的增值税是否需要缴纳企业所得税？

答：《财政部 国家税务总局关于财政性资金行政事业性收费政府性基金有关企业所得税政策问题的通知》（财税〔2008〕151号）第一条规定：“（一）企业取得的各类财政性资金，除属于国家投资和资金使用后要求归还本金的以外，均应计入企业当年收入总额。（二）对企业取得的由国务院财政、税务主管部门规定专项用途并经国务院批准的财政性资金，准予作为不征税收入，在计算应纳税所得额时从收入总额中减除。财政性资金，是指企业取得的来源于政府及其有关部门的财政补助、补贴、贷款贴息，以及其他各类财政专项资金，包括直接减免的增值税和即征即退、先征后退、先征后返的各种税收，但不包括企业按规定取得的出口退税款；所称国家投资，是指国家以投资者身份投入企业、并按有关规定相应增加企业实收资本（股本）的直接投资。”《财政部 国家税务总局关于专项用途财政性资金企业所得税处理问题的通知》（财税〔2011〕70号）第一条规定：“企业从县级以上各级人民政府财政部门及其他部门取得的应计入收入总额的财政性资金，凡同时符合以下条件的，可以作为不征税收入，在计算应纳税所得额时从收入总额中减除：（一）企业能够提供规定资金专项用途的资金拨付文件；（二）财政部门或其他拨付资金的政府部门对该资金有专门的资金管理办法或具体管理要求；（三）企业对该资金以及以该资金发生的支出单独进行核算。”《关于印发〈增值税会计处理规定〉的通知》（财会〔2016〕22号）第二条第十项规定：“关于小微企业免征增值税的会计处理规定。小微企业在取得销售收入时，应当按照税法的规定计算应交增值税，并确认为应交税费，在达到增值税制度规定的免征增值税条件时，将有关应交增值税转入当期损益。”

根据上述规定，小规模纳税人享受直接减免的增值税属于企业取得的财政性资金，但该项财政性资金既不属于国家投资和资金使用后要求归还本金的情形，也不具备确认为不征税收入的条件。因此，小规模纳税人免征的增值税应计入企业当年收入总额缴纳企业所得税。

219. 融资性售后回租出售资产是否缴纳企业所得税

某企业将机器设备出售给一家租赁公司，取得本金100万元，随后又把它租回。在回租过程中，约定租赁期间为5年，向租赁公司每年支付20万元租金。租赁期届满后，企业将该机器设备出售。请问是否需要缴纳企业所得税？

答：《国家税务总局关于融资性售后回租业务中承租方出售资产行为有关税收问题的公告》（国家税务总局公告2010年第13号）第二条规定："根据现行企业所得税法及有关收入确定规定，融资性售后回租业务中，承租人出售资产的行为，不确认为销售收入，对融资性租赁的资产，仍按承租人出售前原账面价值作为计税基础计提折旧。租赁期间，承租人支付的属于融资利息的部分，作为企业财务费用在税前扣除。"

根据上述规定，在融资性售后回租业务中，企业出售资产的行为，不确认为销售收入，无须缴纳企业所得税。

220. 取得拆迁补偿款是否缴纳企业所得税

某企业因政府规划改造将某处房产选择产权置换的方式进行搬迁，与政府签订了国有土地房屋征收产权置换协议书。调换房屋为期房，尚未完工交付。截至年末，企业收到拆迁补偿款1500万元。根据协议规定，该补偿款用于产权置换房屋交付时根据征收房屋价值与产权置换房屋价值结算差价。请问企业收到的拆迁补偿款是否应当计入当期收入计算缴纳企业所得税？

答：《国家税务总局关于发布〈企业政策性搬迁所得税管理办法〉的公告》（国家税务总局公告2012年第40号）第三条规定："企业政策性搬迁，是指由于社会公共利益的需要，在政府主导下企业进行整体搬迁或部分搬迁。企业由于下列需要之一，提供相关文件证明资料的，属于政策性搬迁：（一）国防和外交的需要；（二）由政府组织实施的能源、交通、水利等基础设施的需要；（三）由政府组织实施的科技、教育、文化、卫生、体育、环境和资源保护、防灾减灾、文物保护、社会福利、市政公用等公共事业的需要；（四）由政府组织实施的保障性安居工程建设的需要；（五）由政府依照《中华人民共和国城乡规划法》有关规定组织实施的对危房集中、基础设施落后等地段进行旧城区改建的需要；（六）法律、行政法规规定的其他公共利益的需要。"

第五条规定："企业的搬迁收入，包括搬迁过程中从本企业以外（包括政府或其他单位）取得的搬迁补偿收入，以及本企业搬迁资产处置收入等。"第六条规定："企业取得的搬迁补偿收入，是指企业由于搬迁取得的货币性和非货币性补偿收入。具体包括：（一）对被征用资产价值的补偿；（二）因搬迁、安置而给予的补偿；（三）对停产停业形成的损失而给予的补偿；（四）资产搬迁过程中遭到毁损而取得的保险赔款；（五）其他补偿收入。"第十五条规定："企业在搬迁期间发生的搬迁收入和搬迁支出，可以暂不计入当期应纳税所得额，而在完成搬迁的年度，对搬迁收入和支出进行汇总清算纳税。"

根据上述规定，企业收到的拆迁补偿款可以暂不计入当期应纳税所得额计算缴纳企业所得税，待完成搬迁的年度，对搬迁收入和支出进行汇总清算纳税。

221. 增量留抵退税是否缴纳企业所得税

某企业申请了增值税增量留抵退税，税务局受理后，税款于11月初已退企业银行账户。请问这笔退税款是否需要缴纳企业所得税？

答：《财政部 税务总局 海关总署关于深化增值税改革有关政策的公告》（财政部 税务总局 海关总署公告2019年第39号）第八条第（六）项规定："纳税人取得退还的留抵税额后，应相应调减当期留抵税额……"

根据上述规定，企业收到增值税增量留抵退税款，账务上冲减应缴税费—应缴增值税（进项税额），不影响企业利润总额，不需要缴纳企业所得税。

222. 加计抵扣进项税额是否缴纳企业所得税

某企业为生活性服务业纳税人，按增值税规定当期可加计抵扣进项税额。请问这部分是否缴纳企业所得税？

答：《财政部 税务总局 海关总署关于深化增值税改革有关政策的公告》（财政部 税务总局 海关总署公告2019年第39号）第七条规定："自2019年4月1日至2021年12月31日，允许生产、生活性服务业纳税人按照当期可抵扣进项税额加计10%，抵减应纳税额（财政部 税务总局公告2022年第11号将本规定执行期限延长至2022年12月31日）。"财政部会计司《关于〈关于深化增值税改革有关政策的公告〉适用〈增值税会计处理规定〉有关问题的解读》中提到："生产、生活性服务业纳税人取得资产或接受劳务时，应当按照《增值税会计处理规定》的相关规定对增值税相关业务进行会计处理；实际缴纳增值税时，按应纳税额借记‘应交税费——未交增值税’等科目，按实际纳税金额贷记‘银行存款’科目，按加计抵减的金额贷记‘其他收益’科目。”

根据上述规定，加计抵扣进项税额部分应当计入当期收入总额，计算缴纳企业所得税。

223. 不征税收入未按规定单独进行核算应如何处理

某企业取得一笔不征税的财政补助，但未对该资金以及以该资金发生的支出单独进行核算。请问企业所得税应如何处理？

答：《国家税务总局关于企业所得税应纳税所得额若干税务处理问题的公告》（国家税务总局公告2012年第15号）第七条规定：“企业取得的不征税收入，应按照《财政部 国家税务总局关于专项用途财政性资金企业所得税处理问题的通知》（财税〔2011〕70号，以下简称《通知》）的规定进行处理。凡未按照《通知》规定进行管理的，应作为企业应税收入计入应纳税所得额，依法缴纳企业所得税。”《财政部 国家税务总局关于专项用途财政性资金企业所得税处理问题的通知》（财税〔2011〕70号）第一条规定：“企业从县级以上各级人民政府财政部门及其他部门取得的应计入收入总额的财政性资金，凡同时符合以下条件的，可以作为不征税收入，在计算应纳税所得额时从收入总额中减除：（一）企业能够提供规定资金专项用途的资金拨付文件；（二）财政部门或其他拨付资金的政府部门对该资金有专门的资金管理办法或具体管理要求；（三）企业对该资金以及以该资金发生的支出单独进行核算。”

根据上述规定，企业取得的不征税收入未按规定进行管理的应作为企业应税收入计入应纳税所得额，依法缴纳企业所得税。

224. 销售货物是否于收到款项时确认企业所得税收入

某企业于2022年8月销售一批货物给客户公司，该批货物经客户公司检验合格后入库，合同约定2022年11月客户公司支付货款至该企业。请问在合同约定付款时间的前提下，该企业能否在2022年11月收到货款时再确认为主营业务收入？

答：《国家税务总局关于确认企业所得税收入若干问题的通知》（国税函〔2008〕875号）第一条规定：“除企业所得税法及实施条例另有规定外，企业销售收入的确认，必须遵循权责发生制原则和实质重于形式原则。（一）企业销售商品同时满足下列条件的，应确认收入的实现：1. 商品销售合同已经签订，企业已将商品所有权相关的主要风险和报酬转移给购货方；2. 企业对已售出的商品既没有保留通常与所有权相联系的继续管理权，也没有实施有效控制；3. 收入的金额能够可靠地计量；4. 已发生或将发生的销售方的成本能够可靠地核算。（二）符合上款收入确认条件，采取下列商品销售方式的，应按以下规定确认收入实现时间……3. 销售商品需要安装和检验的，在购买方接受商品以及安装和检验完毕时确认收入。如果安装程序比较简单，可在发出商品时确认收入。”

根据上述规定，企业销售货物在满足上述收入确认条件后即可确认收入；如果该商品需要检验的，在客户接收货物及检验完毕时确认收入，无须在收到货款时再确认收入。

225. 为员工提供无息借款企业所得税如何处理

某企业为稳定员工就业，为员工提供无息住房借款，员工在任职期内分期偿还。请问在企业所得税处理上需要作纳税调整增加利息收入吗？

答：《国家税务总局关于完善关联申报和同期资料管理有关事项的公告》（国家税务总局公告2016年第42号）第二条规定：“企业与其他企业、组织或者个人具有下列关系之一的，构成本公告所称关联关系：（一）一方直接或者间接持有另一方的股份总和达到25%以上；双方直接或者间接同为第三方所持有的股份达到25%以上。（二）双方存在持股关系或者同为第三方持股，虽持股比例未达到本条第（一）项规定，但双方之间借贷资金总额占任一方实收资本比例达到50%以上，或者一方全部借贷资金总额的10%以上由另一方担保（与独立金融机构之间的借贷或者担保除外）。（三）双方存在持股关系或者同为第三方持股，虽持股比例未达到本条第（一）项规定，但一方的生产经营活动必须由另一方提供专利权、非专利技术、商标权、著作权等特许权才能正常进行。（四）双方存在持股关系或者同为第三方持股，虽持股比例未达到本条第（一）项规定，但一方的购买、销售、接受劳务、提供劳务等经营活动由另一方控制。（五）一方半数以上董事或者半数以上高级管理人员（包括上市公司董事会秘书、经理、副经理、财务负责人和公司章程规定的其他人员）由另一方任命或者委派，或者同时担任另一方的董事或者高级管理人员；或者双方各自半数以上董事或者半数以上高级管理人员同为第三方任命或者委派。（六）具有夫妻、直系血亲、兄弟姐妹以及其他抚养、赡养关系的两个自然人分别与双方具有本条第（一）至（五）项关系之一。（七）双方在实质上具有其他共同利益。除本条第（二）项规定外，上述关联关系年度内发生变化的，关联关系按照实际存续期间认定。”

根据上述规定，企业与员工之间不存在上述关系，在企业所得税处理上不适用调整政策，企业也不必调整企业所得税应税收入；而股东如果达到上述关联方条件的，税务机关有权调整，股东为个人的涉及个人所得税，股东为法人的涉及企业所得税。

226. 总分机构间调拨固定资产是否涉及企业所得税

某企业将一批货物调拨至其下属分公司，请问该总分机构之间调拨固定资产活动是否涉及企业所得税？

答：《国家税务总局关于企业处置资产所得税处理问题的通知》（国税函〔2008〕828号）第一条规定：“企业发生下列情形的处置资产，除将资产转移至境外以外，由于资产所有权属在形式和实质上均不发生改变，可作为内部处置资产，不视同销售确认收入，相关资产的计税基础延续计算。（一）将资产用于生产、制造、加工另一产品；（二）改变资产形状、结构或性能；（三）改变资产用途（如，自建商品房转为自用或经营）；（四）将资产在总机构及其分支机构之间转移；（五）上述两种或两种以上情形的混合；（六）其他不改变资产所有权属的用途。”

根据上述规定，企业将货物划拨至下属分公司属于将资产在总机构及其分支机构之间转移的行为，不涉及企业所得税。

227. 买卖香港基金取得所得是否确认企业所得税收入

某企业通过基金互认买卖香港基金份额。请问企业取得的转让差价所得是否需要缴纳企业所得税？

答：《财政部 国家税务总局 证监会关于内地与香港基金互认有关税收政策的通知》（财税〔2015〕125号）第一条第二款规定：“对内地企业投资者通过基金互认买卖香港基金份额取得的转让差价所得，计入其收入总额，依法征收企业所得税。”第一条第四款规定：“对内地企业投资者通过基金互认从香港基金分配取得的收益，计入其收入总额，依法征收企业所得税。”

根据上述规定，企业通过基金互认买卖香港基金份额取得的转让差价所得，计入其收入总额，依法征收企业所得税。

228. 分期收款转让股权能否分期确认企业所得税收入

某企业发生一笔股权转让业务，协议约定分期收款。请问企业能否分期确认股权转让企业所得税收入？

答：《中华人民共和国企业所得税法实施条例》（国务院令第714号）第九条规定："企业应纳税所得额的计算，以权责发生制为原则，属于当期的收入和费用，不论款项是否收付，均作为当期的收入和费用；不属于当期的收入和费用，即使款项已经在当期收付，均不作为当期的收入和费用。本条例和国务院财政、税务主管部门另有规定的除外。"《国家税务总局关于贯彻落实企业所得税法若干税收问题的通知》（国税函〔2010〕79号）第三条规定："企业转让股权收入，应于转让协议生效且完成股权变更手续时，确认收入的实现。转让股权收入扣除为取得该股权所发生的成本后，为股权转让所得。企业在计算股权转让所得时，不得扣除被投资企业未分配利润等股东留存收益中按该项股权所可能分配的金额。"《国家税务总局关于企业取得财产转让等所得企业所得税处理问题的公告》（国家税务总局公告2010年第19号）第一条规定："企业取得财产（包括各类资产、股权和债权等）转让收入、债务重组收入、接受捐赠收入和无法偿付的应付款收入等，不论是以货币形式、还是非货币形式体现，除另有规定外，均应一次性计入确认收入的年度计算缴纳企业所得税。"

根据上述规定，企业发生股权转让收入应于转让协议生效且完成股权变更手续时，一次性确认企业所得税收入的实现。

（二）费用项目

229. 为员工购买的团体意外险费用能否税前扣除

某企业为了保障员工人身安全，通过保险公司购买了团体意外险，取得了保险费增值税专用发票。请问该保费支出能否在企业所得税前扣除？

答：《中华人民共和国企业所得税法实施条例》（国务院令第714号）第六条规定："除企业依照国家有关规定为特殊工种职工支付的人身安全保险费和国务院财政、税务主管部门规定可以扣除的其他商业保险费外，企业为投资者或者职工支付的商业保险费，不得扣除。"《国家税务总局关于企业所得税有关问题的公告》（国家税务总局公告2016年第80号）第一条规定："企业职工因公出差乘坐交通工具发生的人身意外保险费支出，准予企业在计算应纳税所得额时扣除。”《国家税务总局关于发布〈企业所得税税前扣除凭证管理办法〉的公告》（国家税务总局公告 2018 年第 28 号）第十条规定：“企业在境内发生的支出项目属于增值税应税项目的，对方为已办理税务登记的增值税纳税人，其支出以发票（包括按照规定由税务机关代开的发票）作为税前扣除凭证。”

根据上述规定，企业购买的人身商业保险费用，除了为特殊工种职工支付的人身安全保险费和国务院财政、税务主管部门规定可以扣除的其他商业保险费外，其他人身商业保险费用不得税前扣除。而目前国务院财政、税务主管部门规定可以扣除的其他商业保险费只有企业职工因公出差乘坐交通工具发生的人身意外保险费支出等，因此，该团体意外险如果是为特殊工种职工支付的，可以凭增值税发票在企业所得税前扣除；如果是为其他职工支付，且不属于因公出差乘坐交通工具发生的人身意外保险费支出，相关费用不得税前扣除。

▶≫ 230. 企业筹办期间业务招待费、广告费如何税前扣除

某企业正在筹办期间，为了后续更好地开展业务，企业发生相关业务招待费以及广告费支出。请问上述费用应当如何税前扣除？

答：《国家税务总局关于企业所得税应纳税所得额若干税务处理问题的公告》（国家税务总局公告 2012 年第 15 号）第五条规定：“企业在筹建期间，发生的与筹办活动有关的业务招待费支出，可按实际发生额的 60% 计入企业筹办费，并按有关规定在税前扣除；发生的广告费和业务宣传费，可按实际发生额计入企业筹办费，并按有关规定在税前扣除。”

根据上述规定，企业筹建期间的广告费和业务宣传费可以按发生额计入筹办费扣除，发生的业务招待费可以按实际发生额的 60% 计入企业筹办费扣除。

▶≫ 231. 企业组织新员工体检的费用能否税前扣除

某企业每年为新入职的员工统一组织体检，取得医院开具的医疗收费票据。请问该费用能否在企业所得税前扣除？

答：《国家税务总局关于企业工资薪金及职工福利费扣除问题的通知》（国税函〔2009〕3 号）第三条规定：“《实施条例》第四十条规定的企业职工福利费，包括以下内容：（一）尚未实行分离办社会职能的企业，其内设福利部门所发生的设备、设施和人员费用，包括职工食堂、职工浴室、理发室、

医务所、托儿所、疗养院等集体福利部门的设备、设施及维修保养费用和福利部门工作人员的工资薪金、社会保险费、住房公积金、劳务费等。(二)为职工卫生保健、生活、住房、交通等所发放的各项补贴和非货币性福利,包括企业向职工发放的因公外地就医费用、未实行医疗统筹企业职工医疗费用、职工供养直系亲属医疗补贴、供暖费补贴、职工防暑降温费、职工困难补贴、救济费、职工食堂经费补贴、职工交通补贴等。(三)按照其他规定发生的其他职工福利费,包括丧葬补助费、抚恤费、安家费、探亲假路费等。"《国家税务总局关于发布〈企业所得税税前扣除凭证管理办法〉的公告》(国家税务总局公告2018年第28号)第十条规定:"企业在境内发生的支出项目不属于应税项目的,对方为单位的,以对方开具的发票以外的其他外部凭证作为税前扣除凭证;对方为个人的,以内部凭证作为税前扣除凭证。"

根据上述规定,企业组织员工体检发生的费用属于为职工卫生保健、生活、住房、交通等所发放的各项补贴和非货币性福利,应作为职工福利费在企业所得税前扣除;同时,由于该支出不属于增值税应税项目,医院开具的医疗收费票据可以作为税前扣除凭证。

232. 组织员工旅游发生的支出能否作为职工福利费扣除

某企业组织部分业务能力出众的员工外出旅游。请问发生的支出能否作为职工福利费在税前扣除?

答:《国家税务总局关于企业工资薪金及职工福利费扣除问题的通知》(国税函〔2009〕3号)第三条规定:"《实施条例》第四十条规定的企业职工福利费,包括以下内容:(一)尚未实行分离办社会职能的企业,其内设福利部门所发生的设备、设施和人员费用,包括职工食堂、职工浴室、理发室、医务所、托儿所、疗养院等集体福利部门的设备、设施及维修保养费用和福利部门工作人员的工资薪金、社会保险费、住房公积金、劳务费等。(二)为职工卫生保健、生活、住房、交通等所发放的各项补贴和非货币性福利,包括企业向职工发放的因公外地就医费用、未实行医疗统筹企业职工医疗费用、职工供养直系亲属医疗补贴、供暖费补贴、职工防暑降温费、职工困难补贴、救济费、职工食堂经费补贴、职工交通补贴等。(三)按照其他规定发生的其他职工福利费,包括丧葬补助费、抚恤费、安家费、探亲假路费等。"

根据上述规定,企业组织员工外出旅游发生的费用不属于国税函〔2009〕3号规定的职工福利费内容,不得作为职工福利费在企业所得税前扣除。

233. 当年计提未发放工资应在何时税前扣除

某企业当年12月已计提职工工资，但实际发放在次年1月。请问该部分工资支付应在汇缴年度还是次年税前扣除？

答：《国家税务总局关于企业工资薪金和职工福利费等支出税前扣除问题的公告》（国家税务总局公告2015年第34号）第二条规定："企业在年度汇算清缴结束前向员工实际支付的已预提汇缴年度工资薪金，准予在汇缴年度按规定扣除。"

根据上述规定，企业已预提但未实际支付的工资薪金支出，在汇算清缴结束前实际支付的，可以在汇缴年度税前扣除。

234. 以员工个人姓名作为抬头的核酸检测票据能否税前扣除

某企业员工报销时提供了一张以个人姓名作为抬头的印有财政部监制章的门诊收费票据。请问企业取得该票据能否在企业所得税前扣除？

答：《中华人民共和国企业所得税法》（中华人民共和国主席令第二十三号）第八条规定："企业实际发生的与取得收入有关的、合理的支出，包括成本、费用、税金、损失和其他支出，准予在计算应纳税所得额时扣除。"《中华人民共和国企业所得税法实施条例》（国务院令第714号）第二十七条规定："企业所得税法第八条所称有关的支出，是指与取得收入直接相关的支出。企业所得税法第八条所称合理的支出，是指符合生产经营活动常规，应当计入当期损益或者有关资产成本的必要和正常的支出。"第三十条规定："企业所得税法第八条所称费用，是指企业在生产经营活动中发生的销售费用、管理费用和财务费用，已经计入成本的有关费用除外。"国家税务总局《疫情防控税收优惠政策热点问答（第十二期）》第九问："企业为湖北员工在湖北做核酸检测费用进行报销，员工取得的是个人名字抬头门诊收费票据，票据有财政部监制章，可以作为企业税前扣除凭证吗?"解答中明确，可以作为企业所得税税前扣除凭证。

根据上述规定，企业员工报销核酸检测费用，取得印有财政部监制章的个人抬头门诊收费票据可以在企业所得税前扣除。

235. 违章建筑被依法拆除后形成的损失能否税前扣除

某企业有一栋楼属于违章建筑，被依法拆除。请问形成的损失可以在企业所得税税前扣除吗？

答：《中华人民共和国企业所得税法》（中华人民共和国主席令第二十三号）第十条规定："在计算应纳税所得额时，下列支出不得扣除：（一）向投资者支付的股息、红利等权益性投资收益款项；（二）企业所得税税款；（三）税收滞纳金；（四）罚金、罚款和被没收财物的损失；（五）本法第九条规定以外的捐赠支出；（六）赞助支出；（七）未经核定的准备金支出；（八）与取得收入无关的其他支出。”

根据上述规定，企业违建拆除属于“罚金、罚款和被没收财物的损失”，不可以在企业所得税税前扣除。

236. 党组织工作经费如何税前扣除

某国有企业根据规定计提党组织工作经费，当年支出部分用于党建工作。请问企业当年发生的党组织工作经费是否允许全额税前扣除？

答：《中共中央组织部 财政部 国务院国资委党委 国家税务总局关于国有企业党组织工作经费问题的通知》（组通字〔2017〕38号）第一条规定：“国有企业（包括国有独资、全资和国有资本绝对控股、相对控股企业）党组织工作经费主要通过纳入管理费用、党费留存等渠道予以解决。纳入管理费用的部分，一般按照企业上年度职工工资总额1%的比例安排，每年年初由企业党组织本着节约的原则编制经费使用计划，由企业纳入年度预算。”第二条规定：“纳入管理费用的党组织工作经费，实际支出不超过职工年度工资薪金总额1%的部分，可以据实在企业所得税前扣除。年末如有结余，结转下一年度使用。累计结转超过上一年度职工工资总额2%的，当年不再从管理费用中安排。”

根据上述规定，企业纳入管理费用核算的党组织工作经费，实际支出不超过职工年度工资薪金总额1%的部分，且要求“实际支出”部分允许扣除，计提未使用部分要进行纳税调增。

237. 分摊方式承担的水电费能否以分割单税前扣除

某企业从另一企业取得一幢转租房产的使用权，水电费由转租企业支付并取得发票，该企业根据分摊的金额向转租企业支付水电费。请问能否以转租企业开具的水电费分割单作为税前扣除凭证并进行税前扣除？

答：《国家税务总局关于发布〈企业所得税税前扣除凭证管理办法〉的公告》（国家税务总局公告2018年第28号）第十九条规定：“企业租用（包括企业作为单一承租方租用）办公、生产用房等资产发生的水、电、燃气、冷气、暖气、通讯线路、有线电视、网络等费用，出租方作为应税项目开具发票的，企业以发票作为税前扣除凭证；出租方采取分摊方式的，企业以出租方开具的其他外部凭证作为税前扣除凭证。”

根据上述规定，对于租房共同发生的水电费，出租方可以采取转售方式开具发票给各承租方作为税前扣除凭证，也可以根据分摊比例开具分割单给各承租方，即企业可以凭转租企业取得的水电费发票的复印件及分割单作为税前扣除凭证。

238. 企业雇用临时工发生的费用能税前扣除吗

某企业为了加快某项目进度，决定雇用若干临时工进场。请问支付给临时工的工资支出能作为工资薪金支出在企业所得税前扣除吗？

答：《国家税务总局关于企业所得税应纳税所得额若干税务处理问题的公告》（国家税务总局公告 2012 年第 15 号）第一条规定：“企业因雇用季节工、临时工、实习生、返聘离退休人员所实际发生的费用，应区分为工资薪金支出和职工福利费支出，并按《企业所得税法》规定在企业所得税前扣除。其中属于工资薪金支出的，准予计入企业工资薪金总额的基数，作为计算其他各项相关费用扣除的依据。”

根据上述规定，企业雇用临时工发生的费用，应当根据性质分别计入工资薪金支出和职工福利费支出。

239. 清算时补缴的土地增值税能否在当年税前扣除

某企业是房地产开发企业，某项目在预售阶段按比例预缴土地增值税，项目开发完成并对土地增值税清算完毕后按规定补缴了土地增值税。请问补缴的土地增值税能否一次性在清算年度税前扣除？

答：《中华人民共和国土地增值税暂行条例实施细则》（财法字〔1995〕6 号）第十六条规定：“纳税人在项目全部竣工结算前转让房地产取得的收入，由于涉及成本确定或其他原因，而无法据以计算土地增值税的，可以预征土地增值税，待该项目全部竣工、办理结算后再进行清算，多退少补。具体办法由各省、自治区、直辖市地方税务局根据当地情况制定。”《国家税务总局关于印发〈房地产开发经营业务企业所得税处理办法〉的通知》第十二条规定：“企业发生的期间费用、已销开发产品计税成本、营业税金及附加、土地增值税准予当期按规定扣除。”《国家税务总局关于房地产开发企业土地增值税清算涉及企业所得税退税有关问题的公告》（国家税务总局公告 2016 年第 81 号）第一条规定：“企业按规定对开发项目进行土地增值税清算后，当年企业所得税汇算清缴出现亏损且有其他后续开发项目的，该亏损应按照税法规定向以后年度结转，用以后年度所得弥补。后续开发项目，是指正在开发以及中标的项目。”第二条规定：“企业按规定对开发项目进行土地增值税清算后，当年企业所得税汇算清缴出现亏损，且没有后续开发项目的，可以按照以下方法，计算出该项目由于土地增值税原因导致的项目开发各年度多缴企业所得税税款，并申请退税：（一）该项目缴纳的土地增值税总额，应按照该项目开发各年度实现的项目销售收入占整个项目销售收入总额的比例，在项目开发各年度进行分摊，具体按以下公式计算：各年度应分摊的土地增值税 = 土地增值税总额 ×（项目年度销售收入 ÷ 整个项目销售收入总额）；（二）该项目开发各年度应分摊的土地增值税减去该年度已经在企业所得税税前扣除的土地增值税后，余额属于当年应补充扣除的土地增值税；企业应调整当年度的应纳税所得额，并按规定计算当年度应退的企业所得税税款；当年度已缴纳的企业所得税税款不足退税的，应作为亏损向以后年度结转，并调整以后年度的应纳税所得额。”

根据上述规定，房地产开发企业进行土地增值税清算补缴税款，如果当年企业所得税汇算清缴没有出现亏损或出现亏损且有后续开发项目的，应在补缴的当期进行税前扣除，其亏损应按照税法规定向以后年度结转，用以后年度所得弥补；如果补缴土地增值税导致当年企业所得税汇算清缴出现亏损，且没有后续开发项目的，可以按照国家税务总局公告 2016 年第 81 号第二条的规定，在项目开发各年度进行分摊计算扣除土地增值税，导致开发年度多缴企业所得税的按规定申请退税。

240. 关联企业借款利息支出如何证明其合理性

某企业因经营需要向关联方借款，合同中约定期限为三年，年利率 8%。请问企业在首次支付利息并进行税前扣除时如何证明其利息支出的合理性？

答：《中华人民共和国企业所得税法实施条例》（国务院令第 714 号）第三十八条规定：“企业在生产经营活动中发生的下列利息支出，准予扣除：（一）非金融企业向金融企业借款的利息支出、金融企业的各项存款利息支出和同业拆借利息支出、企业经批准发行债券的利息支出；（二）非金融企业向非金融企业借款的利息支出，不超过按照金融企业同期同类贷款利率计算的数额的部分。”《国家税务总局关于企业所得税若干问题的公告》（国家税务总局公告 2011 年第 34 号）第一条规定：“根据《实施条例》第三十八条规定，非金融企业向非金融企业借款的利息支出，不超过按照金融企业同期同类贷款利率计算的数额的部分，准予税前扣除。鉴于目前我国对金融企业利率要求的具体情况，企业在按照合同要求首次支付利息并进行税前扣除时，应提供‘金融企业的同期同类贷款利率情况说明’，以证明其利息支出的合理性。‘金融企业的同期同类贷款利率情况说明’中，应包括在签订该借款合同当时，本省任何一家金融企业提供同期同类贷款利率情况。该金融企业应为经政府有关部门批准成立的可以从事贷款业务的企业，包括银行、财务公司、信托公司等金融机构。‘同期同类贷款利率’是指在贷款期限、贷款金额、贷款担保以及企业信誉等条件基本相同下，金融企业提供贷款的利率。既可以是金融企业公布的同期同类平均利率，也可以是金融企业对某些企业提供的实际贷款利率。”

根据上述规定，企业向关联方付利息并税前扣除，应提供“金融企业的同期同类贷款利率情况说明”以证明其合理性。该说明可以是金融机构出具的具有法律效率的证明材料，也可以是企业通过公开渠道获取的信息或私下收集的材料。

▶≫ 241. 补充养老保险税前扣除是否包含个人缴费部分

某企业为全体员工缴纳了补充养老保险。请问允许税前扣除的保险费是否包括单位缴费部分及个人缴费部分？

答：《财政部 国家税务总局关于补充养老保险费补充医疗保险费有关企业所得税政策问题的通知》（财税〔2009〕27 号）规定：“自 2008 年 1 月 1 日起，企业根据国家有关政策规定，为在本企业任职或者受雇的全体员工支付的补充养老保险费、补充医疗保险费，分别在不超过职工工资总额 5% 标准内的部分，在计算应纳税所得额时准予扣除；超过的部分，不予扣除。”

根据上述规定，准予在企业所得税税前扣除的补充养老保险费、补充医疗保险费仅包括单位缴费部分，不包括个人缴费部分。

▶≫ 242. 企业购买茶叶应如何在税前扣除

某企业购买了一批茶叶，主要用于员工办公使用，也有一部分放置在茶水间供员工取用，此外还会拿来赠送客户。请问应当分别如何在企业所得税前扣除？

答：《中华人民共和国企业所得税法》（中华人民共和国主席令第二十三号）第八条规定：“企业实际发生的与取得收入有关的、合理的支出，包括成本、费用、税金、损失和其他支出，准予在计算应纳税所得额时扣除。”《国家税务总局关于企业处置资产所得税处理问题的通知》（国税函〔2008〕828

号）第二条规定："企业将资产移送他人的下列情形，因资产所有权属已发生改变而不属于内部处置资产，应按规定视同销售确定收入。（一）用于市场推广或销售；（二）用于交际应酬；（三）用于职工奖励或福利；（四）用于股息分配；（五）用于对外捐赠；（六）其他改变资产所有权属的用途。"

根据上述规定，企业购买茶叶应根据用途分别进行相应的税务处理：用于员工办公使用或放置在茶水间供员工取用的可计入办公费；在企业所得税前扣除，而用于赠送客户的茶叶应计入业务招待费部分扣除，同时由于资产所有权属改变，还应视同销售确认收入。

243. 解除合同支付的补偿金能否税前扣除

某企业因业务调整决定解除一批员工的劳动合同，并根据合同约定支付了离职补偿金。请问企业支付的一次性离职补偿金是否可以在企业所得税前扣除？

答：《中华人民共和国企业所得税法》（中华人民共和国主席令第二十三号）第八条规定："企业实际发生的与取得收入有关的、合理的支出，包括成本、费用、税金、损失和其他支出，准予在计算应纳税所得额时扣除。"《中华人民共和国企业所得税法实施条例》（国务院令第714号）第二十七条规定："企业所得税法第八条所称有关的支出，是指与取得收入直接相关的支出。企业所得税法第八条所称合理的支出，是指符合生产经营活动常规，应当计入当期损益或者有关资产成本的必要和正常的支出。"第三十三条规定："企业所得税法第八条所称其他支出，是指除成本、费用、税金、损失外，企业在生产经营活动中发生的与生产经营活动有关的、合理的支出。"

根据上述规定，企业支付的一次性离职补偿金属于与取得收入有关的、合理的支出，可以在实际支出后全额税前扣除，但是不能计入"工资薪金支出"，不应作为计算职工福利费、工会经费、职工教育经费税前扣除限额的基数。

244. 发行债券利息支出如何在税前扣除

某企业在公开市场发行债券，期限为3年，每年末支付当年利息，到期还本。请问该债券利息支出能否在当年一次性税前扣除？

答：《中华人民共和国企业所得税法》（中华人民共和国主席令第二十三号）第八条规定："企业实际发生的与取得收入有关的、合理的支出，包括成本、费用、税金、损失和其他支出，准予在计算应纳税所得额时扣除。"《中华人民共和国企业所得税法实施条例》（国务院令第714号）第二十七条规定："企业所得税法第八条所称有关的支出，是指与取得收入直接相关的支出。企业所得税法第八条所称合理的支出，是指符合生产经营活动常规，应当计入当期损益或者有关资产成本的必要和正常的支出。"第三十八条规定："企业在生产经营活动中发生的下列利息支出，准予扣除：（一）非金融企业向金融企业借款的利息支出、金融企业的各项存款利息支出和同业拆借利息支出、企业经批准发行债券的利息支出；（二）非金融企业向非金融企业借款的利息支出，不超过按照金融企业同期同类贷款利率计算的数额的部分。"《国家税务总局关于企业所得税应纳税所得额若干税务处理问题的公告》（国家税务总局公告2012年第15号）第二条规定："企业通过发行债券、取得贷款、吸收保户储金等方式融资而发生的合理的费用支出，符合资本化条件的，应计入相关资产成本；不符合资本化条件的，应作为财务费用，准予在企业所得税前据实扣除。"

根据上述规定，企业支付的债券利息支出可以按相关规定计入当期损益或者有关资产成本进行税前扣除，其中如果属于当期损益的，可以在当期一次性税前扣除。

▶≫ 245. 劳务派遣人员的福利费能否税前扣除

某企业与劳务派遣公司签订劳务派遣协议，约定将劳务派遣人员的工资薪金直接支付给劳务派遣公司，且由劳务派遣公司实际支付劳务派遣人员，而与职工福利相关的货币和非货币性支出直接支付给劳务派遣人员。请问支付给劳务派遣人员的福利支出能否税前扣除？

答：《国家税务总局关于企业工资薪金和职工福利费等支出税前扣除问题的公告》（国家税务总局公告2015年第34号）第三条规定："企业接受外部劳务派遣用工所实际发生的费用，应分两种情况按规定在税前扣除：按照协议（合同）约定直接支付给劳务派遣公司的费用，应作为劳务费支出；直接支付给员工个人的费用，应作为工资薪金支出和职工福利费支出。其中属于工资薪金支出的费用，准予计入企业工资薪金总额的基数，作为计算其他各项相关费用扣除的依据。"

根据上述规定，企业直接支付给劳务派遣人员的职工福利费支出，可以作为职工福利费在企业所得税前限额扣除。

246. 发放给职工的通讯补贴应如何税前扣除

某企业每月按职级对员工发放100至300元不等的通讯补贴。请问该通讯补贴应作为职工工资薪金还是福利费在企业所得税前扣除？

答：《财政部关于企业加强职工福利费财务管理的通知》（财企〔2009〕242号）第二条规定："企业为职工提供的交通、住房、通讯待遇，已经实行货币化改革的，按月按标准发放或支付的住房补贴、交通补贴或者车改补贴、通讯补贴，应当纳入职工工资总额，不再纳入职工福利费管理；尚未实行货币化改革的，企业发生的相关支出作为职工福利费管理，但根据国家有关企业住房制度改革政策的统一规定，不得再为职工购建住房。"

根据上述规定，企业以货币形式向员工发放的通讯补贴，应纳入职工工资总额在企业所得税前扣除。

247. 购买并发放给员工的防暑降温用品能否税前扣除

某企业夏季为员工购买并发放了藿香正气水、人丹、清凉油等防暑降温用品。请问该类防暑降温用品能否在企业所得税前扣除？

答：《国家税务总局关于企业工资薪金及职工福利费扣除问题的通知》（国税函〔2009〕3号）第三条规定："《实施条例》第四十条规定的企业职工福利费，包括以下内容：（一）尚未实行分离办社会职能的企业，其内设福利部门所发生的设备、设施和人员费用，包括职工食堂、职工浴室、理发室、医务所、托儿所、疗养院等集体福利部门的设备、设施及维修保养费用和福利部门工作人员的工资薪金、社会保险费、住房公积金、劳务费等。（二）为职工卫生保健、生活、住房、交通等所发放的各项补贴和非货币性福利，包括企业向职工发放的因公外地就医费用、未实行医疗统筹企业职工医疗费用、职工供养直系亲属医疗补贴、供暖费补贴、职工防暑降温费、职工困难补贴、救济费、职工食堂经费补贴、职工交通补贴等。（三）按照其他规定发生的其他职工福利费，包括丧葬补助费、抚恤费、安家费、探亲假路费等。"

根据上述规定，企业购买的防暑降温用品属于为职工卫生保健所发放的非货币性福利，应当计入职工福利费限额扣除。

248. 食堂员工工资能否作为计算职工福利费的基数

某企业内设有职工食堂。请问该食堂员工的工资能否作为计算职工福利费扣除限额的工资薪金总额基数？

答：《中华人民共和国企业所得税法实施条例》（国务院令第714号）第

三十四条规定："企业发生的合理的工资薪金支出，准予扣除。前款所称工资薪金，是指企业每一纳税年度支付给在本企业任职或者受雇的员工的所有现金形式或者非现金形式的劳动报酬，包括基本工资、奖金、津贴、补贴、年终加薪、加班工资，以及与员工任职或者受雇有关的其他支出。"《国家税务总局关于企业工资薪金及职工福利费扣除问题的通知》（国税函〔2009〕3号）第二条规定："《实施条例》第四十、四十一、四十二条所称的'工资薪金总额'，是指企业按照本通知第一条规定实际发放的工资薪金总和，不包括企业的职工福利费、职工教育经费、工会经费以及养老保险费、医疗保险费、失业保险费、工伤保险费、生育保险费等社会保险费和住房公积金。属于国有性质的企业，其工资薪金，不得超过政府有关部门给予的限定数额；超过部分，不得计入企业工资薪金总额，也不得在计算企业应纳税所得额时扣除。"第三条规定："《实施条例》第四十条规定的企业职工福利费，包括以下内容：（一）尚未实行分离办社会职能的企业，其内设福利部门所发生的设备、设施和人员费用，包括职工食堂、职工浴室、理发室、医务所、托儿所、疗养院等集体福利部门的设备、设施及维修保养费用和福利部门工作人员的工资薪金、社会保险费、住房公积金、劳务费等。（二）为职工卫生保健、生活、住房、交通等所发放的各项补贴和非货币性福利，包括企业向职工发放的因公外地就医费用、未实行医疗统筹企业职工医疗费用、职工供养直系亲属医疗补贴、供暖费补贴、职工防暑降温费、职工困难补贴、救济费、职工食堂经费补贴、职工交通补贴等。（三）按照其他规定发生的其他职工福利费，包括丧葬补助费、抚恤费、安家费、探亲假路费等。"

根据上述规定，计算职工福利费扣除限额的工资薪金总额基数不包括职工福利费，而单位内设食堂工作人员的工资薪金属于职工福利费范围，因此，不作为计算职工福利费扣除限额的工资薪金总额基数。

249. 退休人员福利费支出能否税前扣除

某企业有退休人员9名，年度支出了离退休人员统筹外福利费用6万元。请问该项支出是否计入职工福利费并在企业所得税前扣除？

答：《财政部关于企业加强职工福利费财务管理的通知》（财企〔2009〕242号）第一条第（四）项规定："企业职工福利费是指企业为职工提供的除职工工资、奖金、津贴、纳入工资总额管理的补贴、职工教育经费、社会保险费和补充养老保险费（年金）、补充医疗保险费及住房公积金以外的福利待遇支出，包括发放给职工或为职工支付的离退休人员统筹外费用，包括离休人员的医疗费及离退休人员其他统筹外费用。”《中华人民共和国企业所得税法》（中华人民共和国主席令第二十三号）第八条规定：“企业实际发生的与取得收入有关的、合理的支出，包括成本、费用、税金、损失和其他支出，准予在计算应纳税所得额时扣除。”《中华人民共和国企业所得税法实施条例》（国务院令第714号）第二十七条规定：“企业所得税法第八条所称有关的支出，是指与取得收入直接相关的支出。企业所得税法第八条所称合理的支出，是指符合生产经营活动常规，应当计入当期损益或者有关资产成本的必要和正常的支出。”《国家税务总局办公厅关于强化部分总局定点联系企业共性税收风险问题整改工作的通知》（税总办函〔2014〕652号）第一条规定：“按照《中华人民共和国企业所得税法》第八条及《中华人民共和国企业所得税法实施条例》第二十七条的规定，与企业取得收入不直接相关的离退休人员工资、福利费等支出，不得在企业所得税税前扣除。”

根据上述规定，企业支付退休人员统筹外的福利费用，应计入职工福利费，但其属于与企业取得收入不直接相关的支出，不得在企业所得税前扣除。

250. 跨年取得发票的支出能否税前扣除

某企业当年发生一项咨询业务，已支付咨询费并进行了会计处理，但由于业务人员疏忽导致次年才取得发票。请问该支出能否在当年企业所得税前扣除？

答：《国家税务总局关于企业所得税若干问题的公告》（国家税务总局公告2011年第34号）第六条规定：“企业当年度实际发生的相关成本、费用，由于各种原因未能及时取得该成本、费用的有效凭证，企业在预缴季度所得税时，可暂按账面发生金额进行核算；但在汇算清缴时，应补充提供该成本、费用的有效凭证。”

根据上述规定，企业实际发生的费用并且已进行会计处理，在汇算清缴时已取得并补充提供该成本、费用有效凭证的，可以在汇算年度企业所得税前扣除，不需要调整应纳税所得额。

251. 企业缴纳的公众责任险能否在企业所得税前扣除

某企业主要承接市政工程项目，为了降低风险，企业投保了公众责任险。请问缴纳的该保险支出能否在企业所得税前扣除？

答：《国家税务总局关于责任保险费企业所得税税前扣除有关问题的公告》（国家税务总局公告2018年第52号）规定：“企业参加雇主责任险、公众责任险等责任保险，按照规定缴纳的保险费，准予在企业所得税税前扣除。”

根据上述规定，企业投保的公众责任险属于财产保险，可以在企业所得税前扣除。

252. 职工教育经费扣除的现行标准是什么

某企业发生专业技术人员继续教育、特种作业人员培训等职工教育支出。请问此类支出在企业所得税前扣除的标准是什么，能否全额扣除？

答：《财政部 税务总局关于企业职工教育经费税前扣除政策的通知》（财税〔2018〕51号）第一条规定："企业发生的职工教育经费支出，不超过工资薪金总额8%的部分，准予在计算企业所得税应纳税所得额时扣除；超过部分，准予在以后纳税年度结转扣除。"《财政部 国家税务总局关于进一步鼓励软件产业和集成电路产业发展企业所得税政策的通知》（财税〔2012〕27号）第六条规定："集成电路设计企业和符合条件软件企业的职工培训费用，应单独进行核算并按实际发生额在计算应纳税所得额时扣除。"《国家税务总局关于企业所得税应纳税所得额若干问题的公告》（国家税务总局公告2014年第29号）第四条规定："核力发电企业为培养核电厂操纵员发生的培养费用，可作为企业的发电成本在税前扣除。企业应将核电厂操纵员培养费与员工的职工教育经费严格区分，单独核算，员工实际发生的职工教育经费支出不得计入核电厂操纵员培养费直接扣除。"《国家税务总局关于企业所得税若干问题的公告》（国家税务总局公告2011年第34号）第三条规定："航空企业实际发生的飞行员养成费、飞行训练费、乘务训练费、空中保卫员训练费等空勤训练费用，根据《实施条例》第二十七条规定，可以作为航空企业运输成本在税前扣除。"

根据上述规定，一般企业的职工教育经费支出，不超过工资薪金总额8%的部分，准予在计算企业所得税应纳税所得额时扣除。核力发电企业为培养核电厂操纵员发生的培养费用，航空企业实际发生的飞行员养成费、飞行训练费、乘务训练费、空中保卫员训练费等空勤训练费用，集成电路设计企业和符合条件软件企业的职工培训费用等特殊情况下发生的职工教育经费支出可以全额扣除。

253. 企业承担员工在职教育能作为职工教育经费扣除吗

某企业为了优化员工结构，引入了一名优秀人才，并承担了其在职研究生时的相关费用。请问企业为员工承担的在职研究生学习费用能否作为职工教育经费扣除？

答：《财政部 全国总工会 国家发改委 教育部 科技部 国防科工委 人事部

劳动保障部 国务院国资委 国家税务总局 全国工商联关于印发〈关于企业职工教育经费提取与使用管理的意见〉的通知》（财建〔2006〕317号）第三条第（五）项规定："（五）企业职工教育培训经费列支范围包括：1. 上岗和转岗培训；2. 各类岗位适应性培训；3. 岗位培训、职业技术等级培训、高技能人才培训；4. 专业技术人员继续教育；5. 特种作业人员培训；6. 企业组织的职工外送培训的经费支出；7. 职工参加的职业技能鉴定、职业资格认证等经费支出；8. 购置教学设备与设施；9. 职工岗位自学成才奖励费用；10. 职工教育培训管理费用；11. 有关职工教育的其他开支。"第（九）项规定："企业职工参加社会上的学历教育以及个人为取得学位而参加的在职教育，所需费用应由个人承担，不能挤占企业的职工教育培训经费。"

根据上述规定，企业职工参加社会上的学历教育以及个人为取得学位而参加的在职教育，所需费用应由个人承担，不能挤占企业的职工教育培训经费。因此，企业承担的在职研究生学习属于学历教育，不能作为职工教育培训经费。

254. 食堂经费补贴支出能否作为职工福利费税前扣除

某企业内设有职工食堂，每月按300元/人的标准向员工发放餐费补贴。请问企业拨付的该餐费补贴能否作为职工福利费在企业所得税前扣除？

答：《中华人民共和国企业所得税法实施条例》（国务院令第714号）第四十条规定："企业发生的职工福利费支出，不超过工资薪金总额14%的部分，准予扣除。"《国家税务总局关于企业工资薪金及职工福利费扣除问题的通知》（国税函〔2009〕3号）第三条规定："《实施条例》第四十条规定的企业职工福利费，包括以下内容：（一）尚未实行分离办社会职能的企业，其内设福利部门所发生的设备、设施和人员费用，包括职工食堂、职工浴室、理发室、医务所、托儿所、疗养院等集体福利部门的设备、设施及维修保养费用和福利部门工作人员的工资薪金、社会保险费、住房公积金、劳务费等。（二）为职工卫生保健、生活、住房、交通等所发放的各项补贴和非货币性福利，包括企业向职工发放的因公外地就医费用、未实行医疗统筹企业职工医疗费用、职工供养直系亲属医疗补贴、供暖费补贴、职工防暑降温费、职工困难补贴、救济费、职工食堂经费补贴、职工交通补贴等。（三）按照其他规定发生的其他职工福利费，包括丧葬补助费、抚恤费、安家费、探亲假路费等。"第四条规定："企业发生的职工福利费，应该单独设置账册，进行准确核算。没有单独设置账册准确核算的，税务机关应责令企业在规定的期限内进行改正。逾期仍未改正的，税务机关可对企业发生的职工福利费进行合理的核定。”《国家税务总局关于企业工资薪金和职工福利费等支出税前扣除问题的公告》（国家税务总局公告2015年第34号）第一条规定：“列入企业员工工资薪金制度、固定与工资薪金一起发放的福利性补贴，符合《国家税务总局关于企业工资薪金及职工福利费扣除问题的通知》（国税函〔2009〕3号）第一条规定的，可作为企业发生的工资薪金支出，按规定在税前扣除。不能同时符合上述条件的福利性补贴，应作为国税函〔2009〕3号文件第三条规定的职工福利费，按规定计算限额税前扣除。”

根据上述规定，企业统一拨付的职工食堂经费补贴可作为职工福利费在企业所得税前按工资薪金总额14%限额扣除。

255. 竞业补偿能否作为工资薪金税前扣除

某企业根据劳动合同向一名离职的员工支付了竞业补偿。请问该补偿金能否作为工资薪金在企业所得税前扣除？

答：《中华人民共和国企业所得税法》（中华人民共和国主席令第二十三号）第八条规定：“企业实际发生的与取得收入有关的、合理的支出，包括成本、费用、税金、损失和其他支出，准予在计算应纳税所得额时扣除。”《中华人民共和国企业所得税法实施条例》（国务院令第714号）第三十四条规定：“企业发生的合理的工资薪金支出，准予扣除。前款所称工资薪金，是指企业每一纳税年度支付给在本企业任职或者受雇的员工的所有现金形式或者非现金形式的劳动报酬，包括基本工资、奖金、津贴、补贴、年终加薪、加班工资，以及与员工任职或者受雇有关的其他支出。”《国家税务总局关于企业工资薪金及职工福利费扣除问题的通知》（国税函〔2009〕3号）第一条规定：“《实施条例》第三十四条所称的‘合理工资薪金’，是指企业按照股东大会、董事会、薪酬委员会或相关管理机构制订的工资薪金制度规定实际发放给员工的工资薪金。税务机关在对工资薪金进行合理性确认时，可按以下原则掌握：（一）企业制定了较为规范的员工工资薪金制度；（二）企业所制定的工资薪金制度符合行业及地区水平；（三）企业在一定时期所发放的工资薪金是相对固定的，工资薪金的调整是有序进行的；（四）企业对实际发放的工资薪金，已依法履行了代扣代缴个人所得税义务；（五）有关工资薪金的安排，不以减少或逃避税款为目的。”

根据上述规定，工资薪金是企业依据员工工资薪金制度，按相对固定的时间发放给任职或受雇的员工的劳动报酬，而竞业补偿金是一种经济补偿，不属于工资薪金，不能作为工资薪金在企业所得税前扣除，但可以作为企业生产经营相关的支出在企业所得税前扣除。

256. 无法取得发票的现金采购能否凭证明材料税前扣除

某企业以现金支付方式购买了一批办公用品，后得知因销售方被主管税务机关列为非正常户而无法开具发票。请问企业在无法取得发票的情况下，能否凭验收单、采购协议等证明材料在企业所得税前扣除？

答：《国家税务总局关于发布〈企业所得税税前扣除凭证管理办法〉的公告》（国家税务总局公告2018年第28号）第十四条规定："企业在补开、换开发票、其他外部凭证过程中，因对方注销、撤销、依法被吊销营业执照、被税务机关认定为非正常户等特殊原因无法补开、换开发票、其他外部凭证的，可凭以下资料证实支出真实性后，其支出允许税前扣除：①无法补开、换开发票、其他外部凭证原因的证明资料（包括工商注销、机构撤销、列入非正常经营户、破产公告等证明资料）；②相关业务活动的合同或者协议；③采用非现金方式支付的付款凭证；④货物运输的证明资料；⑤货物入库、出库内部凭证；⑥企业会计核算记录以及其他资料。第①项至第③项为必备资料。"

根据上述规定，由于企业采取现金支付方式，无法提供非现金方式支付的付款凭证，因此，该采购支出不能凭验收单、采购协议等证明材料在企业所得税前扣除。

257. 公益性捐赠资产价值如何确认

某企业向当地政府部门捐赠了一批医疗物资，用于地震灾区的卫生工作。请问公益事业捐赠票据中的捐赠资产价值应当如何确认？

答：《财政部 税务总局 民政部关于公益性捐赠税前扣除有关事项的公告》（财政部 税务总局 民政部2020年第27号）第十三条规定："除另有规定外，公益性社会组织、县级以上人民政府及其部门等国家机关在接受企业或个人捐赠时，按以下原则确认捐赠额：（一）接受的货币性资产捐赠，以实际收到的金额确认捐赠额。（二）接受的非货币性资产捐赠，以其公允价值确认捐赠额。捐赠方在向公益性社会组织、县级以上人民政府及其部门等国家机关捐赠时，应当提供注明捐赠非货币性资产公允价值的证明；不能提供证明的，接受捐赠方不得向其开具捐赠票据。"

根据上述规定，企业应当向政府部门提供注明所捐赠医疗物资公允价值的证明，如合同、发票等，以此作为其开具公益事业捐赠票据中捐赠资产价值的依据。

258. 公益性捐赠的运费、保险费、人工费用能否税前扣除

某企业购买了一批书籍和教学仪器捐赠给西部贫困地区，取得公益性社会组织开具的公益捐赠票据。请问在捐赠过程中发生的运费、保险费、人工费用等能否与公益性捐赠支出一并在税前扣除？

答：《国家税务总局关于企业所得税若干政策征管口径问题的公告》（国家税务总局公告2021年第17号）第一条规定："企业在非货币性资产捐赠过程中发生的运费、保险费、人工费用等相关支出，凡纳入国家机关、公益性社会组织开具的公益捐赠票据记载的数额中的，作为公益性捐赠支出按照规定在税前扣除；上述费用未纳入公益性捐赠票据记载的数额中的，作为企业相关费用按照规定在税前扣除。"

根据上述规定，捐赠过程中发生的运费、保险费、人工费用如果纳入公益捐赠票据记载的数额中，可以作为公益性捐赠支出按照规定在税前扣除，否则作为企业相关费用按照规定在税前扣除。

259. 公益性股权捐赠的捐赠额如何确定

某企业向公益性社会团体捐赠了所持有的其他企业的股权。请问捐赠额应如何确定？

答：《财政部 国家税务总局关于公益股权捐赠企业所得税政策问题的通知》（财税〔2016〕45号）第一条规定："企业向公益性社会团体实施的股权捐赠，应按规定视同转让股权，股权转让收入额以企业所捐赠股权取得时的历史成本确定。前款所称的股权，是指企业持有的其他企业的股权、上市公司股票等。"第二条规定："企业实施股权捐赠后，以其股权历史成本为依据确定捐赠额，并依此按照企业所得税法有关规定在所得税前予以扣除。公益性社会团体接受股权捐赠后，应按照捐赠企业提供的股权历史成本开具捐赠票据。"

根据上述规定，企业应当以所捐赠股权取得时的历史成本作为依据确定捐赠额，并按照《企业所得税法》有关规定在所得税前予以扣除。

260. 扶贫捐赠支出如何税前扣除

某企业通过当地具有公益性捐赠税前扣除资格的公益性社会组织向某目标脱贫地区捐赠了100万元。请问该捐赠支出如何税前扣除？

答：《财政部 税务总局 国务院扶贫办关于企业扶贫捐赠所得税税前扣除

政策的公告》（财政部 税务总局 国务院扶贫办公告2019年第49号）第一条规定："自2019年1月1日至2022年12月31日，企业通过公益性社会组织或者县级（含县级）以上人民政府及其组成部门和直属机构，用于目标脱贫地区的扶贫捐赠支出，准予在计算企业所得税应纳税所得额时据实扣除。在政策执行期限内，目标脱贫地区实现脱贫的，可继续适用上述政策。'目标脱贫地区'包括832个国家扶贫开发工作重点县、集中连片特困地区县（新疆阿克苏地区6县1市享受片区政策）和建档立卡贫困村。"《财政部关于印发〈公益事业捐赠票据使用管理暂行办法〉的通知》（财综〔2010〕112号）第二条规定："本办法所称的公益事业捐赠票据，是指各级人民政府及其部门、公益性事业单位、公益性社会团体及其他公益性组织按照自愿、无偿原则，依法接受并用于公益事业的捐赠财物时，向提供捐赠的自然人、法人和其他组织开具的凭证。本办法所称的公益事业，是指下列非营利事项：（一）救助灾害、救济贫困、扶助残疾人等困难的社会群体和个人的活动；（二）教育、科学、文化、卫生、体育事业；（三）环境保护、社会公共设施建设；（四）促进社会发展和进步的其他社会公共和福利事业。"

根据上述规定，企业通过具有公益性捐赠税前扣除资格的公益性社会组织向目标脱贫地区捐款，该笔捐赠支出可以在计算当年企业所得税应纳税所得额时据实全额扣除，企业需要注意取得公益事业捐赠票据，并要求开具方在公益事业捐赠票据中注明目标脱贫地区的具体名称。

261. 补缴的税金应当如何税前扣除

某企业对前三年税金缴纳情况进行检查，根据检查结果需补缴两年前的房产税和土地使用税。请问补缴的这两笔税款能否在当年度企业所得税前扣除？

答：《中华人民共和国企业所得税法》（中华人民共和国主席令第二十三号）第八条规定："企业实际发生的与取得收入有关的、合理的支出，包括成本、费用、税金、损失和其他支出，准予在计算应纳税所得额时扣除。"《中华人民共和国企业所得税法实施条例》（国务院令第714号）第九条规定："企业应纳税所得额的计算，以权责发生制为原则，属于当期的收入和费用，不论款项是否收付，均作为当期的收入和费用；不属于当期的收入和费用，即使款项已经在当期收付，均不作为当期的收入和费用。本条例和国务院财政、税务主管部门另有规定的除外。"《国家税务总局关于企业所得税应纳税所得额若干税务处理问题的公告》（国家税务总局公告2012年第15号）第六条规定："根据《中华人民共和国税收征收管理法》的有关规定，对企业发现以前年度实际发生的、按照税收规定应在企业所得税前扣除而未扣除或者少扣除的支出，企业做出专项申报及说明后，准予追补至该项目发生年度计算扣除，但追补确认期限不得超过 5 年。企业由于上述原因多缴的企业所得税税款，可以在追补确认年度企业所得税应纳税款中抵扣，不足抵扣的，可以向以后年度递延抵扣或申请退税。亏损企业追补确认以前年度未在企业所得税前扣除的支出，或盈利企业经过追补确认后出现亏损的，应首先调整该项支出所属年度的亏损额，然后再按照弥补亏损的原则计算以后年度多缴的企业所得税款，并按前款规定处理。”

根据上述规定，企业补缴以前年度税金，因追补确认期限不超过 5 年，应按照权责发生制原则追补至该项目发生年度计算扣除，而不得在补缴年度扣除。

262. 车辆购置税应如何在企业所得税前扣除

某企业为生产经营而购入一辆办公用商务车，在办理车辆注册登记前向税务机关申报并缴纳了车辆购置税。请问该部分车辆购置税应如何在企业所得税前扣除？

答：《中华人民共和国企业所得税法》（中华人民共和国主席令第二十三号）第八条规定：“企业实际发生的与取得收入有关的、合理的支出，包括成本、费用、税金、损失和其他支出，准予在计算应纳税所得额时扣除。”《中华人民共和国企业所得税法实施条例》（国务院令第 714 号）第二十八条规定：“企业发生的支出应当区分收益性支出和资本性支出。收益性支出在发生当期直接扣除；资本性支出应当分期扣除或者计入有关资产成本，不得在发生当期直接扣除。”第五十八条规定：“固定资产按照以下方法确定计税基础：（一）外购的固定资产，以购买价款和支付的相关税费以及直接归属于使该资产达到预定用途发生的其他支出为计税基础。”第五十九条规定：“固定资产按照直线法计算的折旧，准予扣除。”

根据上述规定，企业购入车辆，其计税基础包括车辆购置税等相关税费，且属于资本性支出，应在车辆使用期限内分期扣除，而不是一次性在企业所得税前扣除。

263. 母公司奖励集团其他单位人员支出能否税前扣除

某企业是集团母公司，年末根据经营情况对完成目标的子公司相关人员发放了现金奖励。请问该奖励支出能否税前扣除？

答：《中华人民共和国企业所得税法》（中华人民共和国主席令第二十三

号）第八条规定："企业实际发生的与取得收入有关的、合理的支出，包括成本、费用、税金、损失和其他支出，准予在计算应纳税所得额时扣除。"《中华人民共和国企业所得税法实施条例》（国务院令第714号）第二十七条规定："企业所得税法第八条所称有关的支出，是指与取得收入直接相关的支出。企业所得税法第八条所称合理的支出，是指符合生产经营活动常规，应当计入当期损益或者有关资产成本的必要和正常的支出。"

根据上述规定，企业作为母公司支付的奖励子公司相关员工的支出属于与公司生产经营相关的合理支出，可以在税前扣除，但应提供子公司代扣代缴个人所得税完税凭证，作为税前扣除凭证。

264. 暂估成本如何进行税前扣除

某企业购入存货，因某些原因不能及时取得发票，该存货已实现销售，企业采用暂估价格核算存货的成本。请问该成本是否允许在企业所得税前扣除？

答：《国家税务总局关于企业所得税若干问题的公告》（国家税务总局公告2011年第34号）第六条规定："企业当年度实际发生的相关成本、费用，由于各种原因未能及时取得该成本、费用的有效凭证，企业在预缴季度所得税时，可暂按账面发生金额进行核算；但在汇算清缴时，应补充提供该成本、费用的有效凭证。"《国家税务总局关于发布〈企业所得税税前扣除凭证管理办法〉的公告》（国家税务总局公告2018年第28号）第十三条规定："企业应当取得而未取得发票、其他外部凭证或者取得不合规发票、不合规其他外部凭证的，若支出真实且已实际发生，应当在当年度汇算清缴期结束前，要求对方补开、换开发票、其他外部凭证。补开、换开后的发票、其他外部凭证符合规定的，可以作为税前扣除凭证。"

根据上述规定，暂估成本在预缴季度所得税时可以扣除，但在企业所得税年度汇算清缴时，暂估入账成本必须凭发票才能税前扣除，否则须在汇算清缴时作纳税调增处理，该部分需缴纳企业所得税；以后年度如取得发票，再对发生年度的成本进行追溯调整。

265. 税收滞纳金可以税前扣除吗

某企业接受税务机关税务稽查，被查出一幢位于外省的房产未申报缴纳房产税，企业按照税务机关要求补缴了房产税和相应的滞纳金。请问税收滞纳金可以在企业所得税前扣除吗？

答：《中华人民共和国企业所得税法》（中华人民共和国主席令第二十三

号）第十条规定："在计算应纳税所得额时，下列支出不得扣除：（一）向投资者支付的股息、红利等权益性投资收益款项；（二）企业所得税税款；（三）税收滞纳金；（四）罚金、罚款和被没收财物的损失；（五）本法第九条规定以外的捐赠支出；（六）赞助支出；（七）未经核定的准备金支出；（八）与取得收入无关的其他支出。"

根据上述规定，税收滞纳金属于不得扣除的支出。

266. 残疾人就业保障金的滞纳金可以税前扣除吗

某企业由于未按时缴纳残疾人就业保障金，被加收了滞纳金。请问该产生的滞纳金可以在汇算清缴时进行扣除吗？

答：《财政部 国家税务总局 中国残疾人联合会关于印发〈残疾人就业保障金征收使用管理办法〉的通知》（财税〔2015〕72 号）第二十六条规定："用人单位未按规定缴纳保障金的，按照《残疾人就业条例》的规定，由保障金征收机关提交财政部门，由财政部门予以警告，责令限期缴纳；逾期仍不缴纳的，除补缴欠缴数额外，还应当自欠缴之日起，按日加收5‰的滞纳金。滞纳金按照保障金入库预算级次缴入国库。"《中华人民共和国企业所得税法》（中华人民共和国主席令第二十三号）第十条规定："在计算应纳税所得额时，下列支出不得扣除：（一）向投资者支付的股息、红利等权益性投资收益款项；（二）企业所得税税款；（三）税收滞纳金；（四）罚金、罚款和被没收财物的损失；（五）本法第九条规定以外的捐赠支出；（六）赞助支出；（七）未经核定的准备金支出；（八）与取得收入无关的其他支出。"

根据上述规定，企业缴纳的残疾人就业保障金的滞纳金不属于《中华人民共和国企业所得税法》第十条规定的税收滞纳金，因此可以在税前扣除。

267. 支付外聘独立董事费用如何进行税前扣除

某企业年末一次性支付了外聘独立董事的年度董事费。请问该费用是否必须取得发票才能在企业所得税前扣除？

答：《中华人民共和国企业所得税法》（中华人民共和国主席令第二十三号）第八条规定："企业实际发生的与取得收入有关的、合理的支出，包括成本、费用、税金、损失和其他支出，准予在计算应纳税所得额时扣除。"《国家税务总局关于发布〈企业所得税税前扣除凭证管理办法〉的公告》（国家税务总局公告 2018 年第 28 号）第九条规定："企业在境内发生的支出项目属于增值税应税项目的，对方为已办理税务登记的增值税纳税人，其支出以发票（包括按照规定由税务机关代开的发票）作为税前扣除凭证；对方为依法无须办理税务登记的单位或者从事小额零星经营业务的个人，其支出以税务机关代开的发票或者收款凭证及内部凭证作为税前扣除凭证，收款凭证应载明收款单位名称、个人姓名及身份证号、支出项目、收款金额等相关信息。”

根据上述规定，独立董事提供的劳务属于增值税应税范围，应取得发票才能在企业所得税税前扣除。由于对方是自然人，可以以税务机关代开的发票作为税前扣除凭证。

268. 为部分员工缴纳补充养老保险费用能否税前扣除

某企业为部分业绩突出的员工缴纳了补充养老保险。请问该费用可以税前扣除吗？

答：《财政部 国家税务总局关于补充养老保险费补充医疗保险费有关企业所得税政策问题的通知》（财税〔2009〕27号）规定：“自2008年1月1日起，企业根据国家有关政策规定，为在本企业任职或者受雇的全体员工支付的补充养老保险费、补充医疗保险费，分别在不超过职工工资总额5%标准内的部分，在计算应纳税所得额时准予扣除；超过的部分，不予扣除。”

根据上述规定，企业为全体员工支付的标准内的补充养老保险费、补充医疗保险费可以在计算应纳税所得额时准予扣除，而为部分员工购买的补充医疗保险不能予以税前扣除。

269. 不征税收入用于支出所形成的费用能否税前扣除

某企业取得的符合条件的财政补贴属于不征税收入。请问其对应发生的成本费用还允许在企业所得税前扣除吗？

答：《中华人民共和国企业所得税法实施条例》（国务院令第714号）第二十八条规定：“企业发生的支出应当区分收益性支出和资本性支出。收益性支出在发生当期直接扣除；资本性支出应当分期扣除或者计入有关资产成本，不得在发生当期直接扣除。企业的不征税收入用于支出所形成的费用或者财产，不得扣除或者计算对应的折旧、摊销扣除。除企业所得税法和本条例另有规定外，企业实际发生的成本、费用、税金、损失和其他支出，不得重复扣除。”

根据上述规定，企业取得的该财政补贴属于不征税收入，其用于支出所形成的费用或者财产，不得扣除或者计算对应的折旧、摊销扣除。

270. 免税收入对应的各项成本费用能否税前扣除

某企业取得国债利息收入，适用企业所得税免税政策。请问为取得国债利息收入而发生的各项成本费用能否税前扣除？

答：《国家税务总局关于贯彻落实企业所得税法若干税收问题的通知》（国税函〔2010〕79号）第六条规定："根据《实施条例》第二十七条、第二十八条的规定，企业取得的各项免税收入所对应的各项成本费用，除另有规定者外，可以在计算企业应纳税所得额时扣除。"

根据上述规定，企业为取得国债利息收入而发生的各项成本费用，可以在计算企业应纳税所得额时扣除。

271. 为职工提供住宿发生的租金可否税前扣除

某企业为了方便职工住宿，租赁了附近一幢公寓作为职工宿舍。请问其发生的租金可否进行税前扣除？

答：《中华人民共和国企业所得税法实施条例》（国务院令第714号）第四十条规定："企业发生的职工福利费支出，不超过工资薪金总额14%的部分，准予扣除。"《国家税务总局关于企业工资薪金及职工福利费扣除问题的通知》（国税函〔2009〕3号）第三条规定："《实施条例》第四十条规定的企业职工福利费，包括以下内容：（一）尚未实行分离办社会职能的企业，其内设福利部门所发生的设备、设施和人员费用，包括职工食堂、职工浴室、理发室、医务所、托儿所、疗养院等集体福利部门的设备、设施及维修保养费用和福利部门工作人员的工资薪金、社会保险费、住房公积金、劳务费等。（二）为职工卫生保健、生活、住房、交通等所发放的各项补贴和非货币性福利，包括企业向职工发放的因公外地就医费用、未实行医疗统筹企业职工医疗费用、职工供养直系亲属医疗补贴、供暖费补贴、职工防暑降温费、职工困难补贴、救济费、职工食堂经费补贴、职工交通补贴等。（三）按照其他规定发生的其他职工福利费，包括丧葬补助费、抚恤费、安家费、探亲假路费等。"

根据上述规定，企业为职工提供住宿发生的租金支出属于为职工卫生保健、生活、住房、交通等所发放的各项补贴和非货币性福利，应计入职工福利费，可以税前扣除，扣除限额不超过工资、薪金总额的14%。

272. 因疫情防控需要购置的消毒液和口罩能否税前扣除

某企业因疫情防控需要，购置一批消毒液和口罩等用于职工劳动保护。请问该防疫物资支出能否在企业所得税前扣除？

答：《中华人民共和国企业所得税法实施条例》（国务院令第714号）第四十八条规定："企业发生的合理的劳动保护支出，准予扣除。"

根据上述规定，企业购置的用于劳动保护性质的消毒液、口罩等防疫物资，可按劳动保护支出处理，准予税前扣除。

273. 为员工负担的个人所得税能否税前扣除

某企业在发放年终一次性奖金时为本单位员工负担了个人所得税。请问该部分个人所得税能否在企业所得税前扣除？

答：《国家税务总局关于雇主为雇员承担全年一次性奖金部分税款有关个人所得税计算方法问题的公告》（国家税务总局公告2011年第28号）第四条规定："雇主为雇员负担的个人所得税款，应属于个人工资薪金的一部分。凡单独作为企业管理费列支的，在计算企业所得税时不得税前扣除。"

根据上述规定，企业承担员工工资的个人所得税，通过"应付职工薪酬"科目核算，属于工资薪金的一部分，可以从税前扣除；未通过"应付职工薪酬"科目核算、单独计入管理费的，不得从税前扣除。

274. 企业承担诉讼费能否税前扣除

某企业与前员工发生劳动合同纠纷，根据法院判决，企业需要承担诉讼费（包含误工补贴等）。请问该诉讼费能否在企业所得税前扣除？

答：《中华人民共和国企业所得税法》（中华人民共和国主席令第二十三号）第八条规定："企业实际发生的与取得收入有关的、合理的支出，包括成本、费用、税金、损失和其他支出，准予在计算应纳税所得额时扣除。"

根据上述规定，企业因为法院的判决（裁决）或调解，需要承担诉讼费（包含误工补贴等）的，由于该支出与"企业取得收入有关"，因此，可以在税前扣除。

275. 拨缴后未使用的工会经费能否税前扣除

某企业按规定拨缴工会经费，由于疫情原因导致当年未实际使用。请问该拨缴的工会经费能否税前扣除？

答：《中华人民共和国企业所得税法实施条例》（国务院令第714号）第

四十一条规定："企业发生的职工福利费支出，不超过工资薪金总额14%的部分，准予扣除。"《国家税务总局关于工会经费企业所得税税前扣除凭据问题的公告》（国家税务总局公告2010年第24号）第一条规定："自2010年7月1日起，企业拨缴的职工工会经费，不超过工资薪金总额2%的部分，凭工会组织开具的'工会经费收入专用收据'在企业所得税税前扣除。"《国家税务总局关于税务机关代收工会经费企业所得税税前扣除凭据问题的公告》（国家税务总局公告2011年第30号）规定："自2010年1月1日起，在委托税务机关代收工会经费的地区，企业拨缴的工会经费，也可凭合法、有效的工会经费代收凭据依法在税前扣除。"

根据上述规定，企业虽未实际使用工会经费，但已行使了拨缴的行为并取得了"工会经费收入专用收据"或代收凭据，即可在企业所得税前扣除。

276. 工会经费的企业所得税的税前扣除依据是什么

某企业按职工工资薪金总额的2%按月拨缴工会经费。请问应取得何种资料作为税前扣除依据？

答：《国家税务总局关于工会经费企业所得税税前扣除凭据问题的公告》（国家税务总局公告2010年第24号）第一条规定："自2010年7月1日起，企业拨缴的职工工会经费，不超过工资薪金总额2%的部分，凭工会组织开具的'工会经费收入专用收据'在企业所得税税前扣除。"《国家税务总局关于税务机关代收工会经费企业所得税税前扣除凭据问题的公告》（国家税务总局公告2011年第30号）规定："自2010年1月1日起，在委托税务机关代收工会经费的地区，企业拨缴的工会经费，也可凭合法、有效的工会经费代收凭据依法在税前扣除。"

根据上述规定，企业拨缴的职工工会经费，取得工会组织开具的"工会经费收入专用收据"或合法、有效的工会经费代收凭据的，可以在不超过工资薪金总额2%的范围内扣除。

277. 小额贷款公司计提准备金能否税前扣除

某企业是一家小额贷款公司，2022年末根据贷款余额计提了贷款损失准备金。请问该企业计提的准备金能否在企业所得税前扣除？

答：《财政部 税务总局关于小额贷款公司有关税收政策的通知》（财税〔2017〕48号）第三条规定："自2017年1月1日至2019年12月31日，对经省级金融管理部门（金融办、局等）批准成立的小额贷款公司按年末贷款余额的1%计提的贷款损失准备金准予在企业所得税税前扣除。具体政策口径按照《财政部 国家税务总局关于金融企业贷款损失准备金企业所得税税前扣除有关政策的通知》（财税〔2015〕9号）执行。”［《财政部 税务总局关于延续实施普惠金融有关税收优惠政策的公告》（财政部 税务总局公告2020年第22号）将财税〔2017〕48号中规定于2019年12月31日执行到期的税收优惠政策，实施期限延长至2023年12月31日。］

根据上述规定，企业根据年末贷款余额的1%计提的贷款损失准备金准予在企业所得税税前扣除。

278. 侵权赔偿金是否可以在企业所得税前扣除

某企业未经许可使用了其他单位的专利而被起诉至法院，后经审理，企业需要支付50万元的侵权赔偿金。请问该支出是否可以在企业所得税税前扣除？

答：《中华人民共和国企业所得税法》（中华人民共和国主席令第二十三号）第八条规定：“企业实际发生的与取得收入有关的、合理的支出，包括成本、费用、税金、损失和其他支出，准予在计算应纳税所得额时扣除。”第十条规定：“在计算应纳税所得额时，下列支出不得扣除：（一）向投资者支付的股息、红利等权益性投资收益款项；（二）企业所得税税款；（三）税收滞纳金；（四）罚金、罚款和被没收财物的损失；（五）本法第九条规定以外的捐赠支出；（六）赞助支出；（七）未经核定的准备金支出；（八）与取得收入无关的其他支出。”

根据上述规定，企业支付的侵权赔偿金，不属于不得扣除的支出范围，因此，可以在企业所得税税前扣除。

279. 租入固定资产支付的租赁费如何进行税前扣除

某公司签订房屋租赁合同，从外部租入一幢房屋用于办公。请问租入固定资产时支付的租赁费在计算应纳税所得额时如何进行扣除？

答：《中华人民共和国企业所得税法实施条例》（国务院令第714号）第四十七条规定：“企业根据生产经营活动的需要租入固定资产支付的租赁费，按照以下方法扣除：（一）以经营租赁方式租入固定资产发生的租赁费支出，按照租赁期限均匀扣除；（二）以融资租赁方式租入固定资产发生的租赁费支出，按照规定，构成融资租入固定资产价值的部分应当提取折旧费用，分期扣除。”

根据上述规定，企业如果是以经营租赁方式租入固定资产发生的租赁费支出，按照租赁期限均匀扣除；如果是以融资租赁方式租入固定资产发生的租赁费支出，按照规定，构成融资租入固定资产价值的部分应当提取折旧费用，分期扣除。

280. 取得未注明票价的动车票能否进行税前扣除

某企业员工因公出差，使用自己的12306铁路积分换取了免费的动车票，票面上未注明价格。请问该企业以该动车票作为凭证，按照铁路查询到的车票价格作为成本费用在税前扣除可以吗？

答：《中华人民共和国企业所得税法》（中华人民共和国主席令第二十三号）第八条规定："企业实际发生的与取得收入有关的、合理的支出，包括成本、费用、税金、损失和其他支出，准予在计算应纳税所得额时扣除。"《国家税务总局关于发布〈企业所得税税前扣除凭证管理办法〉的公告》（国家税务总局公告2018年第28号）第九条规定："企业在境内发生的支出项目属于增值税应税项目（以下简称'应税项目'）的，对方为已办理税务登记的增值税纳税人，其支出以发票（包括按照规定由税务机关代开的发票）作为税前扣除凭证；对方为依法无须办理税务登记的单位或者从事小额零星经营业务的个人，其支出以税务机关代开的发票或者收款凭证及内部凭证作为税前扣除凭证，收款凭证应载明收款单位名称、个人姓名及身份证号、支出项目、收款金额等相关信息。"《国家税务总局关于铁路运输和邮政业营业税改征增值税发票及税控系统使用问题的公告》（国家税务总局公告2013年第76号）第一条第（二）项规定："中国铁路总公司及其所属运输企业（含分支机构）可暂延用其自行印制的铁路票据，其他提供铁路运输服务的纳税人以及提供邮政服务的纳税人，其普通发票的使用由各省国税局确定。"

根据上述规定，企业在境内购买的铁路旅客运输服务属于增值税应税行为，支出应当以动车票作为扣除凭证，但由于票面上未注明价格，不能证明实际支出发生情况，不可以在企业所得税税前扣除。

281. 投资收益是否计入业务招待费限额扣除基数

某企业投资一家非上市公司，当年取得权益法下确认的投资收益100万元。请问该投资收益是否可以计入业务招待费的限额扣除基数？

答：《中华人民共和国企业所得税法实施条例》（国务院令第714号）第四十三条规定："企业发生的与生产经营活动有关的业务招待费支出，按照发生额的60%扣除，但最高不得超过当年销售（营业）收入的5‰。”《国家税务总局关于贯彻落实企业所得税法若干税收问题的通知》（国税函〔2010〕79号）第八条规定：“对从事股权投资业务的企业（包括集团公司总部、创业投资企业等），其从被投资企业所分配的股息、红利以及股权转让收入，可以按规定的比例计算业务招待费扣除限额。”

根据上述规定，企业如果是从事股权投资业务的企业（包括集团公司总部、创业投资企业等），则取得的投资收益可以计入业务招待费的限额扣除基数，否则不得计入。

282. 失控发票是否可以作为企业所得税税前扣除凭证

某企业取得一张发票，被税务机关认定为失控发票。请问该发票是否能作为企业所得税税前扣除凭证？

答：《国家税务总局关于发布〈企业所得税税前扣除凭证管理办法〉的公告》（国家税务总局公告2018年第28号）第四条规定：“税前扣除凭证在管理中遵循真实性、合法性、关联性原则。真实性是指税前扣除凭证反映的经济业务真实，且支出已经实际发生；合法性是指税前扣除凭证的形式、来源符合国家法律、法规等相关规定；关联性是指税前扣除凭证与其反映的支出相关联且有证明力。”

根据上述规定，由于失控发票是指防伪税控企业丢失被盗防伪税控设备中未开具的专用发票，以及被列为非正常户的防伪税控企业未向税务机关申报或未按规定缴纳税款的专用发票，所以，企业取得失控发票不符合税前扣除原则，不得作为企业所得税税前扣除凭证。

283. 向股东个人借款利息支出是否受债资比限制

某企业因资金紧张，向作为股东的个人取得借款。请问该借款利息支出在企业所得税前扣除时是否受债资比限制？

答：《中华人民共和国企业所得税法》（中华人民共和国主席令第二十三号）第四十六条规定：“企业从其关联方接受的债权性投资与权益性投资的比例超过规定标准而发生的利息支出，不得在计算应纳税所得额时扣除。”《财政部 国家税务总局关于企业关联方利息支出税前扣除标准有关税收政策问题的通知》（财税〔2008〕121号）第一条规定：“在计算应纳税所得额时，企业实际支付给关联方的利息支出，不超过以下规定比例和税法及其实施条例有关规定计算的部分，准予扣除，超过的部分不得在发生当期和以后年度扣除。企业实际支付给关联方的利息支出，除符合本通知第二条规定外，其接受关联方债权性投资与其权益性投资比例为：（一）金融企业，为5∶1；（二）其他企业，为2∶1。”第二条规定：“企业如果能够按照税法及其实施条例的有关规定提供相关资料，并证明相关交易活动符合独立交易原则的；或者该企业的实际税负不高于境内关联方的，其实际支付给境内关联方的利息支出，在计算应纳税所得额时准予扣除。”《国家税务总局关于企业向自然人借款的利息支出企业所得税税前扣除问题的通知》（国税函〔2009〕777号）第一条规定：“企业向股东或其他与企业有关联关系的自然人借款的利息支出，应根据《中华人民共和国企业所得税法》（以下简称税法）第四十六条及《财政部、国家税务总局关于企业关联方利息支出税前扣除标准有关税收政策问题的通知》（财税〔2008〕121号）规定的条件，计算企业所得税扣除额。”

根据上述规定，企业向股东个人借款发生的利息支出不符合财税〔2008〕121号文件第二条规定的，需要受到债资比的限制，超过债资比例的部分不得在所得税前扣除。

284. 向境内关联方借款利息支出如何扣除

某企业向关联方企业借入资金2亿元，期限为1年，利率为4.437%—4.5675%，金融企业同期同类贷款利率为4.75%—6.46%，借款利率低于银行同期贷款利率，企业注册资本为6000万元。请问该企业支付的利息支出税前是否准许扣除？

答：《中华人民共和国企业所得税法》（中华人民共和国主席令第二十三号）第四十六条规定：“企业从其关联方接受的债权性投资与权益性投资的比例超过规定标准而发生的利息支出，不得在计算应纳税所得额时扣除。”《财政部 国家税务总局关于企业关联方利息支出税前扣除标准有关税收政策问题的通知》（财税〔2008〕121号）第一条规定：“在计算应纳税所得额时，企业实际支付给关联方的利息支出，不超过以下规定比例和税法及其实施条例有关规定计算的部分，准予扣除，超过的部分不得在发生当期和以后年度扣除。企业实际支付给关联方的利息支出，除符合本通知第二条规定外，其接受关联方债权性投资与其权益性投资比例为：（一）金融企业，为5∶1；（二）其他企业，为2∶1。”第二条规定：“企业如果能够按照税法及其实施条例的有关规定提供相关资料，并证明相关交易活动符合独立交易原则的；或者该企业的实际税负不高于境内关联方的，其实际支付给境内关联方的利息支出，在计算应纳税所得额时准予扣除。”

根据上述规定，企业向关联方借款如果符合独立交易原则，或者企业的实际税负不高于境内关联方的，其利息支出准予扣除；如果不符合上述条件，因为超过了2∶1的债资比，超出部分的利息支出不得税前扣除。

285. 员工参加职工教育培训的差旅费如何税前扣除

某企业为提高员工技术水平，组织员工参加职业协会举办的技能培训。请问员工前往培训地点过程中发生的差旅费能否作为职工教育经费在税前扣除?

答：《财政部 税务总局关于企业职工教育经费税前扣除政策的通知》（财税〔2018〕51号）第一条规定："企业发生的职工教育经费支出，不超过工资薪金总额8%的部分，准予在计算企业所得税应纳税所得额时扣除；超过部分，准予在以后纳税年度结转扣除。"《财政部 全国总工会 国家发改委 教育部 科技部 国防科工委 人事部 劳动保障部 国资委 国家税务总局 全国工商联关于印发〈关于企业职工教育经费提取与使用管理的意见〉的通知》（财建〔2006〕317号）第二条第（一）项规定："企业职工教育培训的主要内容有：政治理论、职业道德教育；岗位专业技术和职业技能培训以及适应性培训；企业经营管理人员和专业技术人员继续教育；企业富余职工转岗转业培训；根据需要对职工进行的各类文化教育和技术技能培训。"第三条第（五）项规定："企业职工教育培训经费具体列支范围包括……6. 企业组织的职工外送培训的经费支出……"

根据上述规定，企业员工外出参加职工教育培训，产生的差旅费可以作为职工教育经费支出，不超过工资薪金总额8%的部分，准予在计算企业所得税应纳税所得额时扣除；超过部分，准予在以后纳税年度结转扣除。

286. 母子公司之间产生的管理服务费用能否税前扣除

A公司为母公司，B公司为子公司，B公司为A公司提供管理服务，同时收取租金和特许权使用费，若B公司开发票给A公司服务费，请问该管理服务费用A公司能否税前扣除?

答：《中华人民共和国企业所得税法》（中华人民共和国主席令第二十三号）第四十一条规定："企业与其关联方之间的业务往来，不符合独立交易原则而减少企业或者其关联方应纳税收入或者所得额的，税务机关有权按照合理方法调整。"《国家税务总局关于母子公司间提供服务支付费用有关企业所得税处理问题的通知》（国税发〔2008〕86号）第一条规定："母公司为其子公司（以下简称子公司）提供各种服务而发生的费用，应按照独立企业之间公平交易原则确定服务的价格，作为企业正常的劳务费用进行税务处理。母子公司未按照独立企业之间的业务往来收取价款的，税务机关有权予以调整。”第二条规定：“母公司向其子公司提供各项服务，双方应签订服务合同或协议，明确规定提供服务的内容、收费标准及金额等，凡按上述合同或协议规定所发生的服务费，母公司应作为营业收入申报纳税；子公司作为成本费用在税前扣除。”第三条规定：“母公司向其多个子公司提供同类项服务，其收取的服务费可以采取分项签订合同或协议收取；也可以采取服务分摊协议的方式，即，由母公司与各子公司签订服务费用分摊合同或协议，以母公司为其子公司提供服务所发生的实际费用并附加一定比例利润作为向子公司收取的总服务费，在各服务受益子公司（包括盈利企业、亏损企业和享受减免税企业）之间按《中华人民共和国企业所得税法》第四十一条第二款规定合理分摊。”第四条规定：“母公司以管理费形式向子公司提取费用，子公司因此支付给母公司的管理费，不得在税前扣除。”第五条规定：“子公司申报税前扣除向母公司支付的服务费用，应向主管税务机关提供与母公司签订的服务合同或者协议等与税前扣除该项费用相关的材料。不能提供相关材料的，支付的服务费用不得税前扣除。”

根据上述规定，A 公司如果是因生产经营需要向子公司 B 支付的管理服务费、租金和特许权使用费，双方应签订服务合同或协议，明确规定提供服务的内容、收费标准及金额，在符合独立交易原则的前提下，实际支付的费用在取得扣除凭证后可以税前扣除。需提醒的是，根据国税发〔2008〕86 号文的规定，不能税前扣除的情形是指母公司向子公司以管理费形式提取的费用，而非子公司为母公司提供的管理服务。

287. 员工离职补偿是否可作为计算“三项经费”的基数

某公司在计算“三项经费”时是否可以将员工离职补偿作为计算基数？

答：《中华人民共和国企业所得税法实施条例》（国务院令第 714 号）第四十条规定：“企业发生的职工福利费支出，不超过工资薪金总额 14% 的部分，准予扣除。”第四十一条规定：“企业拨缴的工会经费，不超过工资薪金总额 2% 的部分，准予扣除。”《国家税务总局关于企业职工教育经费税前扣除政策的通知》（财税〔2018〕51 号）规定：“企业发生的职工教育经费支出，不超过工资薪金总额 8% 的部分，准予在计算企业所得税应纳税所得额时扣除；超过部分，准予在以后纳税年度结转扣除。”《中华人民共和国企业所得税法实施条例》（国务院令第714号）第三十四条规定："前款所称工资薪金，是指企业每一纳税年度支付给在本企业任职或者受雇的员工的所有现金形式或者非现金形式的劳动报酬，包括基本工资、奖金、津贴、补贴、年终加薪、加班工资，以及与员工任职或者受雇有关的其他支出。"《国家税务总局关于企业工资薪金及职工福利费扣除问题的通知》（国税函〔2009〕3号）第一条规定："《实施条例》第三十四条所称的'合理工资薪金'，是指企业按照股东大会、董事会、薪酬委员会或相关管理机构制订的工资薪金制度规定实际发放给员工的工资薪金。税务机关在对工资薪金进行合理性确认时，可按以下原则掌握：（一）企业制定了较为规范的员工工资薪金制度；（二）企业所制定的工资薪金制度符合行业及地区水平；（三）企业在一定时期所发放的工资薪金是相对固定的，工资薪金的调整是有序进行的；（四）企业对实际发放的工资薪金，已依法履行了代扣代缴个人所得税义务；（五）有关工资薪金的安排，不以减少或逃避税款为目的。"

根据上述规定，员工离职补偿不属于国税函〔2009〕3号第一条规定的合理工资薪金范围，不应作为计算职工福利费、工会经费、职工教育经费税前扣除限额的基数。

288. 计提的职工教育经费能否结转到以后年度扣除

某企业2022年计提职工教育经费100万元，实际发生额为50万元，本年度工资薪金总额为1000万元。请问企业计提的职工教育经费超过限额部分能否结转到以后年度扣除？

答：《中华人民共和国企业所得税法》第八条规定："企业实际发生的与取得收入有关的、合理的支出，包括成本、费用、税金、损失和其他支出，准予在计算应纳税所得额时扣除。"《国家税务总局关于企业职工教育经费税前扣除政策的通知》财税〔2018〕51号规定："企业发生的职工教育经费支出，不超过工资薪金总额8%的部分，准予在计算企业所得税应纳税所得额时扣除；超过部分，准予在以后纳税年度结转扣除。"

根据上述规定，企业发生的职工教育经费支出超出限额部分准予结转到以后年度扣除。企业当年工资薪金总额为1000万元，职工教育经费扣除限额为80万元，但实际发生的职工教育经费为50万元，发生的职工教育经费小于扣除限额，没有金额调整至以后年度扣除。

289. 支付给员工供养直系亲属的医疗费用能否税前扣除

某企业支付给员工供养的直系亲属的医疗费用能否税前扣除？

答：《国家税务总局关于企业工资薪金及职工福利费扣除问题的通知》(国税函〔2009〕3号）第三条规定："《实施条例》第四十条规定的企业职工福利费，包括以下内容：(二）为职工卫生保健、生活、住房、交通等所发放的各项补贴和非货币性福利，包括企业向职工发放的因公外地就医费用、未实行医疗统筹企业职工医疗费用、职工供养直系亲属医疗补贴、供暖费补贴、职工防暑降温费、职工困难补贴、救济费、职工食堂经费补贴、职工交通补贴等。"

根据上述规定，企业向职工发放的该职工供养的直系亲属的医疗补贴准予税前扣除。

290. 员工每月交通费是应作为福利费还是工资税前扣除

某企业的工资制度规定，对在职员工每月补贴交通费，与工资一并发放。请问这应作为福利费还是工资薪金支出税前扣除？

答：《国家税务总局关于企业工资薪金及职工福利费扣除问题的通知》(国税函〔2009〕3号）第一条规定："关于合理工资薪金问题。《实施条例》第三十四条所称的'合理工资薪金'，是指企业按照股东大会、董事会、薪酬委员会或相关管理机构制订的工资薪金制度规定实际发放给员工的工资薪金。税务机关在对工资薪金进行合理性确认时，可按以下原则掌握：(一）企业制定了较为规范的员工工资薪金制度；(二）企业所制定的工资薪金制度符合行业及地区水平；(三）企业在一定时期所发放的工资薪金是相对固定的，工资薪金的调整是有序进行的；(四）企业对实际发放的工资薪金，已依法履行了代扣代缴个人所得税义务；(五）有关工资薪金的安排，不以减少或逃避税款为目的。"第三条第二项规定："关于职工福利费扣除问题。《实施条例》第四十条规定的企业职工福利费，包括以下内容：(二）为职工卫生保健、生活、住房、交通等所发放的各项补贴和非货币性福利，包括企业向职工发放的因公外地就医费用、未实行医疗统筹企业职工医疗费用、职工供养直系亲属医疗补贴、供暖费补贴、职工防暑降温费、职工困难补贴、救济费、职工食堂经费补贴、职工交通补贴等。"《国家税务总局关于企业工资薪金和职工福利费等支出税前扣除问题的公告》(国家税务总局公告2015年第34号）第一条规定："列入企业员工工资薪金制度、固定与工资薪金一起发放的福利性补贴，符合《国家税务总局关于企业工资薪金及职工福利费扣除问题的通知》（国税函〔2009〕3号）第一条规定的，可作为企业发生的工资薪金支出，按规定在税前扣除。不能同时符合上述条件的福利性补贴，应作为国税函〔2009〕3号文件第三条规定的职工福利费，按规定计算限额税前扣除。”

根据上述规定，企业为员工每月发放的交通费符合《国家税务总局关于企业工资薪金及职工福利费扣除问题的通知》（国税函〔2009〕3号）第一条规定可作为企业发生的工资薪金支出，按规定在税前扣除；不能同时符合上述条件的福利性补贴，应作为国税函〔2009〕3号文件第三条规定的职工福利费，按规定计算限额税前扣除。

291. 境外支付凭证能否作为企业所得税税前扣除凭证

某企业员工境外出差，取得了一些境外发票。请问境外发票能否作为企业所得税的税前扣除凭证？

答：《国家税务总局关于发布〈企业所得税税前扣除凭证管理办法〉的公告》（国家税务总局公告2018年第28号）第十一条规定：“企业从境外购进货物或者劳务发生的支出，以对方开具的发票或者具有发票性质的收款凭证、相关税费缴纳凭证作为税前扣除凭证。”《国务院关于修改〈中华人民共和国发票管理办法〉的决定》（国务院令第587号）第三十三条规定：“单位和个人从中国境外取得的与纳税有关的发票或者凭证，税务机关在纳税审查时有疑义的，可以要求其提供境外公证机构或者注册会计师的确认证明，经税务机关审核认可后，方可作为记账核算的凭证。”

根据上述规定，纳税人取得境外的支付凭证，与企业实际发生的与取得收入有关的、合理的支出，可以作为税前扣除的凭证。因此，企业员工在境外出差取得的支付凭证可以作为企业所得税税前扣除凭证。如税务机关在纳税审查时有疑义的，应提供境外公证机构或者注册会计师的确认证明，经税务机关审核认可后，作为记账核算的凭证。

292. 给员工购买手机的费用能否在税前扣除

某企业发放年终福利，给优秀员工每人购置了一部手机，总共费用为25万元。请问能否在企业所得税税前扣除？

答：《中华人民共和国企业所得税法》（中华人民共和国主席令第二十三号）第八条规定：“企业实际发生的与取得收入有关的、合理的支出，包括成本、费用、税金、损失和其他支出，准予在计算应纳税所得额时扣除。”《中华人民共和国企业所得税法实施条例》（国务院令第 714 号）第二十七条规定："企业所得税法第八条所称有关的支出，是指与取得收入直接相关的支出。企业所得税法第八条所称合理的支出，是指符合生产经营活动常规，应当计入当期损益或者有关资产成本的必要和正常的支出。"

根据上述规定，企业给员工购买手机发生的费用，如果是用于企业日常工作中，属于与企业取得收入有关的、合理的支出，可以税前扣除；而本例中为优秀员工福利而发放的手机一般为员工私人使用，不属于与取得收入有关的、合理的支出，不可以在企业所得税税前扣除。

（三）资产项目

293. 购进旧设备如何确定加速折旧的最低折旧年限

某企业购入一台已使用过的机器设备，已从出售方取得该设备的购入发票及使用卡片等资料，因符合一般加速折旧条件，企业采取缩短折旧年限的政策。请问如何确定该设备的最低折旧年限？

答：《中华人民共和国企业所得税法实施条例》（国务院令第 714 号）第六十条规定："除国务院财政、税务主管部门另有规定外，固定资产计算折旧的最低年限如下：（一）房屋、建筑物，为 20 年；（二）飞机、火车、轮船、机器、机械和其他生产设备，为 10 年；（三）与生产经营活动有关的器具、工具、家具等，为 5 年；（四）飞机、火车、轮船以外的运输工具，为 4 年；（五）电子设备，为 3 年。"《国家税务总局关于企业固定资产加速折旧所得税处理有关问题的通知》（国税发〔2009〕81 号）第三条规定："企业采取缩短折旧年限方法的，对其购置的新固定资产，最低折旧年限不得低于《实施条例》第六十条规定的折旧年限的 60%；若为购置已使用过的固定资产，其最低折旧年限不得低于《实施条例》规定的最低折旧年限减去已使用年限后剩余年限的 60%. 最低折旧年限一经确定，一般不得变更。"

根据上述规定，企业购进该设备采取缩短折旧年限的加速折旧政策，其最低折旧年限不得低于《实施条例》规定的最低折旧年限减去已使用年限后剩余年限的 60%，且最低折旧年限一经确定，一般不得变更。

294. 汇算清缴时税收折旧金额是否需要考虑残值

某企业对固定资产折旧进行会计处理时考虑了预计的残值，但汇算清缴时填写固定资产折旧的税收金额未考虑残值，导致出现税会差异。请问税收折旧金额是否要考虑残值？

答：《中华人民共和国企业所得税法实施条例》（国务院令第714号）第五十九条规定："固定资产按照直线法计算的折旧，准予扣除。企业应当自固定资产投入使用月份的次月起计算折旧；停止使用的固定资产，应当自停止使用月份的次月起停止计算折旧。企业应当根据固定资产的性质和使用情况，合理确定固定资产的预计净残值。固定资产的预计净残值一经确定，不得变更。"

根据上述规定，固定资产折旧税前扣除也应当考虑预计净残值，实务中一般采取参照会计核算的净残值的方法。

295. 哪些固定资产可以缩短折旧年限或加速折旧

某企业打算对一些固定资产采取缩短折旧年限或加速折旧的方法。请问税法中对此有哪些规定？

答：《中华人民共和国企业所得税法》（中华人民共和国主席令第二十三号）第三十二条规定："企业的固定资产由于技术进步等原因，确需加速折旧的，可以缩短折旧年限或者采取加速折旧的方法。"

《中华人民共和国企业所得税法实施条例》（国务院令第714号）第九十八条规定："企业所得税法第三十二条所称可以采取缩短折旧年限或者采取加速折旧的方法的固定资产，包括：（一）由于技术进步，产品更新换代较快的固定资产；（二）常年处于强震动、高腐蚀状态的固定资产。采取缩短折旧年限方法的，最低折旧年限不得低于本条例第六十条规定折旧年限的60%；采取加速折旧方法的，可以采取双倍余额递减法或者年数总和法。"

《财政部 国家税务总局关于完善固定资产加速折旧企业所得税政策的通知》（财税〔2014〕75号）第一条规定："对生物药品制造业，专用设备制造业，铁路、船舶、航空航天和其他运输设备制造业，计算机、通信和其他电子设备制造业，仪器仪表制造业，信息传输、软件和信息技术服务业等6个行业的企业2014年1月1日后新购进的固定资产，可缩短折旧年限或采取加速折旧的方法。对上述6个行业的小型微利企业2014年1月1日后新购进的研发和生产经营共用的仪器、设备，单位价值不超过100万元的，允许一次性计入当期成本费用在计算应纳税所得额时扣除，不再分年度计算折旧；单位价值超过100万元的，可缩短折旧年限或采取加速折旧的方法。"第二条规定："对所有行业企业2014年1月1日后新购进的专门用于研发的仪器、设备，单位价值不超过100万元的，允许一次性计入当期成本费用在计算应纳税所得额时扣除，不再分年度计算折旧；单位价值超过100万元的，可缩短折旧年限或采取加速折旧的方法。"第三条规定："对所有行业企业持有的单位价值不超过5000元的固定资产，允许一次性计入当期成本费用在计算应纳税所得额时扣除，不再分年度计算折旧。"

《财政部 国家税务总局关于进一步鼓励软件产业和集成电路产业发展企业所得税政策的通知》（财税〔2012〕27号）第七条规定："企业外购的软件，凡符合固定资产或无形资产确认条件的，可以按照固定资产或无形资产进行核算，其折旧或摊销年限可以适当缩短，最短可为2年（含）。"第八条规定："集成电路生产企业的生产设备，其折旧年限可以适当缩短，最短可为3年（含）。"

《财政部 国家税务总局关于进一步完善固定资产加速折旧企业所得税政策的通知》（财税〔2015〕106号）第一条规定："对轻工、纺织、机械、汽车等四个领域重点行业（具体范围见附件）的企业2015年1月1日后新购进的固定资产，可由企业选择缩短折旧年限或采取加速折旧的方法。"第二条规定："对上述行业的小型微利企业2015年1月1日后新购进的研发和生产经营共用的仪器、设备，单位价值不超过100万元的，允许一次性计入当期成本费用在计算应纳税所得额时扣除，不再分年度计算折旧；单位价值超过100万元的，可由企业选择缩短折旧年限或采取加速折旧的方法。"

《财政部 税务总局关于扩大固定资产加速折旧优惠政策适用范围的公告》（财政部 税务总局公告2019年第66号）第一条规定："自2019年1月1日起，适用《财政部 国家税务总局关于完善固定资产加速折旧企业所得税政策的通知》（财税〔2014〕75号）和《财政部 国家税务总局关于进一步完善固定资产加速折旧企业所得税政策的通知》（财税〔2015〕106号）规定固定资产加速折旧优惠的行业范围，扩大至全部制造业领域。"

《财政部 税务总局关于设备器具扣除有关企业所得税政策的通知》（财税〔2018〕54号）第一条规定："企业在2018年1月1日至2020年12月31日期间新购进的设备、器具，单位价值不超过500万元的，允许一次性计入当期成本费用在计算应纳税所得额时扣除，不再分年度计算折旧；单位价值超过500万元的，仍按企业所得税法实施条例、《财政部 国家税务总局关于完善固定资产加速折旧企业所得税政策的通知》（财税〔2014〕75号）、《财政部 国家税务总局关于进一步完善固定资产加速折旧企业所得税政策的通知》（财税〔2015〕106号）等相关规定执行。”

《财政部 税务总局关于延长部分税收优惠政策执行期限的公告》（财政部 税务总局公告2021年第6号）第一条规定：“《财政部 税务总局关于设备器具扣除有关企业所得税政策的通知》（财税〔2018〕54号）等16个文件规定的税收优惠政策凡已经到期的，执行期限延长至2023年12月31日，详见附件1。”

《财政部 税务总局关于中小微企业设备器具所得税税前扣除有关政策的公告》（财政部 税务总局公告2022年第12号）第一条规定：“中小微企业在2022年1月1日至2022年12月31日期间新购置的设备、器具，单位价值在500万元以上的，按照单位价值的一定比例自愿选择在企业所得税税前扣除。其中，企业所得税法实施条例规定最低折旧年限为3年的设备器具，单位价值的100%可在当年一次性税前扣除……”

根据上述规定，企业如果符合以上条件，可以选择缩短折旧年限、加速折旧或一次性税前扣除的方法。

296. 购置艺术品所计提的折旧能否税前扣除

某企业从艺术拍卖会购入一件艺术品作为会议室的陈设，企业将其作为固定资产入账。请问计提的折旧是否可以在企业所得税税前扣除？

答：《国家税务总局关于企业所得税若干政策征管口径问题的公告》（国家税务总局公告2021年第17号）第五条规定：“企业购买的文物、艺术品用于收藏、展示、保值增值的，作为投资资产进行税务处理。文物、艺术品资产在持有期间，计提的折旧、摊销费用，不得税前扣除。”《中华人民共和国企业所得税法》（中华人民共和国主席令第二十三号）第十四条规定：“企业对外投资期间，投资资产的成本在计算应纳税所得额时不得扣除。”《中华人民共和国企业所得税法实施条例》（国务院令第714号）七十一条规定：“企业在转让或者处置投资资产时，投资资产的成本，准予扣除。”

根据上述规定，企业购入的艺术品，虽然作为固定资产入账，但在税务上属于投资资产，持有期间计提的折旧、摊销费用不得扣除；如企业后期转让或者处置该摆件，购入时的成本准予一次性扣除。

297. 核定征收改查账征收后资产计税基础折旧年限如何确定

某企业原本采用核定征收方式缴纳企业所得税，后改为查账征收，由于部分资产取得时未索取发票，请问其计税基础和折旧年限如何确定？

答：《国家税务总局关于企业所得税若干政策征管口径问题的公告》（国家

税务总局公告2021年第17号）第四条规定："企业所得税核定征收改为查账征收后有关资产的税务处理问题（一）企业能够提供资产购置发票的，以发票载明金额为计税基础；不能提供资产购置发票的，可以凭购置资产的合同（协议）、资金支付证明、会计核算资料等记载金额，作为计税基础。（二）企业核定征税期间投入使用的资产，改为查账征税后，按照税法规定的折旧、摊销年限，扣除该资产投入使用年限后，就剩余年限继续计提折旧、摊销额并在税前扣除。"

根据上述规定，企业不能提供资产购置发票，可以以购置资产的合同（协议）、资金支付证明、会计核算资料等记载金额作为计税基础，折旧年限则以税法规定的折旧年限，扣除该资产投入使用年限后的剩余年限确定。

298. 拍卖取得土地代拍卖房缴纳税费能否计入土地成本

某企业通过拍卖取得一块土地，因为拍卖方破产，企业替对方缴纳了相关税费。请问这部分税费是否计入企业购买土地的成本，并计算折旧摊销费用在企业所得税税前扣除？

答：《中华人民共和国企业所得税法》（中华人民共和国主席令第二十三号）第八条规定："企业实际发生的与取得收入有关的、合理的支出，包括成本、费用、税金、损失和其他支出，准予在计算应纳税所得额时扣除。"《中华人民共和国企业所得税法实施条例》（国务院令第714号）第五十六条规定："企业的各项资产，包括固定资产、生物资产、无形资产、长期待摊费用、投资资产、存货等，以历史成本为计税基础。前款所称历史成本，是指企业取得该项资产时实际发生的支出。"第六十五条规定："企业所得税法第十二条所称无形资产，是指企业为生产产品、提供劳务、出租或者经营管理而持有的、没有实物形态的非货币性长期资产，包括专利权、商标权、著作权、土地使用权、非专利技术、商誉等。"第六十六条规定："无形资产按照以下方法确定计税基础：（一）外购的无形资产，以购买价款和支付的相关税费以及直接归属于使该资产达到预定用途发生的其他支出为计税基础……"第六十七条规定："无形资产按照直线法计算的摊销费用，准予扣除。"《国家税务总局关于发布〈企业所得税税前扣除凭证管理办法〉的公告》（国家税务总局公告2018年第28号）第五条规定："企业发生支出，应取得税前扣除凭证，作为计算企业所得税应纳税所得额时扣除相关支出的依据……"第七条规定："企业应将与税前扣除凭证相关的资料，包括合同协议、支出依据、付款凭证等留存备查，以证实税前扣除凭证的真实性。"

根据上述规定，企业通过拍卖取得土地，因为拍卖方破产而替对方缴纳的部分税费是取得该土地成本的一部分，留存相关票据和代缴凭证的，可以作为企业购买土地的成本，计算折旧摊销费用在企业所得税税前扣除。

299. 新租赁准则下使用权资产折旧能否税前扣除

某企业通过经营租赁方式租入一台车辆，实行新租赁准则后确认了使用权资产并计提折旧。请问该使用权资产折旧能否税前扣除？

答：《中华人民共和国企业所得税法》（中华人民共和国主席令第二十三号）第十一条规定："在计算应纳税所得额时，企业按照规定计算的固定资产折旧，准予扣除。下列固定资产不得计算折旧扣除：（一）房屋、建筑物以外未投入使用的固定资产；（二）以经营租赁方式租入的固定资产；（三）以融资租赁方式租出的固定资产；（四）已足额提取折旧仍继续使用的固定资产；（五）与经营活动无关的固定资产；（六）单独估价作为固定资产入账的土地；（七）其他不得计算折旧扣除的固定资产。"《中华人民共和国企业所得税法实施条例》（国务院令第714号）第四十七条规定："企业根据生产经营活动的需要租入固定资产支付的租赁费，按照以下方法扣除：（一）以经营租赁方式租入固定资产发生的租赁费支出，按照租赁期限均匀扣除；（二）以融资租赁方式租入固定资产发生的租赁费支出，按照规定构成融资租入固定资产价值的部分应当提取折旧费用，分期扣除。"《国家税务总局关于企业所得税年度汇算清缴有关事项的公告》（国家税务总局公告2021年第34号）附件《〈中华人民共和国企业所得税年度纳税申报表（A类，2017年版）〉部分表单及填报说明（2021年修订）》规定："本表适用于发生资产折旧、摊销的纳税人填报。纳税人根据税法……相关规定，以及国家统一企业会计制度，填报资产折旧、摊销的会计处理、税收规定，以及纳税调整情况。纳税人只要发生相关事项，均需填报本表。"

根据上述规定，企业实行新租赁准则对使用权资产计提的折旧如属于按经营租赁方式租入的，其在会计上计入损益，而税法允许扣除的是支付的租赁费支出，两者产生税会差异，应通过A105080"资产折旧、摊销及纳税调整明细表"和"A105000纳税调整项目明细表"进行调整。

300. 经营租入固定资产的改建支出能否税前扣除

某企业经营租入一幢建筑用作仓库，在租赁期内，企业计划对该建筑进行改建。请问发生的改建支出应如何在企业所得税前扣除？

答：《中华人民共和国企业所得税法》（中华人民共和国主席令第二十三

号）第十三条规定："在计算应纳税所得额时，企业发生的下列支出作为长期待摊费用，按照规定摊销的，准予扣除：（一）已足额提取折旧的固定资产的改建支出；（二）租入固定资产的改建支出；（三）固定资产的大修理支出；（四）其他应当作为长期待摊费用的支出。"《中华人民共和国企业所得税法实施条例》（国务院令第 714 号）第六十八条规定："企业所得税法第十三条第（一）项和第（二）项所称固定资产的改建支出，是指改变房屋或者建筑物结构、延长使用年限等发生的支出。企业所得税法第十三条第（一）项规定的支出，按照固定资产预计尚可使用年限分期摊销；第（二）项规定的支出，按照合同约定的剩余租赁期限分期摊销。改建的固定资产延长使用年限的，除企业所得税法第十三条第（一）项和第（二）项规定外，应当适当延长折旧年限。"

根据上述规定，企业以经营租赁方式租入固定资产，租赁期限未满时发生的改建支出应作为长期待摊费用，按照合同约定的剩余租赁期限分期摊销。

301. 取得海关拍卖的走私货物应取得什么凭据

某企业通过海关拍卖取得一批走私的货物，因无法取得发票，请问对应支出是否可以在企业所得税税前扣除，应当取得何种凭据？

答：《财政部 国家税务总局关于罚没物品征免增值税问题的通知》（财税字〔1995〕69 号）规定："根据现行罚没财物管理制度和税收制度的有关规定，现对各级行政执法机关、政法机关和经济管理部门（以下简称执罚部门和单位）依照国家有关法律、法规查处各类违法、违章案件的罚没物品变价收入征收增值税问题规定如下：一、执罚部门和单位查处的属于一般商业部门经营的商品，具备拍卖条件的，由执罚部门或单位商同级财政部门同意后，公开拍卖。其拍卖收入作为罚没收入由执罚部门和单位如数上缴财政，不予征税。对经营单位购入拍卖物品再销售的应照章征收增值税。"《国家税务总局关于发布〈企业所得税税前扣除凭证管理办法〉的公告》（国家税务总局公告 2018 年第 28 号）第八条规定："税前扣除凭证按照来源分为内部凭证和外部凭证。内部凭证是指企业自制用于成本、费用、损失和其他支出核算的会计原始凭证。内部凭证的填制和使用应当符合国家会计法律、法规等相关规定。外部凭证是指企业发生经营活动和其他事项时，从其他单位、个人取得的用于证明其支出发生的凭证，包括但不限于发票（包括纸质发票和电子发票）、财政票据、完税凭证、收款凭证、分割单等。"第十条规定："企业在境内发生的支出项目不属于应税项目的，对方为单位的，以对方开具的发票以外的其他外部凭证作为税前扣除凭证；对方为个人的，以内部凭证作为税前扣除凭证。”

根据上述规定，企业取得海关拍卖查处的走私货物不属于应税项目，可以凭海关开具的除发票以外的其他外部凭证作为企业所得税税前扣除凭证。

302. 转让固定资产尚未提足折旧额是否可以一次性扣除

某企业转让一项固定资产，该固定资产折旧尚未提足。请问尚未提足的折旧额能否在企业所得税税前一次性扣除？

答：《国家税务总局关于发布〈企业资产损失所得税税前扣除管理办法〉的公告》（国家税务总局公告 2011 年第 25 号）第九条规定：“下列资产损失，应以清单申报的方式向税务机关申报扣除：（一）企业在正常经营管理活动中，按照公允价格销售、转让、变卖非货币资产的损失……”《国家税务总局关于企业所得税资产损失资料留存备查有关事项的公告》（国家税务总局公告 2018 年第 15 号）第一条规定：“企业向税务机关申报扣除资产损失，仅需填报企业所得税年度纳税申报表‘资产损失税前扣除及纳税调整明细表’，不再报送资产损失相关资料。相关资料由企业留存备查。”

根据上述规定，企业转让未折旧完毕的固定资产，应转入固定资产清理科目，计算会计上的损益，再按照计税基础，计算税收上的处置损益。若产生资产损失的，可以按规定在企业所得税税前扣除，同时按规定留存备查相关资料。

303. 合同约定能源管理并接受移交资产计税基础如何确定

某企业为一般纳税人，与一家节能服务公司签订了节能效益分享型合同，合同约定节能设备由节能服务公司在企业厂区内投资建设，企业按节能效益的 50% 支付节能服务公司服务费，合同期满节能设备无偿移交。请问该企业接受节能服务公司移交的节能资产计税基础如何确定？

答：《财政部 国家税务总局关于促进节能服务产业发展增值税营业税和企业所得税政策问题的通知》（财税〔2010〕110 号）第二条第（二）项规定：“对符合条件的节能服务公司，以及与其签订节能效益分享型合同的用能企业，实施合同能源管理项目有关资产的企业所得税税务处理按以下规定执行：1. 用能企业按照能源管理合同实际支付给节能服务公司的合理支出，均可以在计算当期应纳税所得额时扣除，不再区分服务费用和资产价款进行税务处理；2. 能源管理合同期满后，节能服务公司转让给用能企业的因实施合同能源管理项目形成的资产，按折旧或摊销期满的资产进行税务处理，用能企业从节能服务公司接受有关资产的计税基础也应按折旧或摊销期满的资产进行税务处理；3. 能源管理合同期满后，节能服务公司与用能企业办理有关资产的权属转移时，用能企业已支付的资产价款，不再另行计入节能服务公司的收入。”

根据上述规定，在能源管理项目合同期满后，节能服务公司移交的节能资产的计税基础应当按折旧期满的资产确定。

304. 向关联企业转让股权发生损失能否税前扣除

某企业按评估价格向关联方转让股权，发生了股权转让损失，该转让行为符合独立交易原则。请问股权转让损失能否在企业所得税前扣除，是否需要中介机构出具专项报告？

答：《国家税务总局关于发布〈企业资产损失所得税税前扣除管理办法〉的公告》（国家税务总局公告 2011 年第 25 号）第四十五条规定：“企业按独立交易原则向关联企业转让资产而发生的损失，或向关联企业提供借款、担保而形成的债权损失，准予扣除，但企业应作专项说明，同时出具中介机构出具的专项报告及其相关的证明材料。”《国家税务总局关于取消 20 项税务证明事项的公告》（国家税务总局公告 2018 年第 65 号）附件《取消的税务证明事项目录》相关内容规定：“中介机构专项报告及其相关的证明材料不再留存，改为纳税人留存备查自行出具的有法定代表人、主要负责人和财务负责人签章证实有关损失的书面申明和相关材料。”

根据上述规定，企业向关联企业转让股权，若符合独立交易原则，发生的股权转让损失准予在企业所得税前扣除，不需要中介机构出具专项报告，但应按照国家税务总局公告 2018 年第 65 号附件《取消的税务证明事项目录》的规定留存备查相关资料。

305. 受让无形资产如何确认摊销年限

某企业从其他单位受让无形资产，约定使用年限为 5 年。请问计算企业所得税时摊销年限是否也需要按 10 年来进行？

答：《中华人民共和国企业所得税法实施条例》（国务院令第 714 号）第六十七条规定：“无形资产按照直线法计算的摊销费用，准予扣除。无形资产的摊销年限不得低于 10 年。作为投资或者受让的无形资产，有关法律规定或者合同约定了使用年限的，可以按照规定或者约定的使用年限分期摊销。”

根据上述规定，企业受让的无形资产，可以按合同约定的使用年限5年进行分期摊销。

306. 购入财务软件的摊销年限如何确认

某企业购入一款财务软件。请问税法中对其摊销年限的规定如何，最短可以按几年进行摊销？

答：《中华人民共和国企业所得税法实施条例》（国务院令第714号）第六十七条规定："无形资产按照直线法计算的摊销费用，准予扣除。无形资产的摊销年限不得低于10年。作为投资或者受让的无形资产，有关法律规定或者合同约定了使用年限的，可以按照规定或者约定的使用年限分期摊销。"《财政部 国家税务总局关于进一步鼓励软件产业和集成电路产业发展企业所得税政策的通知》（财税〔2012〕27号）第七条规定："企业外购的软件，凡符合固定资产或无形资产确认条件的，可以按照固定资产或无形资产进行核算，其折旧或摊销年限可以适当缩短，最短可为2年（含）。"

根据上述规定，企业购入的财务软件，一般按不低于10年摊销，如果合同约定了使用年限的，可以按照约定的使用年限分期摊销；企业也可以适当缩短摊销年限，最短可为2年（含）。

307. 自行研发完成的无形资产如何确认摊销年限

某企业进行技术研发，研发完成后取得了一项专利技术，企业将其作为无形资产。请问计算企业所得税时摊销年限如何确定？

答：《中华人民共和国企业所得税法实施条例》（国务院令第714号）第六十七条规定："无形资产按照直线法计算的摊销费用，准予扣除。无形资产的摊销年限不得低于10年。作为投资或者受让的无形资产，有关法律规定或者合同约定了使用年限的，可以按照规定或者约定的使用年限分期摊销。"

根据上述规定，企业自行研发完成的专利技术无形资产，税务处理的摊销年限不得低于10年。实务中为减少税会差异以及纳税调整，企业进行会计和税务处理时，通常对自行研发完成的专利技术无形资产摊销年限保持一致。

308. 房屋投入使用但未取得发票以什么金额计提折旧

某公司建成的房屋已经开始使用，但是工程款中有部分发票还没拿到。请问是按发票凭证计提折旧还是按合同的金额计提？

答：《国家税务总局关于贯彻落实企业所得税法若干税收问题的通知》

（国税函〔2010〕79 号）第五条规定："企业固定资产投入使用后，由于工程款项尚未结清未取得全额发票的，可暂按合同规定的金额计入固定资产计税基础计提折旧，待发票取得后进行调整。但该项调整应在固定资产投入使用后 12 个月内进行。"

根据上述规定，公司未取得发票应按合同约定金额计提折旧，待发票取得后进行调整，但该项调整应在固定资产投入使用后 12 个月内进行。

309. 中央空调最低折旧年限应按几年

某企业因空调年久失修决定更换办公大楼的中央空调系统，由厂商上门安装，完工后作为固定资产入账。请问在计算企业所得税时，该中央空调折旧的最低年限是多少？

答：《中华人民共和国企业所得税法实施条例》（国务院令第 714 号）第六十条规定："除国务院财政、税务主管部门另有规定外，固定资产计算折旧的最低年限如下：（一）房屋、建筑物，为 20 年；（二）飞机、火车、轮船、机器、机械和其他生产设备，为 10 年；（三）与生产经营活动有关的器具、工具、家具等，为 5 年；（四）飞机、火车、轮船以外的运输工具，为 4 年；（五）电子设备，为 3 年。"《固定资产分类与代码》（GB/T 14885－2010）中规定空调类制冷 4000 kcal/h 及以下为电气设备，以上者为机械设备。

根据上述规定，企业购置的中央空调属于机械设备的，其最低折旧年限为 10 年，属于电气设备的，其最低折旧年限为 5 年。

310. 会计与税法折旧年限不一致如何处理

某企业购入一幢房产，会计上按 50 年计提折旧，税法上规定的最低折旧年限为 20 年。请问这是否会导致税会差异，应如何处理？

答：《中华人民共和国企业所得税法实施条例》（国务院令第 714 号）第六十条规定："除国务院财政、税务主管部门另有规定外，固定资产计算折旧的最低年限如下：（一）房屋、建筑物，为 20 年；（二）飞机、火车、轮船、机器、机械和其他生产设备，为 10 年；（三）与生产经营活动有关的器具、工具、家具等，为 5 年；（四）飞机、火车、轮船以外的运输工具，为 4 年；（五）电子设备，为 3 年。"《国家税务总局关于企业所得税应纳税所得额若干问题的公告》（国家税务总局公告 2014 年第 29 号）第五条第（二）项规定："企业固定资产会计折旧年限如果长于税法规定的最低折旧年限，其折旧应按会计折旧年限计算扣除，税法另有规定除外。"

根据上述规定，企业购入房屋建筑物的会计折旧年限50年长于税法规定的最低折旧年限20年，应按照会计折旧年限计算扣除，此时税会处理一致，不产生税会差异。

311. 固定资产翻新装修的改扩建支出如何税前扣除

某企业因办公大楼年久失修，决定对办公大楼进行翻新专修，该大楼尚未提足折旧。请问该笔装修费如何进行税前扣除？

答：《国家税务总局关于企业所得税若干问题的公告》（国家税务总局公告2011年第34号）第四条规定："企业对房屋、建筑物固定资产在未足额提取折旧前进行改扩建的，如属于推倒重置的，该资产原值减除提取折旧后的净值，应并入重置后的固定资产计税成本，并在该固定资产投入使用后的次月起，按照税法规定的折旧年限，一并计提折旧；如属于提升功能、增加面积的，该固定资产的改扩建支出，并入该固定资产计税基础，并从改扩建完工投入使用后的次月起，重新按税法规定的该固定资产折旧年限计提折旧，如该改扩建后的固定资产尚可使用的年限低于税法规定的最低年限的，可以按尚可使用的年限计提折旧。"

根据上述规定，对未足额提取折旧的房屋建筑物进行改扩建，属于提升功能、增加面积的，改扩建支出应并入该固定资产计税基础，并从改扩建完工投入使用后的次月起，重新按税法规定的该固定资产折旧年限计提折旧。如果会计上对改建支出也进行资本化的，一般不产生税会差异；如果会计上对改建支出进行费用化的，固定资产账面价值不变，计税基础增加，导致会计和税收折旧上的差异，应按照该差异金额进行企业所得税纳税调整。

312. 固定资产大修理支出应如何税前扣除

某企业对一项单独核算的电梯进行大修，更换了主要结构。请问该大修理支出应当费用化一次性扣除，还是资本化作为长期待摊费用在企业所得税前扣除？

答：《中华人民共和国企业所得税法》（中华人民共和国主席令第二十三号）第十三条规定："在计算应纳税所得额时，企业发生的下列支出作为长期待摊费用，按照规定摊销的，准予扣除：（一）已足额提取折旧的固定资产的改建支出；（二）租入固定资产的改建支出；（三）固定资产的大修理支出；（四）其他应当作为长期待摊费用的支出。"《中华人民共和国企业所得税法实施条例》（国务院令第714号）第六十九条规定："企业所得税法第十三条第（三）款所称固定资产的大修理支出，是指同时符合下列条件的支出：（一）修理支出达到取得固定资产时的计税基础50%以上；（二）修理后固定资产的使用年限延长2年以上。企业所得税法第十三条第（三）款规定的支出，按照固定资产尚可使用年限分期摊销。”

根据上述规定，如果该电梯的修理支出达到取得时的计税基础50%以上且修理后电梯的使用年限延长2年以上，应作为长期待摊费用按照固定资产尚可使用年限分期摊销，否则应费用化在企业所得税前一次性扣除。

313. 企业发生的资产损失何时申报扣除

某企业处置一项已过时的资产，由于售价远低于当初购入时的价格，导致发生了相关损失。请问应当在何时进行申报扣除？

答：《国家税务总局关于发布〈企业资产损失所得税税前扣除管理办法〉的公告》（国家税务总局公告2011年第25号）第四条规定：“企业实际资产损失，应当在其实际发生且会计上已作损失处理的年度申报扣除；法定资产损失，应当在企业向主管税务机关提供证据资料证明该项资产已符合法定资产损失确认条件，且会计上已作损失处理的年度申报扣除。”《国家税务总局关于企业所得税资产损失资料留存备查有关事项的公告》（国家税务总局公告2018年第15号）第一条规定：“企业向税务机关申报扣除资产损失，仅需填报企业所得税年度纳税申报表‘资产损失税前扣除及纳税调整明细表’，不再报送资产损失相关资料。相关资料由企业留存备查。”

根据上述规定，企业该项损失属于实际资产损失，应当在实际发生且会计上已作损失处理的年度申报扣除，即通过在企业所得税汇算清缴时填报企业所得税年度纳税申报表“资产损失税前扣除及纳税调整明细表”予以扣除，并留存相关资料备查。

314. 为他人担保造成的损失能否税前扣除

某企业为另一家企业提供了与本企业生产经营活动有关的担保，后因贷款到期对方企业无力偿还，银行扣划了该企业的存款。请问这部分损失可否税前扣除？

答：《国家税务总局关于发布〈企业资产损失所得税税前扣除管理办法〉的公告》（国家税务总局公告2011年第25号）第四十四条规定：“企业对外提供与本企业生产经营活动有关的担保，因被担保人不能按期偿还债务而承担连带责任，经追索，被担保人无偿还能力，对无法追回的金额，比照本办法规定的应收款项损失进行处理。与本企业生产经营活动有关的担保是指企业对外提供的与本企业应税收入、投资、融资、材料采购、产品销售等生产经营活动相关的担保。”

根据上述规定，如果企业提供的担保与企业生产经营活动有关，这部分损失可以在税前扣除；反之，则不能在税前扣除。

315. 不良应收款项打包低价出售的损失能否税前扣除

某企业为快速回笼资金，将本单位历年产生的不良应收款项打包并低价出售。请问该行为产生的损失能否税前扣除？

答：《国家税务总局关于发布〈企业资产损失所得税税前扣除管理办法〉的公告》（国家税务总局公告2011年第25号）第四十七条规定：“企业将不同类别的资产捆绑（打包），以拍卖、询价、竞争性谈判、招标等市场方式出售，其出售价格低于计税成本的差额，可以作为资产损失并准予在税前申报扣除，但应出具资产处置方案、各类资产作价依据、出售过程的情况说明、出售合同或协议、成交及入账证明、资产计税基础等确定依据。”《国家税务总局关于企业所得税资产损失资料留存备查有关事项的公告》（国家税务总局公告2018年第15号）第一条规定：“企业向税务机关申报扣除资产损失，仅需填报企业所得税年度纳税申报表‘资产损失税前扣除及纳税调整明细表’，不再报送资产损失相关资料。相关资料由企业留存备查。”

根据上述规定，企业将不良应收款项打包低价出售，产生的损失允许税前扣除；同时，应当完整保存资产损失的相关资料备查。

316. 如何判断采用清单申报还是专项申报资产损失

某企业一台生产线因长时间超频率使用，导致无法正常使用，提前报废。请问该资产损失应如何判断属于清单申报还是专项申报？

答：《国家税务总局关于发布〈企业资产损失所得税税前扣除管理办法〉的公告》（国家税务总局公告2011年第25号）第九条规定：“下列资产损失，应以清单申报的方式向税务机关申报扣除：（一）企业在正常经营管理活动中，按照公允价格销售、转让、变卖非货币资产的损失；（二）企业各项存货发生的正常损耗；（三）企业固定资产达到或超过使用年限而正常报废清理的损失；（四）企业生产性生物资产达到或超过使用年限而正常死亡发生的资产损失；（五）企业按照市场公平交易原则，通过各种交易场所、市场等买卖债券、股票、期货、基金以及金融衍生产品等发生的损失。”第十条规定：“前条以外的资产损失，应以专项申报的方式向税务机关申报扣除。企业无法准确判别是否属于清单申报扣除的资产损失，可以采取专项申报的形式申报扣除。”

根据上述规定，企业固定资产达到或超过使用年限而正常报废清理的损失属于清单申报，而超频率使用固定资产导致的提前报废应以专项申报的方式向税务机关申报扣除。如企业无法准确判别是否属于清单申报扣除的资产损失，可以采取专项申报的形式申报扣除。

317. 被盗产品的损失能否税前扣除

某企业仓库 2020 年 4 月发生产品被盗的案件，事后统计直接损失达 120 万元，至今仍未破案。请问该企业现在能否向税务机关申报税前扣除？

答：《国家税务总局关于发布〈企业资产损失所得税税前扣除管理办法〉的公告》（国家税务总局公告 2011 年第 25 号）第四十九条规定：“企业因刑事案件原因形成的损失，应由企业承担的金额，或经公安机关立案侦查两年以上仍未追回的金额，可以作为资产损失并准予在税前申报扣除，但应出具公安机关、人民检察院的立案侦查情况或人民法院的判决书等损失原因证明材料。”

根据上述规定，企业被盗物品超过两年未追回，可以在提供司法机关证明材料后申报办理扣除事宜。

318. 以前年度发生的资产损失能否在本年度税前扣除

某企业三年前在重组过程中，一项资产由于权属不清而未能扣除相应的损失，经过多年谈判，本年度达成和解，企业取得了该资产的权属。请问该企业现在能否向税务机关申报税前扣除？

答：《国家税务总局关于发布〈企业资产损失所得税税前扣除管理办法〉的公告》（国家税务总局公告 2011 年第 25 号）第五条规定：“企业发生的资产损失，应按规定的程序和要求向主管税务机关申报后方能在税前扣除。未经申报的损失，不得在税前扣除。”第六条规定：“企业以前年度发生的资产损失未能在当年税前扣除的，可以按照本办法的规定，向税务机关说明并进行专项申报扣除。其中，属于实际资产损失，准予追补至该项损失发生年度扣除，其追补确认期限一般不得超过五年，但因计划经济体制转轨过程中遗留的资产损失、企业重组上市过程中因权属不清出现争议而未能及时扣除的资产损失、因承担国家政策性任务而形成的资产损失以及政策定性不明确而形成资产损失等特殊原因形成的资产损失，其追补确认期限经国家税务总局批准后可适当延长。属于法定资产损失，应在申报年度扣除。企业因以前年度实际资产损失未在税前扣除而多缴的企业所得税税款，可在追补确认年度企业所得税应纳税款中予以抵扣，不足抵扣的，向以后年度递延抵扣。企业实际资产损失发生年度扣除追补确认的损失后出现亏损的，应先调整资产损失发生年度的亏损额，再按弥补亏损的原则计算以后年度多缴的企业所得税税款，并按前款办法进行税务处理。”《国家税务总局关于企业所得税资产损失资料留存备查有关事项的公告》（国家税务总局公告2018年第15号）第一条规定：“企业向税务机关申报扣除资产损失，仅需填报企业所得税年度纳税申报表‘资产损失税前扣除及纳税调整明细表’，不再报送资产损失相关资料。相关资料由企业留存备查。”

根据上述规定，企业以前年度发生的资产损失可以进行专项申报扣除，其中实际资产损失准予追补至该项损失发生年度扣除，但追补确认期限一般不得超过五年；法定资产损失应在申报年度扣除。企业因以前年度实际资产损失未在税前扣除而多缴的企业所得税税款，可以根据规定抵扣企业所得税税款。

319. 分支机构发生的资产损失总公司是否要申报

某企业分公司发生了资产损失。请问对于该损失是由分公司还是总公司向税务机关申报扣除？

答：《国家税务总局关于发布〈企业资产损失所得税税前扣除管理办法〉的公告》（国家税务总局公告2011年第25号）第十一条规定：“在中国境内跨地区经营的汇总纳税企业发生的资产损失，应按以下规定申报扣除：（一）总机构及其分支机构发生的资产损失，除应按专项申报和清单申报的有关规定，各自向当地主管税务机关申报外，各分支机构同时还应上报总机构；（二）总机构对各分支机构上报的资产损失，除税务机关另有规定外，应以清单申报的形式向当地主管税务机关进行申报；（三）总机构将跨地区分支机构所属资产捆绑打包转让所发生的资产损失，由总机构向当地主管税务机关进行专项申报。”

根据上述规定，分支机构发生的资产损失，分支机构应按专项申报和清单申报的有关规定向当地主管税务机关申报；同时还应上报总公司，由总公司以清单申报的形式向当地主管税务机关进行申报。

320. 购进的固定资产税前扣除是否需要考虑净残值

某公司购进固定资产。请问在税法上是否需要考虑净残值?

答:《中华人民共和国企业所得税法实施条例》(国务院令第 714 号)第五十九条规定:“固定资产按照直线法计算的折旧,准予扣除。企业应当自固定资产投入使用月份的次月起计算折旧;停止使用的固定资产,应当自停止使用月份的次月起停止计算折旧。企业应当根据固定资产的性质和使用情况,合理确定固定资产的预计净残值。固定资产的预计净残值一经确定,不得变更。”

根据上述规定,企业购进固定资产需要考虑净残值,净残值一经确认不得变更。

321. 无偿借出固定资产的折旧能否在企业所得税前扣除

某企业将一处商业用房无偿借给其关联企业使用。请问在借出期间该商业用房的折旧能否在企业所得税前扣除?

答:《中华人民共和国企业所得税法》(中华人民共和国主席令第六十三号)第八条规定:“企业实际发生的与取得收入有关的、合理的支出,包括成本、费用、税金、损失和其他支出,准予在计算应纳税所得额时扣除。”《中华人民共和国企业所得税法实施条例》(国务院令第 714 号)第二十七条规定:“企业所得税法第八条所称有关的支出,是指与取得收入直接相关的支出。企业所得税法第八条所称合理的支出,是指符合生产经营活动常规,应当计入当期损益或者有关资产成本的必要和正常的支出。”

根据上述规定,企业将商业用房无偿借给关联方使用,相关的经济利益没有流入企业,该项固定资产所计提的折旧,不属于与取得应税收入相关的支出,不得在企业所得税税前扣除。

322. 逾期三年以上应收账款能否作为坏账损失税前扣除

某企业对往来款进行清理,发现一笔应收账款末核销,该笔应收账款是 4 年前形成的,金额为 4 万元。对方企业虽未在工商注销,但实际已不存在,找不到机构和相关人员。请问该笔坏账损失需取得什么样的证明材料可以税前扣除?

答:《国家税务总局关于发布〈企业资产损失所得税税前扣除管理办法〉的公告》(国家税务总局公告 2011 年第 25 号)第二十二条规定:“企业应收及预付款项坏账损失应依据以下相关证据材料确认:(一)相关事项合同、协议或说明；（二）属于债务人破产清算的，应有人民法院的破产、清算公告；（三）属于诉讼案件的，应出具人民法院的判决书或裁决书或仲裁机构的仲裁书，或者被法院裁定终（中）止执行的法律文书；（四）属于债务人停止营业的，应有工商部门注销、吊销营业执照证明；（五）属于债务人死亡、失踪的，应有公安机关等有关部门对债务人个人的死亡、失踪证明；（六）属于债务重组的，应有债务重组协议及其债务人重组收益纳税情况说明；（七）属于自然灾害、战争等不可抗力而无法收回的，应有债务人受灾情况说明以及放弃债权申明。”第二十三条规定：“企业逾期三年以上的应收款项在会计上已作为损失处理的，可以作为坏账损失，但应说明情况，并出具专项报告。”第二十四条规定：“企业逾期一年以上，单笔数额不超过五万或者不超过企业年度收入总额万分之一的应收款项，会计上已经作为损失处理的，可以作为坏账损失，但应说明情况，并出具专项报告。”《国家税务总局关于取消20项税务证明事项的公告》（国家税务总局公告2018年第65号）附件《取消的税务证明事项目录》相关内容规定：“中介机构专项报告及其相关的证明材料不再留存，改为纳税人留存备查自行出具的有法定代表人、主要负责人和财务负责人签章证实有关损失的书面申明和相关材料。”

根据上述规定，企业该笔应收账款已逾期3年以上，单笔数额不超过5万元，在会计上已作为损失处理的，需要留存备查自行出具的有法定代表人、主要负责人和财务负责人签章证实有关损失的书面申明。

（四）税收优惠

323. 持有股票未满12个月分红应如何享受免税优惠

某企业年初购买了一家上市公司的股票，年末取得一笔现金分红，因持有股票未满12个月，将该分红并入了当年应纳税所得额计算缴纳企业所得税。请问次年持有股票满12个月后能否再申报享受免税优惠？

答：《中华人民共和国企业所得税法》（中华人民共和国主席令第二十三号）第二十六条规定：“企业的下列收入为免税收入：（一）国债利息收入；（二）符合条件的居民企业之间的股息、红利等权益性投资收益；（三）在中国境内设立机构、场所的非居民企业从居民企业取得与该机构、场所有实际联系的股息、红利等权益性投资收益；（四）符合条件的非营利组织的收入。”《中华人民共和国企业所得税法实施条例》（国务院令第714号）第十七条规定："企业所得税法第六条第（四）项所称股息、红利等权益性投资收益，是指企业因权益性投资从被投资方取得的收入。股息、红利等权益性投资收益，除国务院财政、税务主管部门另有规定外，按照被投资方作出利润分配决定的日期确认收入的实现。"第八十三条规定："企业所得税法第二十六条第（二）项所称符合条件的居民企业之间的股息、红利等权益性投资收益，是指居民企业直接投资于其他居民企业取得的投资收益。企业所得税法第二十六条第（二）项和第（三）项所称股息、红利等权益性投资收益，不包括连续持有居民企业公开发行并上市流通的股票不足12个月取得的投资收益。"《国家税务总局关于印发〈新企业所得税法精神宣传提纲〉的通知》（国税函〔2008〕159号）第二十四条规定："鉴于以股票方式取得且连续持有时间较短（短于12个月）的投资，并不以股息、红利收入为主要目的，主要是从二级市场获得股票转让收益，而且买卖和变动频繁，税收管理难度大，因此，实施条例将持有上市公司股票的时间短于12个月的股息红利收入排除在免税范围之外。对来自所有非上市企业，以及持有股份12个月以上取得的股息红利收入，适用免税政策。"

根据上述规定，企业次年持有股票已满12个月，则原已纳税的股息红利可以享受免税，但不应在次年度企业所得税汇算清缴时申报享受免税，而应追溯至取得分红年度享受此项免税优惠。

324. 融资租入的专用设备能否享受抵免税额优惠

某企业以融资租赁方式租入一台安全生产专用设备，期限为10年，租赁期满后企业将取得该设备的所有权，该设备属于《安全生产专用设备企业所得税优惠目录》范围。请问该企业能否享受抵免所得税额的优惠政策？

答：《中华人民共和国企业所得税法》（中华人民共和国主席令第二十三号）第三十四条规定："企业购置用于环境保护、节能节水、安全生产等专用设备的投资额，可以按一定比例实行税额抵免。"《中华人民共和国企业所得税法实施条例》（国务院令第714号）第一百条规定："企业所得税法第三十四条所称税额抵免，是指企业购置并实际使用《环境保护专用设备企业所得税优惠目录》《节能节水专用设备企业所得税优惠目录》和《安全生产专用设备企业所得税优惠目录》规定的环境保护、节能节水、安全生产等专用设备的，该专用设备的投资额的10%可以从企业当年的应纳税额中抵免；当年不足抵免的，可以在以后5个纳税年度结转抵免。享受前款规定的企业所得税优惠的企业，应当实际购置并自身实际投入使用前款规定的专用设备；企业购置上述专用设备在5年内转让、出租的，应当停止享受企业所得税优惠，并补缴已经抵免的企业所得税税款。”《财政部、国家税务总局关于执行企业所得税优惠政策若干问题的通知》（财税〔2009〕69号）第十条规定：“实施条例第一百条规定的购置并实际使用的环境保护、节能节水和安全生产专用设备，包括承租方企业以融资租赁方式租入的、并在融资租赁合同中约定租赁期届满时租赁设备所有权转移给承租方企业。凡融资租赁期届满后租赁设备所有权未转移至承租方企业的，承租方企业应停止享受抵免企业所得税优惠，并补缴已经抵免的企业所得税税款。”

根据上述规定，企业融资租入的安全生产设备，符合条件可以享受投资额的10%抵免当年的应纳税额，当年不足抵免的，可以在以后5个纳税年度结转抵免。

325. 享受小型微利企业所得税优惠从业人数如何确定

某企业是一家小型企业，由于业务扩张，与劳务派遣公司签订合同，接受部分劳务派遣用工。请问在判断是否符合小型微利企业所得税优惠条件时，从业人数是否包含劳务派遣用工人数？

答：《财政部 税务总局关于实施小微企业普惠性税收减免政策的通知》（财税〔2019〕13号）第二条规定：“对小型微利企业年应纳税所得额不超过100万元的部分，减按25%计入应纳税所得额，按20%的税率缴纳企业所得税；对年应纳税所得额超过100万元但不超过300万元的部分，减按50%计入应纳税所得额，按20%的税率缴纳企业所得税。上述小型微利企业是指从事国家非限制和禁止行业，且同时符合年度应纳税所得额不超过300万元、从业人数不超过300人、资产总额不超过5000万元等三个条件的企业。从业人数，包括与企业建立劳动关系的职工人数和企业接受的劳务派遣用工人数。所称从业人数和资产总额指标，应按企业全年的季度平均值确定。”《财政部 税务总局关于实施小微企业和个体工商户所得税优惠政策的公告》（财政部 税务总局公告2021年第12号）第一条规定：“对小型微利企业年应纳税所得额不超过100万元的部分，在《财政部 税务总局关于实施小微企业普惠性税收减免政策的通知》（财税〔2019〕13号）第二条规定的优惠政策基础上，再减半征收企业所得税。”

根据上述规定，企业在判断能否享受小型微利企业所得税优惠时，应当将接收劳务派遣用工人数计入企业从业人数中。

326. 环保专用设备应从购买还是使用年度抵免所得税额

某企业购进一套水污染防治设备，该设备属于《环境保护专用设备企业所得税优惠目录》范围。请问应从购买年度还是投入使用年度抵免当年所得税额?

答:《中华人民共和国企业所得税法》(中华人民共和国主席令第二十三号)第三十四条规定:“企业购置用于环境保护、节能节水、安全生产等专用设备的投资额，可以按一定比例实行税额抵免。”《中华人民共和国企业所得税法实施条例》(国务院令第714号)第一百条规定:“企业所得税法第三十四条所称税额抵免，是指企业购置并实际使用《环境保护专用设备企业所得税优惠目录》《节能节水专用设备企业所得税优惠目录》和《安全生产专用设备企业所得税优惠目录》规定的环境保护、节能节水、安全生产等专用设备的，该专用设备的投资额的10%可以从企业当年的应纳税额中抵免;当年不足抵免的，可以在以后5个纳税年度结转抵免。享受前款规定的企业所得税优惠的企业，应当实际购置并自身实际投入使用前款规定的专用设备;企业购置上述专用设备在5年内转让、出租的，应当停止享受企业所得税优惠，并补缴已经抵免的企业所得税税款。”

根据上述规定，企业购进环保专用设备应从安装调试完成并投入使用的年度从当年企业所得税应纳税额中抵免，当年不足抵免的，可以在以后5个纳税年度结转抵免。

327. 转让购置不满5年的专用设备是否补缴企业所得税

某企业将一台购置了3年的节能设备转让给其他单位，之前企业已按照规定享受了税额抵免。请问如果购买方放弃享受企业所得税减免优惠，该企业是否还需要补缴已经抵免的企业所得税税款?

答:《财政部 国家税务总局关于执行环境保护专用设备企业所得税优惠目录节能节水专用设备企业所得税优惠目录和安全生产专用设备企业所得税优惠目录有关问题的通知》(财税〔2008〕48号)第五条规定:“企业购置并实际投入使用、已开始享受税收优惠的专用设备，如从购置之日起5个纳税年度内转让、出租的，应在该专用设备停止使用当月停止享受企业所得税优惠，并补缴已经抵免的企业所得税税款。转让的受让方可以按照该专用设备投资额的10%抵免当年企业所得税应纳税额;当年应纳税额不足抵免的，可以在以后5个纳税年度结转抵免。”

根据上述规定，企业转让购置不满5年的环境保护、节能节水和安全生产专用设备，即使购买方放弃享受企业所得税减免优惠，企业也需要补缴已经抵免的企业所得税税款。

328. 享受专用设备抵免所得税额需要留存哪些资料

某企业购进了一台节能节水设备。请问为了享受专用设备的投资额按一定比例实行税额抵免的优惠政策，需要准备哪些资料备查？

答：《国家税务总局关于发布修订后的〈企业所得税优惠政策事项办理办法〉的公告》（国家税务总局公告2018年第23号）第四条规定："企业享受优惠事项采取'自行判别、申报享受、相关资料留存备查'的办理方式。企业应当根据经营情况以及相关税收规定自行判断是否符合优惠事项规定的条件，符合条件的可以按照《目录》列示的时间自行计算减免税额，并通过填报企业所得税纳税申报表享受税收优惠。同时，按照本办法的规定归集和留存相关资料备查。"第五条规定："本办法所称留存备查资料是指与企业享受优惠事项有关的合同、协议、凭证、证书、文件、账册、说明等资料。留存备查资料分为主要留存备查资料和其他留存备查资料两类。主要留存备查资料由企业按照《目录》列示的资料清单准备，其他留存备查资料由企业根据享受优惠事项情况自行补充准备。"《国家税务总局关于发布修订后的〈企业所得税优惠政策事项办理办法〉的公告》（国家税务总局公告2018年第23号）附件《企业所得税优惠事项管理目录（2017年版）》第66点中列示："购置用于环境保护、节能节水、安全生产等专用设备的投资额按一定比例实行税额抵免不需要向税务机关申请备案，但需要留存备查有关资料，包括：购买并自身投入使用的专用设备清单及发票；以融资租赁方式取得的专用设备的合同或协议；专用设备属于《环境保护专用设备企业所得税优惠目录》《节能节水专用设备企业所得税优惠目录》或《安全生产专用设备企业所得税优惠目录》中的具体项目的说明；专用设备实际投入使用时间的说明。"

根据上述规定，企业应当按照国家税务总局公告2018年第23号附件中的规定，留存购买并自身投入使用的专用设备清单及发票、专用设备属于《节能节水专用设备企业所得税优惠目录》中的具体项目的说明、专用设备实际投入使用时间的说明等资料备查。

329. 融资租赁方式取得设备能否一次性扣除

某企业为扩大产能，通过融资租赁方式租入一台400万元的生产线。请问该融资租赁方式取得的设备能否享受一次性企业所得税税前扣除的优惠？

答：《国家税务总局关于设备器具扣除有关企业所得税政策执行问题的公

告》(国家税务总局公告2018年第46号)第一条第(一)项规定:"所称设备、器具,是指除房屋、建筑物以外的固定资产(以下简称固定资产);所称购进,包括以货币形式购进或自行建造,其中以货币形式购进的固定资产包括购进的使用过的固定资产;以货币形式购进的固定资产,以购买价款和支付的相关税费以及直接归属于使该资产达到预定用途发生的其他支出确定单位价值,自行建造的固定资产,以竣工结算前发生的支出确定单位价值。"

根据上述规定,融资租入不属于购进,因此不能享受固定资产一次性企业所得税税前扣除的优惠政策。

330. 享受研发费用加计扣除优惠对研发人员是否有学历要求

某企业为享受研发费用加计扣除优惠,决定成立科技中心开展研发活动。请问税收政策中对聘用的研发人员的学历有何要求?

答:《国家税务总局关于研发费用税前加计扣除归集范围有关问题的公告》(国家税务总局公告2017年第40号)第一条第(一)项规定:"直接从事研发活动人员包括研究人员、技术人员、辅助人员。研究人员是指主要从事研究开发项目的专业人员;技术人员是指具有工程技术、自然科学和生命科学中一个或一个以上领域的技术知识和经验,在研究人员指导下参与研发工作的人员;辅助人员是指参与研究开发活动的技工。外聘研发人员是指与本企业或劳务派遣企业签订劳务用工协议(合同)和临时聘用的研究人员、技术人员、辅助人员。接受劳务派遣的企业按照协议(合同)约定支付给劳务派遣企业,且由劳务派遣企业实际支付给外聘研发人员的工资薪金等费用,属于外聘研发人员的劳务费用。"

根据上述规定,目前研发费加计扣除对研发人员没有学历要求,只要符合上述条件的人员工资薪金、基本养老保险费、基本医疗保险费、失业保险费、工伤保险费、生育保险费和住房公积金均可以加计扣除。

331. 为研发人员支出补充养老保险能否加计扣除

某企业属于适用研发费用加计扣除优惠政策的企业,其为全体员工购买了补充养老保险。请问为研发人员缴纳的补充养老保险可以作为研发费用加计扣除吗?

答:《国家税务总局关于研发费用税前加计扣除归集范围有关问题的公告》(国家税务总局公告2017年第40号)第六条规定:"其他相关费用指与研发活动直接相关的其他费用,如技术图书资料费、资料翻译费、专家咨询费、高新科技研发保险费，研发成果的检索、分析、评议、论证、鉴定、评审、评估、验收费用，知识产权的申请费、注册费、代理费，差旅费、会议费，职工福利费、补充养老保险费、补充医疗保险费。此类费用总额不得超过可加计扣除研发费用总额的10%。”

根据上述规定，企业为研发人员购买的补充养老保险费可以并入“其他相关费用”享受研发费用加计扣除，但“其他相关费用”总金额不得超过可加计扣除研发费用总额的10%。

332. 取得政府研发补助是否必须冲减研发费用

某企业由于研发项目获得了国家科技进步奖而取得当地政府发放的研发补助。请问是否要直接冲减研发费用？

答：《国家税务总局关于研发费用税前加计扣除归集范围有关问题的公告》（国家税务总局公告2017年第40号）第七条第（一）项规定：“企业取得的政府补助，会计处理时采用直接冲减研发费用方法且税务处理时未将其确认为应税收入的，应按冲减后的余额计算加计扣除金额。”

根据上述规定，只有符合不征税条件的政府补助才需要冲减研发费用，按冲减后的余额计算加计扣除，企业如果对研发补助在计算企业所得税时确认收入，则相关的成本费用除了可以据实扣除外，如果符合加计扣除条件的还可以加计扣除。

333. 残疾员工自行缴纳社保后由企业报销能否享受优惠

某企业安置一名残疾人就业，为其缴纳了基本养老保险、失业保险和工伤保险，但该员工参保的是城乡居民医保，是员工自行缴纳后再由企业报销。请问企业是否可以享受残疾人工资100%加计扣除政策？

答：《财政部 国家税务总局关于安置残疾人员就业有关企业所得税优惠政策问题的通知》（财税〔2009〕70号）第三条规定：“企业享受安置残疾职工工资100%加计扣除应同时具备如下条件：（一）依法与安置的每位残疾人签订了1年以上（含1年）的劳动合同或服务协议，并且安置的每位残疾人在企业实际上岗工作。（二）为安置的每位残疾人按月足额缴纳了企业所在区县人民政府根据国家政策规定的基本养老保险、基本医疗保险、失业保险和工伤保险等社会保险。（三）定期通过银行等金融机构向安置的每位残疾人实际支付了不低于企业所在区县适用的经省级人民政府批准的最低工资标准的工资。（四）具备安置残疾人上岗工作的基本设施。”

根据上述规定，该残疾员工虽参保的是城乡居民医保，但企业只要为其按月足额缴纳了企业所在区县人民政府根据国家政策规定的社会保险并符合上述其他条件，就可以享受按照支付给残疾职工工资的100%加计扣除政策。

334. 残疾研究人员能同时享受研发和残疾人加计扣除吗

某企业研发人员中有一名残疾人，该名研发人员工资已经享受了研发加计扣除，请问还能按照规定享受残疾人工资加计扣除优惠政策吗？

答：《中华人民共和国企业所得税法》（中华人民共和国主席令第二十三号）第三十条规定："企业的下列支出，可以在计算应纳税所得额时加计扣除：（一）开发新技术、新产品、新工艺发生的研究开发费用；（二）安置残疾人员及国家鼓励安置的其他就业人员所支付的工资。"《财政部 国家税务总局关于执行企业所得税优惠政策若干问题的通知》（财税〔2009〕69号）第二条规定："企业所得税法及其实施条例中规定的各项税收优惠，凡企业符合规定条件的，可以同时享受。"

根据上述规定，企业该名研发人员的工资支出可以同时享受研发加计扣除和残疾人工资加计扣除优惠。

335. 安置残疾人支付的工资预缴时是否可以加计扣除

某企业安置两名残疾人就业，该两名职工均取得"中华人民共和国残疾人证"，并与企业签订了1年以上的劳动合同且在企业实际上岗工作。请问在按照支付给残疾职工工资据实扣除的基础上，是否还可以在预缴时进行加计扣除？

答：《财政部 国家税务总局关于安置残疾人员就业有关企业所得税优惠政策问题的通知》（财税〔2009〕70号）第一条规定："企业安置残疾人员的，在按照支付给残疾职工工资据实扣除的基础上，可以在计算应纳税所得额时按照支付给残疾职工工资的100%加计扣除。"第二条规定："残疾人员的范围适用《中华人民共和国残疾人保障法》的有关规定。"第三条规定："企业享受安置残疾职工工资100%加计扣除应同时具备如下条件：（一）依法与安置的每位残疾人签订了1年以上（含1年）的劳动合同或服务协议，并且安置的每位残疾人在企业实际上岗工作。（二）为安置的每位残疾人按月足额缴纳了企业所在区县人民政府根据国家政策规定的基本养老保险、基本医疗保险、失业保险和工伤保险等社会保险。（三）定期通过银行等金融机构向安置的每位残疾人实际支付了不低于企业所在区县适用的经省级人民政府批准的最低工资标准的工资。（四）具备安置残疾人上岗工作的基本设施。”《国家税务总局关于发布修订后的〈企业所得税优惠政策事项办理办法〉的公告》（国家税务总局公告2018年第23号）附件《企业所得税优惠事项管理目录（2017年版）》第23点中列示享受安置残疾人员所支付的工资加计扣除的优惠时间为汇缴享受。

根据上述规定，企业安置残疾人员只要符合规定条件，所支付的工资是可以在计算企业所得税时按100%加计扣除的，但预缴申报时不得加计扣除残疾人员工资，只在年度申报时才可以加计扣除符合规定的残疾人员的工资。

336. 转让外购的专利权是否可以享受企业所得税优惠

某企业转让一项外购的企业专利权，转让费用为5万元。请问该企业可以享受企业所得税符合条件的技术转让所得免征、减征企业所得税的优惠吗？

答：《财政部 国家税务总局关于居民企业技术转让有关企业所得税政策问题的通知》（财税〔2010〕111号）第二条规定：“本通知所称技术转让，是指居民企业转让其拥有符合本通知第一条规定技术的所有权或5年以上（含5年）全球独占许可使用权的行为。”《国家税务总局关于使用权技术转让所得企业所得税有关问题的公告》（国家税务总局公告2015年第82号）第二条规定：“企业转让符合条件的5年以上非独占许可使用权的技术，限于其拥有所有权的技术。”

根据上述规定，企业转让符合条件的专利权，应强调的是企业是否拥有规定技术的所有权，外购取得技术专利权或者自行研发取得技术专利权不是判断纳税人转让专利技术是否可以享受技术转让所得免征、减征企业所得税优惠的标准。

337. 未成为高新技术企业能享受研发加计扣除吗

某企业是一家设备制造公司，成立了研发部门并开展新产品的研发活动。请问企业在还未申请成为高新技术企业的情况下能享受研发费加计100%扣除的优惠吗？

答：《财政部 税务总局关于进一步完善研发费用税前加计扣除政策的公告》（财政部 税务总局公告2021年第13号）第一条规定：“制造业企业开展研发活动中实际发生的研发费用，未形成无形资产计入当期损益的，在按规定据实扣除的基础上，自2021年1月1日起，再按照实际发生额的100%在税前加计扣除；形成无形资产的，自2021年1月1日起，按照无形资产成本的200%在税前摊销。”第三条规定：“企业享受研发费用加计扣除政策的其他政策口径和管理要求，按照《财政部 国家税务总局 科技部关于完善研究开发费用税前加计扣除政策的通知》（财税〔2015〕119号）、《财政部 税务总局 科技部关于企业委托境外研究开发费用税前加计扣除有关政策问题的通知》（财税〔2018〕64号）等文件相关规定执行。”

根据上述规定，企业只要符合财税〔2015〕119号、财税〔2018〕64号等相关文件的规定，就可以享受研发费用加计扣除的优惠，且研发费用加计扣除优惠和高新技术企业优惠是两种优惠政策，两种优惠可以叠加享受，也可以分别享受。

338. 享受研发加计扣除优惠需要填报哪些资料

某企业是一家新材料研发单位，在开展产品研发的同时决定享受企业所得税研发加计扣除优惠。请问需要填报哪些资料?

答：《国家税务总局关于企业研究开发费用税前加计扣除政策有关问题的公告》（国家税务总局公告2015年第97号）第五条规定：“企业应按照国家财务会计制度要求，对研发支出进行会计处理。研发项目立项时应设置研发支出辅助账，由企业留存备查；年末汇总分析填报研发支出辅助账汇总表，并在报送《年度财务会计报告》的同时随附注一并报送主管税务机关。研发支出辅助账、研发支出辅助账汇总表可参照本公告所附样式（见附件）编制。”第六条第（一）项规定：“企业年度纳税申报时，根据研发支出辅助账汇总表填报研发项目可加计扣除研发费用情况归集表（见附件），在年度纳税申报时随申报表一并报送。”《国家税务总局关于修订企业所得税年度纳税申报表有关问题的公告》（国家税务总局公告2019年第41号）第二条规定：“企业申报享受研发费用加计扣除政策时，按照《国家税务总局关于发布修订后的〈企业所得税优惠政策事项办理办法〉的公告》（国家税务总局公告2018年第23号）的规定执行，不再填报‘研发项目可加计扣除研究开发费用情况归集表’和报送‘研发支出辅助账汇总表’。‘研发支出辅助账汇总表’由企业留存备查。”第三条规定：“……《国家税务总局关于企业研究开发费用税前加计扣除政策有关问题的公告》（国家税务总局公告2015年第97号）第五条中‘并在报送《年度财务会计报告》的同时随附注一并报送主管税务机关’的规定和第六条第一项、附件6‘研发项目可加计扣除研究开发费用情况归集表’同时废止。”

根据上述规定，企业享受研发加计扣除优惠时，无须再填报“研发项目可加计扣除研究开发费用情况归集表”，但仍需填写“研发支出辅助账汇总表”并留存备查。

339. 购置单价不超过500万元的房产能否一次性扣除

某企业购置一幢写字楼的一层作为办公楼，单价450万元。请问能否享受一次性税前扣除政策？

答：《财政部 税务总局关于设备、器具扣除有关企业所得税政策的通知》第一条规定：“企业在2018年1月1日至2020年12月31日期间新购进的设备、器具，单位价值不超过500万元的，允许一次性计入当期成本费用在计算应纳税所得额时扣除，不再分年度计算折旧；单位价值超过500万元的，仍按企业所得税法实施条例、《财政部 国家税务总局关于完善固定资产加速折旧企业所得税政策的通知》（财税〔2014〕75号）、《财政部 国家税务总局关于进一步完善固定资产加速折旧企业所得税政策的通知》（财税〔2015〕106号）等相关规定执行。”《财政部 税务总局关于延长部分税收优惠政策执行期限的公告》（财政部 税务总局公告2021年第6号）第一条规定：“《财政部 税务总局关于设备器具扣除有关企业所得税政策的通知》（财税〔2018〕54号）等16个文件规定的税收优惠政策凡已经到期的，执行期限延长至2023年12月31日。”《国家税务总局关于设备器具扣除有关企业所得税政策执行问题的公告》（国家税务总局公告2018年第46号）第一条第（一）项规定：“所称设备、器具，是指除房屋、建筑物以外的固定资产（以下简称固定资产）；所称购进，包括以货币形式购进或自行建造，其中以货币形式购进的固定资产包括购进的使用过的固定资产；以货币形式购进的固定资产，以购买价款和支付的相关税费以及直接归属于使该资产达到预定用途发生的其他支出确定单位价值，自行建造的固定资产，以竣工结算前发生的支出确定单位价值。”

根据上述规定，享受一次性扣除政策的固定资产不包括房屋，所以该笔支出不能享受一次性税前扣除的政策。

340. 享受企业所得税一次性扣除在会计处理时是否也要一次性计入当期损益

某企业购入一台生产设备，按规定选择享受一次性税前扣除政策。请问其在会计处理时是否也需要一次性计入当期损益？

答：《国家税务总局关于设备器具扣除有关企业所得税政策执行问题的公

告》（国家税务总局公告2018年第46号）第三条规定："企业选择享受一次性税前扣除政策的，其资产的税务处理可与会计处理不一致。"

根据上述规定，企业会计处理是否采取一次性税前扣除方法，不影响企业享受一次性税前扣除政策，因此，企业在享受一次性税前扣除政策时，不需要在会计处理也同时采取与税收相同的折旧方法。

341. 未明细核算研发费用能否加计扣除

某企业自主开展研发活动，财务人员在研发费用加计扣除汇算清缴前未将研发费用明细核算、单独归集成列表。请问能否按研发费用总额加计扣除？

答：《财政部 国家税务总局 科学技术部关于完善研究开发费用税前加计扣除政策的通知》（财税〔2015〕119号）第三条规定："企业应按照国家财务会计制度要求，对研发支出进行会计处理；同时，对享受加计扣除的研发费用按研发项目设置辅助账，准确归集核算当年可加计扣除的各项研发费用实际发生额。企业在一个纳税年度内进行多项研发活动的，应按照不同研发项目分别归集可加计扣除的研发费用。企业应对研发费用和生产经营费用分别核算，准确、合理归集各项费用支出，对划分不清的，不得实行加计扣除。"

根据上述规定，企业未对研发费用明细核算、单独归集成列表，导致不能准确归集核算当年可加计扣除的各项研发费用实际发生额，因此，无法享受加计扣除优惠政策。

342. 2022年第四季度研发加计扣除具体金额如何确认

某企业原本适用75%的研发费用税前加计扣除比例，按照财政部、税务总局、科技部公告2022年第28号的规定，2022年第四季度研发加计扣除比例可以提高至100%，企业当年研发费用均在前三季度发生，合计400万元。请问为充分享受优惠政策，企业计算的第四季度可按100%比例加计扣除的研发费用应当是多少？

答：《财政部 国家税务总局 科学技术部关于完善研究开发费用税前加计扣除政策的通知》（财税〔2015〕119号）第三条规定："现行适用研发费用税前加计扣除比例75%的企业，在2022年10月1日至2022年12月31日期间，税前加计扣除比例提高至100%。企业在2022年度企业所得税汇算清缴计算享受研发费用加计扣除优惠时，四季度研发费用可由企业自行选择按实际发生数计算，或者按全年实际发生的研发费用乘以2022年10月1日后的经营月份数占其2022年度实际经营月份数的比例计算。"

根据上述规定，企业可以按全年实际发生的研发费用乘以2022年度10月1日以后的经营月份数占其2022年度实际经营月份数的比例计算。2022年度经营月份为12个月，2022年10月1日后的经营月份数为3个月，按照计算公式，第四季度可按100%比例加计扣除的研发费用为100［=400×（3/12）］万元。

343. 研发加计其他费用限额如何计算

某企业开展了多项研发活动，分别发生了其他相关费用。请问在计算限额时是按每一项目分别计算还是按全部项目统一计算其他相关费用限额？

答：《国家税务总局关于进一步落实研发费用加计扣除政策有关问题的公告》（国家税务总局公告2021年第28号）第三条规定：“（一）企业在一个纳税年度内同时开展多项研发活动的，由原来按照每一研发项目分别计算‘其他相关费用’限额，改为统一计算全部研发项目‘其他相关费用’限额。企业按照以下公式计算：《财政部 国家税务总局 科技部关于完善研究开发费用税前加计扣除政策的通知》（财税〔2015〕119号）第一条第（一）项‘允许加计扣除的研发费用’第6目规定的‘其他相关费用’的限额，其中资本化项目发生的费用在形成无形资产的年度统一纳入计算：全部研发项目的其他相关费用限额=全部研发项目的人员人工等五项费用之和×10%/（1-10%）。‘人员人工等五项费用’是指财税〔2015〕119号文件第一条第（一）项‘允许加计扣除的研发费用’第1目至第5目费用，包括‘人员人工费用’‘直接投入费用’‘折旧费用’‘无形资产摊销’和‘新产品设计费、新工艺规程制定费、新药研制的临床试验费、勘探开发技术的现场试验费’。（二）当‘其他相关费用’实际发生数小于限额时，按实际发生数计算税前加计扣除额；当‘其他相关费用’实际发生数大于限额时，按限额计算税前加计扣除额。”

根据上述规定，企业有多个研发项目，可以按全部项目统一计算其他相关费用限额，不需要分项目计算。

344. 能否自行设置研发支出辅助账样式

某企业选择享受研发费用加计扣除政策。请问能否根据企业情况自行设置并填写研发支出辅助账？

答：《国家税务总局关于进一步落实研发费用加计扣除政策有关问题的公告》（国家税务总局公告2021年第28号）第二条规定：“（一）《国家税务总

局关于企业研究开发费用税前加计扣除政策有关问题的公告》（2015 年第 97 号，以下简称 97 号公告）发布的研发支出辅助账和研发支出辅助账汇总表样式（以下简称 2015 版研发支出辅助账样式）继续有效。另增设简化版研发支出辅助账和研发支出辅助账汇总表样式（以下简称 2021 版研发支出辅助账样式），具体样式及填写说明见附件。（二）企业按照研发项目设置辅助账时，可以自主选择使用 2015 版研发支出辅助账样式，或者 2021 版研发支出辅助账样式，也可以参照上述样式自行设计研发支出辅助账样式。企业自行设计的研发支出辅助账样式，应当包括 2021 版研发支出辅助账样式所列数据项，且逻辑关系一致，能准确归集允许加计扣除的研发费用。”

根据上述规定，按照研发项目设置辅助账时，可以自主选择使用 2015 版研发支出辅助账样式，或者 2021 版研发支出辅助账样式，也可以参照上述样式自行设计研发支出辅助账样式。

345. 外聘兼职的研发人员的工资能否加计扣除

某企业在自主研发活动中，外聘了数名高校教授（未签订劳务用工协议）。请问支付给这些兼职研发人员的工资及奖金能否归集至研发费用享受加计扣除？

答：《国家税务总局关于研发费用税前加计扣除归集范围有关问题的公告》（国家税务总局公告 2017 年第 40 号）第一条规定：“直接从事研发活动人员包括研究人员、技术人员、辅助人员。研究人员是指主要从事研究开发项目的专业人员；技术人员是指具有工程技术、自然科学和生命科学中一个或一个以上领域的技术知识和经验，在研究人员指导下参与研发工作的人员；辅助人员是指参与研究开发活动的技工。外聘研发人员是指与本企业或劳务派遣企业签订劳务用工协议（合同）和临时聘用的研究人员、技术人员、辅助人员。”

根据上述规定，企业因研发活动的需要临时聘用的研究人员、技术人员、辅助人员支付的工资奖金，可以作为人员人工费归集至研发费用加计扣除。

346. 委托研发的受托方是否需要向委托方提供支出明细

某企业委托非关联企业进行科研项目研发。请问受托企业是否需要向该企业提供研发费用明细情况？

答：《国家税务总局关于研发费用税前加计扣除归集范围有关问题的公告》（国家税务总局公告 2017 年第 40 号）第七条第（二）项规定：“国家税务总局公告 2015 年第 97 号第三条所称‘研发活动发生费用’是指委托方实际支付给受托方的费用。无论委托方是否享受研发费用税前加计扣除政策，受托方均不得加计扣除。委托方委托关联方开展研发活动的，受托方需向委托方提供研发过程中实际发生的研发项目费用支出明细情况。”《财政部 国家税务总局 科学技术部关于完善研究开发费用税前加计扣除政策的通知》（财税〔2015〕119号）第二条规定：“企业委托外部机构或个人进行研发活动所发生的费用，按照费用实际发生额的80%计入委托方研发费用并计算加计扣除，受托方不得再进行加计扣除。委托外部研究开发费用实际发生额应按照独立交易原则确定。委托方与受托方存在关联关系的，受托方应向委托方提供研发项目费用支出明细情况。”

根据上述规定，该企业与受托方并非关联企业，受托企业无须向委托企业提供研发费用明细情况。

347. 享受研发费用100%加计扣除需符合什么条件

某企业是一家电力设备生产企业，主要生产各种变压器、开关柜等。财政部、税务总局公告2021年第13号文将制造业研发费用加计扣除比例提高到100%，请问具体应符合什么条件?

答：《财政部 税务总局关于进一步完善研发费用税前加计扣除政策的公告》（财政部 税务总局公告2021年第13号）第一条规定：“制造业企业开展研发活动中实际发生的研发费用，未形成无形资产计入当期损益的，在按规定据实扣除的基础上，自2021年1月1日起，再按照实际发生额的100%在税前加计扣除；形成无形资产的，自2021年1月1日起，按照无形资产成本的200%在税前摊销。本条所称制造业企业，是指以制造业业务为主营业务，享受优惠当年主营业务收入占收入总额的比例达到50%以上的企业。制造业的范围按照《国民经济行业分类》（GB/T4574－2017）确定，如国家有关部门更新《国民经济行业分类》，从其规定。收入总额按照企业所得税法第六条规定执行。”

根据上述规定，企业应当以制造业业务为主营业务，且当年主营业务收入占收入总额的比例达到50%以上，如果符合上述条件，则企业研发费用加计扣除比例提高到100%。

348. 研发活动失败能否享受研发费用加计扣除优惠

某企业董事会决议对某产品进行立项研发，后由于市场偏好发生变化，企业决定后续不再投入经费。请问该研发活动产生的研发经费能否加计扣除?

答：《国家税务总局关于研发费用税前加计扣除归集范围有关问题的公

告》（国家税务总局公告2017年第40号）第七条第（四）项规定："失败的研发活动所发生的研发费用可享受税前加计扣除政策。"

根据上述规定，企业该产品研发活动虽然失败，但符合规定的研发费用支出仍可享受加计扣除。

349. 亏损企业是否可以享受研发费用加计扣除政策

某企业由于刚成立，正处于市场开发阶段，目前还未盈利。请问其立项的研发项目所发生的研发费用能否享受研发费用加计扣除政策？

答：《中华人民共和国企业所得税法》（中华人民共和国主席令第二十三号）第五条规定："企业每一纳税年度的收入总额，减除不征税收入、免税收入、各项扣除以及允许弥补的以前年度亏损后的余额，为应纳税所得额。"《中华人民共和国企业所得税法实施条例》（国务院令第714号）第十条规定："企业所得税法第五条所称亏损，是指企业依照企业所得税法和本条例的规定将每一纳税年度的收入总额减除不征税收入、免税收入和各项扣除后小于零的数额。"《财政部 国家税务总局 科学技术部关于完善研究开发费用税前加计扣除政策的通知》（财税〔2015〕119号）第一条第（一）项规定："企业开展研发活动中实际发生的研发费用，未形成无形资产计入当期损益的，在按规定据实扣除的基础上，按照本年度实际发生额的50%，从本年度应纳税所得额中扣除；形成无形资产的，按照无形资产成本的150%在税前摊销。"

根据上述规定，亏损企业享受研发费用加计扣除在税务处理时会进一步加大亏损额，允许结转至以后年度弥补，因此，即使企业处于亏损状态也可享受研发费用加计扣除优惠政策。

350. 委托境外研发如何计算加计扣除金额

某企业自身开展了数项研发项目，同时还委托境外非关联企业开展一项研发活动。请问其委托境外研发的支出应如何计算加计扣除金额？

答：《财政部 税务总局 科技部关于提高研究开发费用税前加计扣除比例的通知》（财税〔2018〕99号）第一条规定："企业开展研发活动中实际发生的研发费用，未形成无形资产计入当期损益的，在按规定据实扣除的基础上，在2018年1月1日至2020年12月31日期间，再按照实际发生额的75%在税前加计扣除；形成无形资产的，在上述期间按照无形资产成本的175%在税前摊销。"（依据财政部、税务总局公告2021年第6号——《财政部 税务总局关于延长部分税收优惠政策执行期限的公告》，本法规税收优惠政策执行期限延长至2023年12月31日)。《财政部 税务总局 科技部关于企业委托境外研究开发费用税前加计扣除有关政策问题的通知》(财税〔2018〕64号)第一条规定:"委托境外进行研发活动所发生的费用,按照费用实际发生额的80%计入委托方的委托境外研发费用。委托境外研发费用不超过境内符合条件的研发费用三分之二的部分,可以按规定在企业所得税前加计扣除。上述费用实际发生额应按照独立交易原则确定。委托方与受托方存在关联关系的,受托方应向委托方提供研发项目费用支出明细情况。"

根据上述规定,企业应比较符合条件的委托境外研发费用的80%和境内研发费用的2/3,取其低者作为允许加计扣除的委托境外研发费用。

351. 委托境外研发项目未向科技部门登记能否加计扣除

某企业委托境外其他单位进行项目研发,已签订委托研发合同,但合同未向科技部门登记。请问该笔研发支出能否进行加计扣除?

答:《技术合同认定登记管理办法》(国科发政字〔2000〕063号)第六条规定:"未申请认定登记和未予登记的技术合同,不得享受国家对有关促进科技成果转化规定的税收、信贷和奖励等方面的优惠政策。"《财政部 税务总局 科技部关于企业委托境外研究开发费用税前加计扣除有关政策问题的通知》(财税〔2018〕64号)第二条规定:"委托境外进行研发活动应签订技术开发合同,并由委托方到科技行政主管部门进行登记。相关事项按技术合同认定登记管理办法及技术合同认定规则执行。"

根据上述规定,企业委托境外单位进行研发活动,应由委托方到科技行政主管部门进行登记;如未按规定登记的,不得享受企业所得税加计扣除优惠政策。

352. 研发中心负责人等人员工资薪金支出能否加计扣除

某企业为了开展研发活动,专门成立一个研发中心。请问除了直接从事研发活动人员外,研发中心的管理负责人、统计人员、仓管人员、检验检测人员的工资薪金能否加计扣除?

答:《国家税务总局关于研发费用税前加计扣除归集范围有关问题的公告》(国家税务总局公告2017年第40号)第一条规定:"(一)直接从事研发活动人员包括研究人员、技术人员、辅助人员。研究人员是指主要从事研究开发项目的专业人员;技术人员是指具有工程技术、自然科学和生命科学中一个或一个以上领域的技术知识和经验,在研究人员指导下参与研发工作的人员；辅助人员是指参与研究开发活动的技工。”国家税务总局办公厅关于《国家税务总局关于企业研究开发费用税前加计扣除政策有关问题的公告》的解读第二条第（一）项规定：“上述人员中的辅助人员不应包括为研发活动从事后勤服务的人员……”

根据上述规定，企业研发中心的管理负责人、统计人员、仓管人员、检验检测人员主要是为研发活动从事后勤服务的人员，一般不包括在直接从事研发活动人员中，其工资薪金不得加计扣除。

353. 核定征收所得税企业能否享受研发加计扣除政策

某企业由于会计账簿不健全，税务机关对其采用核定方式征收企业所得税。请问该企业因产品研发产生的研发费用能否享受加计扣除政策？

答：《财政部 国家税务总局 科学技术部关于完善研究开发费用税前加计扣除政策的通知》（财税〔2015〕119 号）第三条规定：“企业应按照国家财务会计制度要求，对研发支出进行会计处理；同时，对享受加计扣除的研发费用按研发项目设置辅助账，准确归集核算当年可加计扣除的各项研发费用实际发生额。企业在一个纳税年度内进行多项研发活动的，应按照不同研发项目分别归集可加计扣除的研发费用。”第五条规定：“本通知适用于会计核算健全、实行查账征收并能够准确归集研发费用的居民企业。”

根据上述规定，由于企业会计核算不健全，无法享受研发费用加计扣除政策。

354. 未享受研发费用加计扣除政策能否追溯享受

某企业 2020 年对某产品立项研发，因为财务人员的疏忽导致一笔研发费用支出未享受研发费用加计扣除政策，2022 年内部审计发现该笔研发费用未进行加计扣除。请问是否可以追溯享受研发费用加计扣除政策？

答：《财政部 国家税务总局 科学技术部关于完善研究开发费用税前加计扣除政策的通知》（财税〔2015〕119 号）第五条规定：“企业符合本通知规定的研发费用加计扣除条件而在 2016 年 1 月 1 日以后未及时享受该项税收优惠的，可以追溯享受并履行备案手续，追溯期限最长为 3 年。”

根据上述规定，企业该笔研发费用如符合研发加计扣除条件，可以在 2023 年前进行追溯加计扣除。

355. 研发项目相关的业务招待费能否加计扣除

某企业在研发期间遇到理论性难题，聘请某大学教授来本单位进行理论性指导。请问期间接待专家产生的业务招待费能否作为研发费用中的其他费用享受加计扣除优惠政策？

答：《国家税务总局关于研发费用税前加计扣除归集范围有关问题的公告》（国家税务总局公告2017年第40号）第六条规定："其他相关费用指与研发活动直接相关的其他费用，如技术图书资料费、资料翻译费、专家咨询费、高新科技研发保险费，研发成果的检索、分析、评议、论证、鉴定、评审、评估、验收费用，知识产权的申请费、注册费、代理费，差旅费、会议费，职工福利费、补充养老保险费、补充医疗保险费。此类费用总额不得超过可加计扣除研发费用总额的10%。"

根据上述规定，研发费用中的其他相关费用应在国家税务总局公告2017年第40号中列举的范围之内，而文件中未包含业务招待费，则即使在会计处理时将其计入研发费用，也不能进行加计扣除。

356. 共同合作开发的项目应当如何加计扣除

某企业打算与研发实力较强的另一家单位合作开展研发活动。请问对于共同合作开发的项目，企业应当如何进行加计扣除？

答：《国家税务总局关于研发费用税前加计扣除归集范围有关问题的公告》（国家税务总局公告2017年第40号）第二条规定："企业共同合作开发的项目，由合作各方就自身实际承担的研发费用分别计算加计扣除。"

根据上述规定，企业共同合作研发的项目，合作各方按照《企业（合作）研究开发项目计划书》和经登记的《技术开发（合作）合同》分项目设置"合作研发'研发支出'辅助账"，就自身实际承担的研发费用按照会计核算要求分项目核算，并按照研发费用归集范围分别计算加计扣除。

357. 中间试制品收入是否需要冲减研发费用

某企业将一项产品研发活动中产生的中间试制品赠送给客户，视同销售确认了收入。请问这笔收入是否需要从研发费用中扣减？

答：《国家税务总局关于研发费用税前加计扣除归集范围有关问题的公告》（国家税务总局公告2017年第40号）第七条规定："（二）企业取得研发过程中形成的下脚料、残次品、中间试制品等特殊收入，在计算确认收入当年的加计扣除研发费用时，应从已归集研发费用中扣减该特殊收入，不足扣减的，加计扣除研发费用按零计算。”

根据上述规定，企业将中间试制品赠送给客户所确认的视同销售收入需要从已归集的研发费用中扣减。

358. 研发形成产品销售对应的材料费能否跨项目冲减

某企业上一年开展 A 项目的研发，年内完成了全部研发活动，所形成的产品在本年销售出去。请问上一年立项的 A 项目直接形成产品销售所对应的材料费能否在本年冲减其他项目的研发费用？

答：《国家税务总局关于研发费用税前加计扣除归集范围有关问题的公告》（国家税务总局公告 2017 年第 40 号）第二条第（二）项规定：“企业研发活动直接形成产品或作为组成部分形成的产品对外销售的，研发费用中对应的材料费用不得加计扣除。产品销售与对应的材料费用发生在不同纳税年度且材料费用已计入研发费用的，可在销售当年以对应的材料费用发生额直接冲减当年的研发费用，不足冲减的，结转以后年度继续冲减。”

根据上述规定，企业上一年开展 A 项目所形成的产品在本年完成销售，其对应的材料费可以在本年冲减其他项目的研发费用。

359. 即征即退税款用于研发项目的支出能否加计扣除

某企业享受增值税即征即退政策，取得了退回的税款并将其用于某产品研发，请问相关支出能否享受研发费用加计扣除的优惠？

答：《财政部 国家税务总局关于进一步鼓励软件产业和集成电路产业发展企业所得税政策的通知》（财税〔2012〕27 号）第五条规定：“符合条件的软件企业按照《财政部 国家税务总局关于软件产品增值税政策的通知》（财税〔2011〕100 号）规定取得的即征即退增值税款，由企业专项用于软件产品研发和扩大再生产并单独进行核算，可以作为不征税收入，在计算应纳税所得额时从收入总额中减除。”《中华人民共和国企业所得税法实施条例》（国务院令第 714 号）第二十八条规定：“企业发生的支出应当区分收益性支出和资本性支出。收益性支出在发生当期直接扣除；资本性支出应当分期扣除或者计入有关资产成本，不得在发生当期直接扣除。企业的不征税收入用于支出所形成的费用或者财产，不得扣除或者计算对应的折旧、摊销扣除。除企业所得税法和本条例另有规定外，企业实际发生的成本、费用、税金、损失和其他支出，不得重复扣除。”

根据上述规定，企业享受增值税即征即退政策所退还的税款如果确认为不征税收入，则其用于产品研发所形成的费用不得在计算应纳税所得额时扣除，也不能享受研发费用加计扣除政策。

360. 租用用于研发活动的房屋租金能否加计扣除

某企业因资金紧张，暂时租用一幢大楼作为研发大楼。请问该大楼租金能否作为研发费用加计扣除？

答：《国家税务总局关于研发费用税前加计扣除归集范围有关问题的公告》（国家税务总局公告2017年第40号）第二条规定："直接投入费用指研发活动直接消耗的材料、燃料和动力费用；用于中间试验和产品试制的模具、工艺装备开发及制造费，不构成固定资产的样品、样机及一般测试手段购置费，试制产品的检验费；用于研发活动的仪器、设备的运行维护、调整、检验、维修等费用，以及通过经营租赁方式租入的用于研发活动的仪器、设备租赁费。"

根据上述规定，研发费用加计扣除政策归集范围包括经营租赁方式租入的用于研发活动的仪器、设备租赁费，但不包括房屋租赁费，因此，租赁房屋的租金无法归集至研发费用加计扣除。

361. 放弃享受高新优惠的小型微利企业如何填申报表

某企业原本为高新技术企业，但又同时符合小型微利企业的条件，如企业放弃享受高新技术企业优惠，而是选择享受小型微利企业优惠，请问办理企业所得税汇算清缴时是否还需要选择填写A107041"高新技术企业优惠情况及明细表"？

答：《国家税务总局关于修订〈中华人民共和国企业所得税年度纳税申报表（A类，2017年版）〉部分表单样式及填报说明的公告》（国家税务总局公告2018年第57号）附件《〈中华人民共和国企业所得税年度纳税申报表（A类，2017年版）〉部分表单及填报说明》规定："纳税人根据税法、《科技部 财政部 国家税务总局关于修订印发〈高新技术企业认定管理办法〉的通知》（国科发火〔2016〕32号）、《科学技术部 财政部 国家税务总局关于修订印发〈高新技术企业认定管理工作指引〉的通知》（国科发火〔2016〕195号）、《国家税务总局关于实施高新技术企业所得税优惠政策有关问题的公告》（国家税务总局公告2017年第24号）等相关税收政策规定，填报高新技术企业基本信息和本年优惠情况。不论是否享受优惠政策，高新技术企业资格在有效期内的纳税人均需填报本表。”

根据上述规定，企业如选择享受小型微利企业优惠，而放弃享受高新技术企业优惠的，在高新技术企业资格有效期内必须选择填写 A107041“高新技术企业优惠情况及明细表”，其中 31 行“十、国家需要重点扶持的高新技术企业减征企业所得税”可以填“0”。

362. 为科研项目对员工培训发生的支出能否加计扣除

某企业为了更好地开展项目研发工作，聘请某大学对研发人员进行培训。请问发生的培训支出能否作为研发费用加计扣除？

答：《国家税务总局关于研发费用税前加计扣除归集范围有关问题的公告》（国家税务总局公告 2017 年第 40 号）第一条规定：“人员人工费用指直接从事研发活动人员的工资薪金、基本养老保险费、基本医疗保险费、失业保险费、工伤保险费、生育保险费和住房公积金，以及外聘研发人员的劳务费用。（一）直接从事研发活动人员包括研究人员、技术人员、辅助人员。研究人员是指主要从事研究开发项目的专业人员；技术人员是指具有工程技术、自然科学和生命科学中一个或一个以上领域的技术知识和经验，在研究人员指导下参与研发工作的人员；辅助人员是指参与研究开发活动的技工。外聘研发人员是指与本企业或劳务派遣企业签订劳务用工协议（合同）和临时聘用的研究人员、技术人员、辅助人员。接受劳务派遣的企业按照协议（合同）约定支付给劳务派遣企业，且由劳务派遣企业实际支付给外聘研发人员的工资薪金等费用，属于外聘研发人员的劳务费用。（二）工资薪金包括按规定可以在税前扣除的对研发人员股权激励的支出。（三）直接从事研发活动的人员、外聘研发人员同时从事非研发活动的，企业应对其人员活动情况做必要记录，并将其实际发生的相关费用按实际工时占比等合理方法在研发费用和生产经营费用间分配，未分配的不得加计扣除。”第六条规定：“其他相关费用指与研发活动直接相关的其他费用，如技术图书资料费、资料翻译费、专家咨询费、高新科技研发保险费，研发成果的检索、分析、评议、论证、鉴定、评审、评估、验收费用，知识产权的申请费、注册费、代理费，差旅费、会议费，职工福利费、补充养老保险费、补充医疗保险费。此类费用总额不得超过可加计扣除研发费用总额的 10%。”

根据上述规定，企业组织研发人员参加培训发生的支出不属于上述文件规定的范围，不适用研发费用加计扣除政策，不能作为人员人工费用或其他相关费用加计扣除。

363. 为研发人员发放的住房补贴能否加计扣除

某企业为参加研发活动的研发人员发放了住房补贴。请问该补贴是否属于研发费用加计扣除范围?

答:《国家税务总局关于研发费用税前加计扣除归集范围有关问题的公告》(国家税务总局公告2017年第40号)第一条规定:"人员人工费用指直接从事研发活动人员的工资薪金、基本养老保险费、基本医疗保险费、失业保险费、工伤保险费、生育保险费和住房公积金,以及外聘研发人员的劳务费用。"《国家税务总局关于企业工资薪金和职工福利费等支出税前扣除问题的公告》(国家税务总局公告2015年第34号)第一条规定:"列入企业员工工资薪金制度、固定与工资薪金一起发放的福利性补贴,符合《国家税务总局关于企业工资薪金及职工福利费扣除问题的通知》(国税函〔2009〕3号)第一条规定的,可作为企业发生的工资薪金支出,按规定在税前扣除。不能同时符合上述条件的福利性补贴,应作为国税函〔2009〕3号文件第三条规定的职工福利费,按规定计算限额税前扣除。"《国家税务总局关于企业工资薪金及职工福利费扣除问题的通知》(国税函〔2009〕3号)第一条规定:"《实施条例》第三十四条所称的'合理工资薪金',是指企业按照股东大会、董事会、薪酬委员会或相关管理机构制定的工资薪金制度规定实际发放给员工的工资薪金。税务机关在对工资薪金进行合理性确认时,可按以下原则掌握:(一)企业制定了较为规范的员工工资薪金制度;(二)企业所制定的工资薪金制度符合行业及地区水平;(三)企业在一定时期所发放的工资薪金是相对固定的,工资薪金的调整是有序进行的;(四)企业对实际发放的工资薪金,已依法履行了代扣代缴个人所得税义务;(五)有关工资薪金的安排,不以减少或逃避税款为目的。"

根据上述规定,企业给直接从事研发活动人员发放的住房补贴如果属于列入企业员工工资薪金制度、固定与工资薪金一起发放的福利性补贴,且符合国税函〔2009〕3号第一条规定的条件,可以列入研发费用加计扣除范围。

364. 兼职和临时聘用人员是否计入高新科技人员人数

某企业打算申请高新技术企业,政策文件中要求企业从事研发和相关技术创新活动的科技人员占企业当年职工总数的比例不低于10%。请问从事研发活动的兼职和临时聘用人员是否应计入科技人员人数和职工总数?

答:《科技部 财政部 国家税务总局关于修订印发〈高新技术企业认定管

理工作指引〉的通知》（国科发火〔2016〕195 号）附件《高新技术企业认定管理工作指引》第三条第（五）项规定：“企业科技人员占比是企业科技人员数与职工总数的比值。1. 科技人员，企业科技人员是指直接从事研发和相关技术创新活动，以及专门从事上述活动的管理和提供直接技术服务的，累计实际工作时间在 183 天以上的人员，包括在职、兼职和临时聘用人员。2. 职工总数，企业职工总数包括企业在职、兼职和临时聘用人员。在职人员可以通过企业是否签订了劳动合同或缴纳社会保险费来鉴别；兼职、临时聘用人员全年须在企业累计工作 183 天以上。”

根据上述规定，企业符合上述规定条件的兼职和临时聘用人员，也应计入科技人员人数和职工总数。

365. 受托研发是否计入高新研究开发费用总额

某企业具有较强的研发实力，在自主开展科研项目之外还接受委托研发项目。请问在计算高新企业研究开发费用总额时是否应将受托研发发生的费用包含在内？

答：《科技部 财政部 国家税务总局关于修订印发〈高新技术企业认定管理工作指引〉的通知》（国科发火〔2016〕195 号）附件《高新技术企业认定管理工作指引》第三条第（六）项规定：“委托外部研究开发费用是指企业委托境内外其他机构或个人进行研究开发活动所发生的费用（研究开发活动成果为委托方企业拥有，且与该企业的主要经营业务紧密相关）。委托外部研究开发费用的实际发生额应按照独立交易原则确定，按照实际发生额的 80% 计入委托方研发费用总额。”

根据上述规定，企业受托研发发生的研发费用不可以计入受托方的高新企业研究开发费用总额中。

366. 研发费用加计扣除优惠预缴申报时能否享受

某企业当年发生若干研发项目，请问在预缴企业所得税时能否就研发项目享受加计扣除优惠政策？

答：《国家税务总局关于企业预缴申报享受研发费用加计扣除优惠政策有关事项的公告》（国家税务总局公告 2022 年第 10 号）第一条规定：“企业 10 月份预缴申报第 3 季度（按季预缴）或 9 月份（按月预缴）企业所得税时，可以自主选择就当年前三季度研发费用享受加计扣除优惠政策。对 10 月份预缴申报期未选择享受研发费用加计扣除优惠政策的，可以在办理当年度企业所得税汇算清缴时统一享受。”第二条规定：“企业享受研发费用加计扣除优惠政策采取‘真实发生、自行判别、申报享受、相关资料留存备查’办理方式，由企业依据实际发生的研发费用支出，自行计算加计扣除金额，填报‘中华人民共和国企业所得税月（季）度预缴纳税申报表（A类）’享受税收优惠，并根据享受加计扣除优惠的研发费用情况（前三季度）填写‘研发费用加计扣除优惠明细表’（A107012）。‘研发费用加计扣除优惠明细表’（A107012）与规定的其他资料一并留存备查。”

根据上述规定，企业每年可以在第三季度或9月份预缴企业所得税时，自主选择是否就前三季度研发费用享受加计扣除优惠政策，同时应做好相关资料留存备查的工作。

367. 注册未满一年的企业能否申请认定为高新技术企业

某企业于2022年正式成立，通过自主研发获得对其主要产品在技术上发挥核心支持作用的知识产权的所有权。请问该企业能否申请认定高新技术企业？

答：《财政部 国家税务总局 科学技术部关于修订印发〈高新技术企业认定管理办法〉的通知》（国科发火〔2016〕32号）第十一条规定：“认定为高新技术企业须满足企业申请认定时须注册成立一年以上。”

根据上述规定，企业因为注册成立时间未满一年，因此，无法申请认定为高新技术企业。

368. 高新技术企业拿到证书当年是否就可以享受优惠

某企业在2022年12月取得高新技术企业证书，请问2022年度可以享受企业所得税税收优惠吗？

答：《财政部 国家税务总局 科学技术部关于修订印发〈高新技术企业认定管理办法〉的通知》（国科发火〔2016〕32号）第九条规定：“通过认定的高新技术企业，其资格自颁发证书之日起有效期为三年。”第十条规定：“企业获得高新技术企业资格后，自高新技术企业证书颁发之日所在年度起享受税收优惠，可依照本办法第四条的规定到主管税务机关办理税收优惠手续。”《国家税务总局关于实施高新技术企业所得税优惠政策有关问题的公告》（国家税务总局公告2017年第24号）第一条规定：“企业获得高新技术企业资格后，自高新技术企业证书注明的发证时间所在年度起申报享受税收优惠，并按规定向主管税务机关办理备案手续。企业的高新技术企业资格期满当年，在通过重新认定前，其企业所得税暂按 15% 的税率预缴，在年底前仍未取得高新技术企业资格的，应按规定补缴相应期间的税款。”

根据上述规定，企业在 2022 年 12 月取得高新技术企业证书，在 2022 年度即可享受企业所得税优惠政策。

369. 高新企业境外所得如何计算抵免限额

某企业为高新技术企业，在国外设立了分支机构，当年国外分支机构取得境外所得并按当地规定缴纳了企业所得税。请问来源于该国的境外所得能否按照 15% 税率计算抵免限额？

答：《财政部 国家税务总局关于高新技术企业境外所得适用税率及税收抵免问题的通知》（财税〔2011〕47 号）第一条规定：“自 2010 年 1 月 1 日起，以境内、境外全部生产经营活动有关的研究开发费用总额、总收入、销售收入总额、高新技术产品（服务）收入等指标申请并经认定的高新技术企业，其来源于境外的所得可以享受高新技术企业所得税优惠政策，即对其来源于境外所得可以按照 15% 的优惠税率缴纳企业所得税，在计算境外抵免限额时，可按照 15% 的优惠税率计算境内外应纳税总额。”

根据上述规定，来源于国外分支机构的所得可以按 15% 的优惠税率缴纳企业所得税；且在计算境外抵免限额时，可按照 15% 的优惠税率计算境内外应纳税总额。

370. 因环保问题被处罚是否会影响高新技术企业资格

某企业为高新技术企业，当年由于违规排放污染物被环保部门处罚。请问该行为是否会影响其高新技术企业资格？

答：《科技部 财政部 国家税务总局关于修订印发〈高新技术企业认定管理办法〉的通知》（国科发火〔2016〕32 号）第十九条规定：“已认定的高新技术企业有下列行为之一的，由认定机构取消其高新技术企业资格……（二）发生重大安全、重大质量事故或有严重环境违法行为的……对被取消高新技术企业资格的企业，由认定机构通知税务机关按《税收征管法》及有关规定，追缴其自发生上述行为之日所属年度起已享受的高新技术企业税收优惠。”

根据上述规定，企业在生产经营过程中对环境产生危害，并被有关部门根据相关法律法规判定为严重环境违法行为的，由认定机构取消其高新技术企业资格。

371. 中小微企业设备器具所得税税前扣除何时享受

某企业为中小微企业，且从事国家非限制和禁止行业。其在2022年3月购置某设备价值600万元，折旧年限为5年，第一季度申报时没有享受税前扣除的政策。请问可以在第二季度或者汇算清缴的时候扣除吗？

答：《财政部 税务总局关于中小微企业设备器具所得税税前扣除有关政策的公告》（财政部 税务总局公告2022年第12号）文件第四条规定："中小微企业可按季（月）在预缴申报时享受上述政策。本公告发布前企业在2022年已购置的设备、器具，可在本公告发布后的预缴申报、年度汇算清缴时享受。"

根据上述规定，企业2022年3月购置某设备，第一季度申报时没有享受税前扣除的政策，可以在第二季度或者汇算清缴的时候扣除。

372. 高新技术企业资格期满当年如何缴纳企业所得税

某企业为高新技术企业，当年高新技术资格即将期满，企业正在办理重新认定，请问该年度应如何缴纳企业所得税？

答：《国家税务总局关于实施高新技术企业所得税优惠政策有关问题的公告》（国家税务总局公告2017年第24号）第一条规定："企业获得高新技术企业资格后，自高新技术企业证书注明的发证时间所在年度起申报享受税收优惠，并按规定向主管税务机关办理备案手续。企业的高新技术企业资格期满当年，在通过重新认定前，其企业所得税暂按15%的税率预缴，在年底前仍未取得高新技术企业资格的，应按规定补缴相应期间的税款。"第二条规定："对取得高新技术企业资格且享受税收优惠的高新技术企业，税务部门如在日常管理过程中发现其在高新技术企业认定过程中或享受优惠期间不符合《认定办法》第十一条规定的认定条件的，应提请认定机构复核。复核后确认不符合认定条件的，由认定机构取消其高新技术企业资格，并通知税务机关追缴其证书有效期内自不符合认定条件年度起已享受的税收优惠。"

根据上述规定，该企业高新技术期满当年，在通过重新认定前，暂按15%预缴企业所得税，在年底前仍未取得高新技术企业资格的，应按规定补缴相应期间的税款，即适用法定税率的25%缴纳企业所得税。

373. 高新技术企业更名应如何处理

某企业2021年取得高新技术企业证书，且目前处于有效期内，2022年初企业变更名称。请问应当如何处理？

答：《财政部 国家税务总局 科学技术部关于修订印发〈高新技术企业认

定管理办法〉的通知》（国科发火〔2016〕32 号）第十七条规定：“高新技术企业发生更名或与认定条件有关的重大变化（如分立、合并、重组以及经营业务发生变化等）应在三个月内向认定机构报告。经认定机构审核符合认定条件的，其高新技术企业资格不变，对于企业更名的，重新核发认定证书，编号与有效期不变；不符合认定条件的，自更名或条件变化年度起取消其高新技术企业资格。”

根据上述规定，企业应当在更名后 3 个月内向认定机构报告，并由认定机构审核，仍符合认定条件的，重新核发认定证书，编号与有效期不变。

374. 高新技术企业新购入但未用于研发的设备能否一次性加计扣除

某企业为高新技术企业，在 2022 年 11 月新购置了一台设备，预计不会用于研发。请问还可以享受一次性加计扣除政策吗？

答：《财政部 税务总局 科技部关于加大支持科技创新税前扣除力度的公告》（财政部 税务总局 科技部公告 2022 年第 28 号）第一条规定：“高新技术企业在 2022 年 10 月 1 日至 2022 年 12 月 31 日期间新购置的设备、器具，允许当年一次性全额在计算应纳税所得额时扣除，并允许在税前实行 100% 加计扣除。凡在 2022 年第四季度内具有高新技术企业资格的企业，均可适用该项政策。企业选择适用该项政策当年不足扣除的，可结转至以后年度按现行有关规定执行。上述所称设备、器具是指除房屋、建筑物以外的固定资产；所称高新技术企业的条件和管理办法按照《科技部 财政部 国家税务总局关于修订印发〈高新技术企业认定管理办法〉的通知》（国科发火〔2016〕32 号）执行。”

根据上述规定，财政部、税务总局、科技部公告 2022 年第 28 号规定的设备、器具一次性扣除并加计扣除政策是独立于研发费用加计扣除的政策，并不要求企业购置的设备、器具必须用于研发。企业购置的设备，无论是否用于研发，只要符合政策规定的条件，均可以适用一次性扣除和加计扣除政策。

375. 总公司为高新企业，分公司能否享受所得税优惠

某企业为高新技术企业，在外省设有三个分公司，实行企业所得税跨地区经营汇总纳税。请问分公司在企业所得税汇算清缴时能否享受企业所得税优惠？

答：《中华人民共和国公司法》第十四条规定：“公司可以设立分公司。

设立分公司，应当向公司登记机关申请登记，领取营业执照。分公司不具有法人资格，其民事责任由公司承担。”《跨地区经营汇总纳税企业所得税征收管理办法》（国家税务总局公告2012年第57号）第二条规定：“居民企业在中国境内跨地区（指跨省、自治区、直辖市和计划单列市，下同）设立不具有法人资格分支机构的，该居民企业为跨地区经营汇总纳税企业（以下简称汇总纳税企业），除另有规定外。”第三条规定：“汇总纳税企业实行‘统一计算、分级管理、就地预缴、汇总清算、财政调库’的企业所得税征收管理办法：汇总清算，是指在年度终了后，总机构统一计算汇总纳税企业的年度应纳税所得额、应纳所得税额，抵减总机构、分支机构当年已就地分期预缴的企业所得税款后，多退少补。”

根据上述规定，总公司为高新技术企业的，汇总纳税企业的分公司和总公司统一计算，因此，可以享受高新技术企业所得税优惠。

376. 能否选择不享受一次性税前扣除优惠政策

某企业购入了一批电脑，符合财税〔2018〕54号文件关于一次性计入当期成本费用在计算应纳税所得额时扣除的政策，但由于金额不大，请问企业能否对这批电脑选择不享受优惠政策？

答：《国家税务总局关于设备器具扣除有关企业所得税政策执行问题的公告》（国家税务总局公告2018年第46号）第四条规定：“企业根据自身生产经营核算需要，可自行选择享受一次性税前扣除政策。未选择享受一次性税前扣除政策的，以后年度不得再变更。”《财政部 税务总局关于中小微企业设备器具所得税税前扣除有关政策的公告》（财政部 税务总局公告2022年第12号）第五条规定：“中小微企业可根据自身生产经营核算需要自行选择享受上述政策，当年度未选择享受的，以后年度不得再变更享受。”

根据上述规定，企业可以根据实际情况选择适用，也可以选择放弃适用一次性税前扣除优惠政策。如果当年选择放弃享受一次性税前扣除政策的，以后年度不得再变更享受。

377. 哪些产业可以享受西部大开发企业所得税政策

某企业是居民企业，准备在西部地区成立一家文化创意设计服务子公司。请问从事文化创意设计服务能否享受西部大开发15%税率的企业所得税优惠？

答：《财政部 税务总局 国家发展改革委关于延续西部大开发企业所得税政策的公告》（财政部 税务总局 国家发展改革委公告2020年第23号）第一

条规定："自2021年1月1日至2030年12月31日，对设在西部地区的鼓励类产业企业减按15%的税率征收企业所得税。本条所称鼓励类产业企业是指以《西部地区鼓励类产业目录》中规定的产业项目为主营业务，且其主营业务收入占企业收入总额60%以上的企业。"第四条规定："本公告所称西部地区包括内蒙古自治区、广西壮族自治区、重庆市、四川省、贵州省、云南省、西藏自治区、陕西省、甘肃省、青海省、宁夏回族自治区、新疆维吾尔自治区和新疆生产建设兵团。湖南省湘西土家族苗族自治州、湖北省恩施土家族苗族自治州、吉林省延边朝鲜族自治州和江西省赣州市，可以比照西部地区的企业所得税政策执行。"《西部地区鼓励类产业目录〔2020年本〕》（国家发展和改革委员会令2021年第40号）中规定了两类鼓励类产业，一是国家现有产业目录中的鼓励类产业，包括《产业结构调整指导目录（2019年本）》（国家发展改革委令2019年第29号）中的鼓励类产业和《鼓励外商投资产业目录（2020年版）》（国家发展改革委、商务部令2020年第38号）中的产业；二是西部地区新增鼓励类产业。

根据上述规定，企业设立的子公司如位于财政部、税务总局、国家发展改革委公告2020年第23号第四条规定的地区，从事的主营业务在《西部地区鼓励类产业目录》范围内，且其主营业务收入占企业收入总额60%以上的，可以享受西部大开发企业15%的优惠税率。

378. 购入变压器能否享受所得税税额抵免

某供电企业购入一批变压器用于主网项目，该变压器已取得供应商开具的发票，并投入使用。请问能否享受按投资额一定比例抵免企业所得税税额的优惠政策？

答：《中华人民共和国企业所得税法》（中华人民共和国主席令第二十三号）第三十四条规定："企业购置用于环境保护、节能节水、安全生产等专用设备的投资额，可以按一定比例实行税额抵免。"《中华人民共和国企业所得税法实施条例》（国务院令第714号）第一百条规定："企业所得税法第三十四条所称税额抵免，是指企业购置并实际使用《环境保护专用设备企业所得税优惠目录》《节能节水专用设备企业所得税优惠目录》和《安全生产专用设备企业所得税优惠目录》规定的环境保护、节能节水、安全生产等专用设备的，该专用设备的投资额的10%可以从企业当年的应纳税额中抵免；当年不足抵免的，可以在以后5个纳税年度结转抵免。享受前款规定的企业所得税优惠的企业，应当实际购置并自身实际投入使用前款规定的专用设备；企业购置上述专用设备在5年内转让、出租的，应当停止享受企业所得税优惠，并补缴已经抵免的企业所得税税款。”《财政部 税务总局 国家发展改革委 工业和信息化部 环境保护部关于印发节能节水和环境保护专用设备企业所得税优惠目录（2017年版）的通知》（财税〔2017〕71号）第一条规定：“对企业购置并实际使用节能节水和环境保护专用设备享受企业所得税抵免优惠政策的适用目录进行适当调整，统一按《节能节水专用设备企业所得税优惠目录（2017年版）》（附件1）和《环境保护专用设备企业所得税优惠目录（2017年版）》（附件2）执行。”

根据上述规定，企业购入并投入使用的变压器，如符合财税〔2017〕71号文件附件2《环境保护专用设备企业所得税优惠目录（2017年版）》规定的条件，即符合GB20052－2013范围和要求，且优于1级能效水平的三相配电变压器，即符合GB24790－2009范围和要求，且优于1级能效水平的电力变压器，该专用设备投资额的10%可以从企业当年的应纳所得税额中抵免；当年不足抵免的，可以在以后5个纳税年度结转抵免。

379. 小型微利企业预缴和汇算申报时是否需要备案

某企业发现本单位符合小型微利企业标准，请问成为小型微利企业后在企业所得税预缴和汇算申报时是否需要进行备案？

答：《国家税务总局关于小型微利企业所得税优惠政策征管问题的公告》（国家税务总局公告2022年第5号）第三条规定：“小型微利企业在预缴和汇算清缴企业所得税时，通过填写纳税申报表，即可享受小型微利企业所得税优惠政策。”

根据上述规定，企业成为小型微利企业后可通过填写纳税申报表享受小型微利企业所得税优惠政策，无须专门备案。

380. 汇算清缴时发现不符合小型微利企业条件如何处理

某企业在汇算清缴时发现本企业不符合小型微利企业相关政策标准，但之前已经在预缴企业所得税时享受了优惠。请问这种情况应当如何处理？

答：《国家税务总局关于小型微利企业所得税优惠政策征管问题的公告》（国家税务总局公告2022年第5号）第六条规定：“企业预缴企业所得税时享受了小型微利企业所得税优惠政策，但在汇算清缴时发现不符合相关政策标准的，应当按照规定补缴企业所得税税款。”

根据上述规定，企业应当补缴相应的企业所得税税款。

381. 以专利技术投资入股能否延期缴纳企业所得税

某企业以经评估为2500万元的专利技术投资入股A公司，该技术在企业账面价值为2000万元。请问企业当期是否需要将500万元确认为收入缴纳企业所得税，能否选择递延纳税优惠政策？

答：《国家税务总局关于完善股权激励和技术入股有关所得税政策的通知》（财税〔2016〕101号）第三条规定："对技术成果投资入股实施选择性税收优惠政策（一）企业或个人以技术成果投资入股到境内居民企业，被投资企业支付的对价全部为股票（权）的，企业或个人可选择继续按现行有关税收政策执行，也可选择适用递延纳税优惠政策。选择技术成果投资入股递延纳税政策的，经向主管税务机关备案，投资入股当期可暂不纳税，允许递延至转让股权时，按股权转让收入减去技术成果原值和合理税费后的差额计算缴纳所得税。"

根据上述规定，企业可以选择适用递延所得税优惠政策，到股权转让时再缴纳企业所得税，或者投资当期缴纳企业所得税。

382. 人员波动较大如何判断从业人数是否符合小型微利企业条件

某企业从事国家非限制和禁止行业，平时人员波动较大，企业准备享受小型微利企业所得税优惠政策。请问评估时如何判断从业人数是否符合小型微利企业条件？

答：《财政部 税务总局关于进一步实施小微企业所得税优惠政策的公告》（财政部 税务总局公告2022年第13号）第二条规定："本公告所称小型微利企业，是指从事国家非限制和禁止行业，且同时符合年度应纳税所得额不超过300万元、从业人数不超过300人、资产总额不超过5000万元等三个条件的企业。从业人数，包括与企业建立劳动关系的职工人数和企业接受的劳务派遣用工人数。所称从业人数和资产总额指标，应按企业全年的季度平均值确定。具体计算公式如下：季度平均值 =（季初值 + 季末值）÷2；全年季度平均值 = 全年各季度平均值之和 ÷4；年度中间开业或者终止经营活动的，以其实际经营期作为一个纳税年度确定上述相关指标。"

根据上述规定，企业可根据该计算公式得出全年季度平均值，并以此判断从业人数是否符合条件。

383. 小微企业固定资产按一定比例一次性扣除适用条件

某建筑企业从业人数1500人，营业收入15亿元，资产总额20亿元。请问是否可以适用中小微企业固定资产按一定比例一次性扣除的优惠政策？

答：《财政部 税务总局关于中小微企业设备器具所得税税前扣除有关政策的公告》（财政部 税务总局公告2022年第12号）第二条规定："本公告所称中小微企业是指从事国家非限制和禁止行业，且符合以下条件的企业：（一）信息传输业、建筑业、租赁和商务服务业：从业人员2000人以下，或营业收入10亿元以下或资产总额12亿元以下；（二）房地产开发经营：营业收入20亿元以下或资产总额1亿元以下；（三）其他行业：从业人员1000人以下或营业收入4亿元以下。"

根据上述规定，企业属于国家非限制和禁止的行业，从业人数1500人，未超过从业人数2000人的上限，虽然营业收入超过10亿元，资产总额也超过12亿元，但只要有一项指标在中小微企业标准之内，就属于财税2022年第12号公告规定的中小微企业，可以适用新购置固定资产按一定比例一次性扣除政策。

384. 海南自由贸易港有哪些企业所得税优惠政策

某企业2021年准备在海南投资成立从事旅游服务的子公司，请问该旅游服务公司能够享受哪些企业所得税优惠？

答：《财政部 税务总局关于海南自由贸易港企业所得税优惠政策的通知》（财税〔2020〕31号）第一条规定："对注册在海南自由贸易港并实质性运营的鼓励类产业企业，减按15%的税率征收企业所得税。"第二条规定："对在海南自由贸易港设立的旅游业、现代服务业、高新技术产业企业新增境外直接投资取得的所得，免征企业所得税。"第三条规定："对在海南自由贸易港设立的企业，新购置（含自建、自行开发）固定资产或无形资产，单位价值不超过500万元（含）的，允许一次性计入当期成本费用在计算应纳税所得额时扣除，不再分年度计算折旧和摊销；新购置（含自建、自行开发）固定资产或无形资产，单位价值超过500万元的，可以缩短折旧、摊销年限或采取加速折旧、摊销的方法。"第四条规定："本通知自2020年1月1日起执行至2024年12月31日。"

根据上述规定，该企业成立的旅游服务子公司可在2024年12月31日前享受免征企业所得税等优惠政策。

385. 享受招用重点群体定额扣减企业所得税如何确定

某企业招用重点群体，符合定额扣减相关税款的优惠条件。请问在计算扣减的企业所得税时，扣减税额应如何确定？

答：《国家税务总局 人力资源社会保障部 国务院扶贫办教育部关于实施支持和促进重点群体创业就业有关税收政策具体操作问题的公告》（国家税务总局公告 2019 年第 10 号）第二条规定："纳税人按本单位招用重点群体的人数及其实际工作月数核算本单位减免税总额，在减免税总额内每月依次扣减增值税、城市维护建设税、教育费附加和地方教育附加。城市维护建设税、教育费附加、地方教育附加的计税依据是享受本项税收优惠政策前的增值税应纳税额。纳税人实际应缴纳的增值税、城市维护建设税、教育费附加和地方教育附加小于核算的减免税总额的，以实际应缴纳的增值税、城市维护建设税、教育费附加、地方教育附加为限；实际应缴纳的增值税、城市维护建设税、教育费附加和地方教育附加大于核算的减免税总额的，以核算的减免税总额为限。纳税年度终了，如果纳税人实际减免的增值税、城市维护建设税、教育费附加和地方教育附加小于核算的减免税总额，纳税人在企业所得税汇算清缴时，以差额部分扣减企业所得税。当年扣减不完的，不再结转以后年度扣减。"

根据上述规定，企业应计算出减免税总额，并依次扣减增值税、城市维护建设税、教育费附加和地方教育附加，在企业所得税汇算清缴时如果企业实际减免的增值税、城市维护建设税、教育费附加和地方教育附加小于核算的减免税总额，以差额部分扣减企业所得税。

386. 项目所得额减半征收和优惠税率如何叠加享受（一）

某企业从事非国家限制或禁止行业，2021 年度的资产总额、从业人数符合小型微利企业条件，纳税调整后所得 500 万元，其中符合所得减半征收条件的所得 150 万元，符合所得免税条件的所得 300 万元，企业以前年度结转待弥补亏损 20 万元，不享受其他减免所得税额的优惠政策。请问企业是否需要叠加享受项目所得额减半征收和优惠税率？

答：《国家税务总局关于企业所得税年度汇算清缴有关事项的公告》（国家税务总局公告 2021 年第 34 号）所附解读第三条规定："企业从事农林牧渔业项目、国家重点扶持的公共基础设施项目、符合条件的环境保护、节能节水项目、符合条件的技术转让、集成电路生产项目、其他专项优惠等所得额应按法定税率 25% 减半征收，同时享受小型微利企业、高新技术企业、技术先进型服务企业、集成电路线生产企业、重点软件企业和重点集成电路设计企业等优惠税率政策，对于按优惠税率减半叠加享受减免税优惠部分，进行调整。叠加享受减免税优惠金额的计算公式如下：A＝需要进行叠加调整的减免所得税优惠金额；B＝A×〔(减半项目所得×50%)÷(纳税调整后所得－所得减免)〕；叠加享受减免税优惠金额＝A和B的孰小值。其中，需要进行叠加调整的减免所得税优惠金额为‘减免所得税优惠明细表’（A107040）中第1行到第28行的优惠金额，不包括免税行次和第21行。”

根据上述规定：（1）享受小型微利企业所得税优惠政策，但不享受项目所得减半优惠政策下：纳税调整后所得500万元，所得减免300万元，弥补以前年度亏损20万元，应纳税所得额为180［＝(500－300－20)］万元，应纳所得税额为45［＝(180×25%)］万元，小型微利企业所得税优惠政策减免税额为34.5［＝100×(25%－12.5%×20%)＋(180－100)×(25%－50%×20%)］万元，叠加享受减免优惠＝0，应纳税额为10.5［＝（45－34.5)］万元。(2）先选择享受项目所得减半优惠政策，再享受小型微利企业所得税优惠政策，并对叠加部分进行调整如下：纳税调整后所得500万元，所得减免为375［＝(300＋150×50%)］万元，弥补以前年度亏损20万元，应纳税所得额为105［＝(500－375－20)］万元，应纳所得税额为26.25（＝105×25%）万元，小型微利企业所得税优惠政策减免税额为23.25［＝100×(25%－12.5%×20%)＋(105－100)×(25%－50%×20%)］万元，叠加享受减免优惠A＝23.25万元，B＝23.25×［(150×50%)÷(500－375)］＝13.95万元，A和B的孰小值＝13.95万元，应纳税额为16.95［＝26.25－(23.25－13.95)］万元。综上所述，企业不选择享受项目所得减半优惠政策，只选择享受项目所得免税和小型微利企业优惠政策的，可以享受最大优惠力度。

387. 项目所得额减半征收和优惠税率如何叠加享受（二）

某企业从事非国家限制或禁止行业，2021年度的资产总额、从业人数符合小型微利企业条件，纳税调整后所得400万元，其中300万元是符合所得减半征收条件的所得，企业以前年度结转待弥补亏损为0，不享受其他减免所得税额的优惠政策。请问企业应当如何叠加享受项目所得额减半征收和优惠税率？

答：《国家税务总局关于企业所得税年度汇算清缴有关事项的公告》（国家税务总局公告2021年第34号）所附解读第三条规定：“企业从事农林牧渔业项目、国家重点扶持的公共基础设施项目、符合条件的环境保护、节能节水项目、符合条件的技术转让、集成电路生产项目、其他专项优惠等所得额应按法定税率25%减半征收，同时享受小型微利企业、高新技术企业、技术先进型服务企业、集成电路线生产企业、重点软件企业和重点集成电路设计企业等优惠税率政策，对于按优惠税率减半叠加享受减免税优惠部分，进行调整。叠加享受减免税优惠金额的计算公式如下：A＝需要进行叠加调整的减免所得税优惠金额；B＝A×〔（减半项目所得×50%）÷（纳税调整后所得－所得减免）〕；叠加享受减免税优惠金额＝A和B的孰小值。其中，需要进行叠加调整的减免所得税优惠金额为‘减免所得税优惠明细表’（A107040）中第1行到第28行的优惠金额，不包括免税行次和第21行。”

根据上述规定，企业应先选择享受项目所得减半优惠政策，再享受小型微利企业所得税优惠政策，并对叠加享受减免税优惠部分进行调整。其纳税调整后所得为400万元，所得减免150（＝300×50%）万元，弥补以前年度亏损0，应纳税所得额为250（＝400－150）万元，应纳所得税额为62.5（＝250×25%）万元，享受小型微利企业所得税优惠政策的减免税额为45［＝100×（25%－12.5%×20%）＋（250－100）×（25%－50%×20%）］万元，叠加享受减免优惠金额A为45万元；B为27［＝45×〔（300×50%）÷（400－150）〕］万元；A和B的孰小值为27万元，应纳税额为44.5［＝62.5－（45－27）］万元。

388. 项目所得额减半征收和优惠税率如何叠加享受（三）

某企业从事非国家限制或禁止行业，2021年度的资产总额、从业人数符合小型微利企业条件，纳税调整后所得1000万元，其中符合所得减半征收条件的所得1200万元，符合所得免税条件的所得100万元，企业以前年度结转待弥补亏损200万元，不享受其他减免所得税额的优惠政策。请问企业应当如何叠加享受项目所得额减半征收和优惠税率？

答：《国家税务总局关于企业所得税年度汇算清缴有关事项的公告》（国家税务总局公告2021年第34号）所附解读第三条规定：“企业从事农林牧渔业项目、国家重点扶持的公共基础设施项目、符合条件的环境保护、节能节水项目、符合条件的技术转让、集成电路生产项目、其他专项优惠等所得额应按法定税率25%减半征收，同时享受小型微利企业、高新技术企业、技术先进型服务企业、集成电路线生产企业、重点软件企业和重点集成电路设计企业等优惠税率政策，对于按优惠税率减半叠加享受减免税优惠部分，进行调整。叠加享受减免税优惠金额的计算公式如下：A＝需要进行叠加调整的减免所得税优惠金额；B = A ×〔（减半项目所得 ×50%）÷（纳税调整后所得 - 所得减免）〕；叠加享受减免税优惠金额 = A 和 B 的孰小值。其中，需要进行叠加调整的减免所得税优惠金额为‘减免所得税优惠明细表’（A107040）中第1行到第28行的优惠金额，不包括免税行次和第21行。”

根据上述规定，企业应先选择享受项目所得减半优惠政策，再享受小型微利企业所得税优惠政策，并对叠加享受减免税优惠进行调整。其纳税调整后所得1000万元，所得减免700（=100+1200×50%）万元，弥补以前年度亏损200万元，应纳税所得额100（=1000-700-200）万元，应纳所得税额为25（=100×25%）万元，小型微利企业所得税优惠政策减免税额为22.5［=100×(25%-12.5%×20%)］万元，叠加享受减免优惠金额A为22.5万元，B为45［=22.5×(1200×50%)÷(1000-700)］万元，A和B的孰小值是22.5万元，应纳税额为25［=25-(22.5-22.5)］万元。

（五）其他

389. 固定资产处置会计核算为利得而税务处理为损失时如何纳税调整

某企业一项固定资产账面原值100万元（与初始计税基础一致），会计核算与税务处理均采用直线法计提折旧60万元，另外会计核算时还计提了10万元的减值准备，本年处置时对外销售了35万元（不含税），会计核算确认资产处置损益5万元，而税务处理税务则为资产损失5万元。请问应如何填写申报表进行纳税调整？

答：《中华人民共和国企业所得税年度纳税申报表（A类，2017年版）》（国家税务总局公告2015年第97号）《“A105090资产损失税前扣除及纳税调整明细表”填报说明》规定：“本表适用于发生资产损失税前扣除项目及纳税调整项目的纳税人填报。纳税人根据税法、《财政部 国家税务总局关于企业资产损失税前扣除政策的通知》（财税〔2009〕57号）、《国家税务总局关于发布〈企业资产损失所得税税前扣除管理办法〉的公告》（国家税务总局公告2011年第25号）、《国家税务总局关于商业零售企业存货损失税前扣除问题的公告》（2014年第3号）、《国家税务总局关于企业因国务院决定事项形成的资产损失税前扣除问题的公告》（2014年第18号）、《财政部 税务总局关于金融企业涉农贷款和中小企业贷款损失准备金税前扣除有关政策的公告》

(2019 年第 85 号)、《财政部 税务总局关于金融企业贷款损失准备金企业所得税税前扣除有关政策的公告》(2019 年第 86 号)、《国家税务总局关于金融企业涉农贷款和中小企业贷款损失税前扣除问题的公告》(2015 年第 25 号)、《国家税务总局关于企业所得税资产损失资料留存备查有关事项的公告》(2018 年第 15 号)等相关规定,及国家统一企业会计制度,填报资产损失的会计处理、税收规定,以及纳税调整情况。”

根据上述规定,企业应在“A105090 资产损失税前扣除及纳税调整明细表”的“四、固定资产损失”栏填报,在“资产损失直接计入本年损益金额”列填写“-5 万元”,在“资产损失的税收金额”填写“5 万元”,最后“纳税调整金额”列自动显示为“-10 万元”(正好是以前年度计提的减值准备金额)。

▶≫ 390. 取得不合格增值税专用发票如何纳税调整

某企业因未能补开合规增值税专用发票,也未能提供相关证明资料,导致需要进行纳税调增。请问如何填写申报表进行纳税调整?

答:《国家税务总局关于发布〈企业所得税税前扣除凭证管理办法〉的公告》(国家税务总局公告 2018 年第 28 号)第十六条规定:“企业在规定的期限未能补开、换开符合规定的发票、其他外部凭证,并且未能按照本办法第十四条的规定提供相关资料证实其支出真实性的,相应支出不得在发生年度税前扣除。”《中华人民共和国企业所得税年度纳税申报表(A 类,2017 年版)》(国家税务总局公告 2015 年第 97 号)《“A105000 纳税调整项目明细表”填报说明》规定:“第 30 行‘(十七)其他’:填报其他因会计处理与税收规定有差异需纳税调整的扣除类项目金额,企业将货物、资产、劳务用于捐赠、广告等用途时,进行视同销售纳税调整后,对应支出的会计处理与税收规定有差异需纳税调整的金额填报在本行。若第 1 列≥第 2 列,第 3 列‘调增金额’填报第 1—2 列金额。若第 1 列<第 2 列,第 4 列‘调减金额’填报第 1—2 列金额的绝对值。”

根据上述规定,企业因为税前扣除凭证不符合规定导致不得税前扣除的,通常是在“A105000‘纳税调整项目明细表’”的“二、扣除类调整项目”下的“其他”栏中进行纳税调增。

391. 汇总申报情况下分支机构如何申报企业所得税

某企业设有多家分支机构，采用跨地区经营汇总纳税方式申报企业所得税。请问分支机构是否需要申报企业所得税？

答：《国家税务总局关于印发〈跨地区经管汇总纳税企业所得税征收管理办法〉的公告》（国家税务总局公告2012年第57号）第十四条规定："分支机构按以下公式计算分摊税款：所有分支机构分摊税款总额 = 汇总纳税企业当期应纳所得税额 ×50%；某分支机构分摊税款 = 所有分支机构分摊税款总额 ×该分支机构分摊比例。"第十五条规定："总机构应按照上年度分支机构的营业收入、职工薪酬和资产总额三个因素计算各分支机构分摊所得税款的比例；三级及以下分支机构，其营业收入、职工薪酬和资产总额统一计入二级分支机构；三因素的权重依次为0.35、0.35、0.30。计算公式如下：某分支机构分摊比例 =（该分支机构营业收入/各分支机构营业收入之和）×0.35 +（该分支机构职工薪酬/各分支机构职工薪酬之和）×0.35 +（该分支机构资产总额/各分支机构资产总额之和）×0.30；分支机构分摊比例按上述方法一经确定后，除出现本办法第五条第（四）项和第十六条第二、三款情形外，当年不作调整。"第二十条规定："汇总纳税企业未按照规定准确计算分摊税款，造成总机构与分支机构之间同时存在一方（或几方）多缴另一方（或几方）少缴税款的，其总机构或分支机构分摊缴纳的企业所得税低于按本办法规定计算分摊的数额的，应在下一税款缴纳期内，由总机构将按本办法规定计算分摊的税款差额分摊到总机构或分支机构补缴；其总机构或分支机构就地缴纳的企业所得税高于按本办法规定计算分摊的数额的，应在下一税款缴纳期内，由总机构将按本办法规定计算分摊的税款差额从总机构或分支机构的分摊税款中扣减。"

根据上述规定，在企业所得税汇总缴纳的情况下，分支机构应在总机构计算完总机构和分支机构的分配比例后，按分配表填写申报表，完成企业所得税的预缴申报和年度申报。

392. 社保单位缴费部分在纳税申报表中如何填报

某企业汇算清缴申报企业所得税时，需要填报"职工薪酬支出及纳税调整明细表"。请问社保单位缴费部分需要加入"工资薪金支出"中填报吗？

答：《国家税务总局关于修订〈中华人民共和国企业所得税年度纳税申报表（A类，2017年版）〉部分表单样式及填报说明的公告》（国家税务总局公告2018年第57号）规定："A105050'职工薪酬支出及纳税调整明细表'第

1行'一、工资薪金支出'填报纳税人本年度支付给在本企业任职或者受雇的员工的所有现金形式或非现金形式的劳动报酬及其会计核算、纳税调整等金额，具体如下：(1) 第1列'账载金额'：填报纳税人会计核算计入成本费用的职工工资、奖金、津贴和补贴金额。(2) 第2列'实际发生额'：分析填报纳税人'应付职工薪酬'会计科目借方发生额（实际发放的工资薪金）。(3) 第5列'税收金额'：填报纳税人按照税收规定允许税前扣除的金额，按照第1列和第2列分析填报。(4) 第6列'纳税调整金额'：填报第1—5列金额。A105050'职工薪酬支出及纳税调整明细表'第8行'五、各类基本社会保障性缴款'填报纳税人依照国务院有关主管部门或者省级人民政府规定的范围和标准为职工缴纳的基本社会保险费及其会计核算、纳税调整金额，具体如下：(1) 第1列'账载金额'：填报纳税人会计核算的各类基本社会保障性缴款的金额。(2) 第2列'实际发生额'：分析填报纳税人'应付职工薪酬'会计科目下的各类基本社会保障性缴款本年实际发生额。(3) 第5列'税收金额'：填报按照税收规定允许税前扣除的各类基本社会保障性缴款的金额，按纳税人依照国务院有关主管部门或者省级人民政府规定的范围和标准计算的各类基本社会保障性缴款的金额、第1列及第2列孰小值填报。(4) 第6列'纳税调整金额'：填报第1—5列金额。"

根据上述规定，企业汇算清缴申报企业所得税，在填报"职工薪酬支出及纳税调整明细表"时，社保单位缴费部分不需要加入"工资薪金支出"中填报，而应该在"各类基本社会保障性缴款"中填报。

393. 资产划转特殊性税务处理划入方如何确认计税基础

某企业为集团母公司，将其持有的一项土地使用权划转给全资子公司，该行为适用特殊性税务处理。请问子公司应如何确认划转土地使用权的计税基础？

答：《财政部 国家税务总局关于促进企业重组有关企业所得税处理问题的通知》（财税〔2014〕109号）第三条规定："对100%直接控制的居民企业之间，以及受同一或相同多家居民企业100%直接控制的居民企业之间按账面净值划转股权或资产，凡具有合理商业目的、不以减少、免除或者推迟缴纳税款为主要目的，股权或资产划转后连续12个月内不改变被划转股权或资产原来实质性经营活动，且划出方企业和划入方企业均未在会计上确认损益的，可以选择按以下规定进行特殊性税务处理：1. 划出方企业和划入方企业均不确认所得。2. 划入方企业取得被划转股权或资产的计税基础，以被划转股权或资产的原账面净值确定。3. 划入方企业取得的被划转资产，应按其原账面净值计算折旧扣除。”

根据上述规定，全资子公司接受划转的土地使用权的计税基础应按母公司的原账面净值确定。

394. 资产划转特殊性税务处理需要报送什么资料

某企业集团下属子公司在母公司主导下，向另一家子公司按账面净值划转其持有的资产，符合资产划转特殊性税务处理的条件。请问需要向税务机关报送哪些资料？

答：《国家税务总局关于企业重组业务企业所得税征收管理若干问题的公告》（国家税务总局公告2015年第48号）第四条规定：“企业重组业务适用特殊性税务处理的，除财税〔2009〕59号文件第四条第（一）项所称企业发生其他法律形式简单改变情形外，重组各方应在该重组业务完成当年，办理企业所得税年度申报时，分别向各自主管税务机关报送‘企业重组所得税特殊性税务处理报告表及附表’和申报资料。合并、分立中重组一方涉及注销的，应在尚未办理注销税务登记手续前进行申报。重组主导方申报后，其他当事方向其主管税务机关办理纳税申报。申报时还应附送重组主导方经主管税务机关受理的‘企业重组所得税特殊性税务处理报告表及附表’（复印件）。”《国家税务总局关于资产（股权）划转企业所得税征管问题的公告》（国家税务总局公告2015年第40号）第五条规定：“交易双方应在企业所得税年度汇算清缴时，分别向各自主管税务机关报送‘居民企业资产（股权）划转特殊性税务处理申报表’（详见附件）和相关资料（一式两份）。相关资料包括：1. 股权或资产划转总体情况说明，包括基本情况、划转方案等，并详细说明划转的商业目的；2. 交易双方或多方签订的股权或资产划转合同（协议），需有权部门（包括内部和外部）批准的，应提供批准文件；3. 被划转股权或资产账面净值和计税基础说明；4. 交易双方按账面净值划转股权或资产的说明（需附会计处理资料）；5. 交易双方均未在会计上确认损益的说明（需附会计处理资料）；6. 12个月内不改变被划转股权或资产原来实质性经营活动的承诺书。”

根据上述规定，企业资产划转适用特殊性税务处理的，需要报送的资料可以参照国家税务总局公告2015年第48号第四条和国家税务总局公告2015年第40号第五条的规定。

395. 跨地区汇总纳税分配比例中职工薪酬是否包含社保

某企业设有多家分支机构，采用跨地区经营汇总纳税方式申报企业所得税。请问在计算分支机构的分配比例时，职工薪酬是否包含企业负担的社保费？

答：《国家税务总局关于印发〈跨地区经营汇总纳税企业所得税征收管理办法〉的公告》（国家税务总局公告 2012 年第 57 号）第十七条规定：“……本办法所称分支机构职工薪酬，是指分支机构为获得职工提供的服务而给予各种形式的报酬以及其他相关支出。……本办法所称上年度分支机构的营业收入、职工薪酬和资产总额，是指分支机构上年度全年的营业收入、职工薪酬数据和上年度 12 月 31 日的资产总额数据，是依照国家统一会计制度的规定核算的数据。一个纳税年度内，总机构首次计算分摊税款时采用的分支机构营业收入、职工薪酬和资产总额数据，与此后经过中国注册会计师审计确认的数据不一致的，不作调整。”

根据上述规定，跨地区经营汇总纳税企业计算分支机构的分配比例时，职工薪酬包含企业负担的社保费。

396. 跨地区经营总分机构信息是否要向税务机关备案

某企业在外省设立一家分支机构，并采用跨地区经营汇总纳税方式申报企业所得税。请问总分机构信息是否要分别向税务机关备案？

答：《国家税务总局关于印发〈跨地区经管汇总纳税企业所得税征收管理办法〉的公告》（国家税务总局公告 2012 年第 57 号）第二十二条规定：“总机构应将其所有二级及以下分支机构信息报其所在地主管税务机关备案，内容包括分支机构名称、层级、地址、邮编、纳税人识别号及企业所得税主管税务机关名称、地址和邮编。分支机构应将其总机构、上级分支机构和下属分支机构信息报其所在地主管税务机关备案，内容包括总机构、上级机构和下属分支机构名称、层级、地址、邮编、纳税人识别号及企业所得税主管税务机关名称、地址和邮编。上述备案信息发生变化的，除另有规定外，应在内容变化后 30 日内报总机构和分支机构所在地主管税务机关备案，并办理变更税务登记。分支机构注销税务登记后 15 日内，总机构应将分支机构注销情况报所在地主管税务机关备案，并办理变更税务登记。”

根据上述规定，企业跨地区经营的，总机构和分支机构应分别将总分机构名称、层级、地址、邮编、纳税人识别号及企业所得税主管税务机关名称、地址和邮编等信息向其所在地主管税务机关备案。

397. 总分机构申请退税是分开还是由总机构一起申请

某汇总纳税企业在办理汇算清缴时计算出需要退税。请问是由总分机构分别申请还是由总机构统一申请?

答:《国家税务总局关于印发〈跨地区经营汇总纳税企业所得税征收管理办法〉的公告》(国家税务总局公告2012年第57号)第十条规定:“汇总纳税企业应当自年度终了之日起5个月内,由总机构汇总计算企业年度应纳所得税额,扣除总机构和各分支机构已预缴的税款,计算出应缴应退税款,按照本办法规定的税款分摊方法计算总机构和分支机构的企业所得税应缴应退税款,分别由总机构和分支机构就地办理税款缴库或退库。汇总纳税企业在纳税年度内预缴企业所得税税款少于全年应缴企业所得税税款的,应在汇算清缴期内由总、分机构分别结清应缴的企业所得税税款;预缴税款超过应缴税款的,主管税务机关应及时按有关规定分别办理退税。”

根据上述规定,汇总纳税企业汇算清缴期发现存在预缴税款超过应缴税款的,应当分别由总机构和分支机构就地办理或退库。

398. 向母公司参股公司采购产品是否构成关联交易

某企业为上市公司的子公司,其向母公司的参股公司采购了一批钢材。请问该交易是否构成关联交易,如构成关联交易应注意哪些风险?

答:《中华人民共和国企业所得税法》(中华人民共和国主席令第二十三号)第四十一条规定:“企业与其关联方之间的业务往来,不符合独立交易原则而减少企业或者其关联方应纳税收入或者所得额的,税务机关有权按照合理方法调整。企业与其关联方共同开发、受让无形资产,或者共同提供、接受劳务发生的成本,在计算应纳税所得额时应当按照独立交易原则进行分摊。”《中华人民共和国企业所得税法实施条例》(国务院令第714号)第一百零九条:“企业所得税法第四十一条所称关联方,是指与企业有下列关联关系之一的企业、其他组织或者个人:(一)在资金、经营、购销等方面存在直接或者间接的控制关系;(二)直接或者间接地同为第三者控制;(三)在利益上具有相关联的其他关系。”

根据上述规定,企业向母公司的参股公司采购产品,构成了关联交易,应重点关注是否符合独立交易原则。

399. 分支机构查补的企业所得税应如何缴纳

某企业位于异地的一家分公司被当地主管税务机关在企业所得税检查中查出存在漏缴情况。请问其查补的企业所得税税款和滞纳金如何缴纳？

答：《国家税务总局关于印发〈跨地区经营汇总纳税企业所得税征收管理办法〉的公告》（国家税务总局公告2012年第57号）第二十八条规定："二级分支机构所在地主管税务机关应配合总机构所在地主管税务机关对其主管二级分支机构实施税务检查，也可以自行对该二级分支机构实施税务检查。二级分支机构所在地主管税务机关自行对其主管二级分支机构实施税务检查，可对查实项目按照《企业所得税法》的规定自行计算查增的应纳税所得额和应纳税额。计算查增的应纳税所得额时，应减除允许弥补的汇总纳税企业以前年度亏损；对于需由总机构统一计算的税前扣除项目，不得由分支机构自行计算调整。二级分支机构应将查补所得税款的50%分摊给总机构缴纳，其中25%就地办理缴库，25%就地全额缴入中央国库；50%分摊给该二级分支机构就地办理缴库。具体的税款缴库程序按照财预〔2012〕40号文件第五条等相关规定执行。汇总纳税企业缴纳查补所得税款时，总机构应向其所在地主管税务机关报送经二级分支机构所在地主管税务机关受理的汇总纳税企业分支机构所得税分配表和二级分支机构所在地主管税务机关出具的税务检查结论，二级分支机构也应向其所在地主管税务机关报送汇总纳税企业分支机构所得税分配表和税务检查结论。"《财政部 国家税务总局 中国人民银行关于印发〈跨省市总分机构企业所得税分配及预算管理办法〉的通知》（财预〔2012〕40号）第五条第（一）项规定："分支机构分摊的预缴税款、汇算补缴税款、查补税款（包括滞纳金和罚款）由分支机构办理就地缴库。"

根据上述规定，分支机构查补的企业所得税税额应将50%分摊给总机构缴纳，50%分摊给该分支机构就地办理缴库。

400. 政策性搬迁何时填报清算损益表和纳税调整明细表

某企业因厂房被当地政府征收，需要进行搬迁，企业已收到政府财政部门拨付的拆迁补偿款，并按规定向税务机关报送了政策性搬迁依据和搬迁计划等材料，当年搬迁尚未完成。请问应当何时填报"政策性搬迁清算损益表"和"政策性搬迁纳税调整明细表"？

答：《国家税务总局关于发布〈企业政策性搬迁所得税管理办法〉的公告》（国家税务总局公告2012年第40号）第十五条规定："企业在搬迁期间

发生的搬迁收入和搬迁支出，可以暂不计入当期应纳税所得额，而在完成搬迁的年度，对搬迁收入和支出进行汇总清算。”第二十五条规定：“企业搬迁完成当年，其向主管税务机关报送企业所得税年度纳税申报表时，应同时报送‘企业政策性搬迁清算损益表’及相关材料。”

根据上述规定，企业应当在搬迁完成当年，报送企业所得税年度纳税申报表时同时报送“政策性搬迁清算损益表”，并在完成搬迁年度及以后进行损失分期扣除的年度填报“政策性搬迁纳税调整明细表”。

401. 高新技术企业优惠情况及明细表中三级领域如何填

某企业为高新技术企业，在企业所得税汇算清缴纳税申报时填写“高新技术企业优惠情况及明细表”时。请问其中“国家重点支持的高新技术领域”应当如何分别填写三级领域？

答：《国家税务总局关于修订〈中华人民共和国企业所得税年度纳税申报表（A类，2017年版）〉部分表单样式及填报说明的公告》（国家税务总局公告2018年第57号）附件《中华人民共和国企业所得税年度纳税申报表（A类，2017年版）部分表单及填报说明》规定：“A107041‘高新技术企业优惠情况及明细表’填报说明1. 第1行至第3行：‘企业主要产品（服务）发挥核心支持作用的技术所属范围’：填报对企业主要产品（服务）发挥核心支持作用的技术属于《国家重点支持的高新技术领域》规定的具体范围，填报至三级明细领域，如‘一、电子信息技术（一）软件1. 系统软件’。”《科技部 财政部 国家税务总局关于修订印发〈高新技术企业认定管理办法〉的通知》（国科发火〔2016〕32号）第二条规定：“本办法所称的高新技术企业是指：在《国家重点支持的高新技术领域》内，持续进行研究开发与技术成果转化，形成企业核心自主知识产权，并以此为基础开展经营活动，在中国境内（不包括港、澳、台地区）注册的居民企业。”

根据上述规定，企业应根据《科技部 财政部 国家税务总局关于修订印发〈高新技术企业认定管理办法〉的通知》（国科发火〔2016〕32号）附件《国家重点支持的高新技术领域》的分类，据实填写至三级明细领域，如输配电系统优化技术属于新能源与节能大项中的高效节能技术小项，一级领域应填写新能源与节能，二级领域应填写高效节能技术，三级领域应填写输配电系统优化技术。

402. 自查补缴以前年度企业所得税是否也要补缴滞纳金

某企业收到税务机关要求税收自查的通知，通过税收自查发现之前某年度少确认企业所得税收入，需要补缴企业所得税。请问如果企业主动到主管税务机关补缴税款是否还要补缴相应的滞纳金？

答：《中华人民共和国税收征收管理法》（主席令第49号）第三十二条规定："纳税人未按照规定期限缴纳税款的，扣缴义务人未按照规定期限解缴税款的，税务机关除责令限期缴纳外，从滞纳税款之日起，按日加收滞纳税款万分之五的滞纳金。"《税收征收管理法实施细则》（国务院令第666号）第七十五条规定："税收征管法第三十二条规定的加收滞纳金的起止时间，为法律、行政法规规定或者税务机关依照法律、行政法规的规定确定的税款缴纳期限届满次日起至纳税人、扣缴义务人实际缴纳或者解缴税款之日止。"

根据上述规定，企业自查发现并主动补缴未按规定期限缴纳的以前年度企业所得税，也需要从滞纳税款之日起，按日加收滞纳税款万分之五的滞纳金。

403. 关联交易和非关联交易的成本、费用如何区分

某企业需要披露关联交易的详细信息，但在填报关联业务往来报告表时，无法区分关联交易和非关联交易的成本、费用。请问应当按照什么比例划分？

答：《国家税务总局关于完善关联申报和同期资料管理有关事项的公告》（国家税务总局公告2016年第42号）第十四条规定："本地文档主要披露企业关联交易的详细信息，包括以下内容……（三）关联交易 1. 关联交易概况……（5）关联交易数据，包括各关联方、各类关联交易涉及的交易金额。分别披露关联交易和非关联交易的收入、成本、费用和利润，不能直接归集的，按照合理比例划分，并说明该划分比例的依据。"

根据上述规定，企业无法区分关联交易和非关联交易的成本、费用，可自行按照合理比例划分，并在年度关联交易财务状况分析表说明该划分比例的依据。

404. 纳税年度内预缴所得税款多于应缴所得税款如何处理

某企业在办理年度企业所得税汇算清缴时发现纳税年度预缴的企业所得税款超过了汇算清缴应纳税款。请问应如何处理？

答：《中华人民共和国企业所得税法》（中华人民共和国主席令第二十三

号）第五十四条规定："……企业应当自年度终了之日起五个月内，向税务机关报送年度企业所得税纳税申报表，并汇算清缴，结清应缴应退税款。"《国家税务总局关于企业所得税年度汇算清缴有关事项的公告》（国家税务总局公告2021年第34号）第二条规定："纳税人在纳税年度内预缴企业所得税税款超过汇算清缴应纳税款的，纳税人应及时申请退税，主管税务机关应及时按有关规定办理退税，不再抵缴其下一年度应缴企业所得税税款。"

根据上述规定，企业计算的汇算清缴应纳税款小于已预缴企业所得税税款的，应申请办理退税。

405. 虚假申报少预缴企业所得税会有什么后果

某企业为了少预缴企业所得税，填写企业所得税季度报表时报送了虚假的财务报表。请问该行为会有什么后果？

答：《中华人民共和国税收征收管理法》（主席令第49号）第三十二条规定："纳税人未按照规定期限缴纳税款的，扣缴义务人未按照规定期限解缴税款的，税务机关除责令限期缴纳外，从滞纳税款之日起，按日加收滞纳税款万分之五的滞纳金。"第六十三条规定："纳税人伪造、变造、隐匿、擅自销毁账簿、记账凭证，或者在账簿上多列支出或者不列、少列收入，或者经税务机关通知申报而拒不申报或者进行虚假的纳税申报，不缴或者少缴应纳税款的，是偷税。对纳税人偷税的，由税务机关追缴其不缴或者少缴的税款、滞纳金，并处不缴或者少缴的税款百分之五十以上五倍以下的罚款；构成犯罪的，依法追究刑事责任。"第六十四条规定："纳税人、扣缴义务人编造虚假计税依据的，由税务机关责令限期改正，并处五万元以下的罚款。"

根据上述规定，企业通过虚假申报达到少预缴企业所得税的，如果被税务机关检查发现，将受到责令限期缴纳并处滞纳金及罚款，甚至追究刑事责任的后果。

406. 年度中间办理注销是否需要缴纳企业所得税

某企业是一家集团内子公司，当年7月因集团战略调整被母公司吸收合并。请问该企业在办理注销时是否需要申报缴纳企业所得税？

答：《中华人民共和国企业所得税法》（中华人民共和国主席令第二十三号）第五十三条规定："企业所得税按纳税年度计算。纳税年度自公历1月1日起至12月31日止。企业在一个纳税年度中间开业，或者终止经营活动，使该纳税年度的实际经营期不足十二个月的，应当以其实际经营期为一个纳税年度。企业依法清算时，应当以清算期间作为一个纳税年度。”第五十五条规定：“企业在年度中间终止经营活动的，应当自实际经营终止之日起六十日内，向税务机关办理当期企业所得税汇算清缴。企业应当在办理注销登记前，就其清算所得向税务机关申报并依法缴纳企业所得税。”

根据上述规定，该企业在年度中间办理注销前，应当以其实际经营期为一个纳税年度，进行纳税申报和汇算清缴；依法清算时，应当以清算期间作为一个纳税年度，依法计算清算所得及其应纳所得税。

407. 企业清算所得何时缴纳企业所得税

某企业因业务需要进行注销并清算。请问该企业在办理注销清算时相关清算所得应何时申报缴纳企业所得税？

答：《财政部、国家税务总局关于企业清算业务企业所得税处理若干问题的通知》（财税〔2009〕60号）第四条规定：“企业应将整个清算期作为一个独立的纳税年度计算清算所得。”《国家税务总局关于企业清算所得税有关问题的通知》（国税函〔2009〕684号）第一条规定：“企业清算时，应当以整个清算期间作为一个纳税年度，依法计算清算所得及其应纳所得税。企业应当自清算结束之日起15日内，向主管税务机关报送企业清算所得税纳税申报表，结清税款。企业未按照规定的期限办理纳税申报或者未按照规定期限缴纳税款的，应根据《中华人民共和国税收征收管理法》的相关规定加收滞纳金。”第二条规定：“进入清算期的企业应对清算事项，报主管税务机关备案。”

根据上述规定，企业清算需要先向主管税务机关备案，然后在清算结束之日起15日内，报送企业清算所得税纳税申报表，结清税款。

三、个人所得税

408. 个人取得综合所得是否需要办理汇算清缴

某供电企业员工 2022 年除从企业取得工资薪金所得外，还取得了劳务报酬所得，这两项所得总收入超过 12 万元，年收入额减除专项扣除后余额超过 6 万元。请问该员工是否需要办理 2022 年度个人所得税汇算清缴？

答：《国家税务总局关于个人所得税自行纳税申报有关问题的公告》（国家税务总局公告 2018 年第 62 号）第一条规定："取得综合所得且符合下列情形之一的纳税人，应当依法办理汇算清缴：（一）从两处以上取得综合所得，且综合所得年收入额减除专项扣除后的余额超过 6 万元；（二）取得劳务报酬所得、稿酬所得、特许权使用费所得中一项或者多项所得，且综合所得年收入额减除专项扣除的余额超过 6 万元；（三）纳税年度内预缴税额低于应纳税额；（四）纳税人申请退税。"《国家税务总局关于办理 2022 年度个人所得税综合所得汇算清缴事项的公告》（国家税务总局公告 2023 年第 3 号）第二条规定："纳税人在 2022 年已依法预缴个人所得税且符合下列情形之一的，无须办理汇算：（一）汇算需补税但综合所得收入全年不超过 12 万元的；（二）汇算需补税金额不超过 400 元的；（三）已预缴税额与汇算应纳税额一致的；（四）符合汇算退税条件但不申请退税的。"第三条规定："符合下列情形之一的，纳税人需办理汇算：（一）已预缴税额大于汇算应纳税额且申请退税的；（二）2022 年取得的综合所得收入超过 12 万元且汇算需要补税金额超过 400 元的。因适用所得项目错误或者扣缴义务人未依法履行扣缴义务，造成 2022 年少申报或者未申报综合所得的，纳税人应当依法据实办理汇算。"

根据上述规定，企业该员工 2022 年度取得的综合所得包括工资薪金所得和劳务报酬所得两项，年收入额减除专项扣除后的余额超过 6 万元，且年收入合计超过 12 万元；如果该员工年度汇算清缴补税金额超过 400 元或需要申请退税，则需要办理个人所得税汇算清缴；如果年度汇算清缴补税金额不超过400元或不申请办理退税的，则可免于办理个人所得税汇算清缴。

409. 为职工支付的体检费用是否应代缴个人所得税

某企业每年会定期为员工组织体检办理健康证，同时每年为中高层进行全身体检。请问员工的健康证和中高层的体检费用是否需要缴纳个人所得税？

答：《中华人民共和国个人所得税法》（主席令第九号）第二条规定："下列各项个人所得，应纳个人所得税：一、工资、薪金所得。"《中华人民共和国个人所得税法实施条例》（国务院令第707号）第六条规定："个人所得税法规定的各项个人所得的范围：（一）工资、薪金所得，是指个人因任职或者受雇而取得的工资、薪金、奖金、年终加薪、劳动分红、津贴、补贴以及与任职或者受雇有关的其他所得……第八条规定，个人所得的形式，包括现金、实物、有价证券和其他形式的经济利益；所得为实物的，应当按照取得的凭证上所注明的价格计算应纳税所得额；无凭证的实物或者凭证上所注明的价格明显偏低的，参照市场价格核定应纳税所得额；所得为有价证券的，根据票面价格和市场价格核定应纳税所得额；所得为其他形式的经济利益的，参照市场价格核定应纳税所得额。"

根据上述规定，对于特殊行业要求必须持健康证上岗的，其必须进行的体检，比如员工的健康证体检不征收个人所得税；而对于中高层进行全身体检，属于管理人员非持证上岗人员的身体检查，应并入工资薪金所得缴纳个人所得税。

410. 职工疗休养费用是否应代缴个人所得税

某企业拟组织部分生活困难职工进行疗养，并在应付职工薪酬—福利费科目中开支相关费用。请问对于该项所得员工是否需要缴纳个人所得税？

答：《中华人民共和国个人所得税法》（主席令第九号）第四条规定："下列各项个人所得，免纳个人所得税……（四）福利费、抚恤金、救济金。"《中华人民共和国个人所得税法实施条例》（国务院令第707号）第十一条规定："个人所得税法第四条第一款第四项所称福利费，是指根据国家有关规定，从企业、事业单位、国家机关、社会组织提留的福利费或者工会经费中支付给个人的生活补助费；所称救济金，是指各级人民政府民政部门支付给个人的生活困难补助费。"《国家税务总局关于生活补助费范围确定问题的通知》（国税发〔1998〕155号）第一条规定："上述所称生活补助费，是指由于某些特定事件或原因而给纳税人本人或其家庭的正常生活造成一定困难，其任职单位按国家规定从提留的福利费或者工会经费中向其支付的临时性生活困难补助。”

根据上述规定，疗养费并非人人有份，主要针对公司困难职工，属于生活困难补助，不需要缴纳个人所得税。

411. 企业向员工发放实物需要缴纳个人所得税吗

某企业于 2022 年 7 月向每位员工发放洗发水、沐浴露等洗漱用品 5 件，市场价值 200 元。请问是否需要扣缴个人所得税？

答：《中华人民共和国个人所得税法实施条例》（国务院令第 707 号）第六条规定：“个人所得税法规定的各项个人所得的范围：（一）工资、薪金所得，是指个人因任职或者受雇取得的工资、薪金、奖金、年终加薪、劳动分红、津贴、补贴以及与任职或者受雇有关的其他所得。”第八条规定：“个人所得的形式，包括现金、实物、有价证券和其他形式的经济利益；所得为实物的，应当按照取得的凭证上所注明的价格计算应纳税所得额，无凭证的实物或者凭证上所注明的价格明显偏低的，参照市场价格核定应纳税所得额；所得为有价证券的，根据票面价格和市场价格核定应纳税所得额；所得为其他形式的经济利益的，参照市场价格核定应纳税所得额。”

根据上述规定，企业向员工发放洗漱用品等实物，应按照职工获得非货币性福利的金额并入发放当月职工个人的“工资薪金”收入中计算扣缴个人所得税。

412. 年金及年金基金投资运营收益是否缴纳个税

某企业每年为职工超标准缴纳的年金、以年金名义发放的津补贴、绩效奖金，请问是否预扣预缴个人所得税？

答：《财政部 人力资源社会保障部 国家税务总局关于企业年金职业年金个人所得税有关问题的通知》（财税〔2013〕103 号）规定：“一、企业年金和职业年金缴费的个人所得税处理：1. 企业和事业单位（以下统称单位）根据国家有关政策规定的办法和标准，为在本单位任职或者受雇的全体职工缴付的企业年金或职业年金（以下统称年金）单位缴费部分，在计入个人账户时，个人暂不缴纳个人所得税。2. 个人根据国家有关政策规定缴付的年金个人缴费部分，在不超过本人缴费工资计税基数的 4% 标准内的部分，暂从个人当期的应纳税所得额中扣除。3. 超过本通知第一条第 1 项和第 2 项规定的标准缴付的年金单位缴费和个人缴费部分，应并入个人当期的工资、薪金所得，依法计征个人所得税。税款由建立年金的单位代扣代缴，并向主管税务机关申报解缴。4. 企业年金个人缴费工资计税基数为本人上一年度月平均工资。月平均工资按国家统计局规定列入工资总额统计的项目计算。月平均工资超过职工工作地所在设区城市上一年度职工月平均工资300%以上的部分，不计入个人缴费工资计税基数。职业年金个人缴费工资计税基数为职工岗位工资和薪级工资之和。职工岗位工资和薪级工资之和超过职工工作地所在设区城市上一年度职工月平均工资300%以上的部分，不计入个人缴费工资计税基数。”

根据上述规定，职工根据国家有关政策规定缴付的年金个人缴费部分，在不超过本人缴费工资计税基数4%标准内的部分，应从个人当期的应纳税所得额中扣除，超过部分（单位及个人）应并入个人当期的工资、薪金收入，计征个人所得税。

▶≫413. 公司为员工报销员工家属医疗费的涉税处理

某企业已为全体职工办理了医疗保险，并在应付职工薪酬—福利费科目中列支全体职工报销亲属医药费（发票抬头均为亲属名称）。请问员工家属医疗费是否属于免税的福利费支出？

答：《中华人民共和国个人所得税法》（主席令第九号）第四条的规定：“下列各项个人所得，免纳个人所得税：四、福利费、抚恤金、救济金。”《中华人民共和国个人所得税法实施条例》（国务院令第707号）第十一条规定：“个人所得税法第四条第一款第四项所称福利费，是指根据国家有关规定，从企业、事业单位、国家机关、社会组织提留的福利费或者工会经费中支付给个人的生活补助费；所称救济金，是指各级人民政府民政部门支付给个人的生活困难补助费。”《国家税务总局关于生活补助费范围确定问题的通知》（国税发〔1998〕155号）第一条规定：“上述所称生活补助费，是指由于某些特定事件或原因而给纳税人本人或其家庭的正常生活造成一定困难，其任职单位按国家规定从提留的福利费或者工会经费中向其支付的临时性生活困难补助。”《国家税务总局关于生活补助费范围确定问题的通知》（国税发〔1998〕155号）规定：“二、下列收入不属于免税的福利费范围，应当并入纳税人的工资、薪金收入计征个人所得税：（二）从福利费和工会经费中支付给本单位职工的人人有份的补贴、补助。”

根据上述规定，免纳个人所得税的福利费是指任职单位按国家规定从提留的福利费或者工会经费中向其支付的临时性生活困难补助，企业为全体职工亲属报销医药费的支出，属于公司为个人支付的人人有份的福利性支出，不属于免税的生活困难补助，应并入报销当月员工的工资、薪金计征个人所得税。

414. 住房公积金缴存超标准该如何处理

某企业为员工实际缴付的住房公积金超过标准。请问扣缴义务人扣缴工资薪金所得税时，对此应如何处理？

答：《财政部 国家税务总局关于基本养老保险费基本医疗保险费失业保险费住房公积金有关个人所得税政策的通知》（财税〔2006〕10号）第一条规定："企事业单位按照国家或省（自治区、直辖市）人民政府规定的缴费比例或办法实际缴付的基本养老保险费、基本医疗保险费和失业保险费，免征个人所得税；个人按照国家或省（自治区、直辖市）人民政府规定的缴费比例或办法实际缴付的基本养老保险费、基本医疗保险费和失业保险费，允许在个人应纳税所得额中扣除。企事业单位和个人超过规定的比例和标准缴付的基本养老保险费、基本医疗保险费和失业保险费，应将超过部分并入个人当期的工资、薪金收入，计征个人所得税。"第二条规定："根据《住房公积金管理条例》《建设部、财政部、中国人民银行关于住房公积金管理若干具体问题的指导意见》（建金管〔2005〕5号）等规定精神，单位和个人分别在不超过职工本人上一年度月平均工资12%的幅度内，其实际缴存的住房公积金，允许在个人应纳税所得额中扣除。单位和职工个人缴存住房公积金的月平均工资不得超过职工工作地所在设区城市上一年度职工月平均工资的3倍，具体标准按照各地有关规定执行。"

根据上述规定，单位和个人超过上述规定比例和标准缴付的住房公积金，应将超过部分并入个人当期的工资、薪金收入，计征个人所得税。

415. 为员工缴纳的补充医疗如何扣缴个税

某企业为员工缴纳个人补充医疗保险，请问补充医疗扣缴个税是按照缴纳的金额还是员工实际报销的金额扣缴？

答：《财政部 国家税务总局关于基本养老保险费、基本医疗保险费、失业保险费、住房公积金有关个人所得税政策的通知》（财税〔2006〕10号）第一条规定："企事业单位按照国家或省（自治区、直辖市）人民政府规定的缴费比例或办法实际缴付的基本养老保险费、基本医疗保险费和失业保险费，免征个人所得税；个人按照国家或省（自治区、直辖市）人民政府规定的缴费比例或办法实际缴付的基本养老保险费、基本医疗保险费和失业保险费，允许在个人应纳税所得额中扣除。企事业单位和个人超过规定的比例和标准缴付的基本养老保险费、基本医疗保险费和失业保险费，应将超过部分并入个人当期的工资、薪金收入，计征个人所得税。”《国家税务总局关于单位为员工支付有关保险缴纳个人所得税问题的批复》（国税函〔2005〕318 号）规定：“对企业为员工支付各项免税之外的保险金，应当在企业向保险公司缴付时并入员工当期的工资收入，按工资、薪金所得项目计征个人所得税，税款由企业负责代扣代缴。”

根据上述规定，补充医疗保险不属于免征个人所得税项目，企业为职工支付的补充医疗保险应当在企业向保险公司缴付时并入员工当期的工资收入，按工资、薪金所得项目计征个人所得税，税款由企业负责代扣代缴。企业若没有为职工办理补充医疗保险，在为职工报销个人医药费时，应当将报销的金额计入员工的工资薪金所得中依法计征个人所得税。

416. 在私立医院就诊是否可以享受大病医疗扣除

某企业员工于 2022 年在某私立医院就诊，请问是否可以享受大病医疗扣除？

答：《国务院关于印发个人所得税专项附加扣除暂行办法的通知》（国发〔2018〕41 号）第十一条规定：“在一个纳税年度内，纳税人发生的与基本医保相关的医药费用支出，扣除医保报销后个人负担（指医保目录范围内的自付部分）累计超过 15000 元的部分，由纳税人在办理年度汇算清缴时，在 80000 元限额内据实扣除。”

根据上述规定，对于纳入医疗保障结算系统的私立医院，只要纳税人看病的支出在医保系统里可以体现和归集，则纳税人发生的与基本医保相关的支出，可以按照规定享受大病医疗扣除。

417. 自费使用进口药物能否在大病医疗支出扣除

某企业某员工生病治疗中使用了自费的进口药物。请问自费的进口药物是否可以在大病医疗中扣除？

答：《国务院关于印发个人所得税专项附加扣除暂行办法的通知》（国发〔2018〕41 号）第十一条规定：“在一个纳税年度内，纳税人发生的与基本医保相关的医药费用支出，扣除医保报销后个人负担（指医保目录范围内的自付部分）累计超过15000元的部分由纳税人在办理年度汇算清缴时，在80000元限额内据实扣除。”

根据上述规定，自费的进口药物不在医保目录范围内，所以不能在大病医疗中扣除。

418. 光伏发电户个税是否代扣代缴问题

个人安装了分布式光伏电站，把电销售给国家电网。请问该如何开具发票，供电公司是否需要缴纳个人所得税？

答：《国务院关于修改〈中华人民共和国发票管理办法〉的决定》（国务院令第587号）第十六条规定："需要临时使用发票的单位和个人，可以凭购销商品、提供或者接受服务以及从事其他经营活动的书面证明、经办人身份证明，直接向经营地税务机关申请代开发票。依照税收法律、行政法规规定应当缴纳税款的，税务机关应当先征收税款，再开具发票。税务机关根据发票管理的需要，可以按照国务院税务主管部门的规定委托其他单位代开发票。禁止非法代开发票。"《国家税务总局关于国家电网公司购买分布式光伏发电项目电力产品发票开具等有关问题的公告》（国家税务总局公告2014年第32号）第一条规定："国家电网公司所属企业从分布式光伏发电项目发电户处购买电力产品，可由国家电网公司所属企业开具普通发票。国家电网公司所属企业应将发电户名称（姓名）、地址（住址）、联系方式、结算时间、结算金额等信息进行详细登记，以备税务机关查验。"第二条规定："光伏发电项目发电户销售电力产品，按照税法规定应缴纳增值税的，可由国家电网公司所属企业按照增值税简易计税办法计算并代征增值税税款，同时开具普通发票；按照税法规定可享受免征增值税政策的，可由国家电网公司所属企业直接开具普通发票。……主管税务机关应当与国家电网公司所属企业签订《委托代征协议书》，明确委托代征相关事宜。"

根据上述规定，主管税务机关应当与国家电网公司所属企业签订《委托代征协议书》，明确委托代征相关事宜。光伏发电项目发电户销售电力产品，按照税法规定应缴纳增值税的，可由国家电网公司所属企业按照增值税简易计税办法计算并代征增值税税款，同时开具普通发票；按照税法规定可享受免征增值税政策的，可由国家电网公司所属企业直接开具普通发票。光伏发电自然人用户取得的发电收入，属于经营所得，月发电收入低于30000元的免征个人所得税，不需要履行代扣代缴义务。但是，目前全国各地对此情况颇有争议，尚未有统一意见。

419. 销售电费充值卡同时赠送礼品是否需要代扣个税

某供电企业开展营销活动，其中包括向购买充值卡的用户赠送雨伞，开票时赠品和主商品在同一张发票备注栏上注明。请问是否需要代扣个人所得税？

答：《财政部、国家税务总局关于企业促销展业赠送礼品有关个人所得税问题的通知》（财税〔2011〕50号）第一条规定："企业在销售商品（产品）和提供服务过程中向个人赠送礼品，属于下列情形之一的，不征收个人所得税：(2) 企业在向个人销售商品（产品）和提供服务的同时给予赠品。"

根据上述规定，公司向个人销售电费充值卡的同时赠送雨伞，不征收个人所得税。

420. 酒店发放抵用券是否需扣缴个人所得税

某企业是一家境内酒店，在线宣传时进行抽奖，奖品是该公司酒店服务五折优惠的抵用券。请问向获奖人发放抵用券时，该公司是否需要按照"偶然所得"代扣代缴其个人所得税？

答：《财政部 税务总局关于个人取得有关收入适用个人所得税应税所得项目的公告》（财政部 税务总局公告2019年第74号）第三条第一款规定："企业在业务宣传、广告等活动中，随机向本单位以外的个人赠送礼品（包括网络红包，下同），以及企业在年会、座谈会、庆典以及其他活动中向本单位以外的个人赠送礼品，个人取得的礼品收入，按照'偶然所得'项目计算缴纳个人所得税，但企业赠送的具有价格折扣或折让性质的消费券、代金券、抵用券、优惠券等礼品除外。"

根据上述规定，该公司在线抽奖发放给客人的抵用券属于价格折扣或折让性质，无须按照"偶然所得"代扣代缴其个人所得税。

421. 营销广告宣传赠送礼品是否需要缴纳个人所得税

某企业开展营销活动，现场随机派送小礼品。请问是否需要缴纳个人所得税？

答：《关于个人取得有关收入适用个人所得税应税所得项目的公告》（财政部 税务总局公告2019年第74号）第三条规定："企业在业务宣传、广告等活动中，随机向本单位以外的个人赠送礼品（包括网络红包，下同），以及企业在年会、座谈会、庆典以及其他活动中向本单位以外的个人赠送礼品，个人取得的礼品收入，按照'偶然所得'项目计算缴纳个人所得税，但企业赠送的具有价格折扣或折让性质的消费券、代金券、抵用券、优惠券等礼品除外。”

根据上述规定，企业向个人赠送小礼品，按照“偶然所得”项目计算缴纳个人所得税。

422. 年会上抽奖所得的涉税处理

某企业拟购买礼品并在年会上以抽奖方式发放，请问是否需要代扣代缴个人所得税？

答：《中华人民共和国个人所得税法实施条例》（国务院令第707号）第八条规定：“个人所得的形式，包括现金、实物、有价证券和其他形式的经济利益；所得为实物的，应当按照取得的凭证上所注明的价格计算应纳税所得额，无凭证的实物或者凭证上所注明的价格明显偏低的，参照市场价格核定应纳税所得额；所得为有价证券的，根据票面价格和市场价格核定应纳税所得额；所得为其他形式的经济利益的，参照市场价格核定应纳税所得额。”《财政部 国家税务总局关于企业促销展业赠送礼品有关个人所得税问题的通知》（财税〔2011〕50号）第二条第3项规定：“企业对累积消费达到一定额度的顾客，给予额外抽奖机会，个人的获奖所得，按照‘偶然所得’项目，全额适用20%的税率缴纳个人所得税。”第三条规定：“企业赠送的礼品是自产产品（服务）的，按该产品（服务）的市场销售价格确定个人的应税所得；是外购商品（服务）的，按该商品（服务）的实际购置价格确定个人的应税所得。”《财政部 税务总局关于个人取得有关收入适用个人所得税应税所得项目的公告》（财政部 税务总局公告2019年第74号）第三条规定：“企业在业务宣传、广告等活动中，随机向本单位以外的个人赠送礼品（包括网络红包，下同），以及企业在年会、座谈会、庆典以及其他活动中向本单位以外的个人赠送礼品，个人取得的礼品收入，按照‘偶然所得’项目计算缴纳个人所得税，但企业赠送的具有价格折扣或折让性质的消费券、代金券、抵用券、优惠券等礼品除外。前款所称礼品收入的应纳税所得额按照《财政部 国家税务总局关于企业促销展业赠送礼品有关个人所得税问题的通知》（财税〔2011〕50号）第三条规定计算。”

根据上述规定，在公司年会中发放奖品需要代扣代缴个人所得税。如果是本单位员工在年会上抽奖取得奖品，应当合并计入当月工资、薪金所得代扣代缴个人所得税；若在公司年会中向本单位以外的人员（如客户）以抽奖方式赠送纪念品，应按“其他所得”税目代扣代缴个人所得税。

⋙423. 市政府颁发专项奖金是否需要缴纳个税

某企业所在市政府组织颁发千人计划专项奖金，单位代领转付个人。请问是否需要缴纳个人所得税？

答：《中华人民共和国个人所得税法》（主席令第九号）第四条："下列各项个人所得，免征个人所得税：（一）省级人民政府、国务院部委和中国人民解放军军以上单位，以及外国组织、国际组织颁发的科学、教育、技术、文化、卫生、体育、环境保护等方面的奖金；（二）国债和国家发行的金融债券利息；（三）按照国家统一规定发给的补贴、津贴；（四）福利费、抚恤金、救济金；（五）保险赔款；（六）军人的转业费、复员费、退役金；（七）按照国家统一规定发给干部、职工的安家费、退职费、基本养老金或者退休费、离休费、离休生活补助费；（八）依照有关法律规定应予免税的各国驻华使馆、领事馆的外交代表、领事官员和其他人员的所得；（九）中国政府参加的国际公约、签订的协议中规定免税的所得；（十）国务院规定的其他免税所得。前款第十项免税规定，由国务院报全国人民代表大会常务委员会备案。"《国家税务总局关于个人所得税偷税案件查处中有关问题的补充通知》（国税函〔1996〕602号）第三条规定："扣缴义务人的认定，按照个人所得税法的法规，向个人支付所得的单位和个人为扣缴义务人。由于支付所得的单位和个人与取得所得的人之间有多重支付的现象，有时难以确定扣缴义务人。为保证全国执行的统一，现将认定标准法规为：凡税务机关认定对所得的支付对象和支付数额有决定权的单位和个人，即为扣缴义务人。"

根据上述规定，如果政府奖金是省级政府颁发的，符合《中华人民共和国个人所得税法》（主席令第九号）第四条的规定则可以免纳个人所得税；如果是市级政府颁发的，应按"偶然所得"项目缴纳个人所得税，税率20%，由市政府代扣代缴个人所得税。

⋙424. 员工获得专利奖是否需要缴纳个人所得税

某供电企业员工李某等3人共同研发"一种电力表计的智能生产系统"，获得了"浙江省××专利奖"。请问取得的专利奖需要缴纳个人所得税吗？

答：《中华人民共和国个人所得税法》（主席令第九号）第四条："下列各项个人所得，免征个人所得税：（一）省级人民政府、国务院部委和中国人民解放军军以上单位，以及外国组织、国际组织颁发的科学、教育、技术、文化、卫生、体育、环境保护等方面的奖金；（二）国债和国家发行的金融债券利息；（三）按照国家统一规定发给的补贴、津贴；（四）福利费、抚恤金、救济金；（五）保险赔款；（六）军人的转业费、复员费、退役金；（七）按照国家统一规定发给干部、职工的安家费、退职费、基本养老金或者退休费、离休费、离休生活补助费；（八）依照有关法律规定应予免税的各国驻华使馆、领事馆的外交代表、领事官员和其他人员的所得；（九）中国政府参加的国际公约、签订的协议中规定免税的所得；（十）国务院规定的其他免税所得。前款第十项免税规定，由国务院报全国人民代表大会常务委员会备案。”

根据上述规定，个人获得的省级人民政府颁发的专利奖是免税收入，不需要缴纳个人所得税。

425. 建筑安装业异地施工人员个人所得税如何缴纳

某供电企业承接一项跨省工程作业。请问异地施工人员如何缴纳个人所得税?

答：《国家税务总局关于建筑安装业跨省异地工程作业人员个人所得税征收管理问题的公告》（国家税务总局公告2015年第52号）规定：“一、总承包企业、分承包企业派驻跨省异地工程项目的管理人员、技术人员和其他工作人员在异地工作期间的工资、薪金所得个人所得税，由总承包企业、分承包企业依法代扣代缴并向工程作业所在地税务机关申报缴纳。总承包企业和分承包企业通过劳务派遣公司聘用劳务人员跨省异地工作期间的工资、薪金所得个人所得税，由劳务派遣公司依法代扣代缴并向工程作业所在地税务机关申报缴纳。二、跨省异地施工单位应就其所支付的工程作业人员工资、薪金所得，向工程作业所在地税务机关办理全员全额扣缴明细申报。凡实行全员全额扣缴明细申报的，工程作业所在地税务机关不得核定征收个人所得税。”

根据上述规定，总承包企业、分承包企业和劳务派遣公司机构应及时向项目所在地税务机关提供异地工程作业人员工资、薪金所得个人所得税缴纳情况，避免重复征税。

426. 公司支付给员工的食堂用餐补贴是否缴纳个税

某企业拟每月发放现金补贴给员工，并列入职工福利费。请问该项午餐补贴是否需要缴纳个人所得税?

答：《中华人民共和国个人所得税法实施条例》（国务院令第707号）第六条规定：“个人所得税法规定的各项个人所得的范围：（一）工资、薪金所得，是指个人因任职或者受雇取得的工资、薪金、奖金、年终加薪、劳动分红、津贴、补贴以及与任职或者受雇有关的其他所得。”第十一条规定：“个人所得税法第四条第一款第四项所称福利费，是指根据国家有关规定，从企业、事业单位、国家机关、社会组织提留的福利费或者工会经费中支付给个人的生活补助费；所称救济金，是指各级人民政府民政部门支付给个人的生活困难补助费。”《财政部 国家税务总局关于误餐补助范围确定问题的通知》（财税字〔1995〕82号）规定：“《国家税务总局关于印发征收个人所得税若干问题的规定的通知》（国税发〔1994〕89号）文件规定不征税的误餐补助，是指按财政部门规定，个人因公在城区、郊区工作，不能在工作单位或返回就餐，确定需要在外就餐的，根据实际误餐顿数，按规定的标准领取的误餐顿数，按规定的标准领取的误餐费。一些单位以误餐补助名义发给职工的补贴、津贴，应当并入当月工资、薪金所得计征个人所得税。”《国家税务总局关于生活补助费范围确定问题的通知》（国税发〔1998〕155号）规定：“下列收入不属于免税的福利费范围，应当并入纳税人的工资、薪金收入计征个人所得税：（一）从超出国家规定的比例或基数计提的福利费、工会经费中支付给个人的各种补贴、补助；（二）从福利费和工会经费中支付给单位职工的人人有份的补贴、补助；（三）单位为个人购买汽车、住房、电子计算机等不属于临时性生活困难补助性质的支出。诸如防暑降温费、食堂补贴、采暖补贴、交通补贴等各项人人有份的补贴、补助不属于上述免征个人所得税的福利费范围，应并入职工当月工资薪金所得计征个人所得税。”

根据上述规定，公司员工取得午餐补贴需缴纳个人所得税。

427. 支付给食堂的食堂经费是否缴纳个税

某供电企业为方便员工就餐，开设食堂，企业支付的食堂经费用于采购食材等食堂用品。请问食堂经费是否需要缴纳个人所得税？

答：《财政部关于企业加强职工福利费财务管理的通知》（财企〔2009〕242号）第一条规定：“（一）为职工卫生保健、生活等发放或支付的各项现金补贴和非货币性福利，包括职工因公外地就医费用、暂未实行医疗统筹企业职工医疗费用、职工供养直系亲属医疗补贴、职工疗养费用、自办职工食堂经费补贴或未办职工食堂统一供应午餐支出、符合国家有关财务规定的供暖费补贴、防暑降温费等。”第二条规定：“企业为职工提供的交通、住房、通讯待遇，已经实行货币化改革的，按月按标准发放或支付的住房补贴、交通补贴或者车改补贴、通讯补贴，应当纳入职工工资总额，不再纳入职工福利费管理。企业给职工发放的节日补助、未统一供餐而按月发放的午餐费补贴，应当纳入工资总额管理。”

根据上述规定，公司设有食堂为职工提供免费工作餐，属于职工福利支出，无须代扣代缴个人所得税。

428. 绩效薪金延期兑现收入和任期奖励如何计算个税

某企业负责人取得年度绩效薪金延期兑现收入和任期奖励，请问如何计算个税？

答：《财政部 税务总局关于个人所得税法修改后有关优惠政策衔接问题的通知》（财税〔2018〕164 号）第一条规定：“（一）居民个人取得全年一次性奖金，符合《国家税务总局关于调整个人取得全年一次性奖金等计算征收个人所得税方法问题的通知》（国税发〔2005〕9 号）规定的，在 2021 年 12 月 31 日前，不并入当年综合所得，以全年一次性奖金收入除以 12 个月得到的数额，按照本通知所附按月换算后的综合所得税率表（以下简称月度税率表），确定适用税率和速算扣除数，单独计算纳税。计算公式为：应纳税额 = 全年一次性奖金收入 × 适用税率 − 速算扣除数居民个人取得全年一次性奖金，也可以选择并入当年综合所得计算纳税。自 2022 年 1 月 1 日起，居民个人取得全年一次性奖金，应并入当年综合所得计算缴纳个人所得税。（二）中央企业负责人取得年度绩效薪金延期兑现收入和任期奖励，符合《国家税务总局关于中央企业负责人年度绩效薪金延期兑现收入和任期奖励征收个人所得税问题的通知》（国税发〔2007〕118 号）规定的，在 2021 年 12 月 31 日前，参照本通知第一条第（一）项执行；2022 年 1 月 1 日之后的政策另行明确。”《财政部 税务总局公告关于延续实施全年一次性奖金等个人所得税优惠政策的公告》（财政部 税务总局公告 2021 年第 42 号）第一条规定：“《财政部 税务总局关于个人所得税法修改后有关优惠政策衔接问题的通知》（财税〔2018〕164 号）规定的全年一次性奖金单独计税优惠政策，执行期限延长至 2023 年 12 月 31 日；上市公司股权激励单独计税优惠政策，执行期限延长至 2022 年 12 月 31 日。”《财政部 税务总局关于延续实施外籍个人津补贴等有关个人所得税优惠政策的公告》（财政部 税务总局公告 2021 年第 43 号）：“《财政部 税务总局关于个人所得税法修改后有关优惠政策衔接问题的通知》（财税〔2018〕164 号）规定的外籍个人有关津补贴优惠政策、中央企业负责人任期激励单独计税优惠政策，执行期限延长至 2023 年 12 月 31 日。”

根据上述规定，目前对全年一次性奖金的政策规定是在 2023 年 12 月 31 日前，纳税人可以自行选择并入当年综合所得，也可以不并入当年综合所得，以全年一次性奖金收入除以12个月得到的数额，按照按月换算后的综合所得税率表确定适用税率和速算扣除数，单独计算纳税。

429. 单位给援藏员工发放的补贴需要缴纳个税吗

某企业积极响应号召派遣员工支援西藏建设。请问单位给援藏员工发放的补贴是否需要缴纳个人所得税？

答：《中华人民共和国个人所得税法》（主席令第九号）第四条规定："下列各项个人所得，免纳个人所得税……（三）按照国家统一规定发给的补贴、津贴；（四）福利费、抚恤金、救济金……"国家税务总局关于印发《征收个人所得税若干问题的规定》的通知（国税发〔1994〕089号）第二条第（一）款规定："对按照国务院规定发给的政府特殊津贴和国务院规定免纳个人所得税的补贴，津贴，免予征收个人所得税。其他各种补贴，津贴均应计入工资，薪金所得项目征税。"《中华人民共和国个人所得税法实施条例》（国务院令第707号）第十一条规定："个人所得税法第四条第一款第四项所称福利费，是指根据国家有关规定，从企业、事业单位、国家机关、社会组织体提留的福利费或者工会经费中支付给个人的生活补助费；所称救济金，是指各级人民政府民政部门支付给个人的生活困难补助费。"《财政部 国家税务总局关于西藏特殊津贴免征个人所得税的批复》（财税字〔1996〕91号）规定："经国务院批准，自1994年1月1日起发放的西藏特殊津贴，体现了党中央、国务院对西藏各族职工的关怀，对进一步促进西藏的改革、发展和稳定具有重要意义，因此，根据《中华人民共和国个人所得税法》和《中华人民共和国个人所得税法实施条例》的规定，对在你区区域内工作的机关、事业单位职工、按照国家统一规定取得的西藏特殊津贴，免征个人所得税。"

根据上述规定，单位发放援藏等员工生活补助，如果属于财税字〔1996〕91号规定的西藏特殊津贴，免征个人所得税；如果不属于规定的免税的补贴、津贴和临时性生活困难补助，应计入工资薪金所得项目缴纳个人所得税。

430. 职工探亲费是否要计入个税

某供电企业职工回家探亲，企业根据相关薪酬制度向其发放探亲费补贴。请问该补贴是否要缴纳个人所得税？

答：《国家税务总局关于生活补助费范围确定问题的通知》（国税发〔1998〕155号）第二条规定："下列收入不属于免税的福利费范围，应当并入纳税人的工资、薪金收入计征个人所得税：（一）从超出国家规定的比例或基数计提的福利费、工会经费中支付给个人的各种补贴、补助；（二）从福利费和工会经费中支付给本单位职工的人人有份的补贴、补助；（三）单位为个人购买汽车、住房、电子计算机等不属于临时性生活困难补助性质的支出。”《国家税务总局关于外籍个人取得有关补贴征免个人所得税执行问题的通知》（国税发〔1997〕54号）第四条规定：“对外籍个人取得的探亲费免征个人所得税，应由纳税人提供探亲的交通支出凭证（复印件），由主管税务机关审核，对其实际用于本人探亲，且每年探亲的次数和支付的标准合理的部分给予免税。”《国家税务总局关于外籍个人取得的探亲费免征个人所得税有关执行标准问题的通知》（国税函〔2001〕336号）规定：“近期接一些地方反映，根据〈国家税务总局关于外籍个人取得有关补贴免征个人所得税执行问题的通知〉（国税发〔1997〕054号）第四条的规定，对外籍个人取得的探亲费免征个人所得税，应由纳税人提供探亲的交通支出凭证（复印件），由主管税务机关审核，对其实际用于本人探亲，且每年探亲的次数和支付的标准合理的部分给予免税。但在执行中，对如何掌握‘每年探亲的次数和支付的标准合理的部分’，要求予以进一步明确，现对此统一规定如下：（一）可以享受免征个人所得税优惠待遇的探亲费，仅限于外籍个人在我国的受雇地与其家庭所在地（包括配偶或父母居住地）之间搭乘交通工具且每年不超过2次的费用。（二）本通知自发文之日起执行，对于此前发生且尚未进行税务处理的探亲费也应按本通知执行。”

根据上述规定，职工探亲费用也属于工资的一部分，应纳入工资、薪资所得缴纳个人所得税，而外籍员工可以享受免征个人所得税优惠待遇的探亲费，仅限于外籍个人在我国的受雇地与其家庭所在地（包括配偶或父母居住地）之间搭乘交通工具且每年不超过2次的费用。

431. 职工在本单位兼职培训师如何计算个税

某企业员工老王业余时间获得的劳务报酬明细如下：2022年1月应邀在某高校讲课获得讲课费1500元；2022年3月受单位邀请进行讲课获得讲课费1600元。请问老王2022年讲课费应如何计算缴纳个人所得税？

答：《中华人民共和国个人所得税法实施条例》（国务院令第707号）第六条规定：“个人所得税法规定的各项个人所得的范围：（一）工资、薪金所得，是指个人因任职或者受雇取得的工资、薪金、奖金、年终加薪、劳动分红、津贴、补贴以及与任职或者受雇有关的其他所得。（二）劳务报酬所得，是指个人从事劳务取得的所得，包括从事设计、装潢、安装、制图、化验、测试、医疗、法律、会计、咨询、讲学、翻译、审稿、书画、雕刻、影视、录音、录像、演出、表演、广告、展览、技术服务、介绍服务、经纪服务、代办服务以及其他劳务取得的所得。”第十四条规定：“个人所得税法第六条第一款第二项、第四项、第六项所称每次，分别按照下列方法确定：（一）劳务报酬所得、稿酬所得、特许权使用费所得，属于一次性收入的，以取得该项收入为一次；属于同一项目连续性收入的，以一个月内取得的收入为一次。”《国家税务总局关于印发〈征收个人所得税若干问题的规定〉的通知》（国税发〔1994〕89号）第十九条规定：“工资、薪金所得是属于非独立个人劳务活动，即在机关、团体、学校、部队、企事业单位及其他组织中任职、受雇而得到的报酬；劳务报酬所得则是个人独立从事各种技艺、提供各项劳务取得的报酬。两者的主要区别在于，前者存在雇佣与被雇佣关系，后者则不存在这种关系。”

根据上述规定，老王1月份取得的讲课费1500元属于劳务报酬，应缴个人所得税140［=（1500－800）×0.2］元；3月份取得的讲课费1600元由受雇单位支付，因此，该笔讲课费应纳入工资、薪资所得缴纳个人所得税。

432. 员工在内部网站发表文章取得稿酬如何缴纳个税

某企业为鼓励员工发掘素材，加强企业文化建设，规定员工凡是在内部网站发表一篇文章给予30元稿费。请问这是否需要缴纳个人所得税？如果需要缴纳个人所得税，是按照“工资薪金所得”还是“稿酬”所得计算？

答：《中华人民共和国个人所得税法实施条例》（国务院令第600号）第六条规定：“个人所得税法规定的各项个人所得的范围：（一）工资、薪金所得，是指个人因任职或者受雇取得的工资、薪金、奖金、年终加薪、劳动分红、津贴、补贴以及与任职或者受雇有关的其他所得。”

根据上述规定，员工在内部网站发表文章取得的稿费属于任职或者受雇取得的所得，应按照“工资薪金所得”缴纳个人所得税。公司应在发放稿酬时并入当月的工资薪金所得计算缴纳个人所得税。

433. 单位低价向职工售房如何计算个人所得税

某企业向职工低价售房，请问应如何计算个人所得税，需要进行年度汇算吗？

答：《财政部 国家税务总局关于单位低价向职工售房有关个人所得税问题的通知》（财税〔2007〕13号）第二条规定：“除本通知第一条规定情形

外，根据《中华人民共和国个人所得税法》（主席令第九号）及其实施条例的有关规定，单位按低于购置或建造成本价格出售住房给职工，职工因此而少支出的差价部分，属于个人所得税应税所得，应按照‘工资、薪金所得’项目缴纳个人所得税。前款所称差价部分，是指职工实际支付的购房价款低于该房屋的购置或建造成本价格的差额。”《财政部 税务总局关于个人所得税法修改后有关优惠政策衔接问题的通知》（财税〔2018〕164号）第六条规定：“单位按低于购置或建造成本价格出售住房给职工，职工因此而少支出的差价部分，符合《财政部 国家税务总局关于单位低价向职工售房有关个人所得税问题的通知》（财税〔2007〕13号）第二条规定的，不并入当年综合所得，以差价收入除以12个月得到的数额，按照月度税率表确定适用税率和速算扣除数，单独计算纳税。计算公式为：应纳税额＝职工实际支付的购房价款低于该房屋的购置或建造成本价格的差额×适用税率－速算扣除数。”

根据上述规定，企业向职工低价售房，其差价部分不并入当年综合所得，而是按照相应公式单独计算纳税。

434. 员工办理内部退养手续取得的一次性收入如何计税

某企业员工老郑2022年每月取得工资7000元，5月老郑办理了内部退养手续，从单位取得了一次性内部退养收入10万元。老郑离正式退休时间还有20个月，假定老郑2021年度没有其他综合所得，可享受12000元子女教育专项附加扣除。请问如何计算老郑应缴纳的个人所得税？

答：《2021年度个人所得税综合所得年度汇算政策百问百答》第二条规定：“个人办理内部退养手续从原任职单位取得一次性补贴收入，不需纳入综合所得进行年度汇算。计税时，按照办理内部退养手续后至法定离退休年龄之间的所属月份进行平均后的商数，先与当月工资合并查找税率、计算税额，再减除当月工资收入应缴的税额，即为该项补贴收入应纳税额。发放一次性补贴收入当月取得的工资收入，仍需要并入综合所得计算缴税。在年终汇算时，正常按照税法规定扣除基本减除费用。”

根据上述规定，老郑离正式退休时间还有20个月，平均分摊一次性收入5000（＝100000÷20）元；5000元与当月工资7000元合并，减除当月费用扣除标准5000元，以其余额为基数确定适用税率和速算扣除数：（5000＋7000）－5000＝7000，应适用税率10%，速算扣除数210；将当月工资7000元加上当月取得的一次性收入100000元，减去费用扣除标准5000元，计算税款：（7000＋100000－5000）×10%－210＝9990元。模拟计算单月工资应计算的税款：(7000－5000)×3%＝60元；内部退养应缴纳的税款为9990－60＝9930元；老郑2022年度取得内部退养一次性收入不并入当月外，其他月份另行累计预扣预缴税款（7000×12－5000×12－12000）×3%＝360元；老郑2022年全年应缴纳个人所得税为9930＋360＝10290元。

435. 支付给搬运工的劳务费的涉税处理

某供电企业仓库搬运工按次开具的劳务费是否要代扣个人所得税?

答：《中华人民共和国个人所得税法》（主席令第九号）第六条规定："（六）利息、股息、红利所得，偶然所得，以每次收入额为应纳税所得额。劳务报酬所得、稿酬所得、特许权使用费所得以收入减除百分之二十的费用后的余额为收入额。稿酬所得的收入额减按百分之七十计算。"《中华人民共和国个人所得税法实施条例》(国务院令第707号）第十四条规定："个人所得税法第六条第一款第二项、第四项、第六项所称每次，分别按照下列方法确定：(一）劳务报酬所得、稿酬所得、特许权使用费所得，属于一次性收入的，以取得该项收入为一次；属于同一项目连续性收入的，以一个月内取得的收入为一次。"

根据上述规定，仓库搬运工由于属于同一项目连续性收入的，应以一个月内取得的收入总额代扣个人所得税。劳务报酬所得以收入减除20%的费用后的余额为应纳税所得额。

436. 职工取得的工伤保险待遇的个税问题

某企业职工吕某，上班期间被机器砸伤脚。请问被判定工伤后取得的工伤保险待遇是否需要缴纳个人所得税?

答：《财政部 国家税务总局关于工伤职工取得的工伤保险待遇有关个人所得税政策的通知》(财税〔2012〕40号）第一条规定："对工伤职工及其近亲属按照《工伤保险条例》(国务院令第586号）规定取得的工伤保险待遇，免征个人所得税。"第二条规定："本通知第一条所称的工伤保险待遇，包括工伤职工按照《工伤保险条例》(国务院令第586号）规定取得的一次性伤残补助金、伤残津贴、一次性工伤医疗补助金、一次性伤残就业补助金、工伤医疗待遇、住院伙食补助费、外地就医交通食宿费用、工伤康复费用、辅助器具费用、生活护理费等，以及职工因工死亡，其近亲属按照《工伤保险条例》(国务院令第586号）规定取得的丧葬补助金、供养亲属抚恤金和一次性工亡补助金等。"第三条规定："本通知自2011年1月1日起执行。对2011

年1月1日之后已征税款，由纳税人向主管税务机关提出申请，主管税务机关按相关规定予以退还。”

根据上述规定，吕某受工伤后按规定取得的工伤保险待遇免征个人所得税。

437. 对个人实行的营销业绩奖励如何计缴个人所得税

某企业在商品营销活动中，对营销业绩突出人员通过免收差旅费、旅游费对个人实行营销业绩奖励机制。请问是否需要缴纳个人所得税，如何缴纳？

答：《财政部 国家税务总局关于企业以免费旅游方式提供对营销人员个人奖励有关个人所得税政策的通知》（财税〔2004〕11号）规定：“按照我国现行个人所得税法律法规有关规定，对商品营销活动中，企业和单位对营销业绩突出人员以培训班、研讨会、工作考察等名义组织旅游活动，通过免收差旅费、旅游费对个人实行的营销业绩奖励（包括实物、有价证券等），应根据所发生费用全额计入营销人员应税所得，依法征收个人所得税，并由提供上述费用的企业和单位代扣代缴。其中，对企业雇员享受的此类奖励，应与当期的工资薪金合并，按照‘工资、薪金所得’项目征收个人所得税；对其他人员享受的此类奖励，应作为当期的劳务收入，按照‘劳务报酬所得’项目征收个人所得税。”

根据上述规定，对营销业绩突出人员通过免收差旅费、旅游费对个人实行营销业绩奖励的机制，企业雇员应全额与当期的工资薪金合并，按“工资、薪金所得”计征，非企业雇员按“劳务报酬所得”计征。

438. 学前教育阶段的儿童父母能否享受子女教育扣除

2022年某企业员工李某育有3岁儿童，王某育有1岁儿童，均未就读幼儿园。请问父母是否可以享受子女教育扣除？

答：《国务院关于印发个人所得税专项附加扣除暂行办法的通知》（国发〔2018〕41号）第五条规定：“纳税人的子女接受全日制学历教育的相关支出，按照每个子女每月1000元的标准定额扣除。学历教育包括义务教育（小学、初中教育）、高中阶段教育（普通高中、中等职业、技工教育）、高等教育（大学专科、大学本科、硕士研究生、博士研究生教育）。年满3岁至小学入学前处于学前教育阶段的子女，按本条第一款规定执行。”《国务院关于设立3岁以下婴幼儿照护个人所得税专项附加扣除的通知》（国发〔2022〕8号）第一条规定：“纳税人照护3岁以下婴幼儿子女的相关支出，按照每个婴幼儿每月1000元的标准定额扣除。”第二条规定：“父母可以选择由其中一方按扣除标准的100%扣除，也可以选择由双方分别按扣除标准的50%扣除，具体扣除方式在一个纳税年度内不能变更。”第三条规定：“3岁以下婴幼儿照护个人所得税专项附加扣除涉及的保障措施和其他事项，参照《国务院关于印发个人所得税专项附加扣除暂行办法的通知》（国发〔2018〕41号）有关规定执行。”第四条规定：“3岁以下婴幼儿照护个人所得税专项附加扣除自2022年1月1日起实施。”

根据上述规定，李某孩子没有参加幼儿园教育，可以按照标准定额扣除；王某孩子从2022年1月1日起，也可以按照标准定额扣除。

439. 子女大学期间参军个税是否能按子女教育扣除

某企业员工子女在大学期间参军，学校为其保留原学籍。请问计缴个人所得税能否按子女教育进行专项扣除？

答：《国家税务总局关于修订发布〈个人所得税专项附加扣除操作办法（试行）〉的公告》（国家税务总局公告2022年第7号）第三条规定：“纳税人享受符合规定的专项附加扣除的计算时间分别为：（一）子女教育。学前教育阶段，为子女年满3周岁当月至小学入学前一月。学历教育，为子女接受全日制学历教育入学的当月至全日制学历教育结束的当月。”

根据上述规定，服兵役是公民的义务，大学期间参军是积极响应国家号召，休学保留学籍期间，属于全日制学历教育阶段，可以申报扣除子女教育专项附加扣除。

440. 子女辞职后深造，父母可否享受子女教育扣除

某供电企业员工子女参加工作2年后辞职继续深造，就读某大学全日制研究生。请问父母能否享受子女教育扣除？

答：《国务院关于印发个人所得税专项附加扣除暂行办法的通知》（国发〔2018〕41号）第五条规定：“纳税人的子女接受全日制学历教育的相关支出，其父母可以按照每月1000元标准定额扣除。”

根据上述规定，子女辞职后深造，父母可以享受子女教育扣除。

441. 非独生子女可否由一方专项附加全部扣除

某企业员工父母共生育姐妹二人，其姐姐无赡养父母的能力。请问是否可以由该员工单独享受赡养父母的2000元扣除标准？

答：《国务院关于印发个人所得税专项附加扣除暂行办法的通知》（国发

〔2018〕41号）第二十二条规定："纳税人赡养一位及以上被赡养人的赡养支出，统一按照以下标准定额扣除：（一）纳税人为独生子女的，按照每月2000元的标准定额扣除；（二）纳税人为非独生子女的，由其与兄弟姐妹分摊每月2000元的扣除额度，每人分摊的额度不能超过每月1000元。可以由赡养人均摊或者约定分摊，也可以由被赡养人指定分摊。约定或者指定分摊的须签订书面分摊协议，指定分摊优先于约定分摊。具体分摊方式和额度在一个纳税年度内不能变更。"

根据上述规定，不可以由一人享受2000元扣除个人所得税专项附加扣除。

442. 与妻子共同赡养岳父母是否可以享受专项附加扣除

某企业员工与妻子共同赡养岳父岳母。请问该企业员工是否可以享受个人所得税赡养老人专项附加扣除？

答：《国务院关于印发个人所得税专项附加扣除暂行办法的通知》（国发〔2018〕41号）第二十三条规定："本办法所称被赡养人是指年满60岁的父母，以及子女均已去世的年满60岁的祖父母、外祖父母。……第二十九条规定，本办法所称父母，是指生父母、继父母、养父母。"

根据上述规定，岳父岳母不可以由该企业员工享受个人所得税专项附加扣除。

443. 赡养年满60岁的祖父母可以享受专项附加扣除吗

某企业员工父母均已去世。请问由其赡养年满60岁的祖父母可以享受专项附加扣除吗？

答：《国务院关于印发个人所得税专项附加扣除暂行办法的通知》（国发〔2018〕41号）第二十三条规定："本办法所称被赡养人是指年满60岁的父母，以及子女均已去世的年满60岁的祖父母、外祖父母。"

根据上述规定，该员工可以享受专项附加扣除。

444. 赡养老人的专项附加扣除何时停止

某企业员工王某已申报赡养老人专项附加扣除，年度中间老人去世了。请问该员工王某享受赡养老人的专项附加扣除何时停止？

答：《中华人民共和国个人所得税法》（主席令第九号）第二条规定："居民个人取得工资、薪金所得、劳务报酬所得、稿酬所得和特许权使用费所得（以下称综合所得），按纳税年度合并计算个人所得税。第六条第（一）项规定，居民个人的综合所得，以每一纳税年度的收入额减除费用六万元以及专项扣除、专项附加扣除和依法确定的其他扣除后的余额，为应纳税所得额。”《国家税务总局关于修订发布〈个人所得税专项附加扣除操作办法（试行）〉的公告》（国家税务总局公告 2022 年第 7 号）第二条规定：“纳税人享受子女教育、继续教育、大病医疗、住房贷款利息或者住房租金、赡养老人、3 岁以下婴幼儿照护专项附加扣除的，依照本办法规定办理。”第三条规定：“纳税人享受符合规定的专项附加扣除的计算时间分别为：（六）赡养老人为被赡养人年满 60 周岁的当月至赡养义务终止的年末。”

根据上述规定，该员工王某家中年满 60 岁以上的老人年中去世，计算个税时，赡养老人的专项附加扣除的停止时间是老人去世的当年年末。

445. 合租住房应如何确定租金专项扣除

某企业员工张某与李某两人合租住房。请问住房租金支出扣除应如何操作？

答：《国务院关于印发个人所得税专项附加扣除暂行办法的通知》（国发〔2018〕41 号）第十九条规定：“住房租金支出由签订租赁合同的承租人扣除。”

根据上述规定，合租住房的个人，若都与出租方签署了规范租房合同，可根据租金定额标准各自进行扣除。

446. 接受研究生教育应如何确认扣除主体

某企业员工张某的女儿今年考上了硕士研究生。请问在其女儿接受硕士研究生教育期间，是属于子女教育还是继续教育，如何确认扣除主体？

答：《国家税务总局关于修订发布〈个人所得税专项附加扣除操作办法（试行）〉的公告》（国家税务总局公告 2022 年第 7 号）第三条规定：“纳税人享受符合规定的专项附加扣除的计算时间分别为：（一）子女教育。学前教育阶段，为子女年满 3 周岁当月至小学入学前一月。学历教育，为子女接受全日制学历教育入学的当月至全日制学历教育结束的当月。（二）继续教育。学历（学位）继续教育，为在中国境内接受学历（学位）继续教育入学的当月至学历（学位）继续教育结束的当月，同一学历（学位）继续教育的扣除期限最长不得超过 48 个月。技能人员职业资格继续教育、专业技术人员职业资格继续教育，为取得相关证书的当年。”

根据上述规定，第一种情况是：纳税人的子女接受全日制学历教育（由小学一直到博士研究生阶段）的支出，张某作为纳税人可以按照每个子女每月1000元的标准定额扣除；第二种情况是：张某的女儿在职期间接受硕士研究生及以上的继续教育，在受教育期间，由本人按照每月400元的标准定额扣除，但同一学历（学位）继续教育的扣除期限不能超过48个月。

447. 残疾人收到的年终奖是否可以享受个税减免优惠

某企业员工张某是一级听障残疾人，在2022年年底时收到了2万元年终奖。请问张某收到的年终奖是否可以享受残疾人个人所得税减免优惠？

答：《财政部 税务总局关于个人所得税法修改后有关优惠政策衔接问题的通知》（财税〔2018〕164号）第一条规定："居民个人取得全年一次性奖金，符合《国家税务总局关于调整个人取得全年一次性奖金等计算征收个人所得税方法问题的通知》（国税发〔2005〕9号）规定的，在2021年12月31日前，不并入当年综合所得，以全年一次性奖金收入除以12个月得到的数额，按照本通知所附按月换算后的综合所得税率表（以下简称月度税率表），确定适用税率和速算扣除数，单独计算纳税。"《财政部 税务总局公告关于延续实施全年一次性奖金等个人所得税优惠政策的公告》（财税〔2021〕第42号）规定："《财政部 税务总局关于个人所得税法修改后有关优惠政策衔接问题的通知》（财税〔2018〕164号）规定的全年一次性奖金单独计税优惠政策，执行期限延长至2023年12月31日；上市公司股权激励单独计税优惠政策，执行期限延长至2022年12月31日。"《浙江省财政厅 国家税务总局浙江省税务局关于浙江省残疾、孤老人员和烈属减征个人所得税有关优惠政策的通知》（浙财税政〔2019〕9号）："为落实国家减税惠民政策，进一步减轻残疾、孤老人员和烈属负担，根据《中华人民共和国个人所得税法》（主席令第九号）有关规定，经省政府批准，现对浙江省残疾、孤老人员和烈属减征个人所得税有关优惠政策通知如下：一、综合所得项目，年应纳个人所得税税额在6000元（含）以下的，减征100%；6000元以上的，定额减征6000元。二、经营所得项目，年应纳个人所得税税额在6000元（含）以下的，减征100%；6000元以上的，定额减征6000元。三、纳税人年度内存在综合所得和经营所得的，由纳税人选择一个所得类别享受减征税收优惠，两类所得不重复享受；纳税人同时符合残疾、孤老人员和烈属两种以上身份的，选择一种身份享受减征税收优惠，多重身份不重复享受。四、上述政策自2019年1月1日起执行。"

根据上述规定，居民个人取得全年一次性奖金，符合相关规定的，在2023年12月31日前，可以选择不并入当年综合所得，以全年一次性奖金收入除以12个月得到的数额，按财税〔2018〕164号所附按月换算后的综合所得税率表，确定适用税率和速算扣除数，单独计算纳税；居民个人取得全年一次性奖金，也可以选择并入当年综合所得计算纳税享受税收减免；纳税人为浙江省残疾人、孤老人员和烈属的，可享受减征个人所得税优惠政策。残疾人职工取得的年终奖金，可以按照当地的规定享受减免个人所得税。

448. 实际承担赡养义务的非直系亲属是否可以享受相关专项扣除

某企业员工贾某的叔叔由于没有子女，由纳税人贾某实际承担了对其叔叔的赡养义务。请问贾某是否可以扣除赡养老人支出？

答：《国务院关于印发个人所得税专项附加扣除暂行办法的通知》（国发〔2018〕41号）第二十二条规定："纳税人赡养一位及以上被赡养人的赡养支出，统一按照以下标准定额扣除：（一）纳税人为独生子女的，按照每月2000元的标准定额扣除；（二）纳税人为非独生子女的，由其与兄弟姐妹分摊每月2000元的扣除额度，每人分摊的额度不能超过每月1000元。可以由赡养人均摊或者约定分摊，也可以由被赡养人指定分摊。约定或者指定分摊的须签订书面分摊协议，指定分摊优先于约定分摊。具体分摊方式和额度在一个纳税年度内不能变更。"第二十三条规定："本办法所称被赡养人是指年满60岁的父母，以及子女均已去世的年满60岁的祖父母、外祖父母。"

根据上述规定，按照现行规定被赡养人仅指纳税人的生父母、继父母、养父母或其他法定赡养人。如果纳税人年满60岁的叔叔属于上述所说的被赡养人范围，是可以享受赡养老人扣除政策的；如果不属于上述范围，则不能扣除。

449. 年中结婚并合租房屋应如何填写租金专项扣除

某企业员工与其女友目前是未婚且分开租房，计划年内结婚一起租房。请问现在租房租金的专项扣除怎么填？是否可以按目前实际情况双方都能填写租金专项扣除，待年底汇算清缴环节，扣除其中一个人的婚后月份房租？

答：《国务院关于印发个人所得税专项附加扣除暂行办法的通知》（国发〔2018〕41号）第十八条规定："夫妻双方主要工作城市相同的，只能由一方扣除住房租金支出。"

根据上述规定，纳税人未婚且在主要工作城市没有自有住房的，纳税人发生的住房租金支出可各自扣除。纳税年度中间相关信息发生变化的，纳税人应当更新“扣除信息表”相应栏次，并及时报送给扣缴义务人。纳税人已婚且夫妻双方主要工作城市相同的，只能由一方（即承租人）扣除住房租金支出。

450. 参加“跨校联合培养”是否可以按照子女教育扣除

某企业员工子女参加“跨校联合培养”需要到国外读书几年。请问是否可以按照子女教育扣除？

答：《国家税务总局关于修订发布〈个人所得税专项附加扣除操作办法（试行）〉的公告》（国家税务总局公告2022年第7号）第三条规定：“纳税人享受符合规定的专项附加扣除的计算时间分别为：（一）子女教育。学前教育阶段，为子女年满3周岁当月至小学入学前一月。学历教育，为子女接受全日制学历教育入学的当月至全日制学历教育结束的当月。（二）继续教育。学历（学位）继续教育，为在中国境内接受学历（学位）继续教育入学的当月至学历（学位）继续教育结束的当月，同一学历（学位）继续教育的扣除期限最长不得超过48个月。技能人员职业资格继续教育、专业技术人员职业资格继续教育，为取得相关证书的当年。”

根据上述规定，一般情况下，参加“跨校联合培养”的学生，原学校继续保留学生学籍，子女在国外读书期间，父母可以享受子女教育专项附加扣除。

451. 参加学历（学位）教育未取得对应证书是否可以扣除

某企业员工参加学历（学位）教育，但最后未取得对应学历（学位）证书。请问是否可以享受继续教育扣除？

答：《国家税务总局关于修订发布〈个人所得税专项附加扣除操作办法（试行）〉的公告》（国家税务总局公告2022年第7号）第三条规定：“纳税人享受符合规定的专项附加扣除的计算时间分别为：（一）子女教育。学前教育阶段，为子女年满3周岁当月至小学入学前一月。学历教育，为子女接受全日制学历教育入学的当月至全日制学历教育结束的当月。（二）继续教育。学历（学位）继续教育，为在中国境内接受学历（学位）继续教育入学的当月至学历（学位）继续教育结束的当月，同一学历（学位）继续教育的扣除期限最长不得超过48个月。技能人员职业资格继续教育、专业技术人员职业资格继续教育，为取得相关证书的当年。”

根据上述规定，参加学历（学位）教育，按照实际受教育时间，享受每月 400 元的扣除。不考虑最终是否取得证书，但是最多扣除 48 个月。

452.“商业性质”是否影响个人住房贷款利息扣除

某企业员工购买首套住房性质为“商业性质”。请问是否可以享受个人住房贷款利息扣除？

答：《国务院关于印发个人所得税专项附加扣除暂行办法的通知》（国发〔2018〕41 号）第十四条规定：“本办法所称首套住房贷款是指购买住房享受首套房住房贷款利率的住房贷款。”

根据上述规定，首套住房指购买享受首套住房贷款利率的住房，强调的是住房，商业性质不满足条件，即使用途为“住房”，也不能按照住房贷款利息税前扣除。

453. 组合贷款剩唯一公积金住房贷款可以抵扣个税吗

某企业员工商业住房贷款已还清，现还有唯一公积金住房贷款。请问这可以抵扣个税吗？

答：《国务院关于印发个人所得税专项附加扣除暂行办法的通知》（国发〔2018〕41 号）第十四条规定：“纳税人本人或者配偶单独或者共同使用商业银行或者住房公积金个人住房贷款为本人或者其配偶购买中国境内住房，发生的首套住房贷款利息支出，在实际发生贷款利息的年度，按照每月 1000 元的标准定额扣除，扣除期限最长不超过 240 个月。纳税人只能享受一次首套住房贷款的利息扣除。本办法所称首套住房贷款是指购买住房享受首套住房贷款利率的住房贷款。”

根据上述规定，如果是同一套房子且符合政策规定条件，采取的为组合贷的形式，在商业贷款还清后、公积金贷款继续还款的情况下可以继续享受个人所得税专项附加扣除。

454. 首套住房未享受贷款利息扣除政策，第二套能享受吗

某企业员工用贷款买了一套房，因工作需要将该房屋贷款还清后置换了另一套房，第二套房贷银行依旧给的是首套房贷款利率。请问第一套房时未享受贷款利息扣除政策，那么第二套房贷利息可以享受住房贷款利息扣除政策吗？

答：《国务院关于印发个人所得税专项附加扣除暂行办法的通知》（国发

〔2018〕41号）第十四条规定："纳税人本人或者配偶单独或者共同使用商业银行或者住房公积金个人住房贷款为本人或者其配偶购买中国境内住房，发生的首套住房贷款利息支出，在实际发生贷款利息的年度，按照每月1000元的标准定额扣除，扣除期限最长不超过240个月。纳税人只能享受一次首套住房贷款的利息扣除。本办法所称首套住房贷款是指购买住房享受首套住房贷款利率的住房贷款。"

根据上述规定，从未享受过住房贷款利息扣除，那么其按照首套住房贷款利率贷款购买的第二套住房，可以享受住房贷款利息扣除政策。

455. 婚前一方已享受首套住房利息扣除，婚后另一方购买首套住房是否仍能享受贷款利息专项附加扣除

某企业员工李某配偶在A省市婚前有首套住房贷款，婚前已经享受了首套住房贷款利息扣除，婚后二人在B省市买了新房并记在其丈夫名下，其丈夫李某婚前没有买过房子。请问这种情况下，如果B省市的新房符合首套贷款条件，那么李某是否能享受贷款利息专项附加扣除？

答：《国务院关于印发个人所得税专项附加扣除暂行办法的通知》（国发〔2018〕41号）第十四条规定："纳税人本人或者配偶单独或者共同使用商业银行或者住房公积金个人住房贷款为本人或者其配偶购买中国境内住房，发生的首套住房贷款利息支出，在实际发生贷款利息的年度，按照每月1000元的标准定额扣除，扣除期限最长不超过240个月。纳税人只能享受一次首套住房贷款的利息扣除。本办法所称首套住房贷款是指购买住房享受首套住房贷款利率的住房贷款。"

根据上述规定，婚后如果妻子就婚前已购住房申请继续享受住房贷款利息扣除，夫妻双方均不能再就其他住房享受住房贷款利息扣除。婚后如果妻子未就婚前已购住房享受住房贷款利息扣除，且丈夫之前也未享受过住房贷款利息扣除，那么，丈夫可以就其婚后新购住房享受住房贷款利息扣除。

456. 贷款购买商铺能否享受住房贷款利息专项附加扣除

某企业员工张某在某城市贷款购买了一套商铺，需按月还本付息。请问张某购买商铺产生的贷款利息是否可以享受个人所得税住房贷款利息专项附加扣除？

答：《国务院关于印发个人所得税专项附加扣除暂行办法的通知》（国发〔2018〕41号）第十四条规定："纳税人本人或者配偶单独或者共同使用商业

银行或者住房公积金个人住房贷款为本人或者其配偶购买中国境内住房，发生的首套住房贷款利息支出，在实际发生贷款利息的年度，按照每月 1000 元的标准定额扣除，扣除期限最长不超过 240 个月。纳税人只能享受一次首套住房贷款的利息扣除。本办法所称首套住房贷款是指购买住房享受首套住房贷款利率的住房贷款。”

根据上述规定，张某贷款购买非住房而发生的利息支出，不属于上述扣除的范围，不能享受个人所得税住房贷款利息专项附加扣除。

457. 转让无偿受赠的房屋如何计缴个税

某企业员工于 2022 年 1 月无偿获得受赠房屋，请问该如何计缴个税？

答：《财政部 国家税务总局关于个人无偿受赠房屋有关个人所得税问题的通知》（财税〔2009〕78 号）第五条规定：“受赠人转让受赠房屋的，以其转让受赠房屋的收入减除原捐赠人取得该房屋的实际购置成本以及赠与和转让过程中受赠人支付的相关税费后的余额，为受赠人的应纳税所得额，依法计征个人所得税。受赠人转让受赠房屋价格明显偏低且无正当理由的，税务机关可以依据该房屋的市场评估价格或其他合理方式确定的价格核定其转让收入。”

根据上述规定，个人转让无偿受赠的房屋，属于“财产转让所得”的范围，计算公式：应纳税所得额 = 转让受赠房屋收入 - 原捐赠人取得该房屋的实际购置成本 - 转让过程中受赠人支付的相关税费；应纳税额 = 应纳税所得额 ×20%；受赠人转让受赠房屋价格明显偏低且无正当理由的，税务机关可以依据该房屋的市场评估价格或其他合理方式确定的价格核定其转让收入。

458. 直接向医院捐赠疫情物品能否在个税税前全额扣除

某企业员工于 2021 年通过个人直接向承担疫情防治任务的医院捐赠用于应对新型冠状病毒感染疫情的物品。请问能否允许在计算个人所得税应纳税所得额时全额扣除？

答：《财政部 税务总局关于支持新型冠状病毒感染的肺炎疫情防控有关捐赠税收政策的公告》（财政部 税务总局公告 2020 年第 9 号）规定：“一、企业和个人通过公益性社会组织或者县级以上人民政府及其部门等国家机关，捐赠用于应对新型冠状病毒感染的肺炎疫情的现金和物品，允许在计算应纳税所得额时全额扣除。二、企业和个人直接向承担疫情防治任务的医院捐赠用于应对新型冠状病毒感染的肺炎疫情的物品，允许在计算应纳税所得额时全额扣除。捐赠人凭承担疫情防治任务的医院开具的捐赠接收函办理税前扣除事宜。三、单位和个体工商户将自产、委托加工或购买的货物，通过公益性社会组织和县级以上人民政府及其部门等国家机关，或者直接向承担疫情防治任务的医院，无偿捐赠用于应对新型冠状病毒感染的肺炎疫情的，免征增值税、消费税、城市维护建设税、教育费附加、地方教育附加。四、国家机关、公益性社会组织和承担疫情防治任务的医院接受的捐赠，应专项用于应对新型冠状病毒感染的肺炎疫情工作，不得挪作他用。五、本公告自2020年1月1日起施行，截止日期视疫情情况另行公告。”《财政部 税务总局关于延续实施应对疫情部分税费优惠政策的公告》（2021年第7号）第三条规定：“《财政部 税务总局关于支持新型冠状病毒感染的肺炎疫情防控有关税收政策的公告》（财政部 税务总局公告2020年第8号）、《财政部 税务总局关于支持新型冠状病毒感染的肺炎疫情防控有关捐赠税收政策的公告》（财政部 税务总局公告2020年第9号）规定的税收优惠政策凡已经到期的，执行期限延长至2021年3月31日。”

根据上述规定，自2020年1月1日起，个人直接向承担疫情防治任务的医院捐赠用于应对新型冠状病毒感染疫情的物品，允许在计算个人所得税应纳税所得额时全额扣除。个人享受规定的全额税前扣除政策的，按照《财政部 税务总局关于公益慈善事业捐赠个人所得税政策的公告》（2019年第99号）有关规定执行，在办理个人所得税税前扣除、填写“个人所得税公益慈善事业捐赠扣除明细表”时，应当在备注栏注明“直接捐赠”。个人取得承担疫情防治任务的医院开具的捐赠接收函，作为税前扣除依据自行留存备查。

459. 发放给员工疫情防护用品是否扣缴个税

某企业为防控疫情，购买防病毒口罩、消毒液等防护用品发给员工工作期间使用。请问企业发放的疫情防护用品是否需要扣缴个人所得税？

答：《中华人民共和国个人所得税法》（主席令第九号）第二条规定：“下列各项个人所得，应纳个人所得税：（一）工资、薪金所得；（二）劳务报酬所得；（三）稿酬所得；（四）特许权使用费所得；（五）经营所得；（六）利息、股息、红利所得；（七）财产租赁所得；（八）财产转让所得；（九）偶然所得。”《中华人民共和国个人所得税法实施条例》（国务院令第707号）第六条第（一）项规定：“（一）工资、薪金所得，是指个人因任职或者受雇而取得的工资、薪金、奖金、年终加薪、劳动分红、津贴、补贴以及与任职或者受雇有关的其他所得。”《财政部 税务总局关于支持新型冠状病毒感染的肺炎疫情防控有关个人所得税政策的公告》（财政部 税务总局公告2020年第10号）规定：“二、单位发给个人用于预防新型冠状病毒感染的肺炎的药品、医疗用品和防护用品等实物（不包括现金），不计入工资、薪金收入，免征个人所得税。三、本公告自2020年1月1日起施行，截止日期视疫情情况另行公告。”

根据上述规定，企业购买防病毒口罩、消毒液等防护用品发放给员工在工作期间使用，不计入工资、薪金收入，无须扣缴个人所得税。

460. 防疫工作者的补助和奖金免征个税如何申报

某单位是新冠病毒感染定点医院，请问对参加疫情防治的员工按照政府规定标准支付的临时性工作补助和奖金享受免征个人所得税是否需要提供资料？如何申报？

答：《财政部 税务总局关于支持新型冠状病毒感染的肺炎疫情防控有关个人所得税政策的公告》（财政部 税务总局公告2020年第10号）第一条规定：“对参加疫情防治工作的医务人员和防疫工作者按照政府规定标准取得的临时性工作补助和奖金，免征个人所得税。政府规定标准包括各级政府规定的补助和奖金标准。”国家税务总局12366纳税服务平台发布的《防控疫情税收优惠政策热点问答（第六期）》第1问：“对参加疫情防治工作的医务人员和防疫工作者按照政府规定标准取得的临时性工作补助和奖金，免征个人所得税。这种个人所得税免征需要提供什么资料吗？”解答中明确：“《财政部 税务总局关于支持新型冠状病毒感染的肺炎疫情防控有关个人所得税政策的公告》（财政部 税务总局公告2020年第10号）规定，对参加疫情防治工作的医务人员和防疫工作者按照政府规定标准取得的临时性工作补助和奖金，免征个人所得税。政府规定标准包括各级政府规定的补助和奖金标准。考虑到目前相关人员正在疫情防治一线，其单位同样承担较重防治任务，为切实减轻有关人员及其单位负担，此次对上述人员取得的临时性工作补助和奖金享受免征个人所得税优惠时，支付单位无须申报，仅将发放人员名单及金额留存备查即可。”

根据上述规定，该单位按照政府规定标准支付给疫情防治人员的临时性工作补助和奖金免征个人所得税无须申报，仅将发放人员名单及金额留存备查即可。

461. 交流干部租房费用是否需要缴纳个人所得税

某供电企业干部接上级通知，被安排去异地交流工作，由派往地公司承担该干部交流期间的房租费。请问该干部是否需要缴纳个人所得税？

答：《中华人民共和国个人所得税法实施条例》（国务院令第707号）第六条规定："个人所得税法规定的各项个人所得的范围：（一）工资、薪金所得，是指个人因任职或者受雇取得的工资、薪金、奖金、年终加薪、劳动分红、津贴、补贴以及与任职或者受雇有关的其他所得。（二）劳务报酬所得，是指个人从事劳务取得的所得，包括从事设计、装潢、安装、制图、化验、测试、医疗、法律、会计、咨询、讲学、翻译、审稿、书画、雕刻、影视、录音、录像、演出、表演、广告、展览、技术服务、介绍服务、经纪服务、代办服务以及其他劳务取得的所得。"

根据上述规定，因任职受雇取得的"其他所得"，都需要缴纳工资税金的个人所得税。情况一，交流干部租房费用由派往地公司全额承担，则要将该干部在使用期内应支付而未支付的租金市场价格按月并入当期工资薪金所得依法计征个人所得税。此项经济利益未限定于"从雇主处取得"，即不论是工作单位提供的，或是其他关联企业提供的，都构成其他形式的经济利益，提供方有扣缴义务。如果没有扣缴，该干部汇算时有纳税和申报义务。情况二，交流干部租房费用由派往地公司部分承担，差额部分由该干部自己承担，或是该干部自己承担租金，但租金价格显著低于市场价格，则产生的差额部分，因任职受雇取得的"其他所得"，应将该干部在使用期内的租金差额部分按月并入当期工资薪金所得依法计征个人所得税。

462. 个体工商户收到拆迁补偿款是否缴纳个人所得税

某个体工商户取得了拆迁补偿款。请问该收入是否需要缴纳个人所得税？

答：《财政部 国家税务总局关于城镇房屋拆迁有关税收政策的通知》（财税〔2005〕45号）第一条规定："对被拆迁人按照国家有关城镇房屋拆迁管理办法规定的标准取得的拆迁补偿款，免征个人所得税。"

根据上述规定，"被拆迁人"包括自然人和以商业用房从事生产经营活动的个体工商户、个人独资企业和合伙企业，但"拆迁补偿款"不包括对个体工商户、个人独资企业和合伙企业的经营性补偿。因此，该个体工商户收到的拆迁补偿款中的经营性补偿，应并入经营所得缴纳个人所得税，取得符合上述规定的拆迁补偿款，免征个人所得税。

463. 以技术成果投资入股是否计征个人所得税

某企业员工以技术入股，请问个人所得税如何缴纳？

答：《财政部 国家税务总局关于个人非货币性资产投资有关个人所得税政策的通知》（财税〔2015〕41号）第一条规定："个人以非货币性资产投资，属于个人转让非货币性资产和投资同时发生。对个人转让非货币性资产的所得，应按照'财产转让所得'项目，依法计算缴纳个人所得税。"《关于完善股权激励和技术入股有关所得税政策的通知》（财税〔2016〕101号）第三条规定："（一）企业或个人以技术成果投资入股到境内居民企业，被投资企业支付的对价全部为股票（权）的，企业或个人可选择继续按现行有关税收政策执行，也可选择适用递延纳税优惠政策。选择技术成果投资入股递延纳税政策的，经向主管税务机关备案，投资入股当期可暂不纳税，允许递延至转让股权时，按股权转让收入减去技术成果原值和合理税费后的差额计算缴纳所得税。"

根据上述规定，技术成果是指专利技术（含国防专利）、计算机软件著作权、集成电路布图设计专有权、植物新品种权、生物医药新品种，以及科技部、财政部、国家税务总局确定的其他技术成果。技术成果投资入股，是指纳税人将技术成果所有权让渡给被投资企业、取得该企业股票（权）的行为。对以技术成果投资入股的个人，按照"财产转让所得"计征个人所得税。企业经向主管税务机关备案，投资入股当期可暂不纳税，允许递延至转让股权时，以该股权转让收入减去技术成果原值和合理税费后的差额计算缴纳所得税。

464. 科技人员取得科技成果转化的现金奖励缴纳个税

某高等学校科技人员于2022年8月取得科技成果转化的现金奖励。请问是否减按50%计入工资薪金所得缴纳个人所得税？

答：《关于科技人员取得职务科技成果转化现金奖励有关个人所得税政策的通知》（财税〔2018〕58号）第一条规定："一、依法批准设立的非营利性研究开发机构和高等学校（以下简称非营利性科研机构和高校）根据《中华人民共和国促进科技成果转化法》规定，从职务科技成果转化收入中给予科技人员的现金奖励，可减按50%计入科技人员当月'工资、薪金所得'，依法缴纳个人所得税。……七、本通知自2018年7月1日起施行。"

根据上述规定，依法批准设立的非营利性研究开发机构和高等学校的科技人员取得科技成果转化的现金奖励可减按50%计入科技人员当月“工资、薪金所得”依法缴纳个人所得税。

465. 未及时采集专项附加扣除项目多缴可退税吗

某企业员工在1月份没有采集专项附加扣除项目，3月份才开始采集。请问因此多缴的税款可以退税吗？

答：《关于发布〈个人所得税扣缴申报管理办法（试行）〉的公告》（财税〔2018〕61号）第六条规定：“扣缴义务人向居民个人支付工资、薪金所得时，应当按照累计预扣法计算预扣税款，并按月办理扣缴申报。……本期应预扣预缴税额=（累计预扣预缴应纳税所得额×预扣率－速算扣除数）－累计减免税额－累计已预扣预缴税额累计预扣预缴应纳税所得额=累计收入－累计免税收入－累计基本减除费用－累计专项扣除－累计专项附加扣除－累计依法确定的其他扣除。其中，累计减除费用，按照5000元/月乘以纳税人当年截至本月在本单位的任职受雇月份数计算。”

根据上述规定，应当按照累计预扣法计算预扣税款，在专项附加扣除采集前可能会多预缴税款，但在采集后每次申报时会累计扣除前几个月的总和。如果税款为负值的，暂不退税，一直往后留抵，在次年3—6月进行个人年度汇算清缴申报时多退少补。

466. 居民个人临时提供咨询服务如何代缴个税

某居民个人临时向无任职受雇关系的单位提供一项咨询服务。请问支付所得的单位如何代扣代缴个人所得税？

答：《国家税务总局关于发布〈个人所得税扣缴申报管理办法（试行）〉的公告》（国家税务总局公告2018年第61号）第八条规定：“扣缴义务人向居民个人支付劳务报酬所得、稿酬所得、特许权使用费所得时，应当按照以下方法按次或者按月预扣预缴税款：劳务报酬所得、稿酬所得、特许权使用费所得以收入减除费用后的余额为收入额；其中，稿酬所得的收入额减按百分之七十计算。减除费用：预扣预缴税款时，劳务报酬所得、稿酬所得、特许权使用费所得每次收入不超过四千元的，减除费用按八百元计算；每次收入四千元以上的，减除费用按收入的百分之二十计算。应纳税所得额：劳务报酬所得、稿酬所得、特许权使用费所得，以每次收入额为预扣预缴应纳税所得额，计算应预扣预缴税额。劳务报酬所得适用个人所得税预扣率表二，稿酬所得、特许权使用费所得适用百分之二十的比例预扣率。居民个人办理年度综合所得汇算清缴时，应当依法计算劳务报酬所得、稿酬所得、特许权使用费所得的收入额，并入年度综合所得计算应纳税款，税款多退少补。”

根据上述规定，该居民办理年度综合所得汇算清缴时，应按劳务报酬所得并入年度综合所得计算应纳税款，税款多退少补。

467. 个人办理综合退税提示应如何上传证明材料

某企业员工欲通过个人所得税 App 办理综合所得汇算清缴退税，提示需要上传证明材料。请问应如何操作？

答：纳税人发起退税申请后，向纳税人发送消息，提示其上传证明材料和填写情况说明。纳税人进入消息中心列表，点击［年度汇算提醒］退税审核报送补充材料或说明的提醒消息，跳转至“年度汇算退税审核补充资料”界面。操作步骤：（1）点击证明材料［+］上传按钮，添加图片进行上传。系统允许上传小于 1.5M 且符合 BMP、PNG、JPG 格式的图片，否则上传失败。单次最多上传 5 张图片，每个退税审核流程的上传图片总数限制为 15 张。本次上传的图片支持放大查看和删除操作，历史上传的图片只能放大查看不能删除。（2）补充填写情况说明。每次填写说明字数限制在 1000 字范围内。（3）点击情况说明的［查看记录］则跳转至历史情况说明记录页面，返回按原路径返回。（4）点击［查看申报记录详情］按钮，则跳转至该笔申报查询记录详情页面，返回按原路径返回。（5）［提交］按钮默认置灰，当上传了证明材料或者填写了情况说明，［提交］按钮点亮则可以提交或者取消。退税流程已结束（包括税务审核通过、税务审核不通过、撤销退税）点击上传材料消息只能查看历史上传的图片和情况说明，不能进行增、删、改相关操作。

如果该消息对应的申报记录已被更正或作废，点击［查看申报记录详情］按钮，只能跳转至申报查询未完成列表。

468. 专项基金存入个人账户取得的利息是否免征个税

某企业员工社保和住房公积金等专项基金存入个人账户取得的利息是否免征个税？

答：《财政部 国家税务总局关于住房公积金医疗保险金、基本养老保险金、失业保险基金个人账户存款利息所得免征个人所得税的通知》（财税字〔1999〕267 号）规定：“按照国家或省级地方政府规定的比例缴付的下列专项基金或资金存入银行个人账户所取得的利息收入免征个人所得税：（1）住房公积金；（2）医疗保障金；（3）基本养老保险金；（4）失业保险基金。”

根据上述规定，社保和住房公积金等专项基金存入个人账户取得的利息免征个人所得税。

469. 个人取得的青苗补偿费收入是否需要缴纳个税

某企业发放青苗补偿费给个人。请问是否需要代缴个人所得税？

答：《国家税务总局关于个人取得青苗补偿费收入免征个人所得税的批复》（国税函发〔1995〕79号）规定：“个人取得的青苗补偿费，属种植业的收益范围，同时，也属经济损失的补偿性收入。因此，对他们取得的青苗补偿费收入暂不征收个人所得税。”

根据上述规定，个人取得的青苗补偿费暂不征收个人所得税，企业发放时无须代扣代缴个税。

470. 个人取得有奖发票的奖金如何计缴个税

某供电企业员工于某店铺消费取得两张有奖发票，一张金额为700元，一张为2000元。请问该员工是否需要扣缴个税？

答：《财政部 国家税务总局关于个人取得有奖发票奖金征免个人所得税问题的通知》（财税〔2007〕34号）规定：“一、个人取得单张有奖发票奖金所得不超过800元（含800元）的，暂免征收个人所得税；个人取得单张有奖发票奖金所得超过800元，应全额按照个人所得税规定的‘偶然所得’项目征收个人所得税。”

根据上述规定，有奖发票的奖金应该按照偶然所得纳税，税率为20%。于某取得的700元有奖发票奖金由于未超过800元限额，暂免征收个税；取得的2000元奖金应该计缴个税，应纳税额是400（2000×20%）元，该店铺应该代扣代缴税款400元。

471. 个人取得非货币形式所得如何确定所得额

个人取得非货币形式所得，请问如何确定所得额？

答：《中华人民共和国个人所得税法实施条例》（国务院令第707号）第八条规定：“个人所得的形式，包括现金、实物、有价证券和其他形式的经济利益；所得为实物的，应当按照取得的凭证上所注明的价格计算应纳税所得额，无凭证的实物或者凭证上所注明的价格明显偏低的，参照市场价格核定应纳税所得额；所得为有价证券的，根据票面价格和市场价格核定应纳税所得额；所得为其他形式的经济利益的，参照市场价格核定应纳税所得额。”

根据上述规定，非货币形式所得的所得额确定方式见表1。

表1　非货币形式所得额的确定方式

所得形式	所得额确定方式	
实物	有凭证	按照凭证注明的价格
	无凭证或凭证上注明的价格明显偏低	参照市场价格核定
有价证券	根据票面价格和市场价格核定	
其他形式的经济利益	参照市场价格核定	

472. 一个纳税年度取得多个资格证书如何享受扣除

某企业员工一个纳税年度取得多个资格证书，请问如何享受继续教育扣除？

答：《国务院关于印发个人所得税专项附加扣除暂行办法的通知》（国发〔2018〕41号）第八条规定：“纳税人在中国境内接受学历（学位）继续教育的支出，在学历（学位）教育期间按照每月400元定额扣除。同一学历（学位）继续教育的扣除期限不能超过48个月。纳税人接受技能人员职业资格继续教育、专业技术人员职业资格继续教育的支出，在取得相关证书的当年，按照3600元定额扣除。”

根据上述规定，一个纳税年度只能同时享受一个学历（学位）继续教育和一个职业资格继续教育，即如果在一个纳税年度取得多个职业资格教育证书，只能享受一个3600元的扣除。

473. 将股权无偿赠送他人，是否要缴纳个人所得税

某企业员工陈某是一个自然人，准备将其持有的其他公司股权无偿赠送给他人。请问陈某是否需要缴纳个人所得税？

答：《国家税务总局关于发布〈股权转让所得个人所得税管理办法（试行）〉的公告》（国发〔2014〕67号）第三条规定：“本办法所称股权转让是指个人将股权转让给其他个人或法人的行为，包括以下情形：（一）出售股权；（二）公司回购股权；（三）发行人首次公开发行新股时，被投资企业股东将其持有的股份以公开发行方式一并向投资者发售；（四）股权被司法或行政机关强制过户；（五）以股权对外投资或进行其他非货币性交易；（六）以

股权抵偿债务；（七）其他股权转移行为。”第十一条规定：“符合下列情形之一的，主管税务机关可以核定股权转让收入：（一）申报的股权转让收入明显偏低且无正当理由的……”第十三条规定：“符合下列条件之一的股权转让收入明显偏低，视为有正当理由：（一）能出具有效文件，证明被投资企业因国家政策调整，生产经营受到重大影响，导致低价转让股权；（二）继承或将股权转让给其能提供具有法律效力身份关系证明的配偶、父母、子女、祖父母、外祖父母、孙子女、外孙子女、兄弟姐妹以及对转让人承担直接抚养或者赡养义务的抚养人或者赡养人……”

根据上述规定，赠与方无偿赠予虽然没有取得货币、货物、其他经济利益，即未取得股权转让所得，但并非意味着不缴纳个人所得税。因此，将股权无偿赠与能提供具有法律效力身份关系证明的子女，属于有正当理由情形，转让方无须缴纳个人所得税。如陈某与被捐赠人无子女关系，则无偿转让股权属于个人将财产用于捐赠，无偿赠与股权由受赠方按照偶然所得代扣代缴20%的个人所得税。

474. 汇算清缴地与预扣预缴地规定不一致减免税额如何确定

某企业员工李某是烈属，其办理综合所得办理汇算清缴时，发现其汇算清缴地与预扣预缴地规定存在不一致的地方。请问减免税额该如何确定？

答：《财政部 税务总局关于个人所得税综合所得汇算清缴涉及有关政策问题的公告》（财政部 税务总局公告2019年第94号）规定：“一、2019年1月1日至2020年12月31日居民个人取得的综合所得……二、残疾、孤老人员和烈属取得综合所得办理汇算清缴时，汇算清缴地与预扣预缴地规定不一致的，用预扣预缴地规定计算的减免税额与用汇算清缴地规定计算的减免税额相比较，按照孰高值确定减免税额。……四、本公告第一条适用于2019年度和2020年度的综合所得年度汇算清缴。其他事项适用于2019年度及以后年度的综合所得年度汇算清缴。”

根据上述规定，李某办理综合所得办理汇算清缴时，应先将预扣预缴地规定计算的减免税额与用汇算清缴地规定计算的减免税额相比较，按照孰高值确定减免税额。

475. 买卖虚拟货币所得如何计缴个税

请问某企业员工买卖虚拟货币所得如何计缴个税？

答：《国家税务总局关于个人通过网络买卖虚拟货币取得收入征收个人所

得税问题的批复》（国税函〔2008〕818号）规定：“一、个人通过网络收购玩家的虚拟货币，加价后向他人出售取得的收入，属于个人所得税应税所得，按照‘财产转让所得’项目计算缴纳个人所得税。二、个人销售虚拟货币的财产原值为其收购网络虚拟货币所支付的价款和相关税费。三、对于个人不能提供有关财产原值凭证的，由主管税务机关核定其财产原值。”

根据上述规定，个人通过网络收购玩家的虚拟货币，加价后向他人出售取得的收入应纳税额 =（转让虚拟货币收入额 - 虚拟货币的财产原值 - 合理费用）×20%；对于个人不能提供有关财产原值凭证的，由主管税务机关核定其财产原值。

476. 余额宝收益是否需要缴纳个税

某企业员工雷某每次在收到公司发放的工资后，都会将部分工资转入余额宝赚取利息。请问其收到的余额宝收益是否需要缴纳个税?

答:《财政部 国家税务总局关于开放式证券投资基金有关税收问题的通知》（财税〔2002〕128号）第二条规定：“关于所得税问题 2. 对个人投资者申购和赎回基金单位取得的差价收入，在对个人买卖股票的差价收入未恢复征收个人所得税以前，暂不征收个人所得税；对企业投资者申购和赎回基金单位取得的差价收入，应并入企业的应纳税所得额，征收企业所得税。”

根据上述规定，由于余额宝属于基金产品，因此，员工个人收到余额宝收益暂不征收个人所得税。

477. 个人取得哪些债券利息免征个税

个人取得哪些债券利息免征个税?

答:《中华人民共和国个人所得税法实施条例》（国务院令第707号）第九条规定：“个人所得税法第四条第一款第二项所称国债利息，是指个人持有中华人民共和国财政部发行的债券而取得的利息；所称国家发行的金融债券利息，是指个人持有经国务院批准发行的金融债券而取得的利息。”《财政部 国家税务总局关于地方政府债券利息所得免征所得税问题的通知》（财税〔2011〕76号）规定：“一、对企业和个人取得的2009年、2010年和2011年发行的地方政府债券利息所得，免征企业所得税和个人所得税。二、地方政府债券是指经国务院批准，以省、自治区、直辖市和计划单列市政府为发行和偿还主体的债券。”《财政部 国家税务总局关于地方政府债券利息免征所得税问题的通知》（财税〔2013〕5号）规定：“一、对企业和个人取得的2012年及以后年度发行的地方政府债券利息收入，免征企业所得税和个人所得税。二、地方政府债券是指经国务院批准同意，以省、自治区、直辖市、计划单列市政府为发行和偿还主体的债券。”

根据上述规定，个人取得国债和国家发行的金融债券、地方政府债券利息所得免征个人所得税。

478. 委托贷款取得的利息是否缴纳个税

请问企业员工委托贷款取得的利息是否缴纳个人所得税？

答：《财政部 国家税务总局关于储蓄存款利息所得有关个人所得税政策的通知》（财税〔2008〕132号）规定：“为配合国家宏观调控政策需要，经国务院批准，自2008年10月9日起，对储蓄存款利息所得暂免征收个人所得税。即储蓄存款在1999年10月31日前孳生的利息所得，不征收个人所得税；储蓄存款在1999年11月1日至2007年8月14日孳生的利息所得，按照20%的比例税率征收个人所得税；储蓄存款在2007年8月15日至2008年10月8日孳生的利息所得，按照5%的比例税率征收个人所得税；储蓄存款在2008年10月9日后（含10月9日）孳生的利息所得，暂免征收个人所得税。”《金融企业会计制度》规定：“委托贷款是指委托人提供资金，由受托人根据委托人确定的贷款对象、用途、期限、利率等代为发放、监督使用并协助收回的贷款。委托贷款业务属于银行中间业务，受托人不承担任何贷款风险，只收取手续费，不垫付资金。在此业务中，委托方可以通过银行取得借款人的还款利息。委托贷款取得的利息，应按照‘利息、股息、红利所得’缴纳个人所得税。”

根据上述规定，虽然委托人是通过银行取得借款人的还款利息，但是这笔利息收入并非来自银行，而是来源于借款人，此笔利息收入不能等同于储蓄存款利息收入，应按照“利息、股息、红利所得”缴纳个人所得税。

479. 合并取得股票是否享受差别化股息红利个税政策

某企业是一家新三板挂牌公司，2021年5月吸收合并了一家有限责任公司，并向该有限责任公司的股东定向增发股票作为合并对价。请问该股东持有企业股票是否享受差别化股息红利个人所得税政策？

答：《财政部 税务总局 证监会关于继续实施全国中小企业股份转让系统挂牌公司股息红利差别化个人所得税政策的公告》（财政部公告2019年第78

号）规定："一、个人持有挂牌公司的股票，持股期限超过1年的，对股息红利所得暂免征收个人所得税。个人持有挂牌公司的股票，持股期限在1个月以内（含1个月）的，其股息红利所得全额计入应纳税所得额；持股期限在1个月以上至1年（含1年）的，其股息红利所得暂减按50%计入应纳税所得额；上述所得统一适用20%的税率计征个人所得税。……五、本公告所称个人持有挂牌公司的股票包括……（九）挂牌公司合并，个人持有的被合并公司股票转换的合并后公司股票。"

根据上述规定，该股东通过挂牌公司合并，以合并对价方式取得合并后公司股票，享受差别化股息红利个人所得税政策。

480. 个人取得经营所得和综合所得能否分别进行扣除

某企业员工是境内居民，在公司任职并每月取得工资，同时又注册了个体工商户，据实计算经营所得的个人所得税。请问在计算个人所得税时，该员工取得的经营所得和工资薪金的综合所得能否都减除费用6万元?

答：《中华人民共和国个人所得税法》（主席令第九号）第二条规定："下列各项个人所得，应当缴纳个人所得税：（一）工资、薪金所得；（二）劳务报酬所得；（三）稿酬所得；（四）特许权使用费所得；（五）经营所得；（六）利息、股息、红利所得；（七）财产租赁所得；（八）财产转让所得；（九）偶然所得。居民个人取得前款第一项至第四项所得（以下称综合所得），按纳税年度合并计算个人所得税；纳税人取得前款第五项至第九项所得，依照本法规定分别计算个人所得税。""第六条 应纳税所得额的计算：（一）居民个人的综合所得，以每一纳税年度的收入额减除费用六万元以及专项扣除、专项附加扣除和依法确定的其他扣除后的余额，为应纳税所得额。……（三）经营所得，以每一纳税年度的收入总额减除成本、费用以及损失后的余额，为应纳税所得额。"《中华人民共和国个人所得税法实施条例》（国务院令第707号）第十五条规定："个人所得税法第六条第一款第三项所称成本、费用，是指生产、经营活动中发生的各项直接支出和分配计入成本的间接费用以及销售费用、管理费用、财务费用；所称损失，是指生产、经营活动中发生的固定资产和存货的盘亏、毁损、报废损失，转让财产损失，坏账损失，自然灾害等不可抗力因素造成的损失以及其他损失。取得经营所得的个人，没有综合所得的，计算其每一纳税年度的应纳税所得额时，应当减除费用6万元、专项扣除、专项附加扣除以及依法确定的其他扣除。专项附加扣除在办理汇算清缴时减除。"

根据上述规定，由于该员工已有综合所得，在计算工资薪金综合所得个人所得税时已经减除费用6万元，在计算经营所得的个人所得税时不能重复减除6万元。

481. 组织员工捐款取得公司抬头票据，计算个税前如何扣除

某企业组织员工通过本省慈善基金会统一捐款给疫情严重地区，但是取得的是公司抬头的捐赠收据。请问在计算员工个税前可以扣除其个人捐款吗？

答：《中华人民共和国个人所得税法》（主席令第九号）第六条第三款规定："个人将其所得对教育、扶贫、济困等公益慈善事业进行捐赠，捐赠额未超过纳税人申报的应纳税所得额百分之三十的部分，可以从其应纳税所得额中扣除；国务院规定对公益慈善事业捐赠实行全额税前扣除的，从其规定。"《中华人民共和国个人所得税法实施条例》（国务院令第707号）第十九条规定："个人所得税法第六条第三款所称个人将其所得对教育、扶贫、济困等公益慈善事业进行捐赠，是指个人将其所得通过中国境内的公益性社会组织、国家机关向教育、扶贫、济困等公益慈善事业的捐赠；所称应纳税所得额，是指计算扣除捐赠额之前的应纳税所得额。"《财政部 税务总局关于支持新型冠状病毒感染的肺炎疫情防控有关捐赠税收政策的公告》（财政部 税务总局公告2020年第9号）第一条规定："企业和个人通过公益性社会组织或者县级以上人民政府及其部门等国家机关，捐赠用于应对新型冠状病毒感染的肺炎疫情的现金和物品，允许在计算应纳税所得额时全额扣除。"《财政部 税务总局关于公益慈善事业捐赠个人所得税政策的公告》（财政部 税务总局公告2019年第99号）第九条规定："公益性社会组织、国家机关在接受个人捐赠时，应当按照规定开具捐赠票据；个人索取捐赠票据的，应予以开具。个人发生公益捐赠时不能及时取得捐赠票据的，可以暂时凭公益捐赠银行支付凭证扣除，并向扣缴义务人提供公益捐赠银行支付凭证复印件。个人应在捐赠之日起90日内向扣缴义务人补充提供捐赠票据，如果个人未按规定提供捐赠票据的，扣缴义务人应在30日内向主管税务机关报告。机关、企事业单位统一组织员工开展公益捐赠的，纳税人可以凭汇总开具的捐赠票据和员工明细单扣除。"

根据上述规定，公司组织员工通过慈善基金会为疫情地区捐款，取得统一开具的公司抬头的票据，可凭汇总开具的捐赠票据和员工明细单在计算员工个税前全额扣除其捐赠款项。

⋙ 482. 个人公益性捐赠能否选择在股权转让所得中扣除

2022 年 3 月，王某通过公益性组织捐款现金 2 万元用于应对新型冠状病毒感染，并取得捐赠票据。其当期除工资薪金外还有一笔股权转让收入 10 万元。请问王某的公益性捐赠支出能否选择在股权转让所得中扣除？

答：《财政部 税务总局关于公益慈善事业捐赠个人所得税政策的公告》（财政部 税务总局公告 2019 年第 99 号）第三条规定：“居民个人按照以下规定扣除公益捐赠支出：（一）居民个人发生的公益捐赠支出可以在财产租赁所得、财产转让所得、利息股息红利所得、偶然所得（以下统称分类所得）、综合所得或者经营所得中扣除。在当期一个所得项目扣除不完的公益捐赠支出，可以按规定在其他所得项目中继续扣除；（二）居民个人发生的公益捐赠支出，在综合所得、经营所得中扣除的，扣除限额分别为当年综合所得、当年经营所得应纳税所得额的百分之三十；在分类所得中扣除的，扣除限额为当月分类所得应纳税所得额的百分之三十；（三）居民个人根据各项所得的收入、公益捐赠支出、适用税率等情况，自行决定在综合所得、分类所得、经营所得中扣除的公益捐赠支出的顺序。”第五条规定：“居民个人发生的公益捐赠支出，可在捐赠当月取得的分类所得中扣除。居民个人捐赠当月有多项多次分类所得的，应先在其中一项一次分类所得中扣除。已经在分类所得中扣除的公益捐赠支出，不再调整到其他所得中扣除。”《财政部 税务总局关于支持新型冠状病毒感染的肺炎疫情防控有关捐赠税收政策的公告》（财政部 税务总局公告 2020 年第 9 号）第一条规定：“企业和个人通过公益性社会组织或者县级以上人民政府及其部门等国家机关，捐赠用于应对新型冠状病毒感染的肺炎疫情的现金和物品，允许在计算应纳税所得额时全额扣除。”

根据上述规定，个人可根据自身情况自行决定公益性捐赠支出在个人所得中扣除的顺序，即可以选择此笔捐赠支出在个人股权转让所得中扣除。

⋙ 483. 年中就职个税汇缴能否减除费用 6 万元

某企业 2022 年年中录用了一批大学毕业生，月度支付工资薪金时累计为其减除费用不足 6 万元。请问该企业接受委托为其办理个人所得税汇算清缴时能否减除全年费用 6 万元？

答：《中华人民共和国个人所得税法》（主席令第九号）第二条规定：“居民个人取得工资、薪金所得、劳务报酬所得、稿酬所得、特许权使用费所得等四项所得（以下称综合所得），按纳税年度合并计算个人所得税。第六条第（一）项规定，居民个人的综合所得，以每一纳税年度的收入额减除费用六万元以及专项扣除、专项附加扣除和依法确定的其他扣除后的余额，为应纳税所得额。”第十一条规定：“居民个人取得综合所得，按年计算个人所得税；有扣缴义务人的，由扣缴义务人按月或者按次预扣预缴税款；需要办理汇算清缴的，应当在取得所得的次年三月一日至六月三十日内办理汇算清缴。预扣预缴办法由国务院税务主管部门制定。”《国家税务总局关于全面实施新个人所得税法若干征管衔接问题的公告》（国家税务总局公告2018年第56号）第一条第（一）项规定：“扣缴义务人向居民个人支付工资、薪金所得时，应当按照累计预扣法计算预扣税款，并按月办理全员全额扣缴申报。具体计算公式如下：本期应预扣预缴税额 =（累计预扣预缴应纳税所得额 × 预扣率 - 速算扣除数）- 累计减免税额 - 累计已预扣预缴税额；累计预扣预缴应纳税所得额 = 累计收入 - 累计免税收入 - 累计减除费用 - 累计专项扣除 - 累计专项附加扣除 - 累计依法确定的其他扣除，其中，累计减除费用，按照5000元/月乘以纳税人当年截至本月在本单位的任职受雇月份数计算。”

根据上述规定，该公司月度预扣预缴时应按照5000元/月为这批年中就职的毕业生计算减除费用，虽累计减除费用不足6万元，但可以在为其办理2022年度个人所得税汇算清缴计算退补税额时，可减除费用6万元。

484. 非居民个人能否享受专项附加扣除政策

某企业是浙江省一家咨询机构，2022年10月聘用了一名外籍员工，经确认该员工2022年度累计在华时间不满183天，因其在国内无住房，每月有3000元的租房费用。请问其能否享受住房租金专项附加扣除政策？

答：《中华人民共和国个人所得税法》（主席令第九号）第一条规定：“在中国境内无住所又不居住，或者无住所而一个纳税年度内在中国境内居住累计不满一百八十三天的个人，为非居民个人。非居民个人从中国境内取得的所得，依照本法规定缴纳个人所得税。……第六条，应纳税所得额的计算：（一）居民个人的综合所得，以每一纳税年度的收入额减除费用六万元以及专项扣除、专项附加扣除和依法确定的其他扣除后的余额，为应纳税所得额。（二）非居民个人的工资、薪金所得，以每月收入额减除费用五千元后的余额为应纳税所得额；劳务报酬所得、稿酬所得、特许权使用费所得，以每次收入额为应纳税所得额。第（六）项规定，本条第一款第一项规定的专项扣除，包括居民个人按照国家规定的范围和标准缴纳的基本养老保险、基本医疗保险、失业保险等社会保险费和住房公积金等；专项附加扣除，包括子女教育、继续教育、大病医疗、住房贷款利息或者住房租金、赡养老人等支出，具体范围、标准和实施步骤由国务院确定，并报全国人民代表大会常务委员会备案。第十一条，非居民个人取得工资、薪金所得，劳务报酬所得，稿酬所得和特许权使用费所得，有扣缴义务人的，由扣缴义务人按月或者按次代扣代缴税款，不办理汇算清缴。"《财政部 税务总局关于个人所得税法修改后有关优惠政策衔接问题的通知》（财税〔2018〕164 号）第七条第（二）项规定："自 2022 年 1 月 1 日起，外籍个人不再享受住房补贴、语言训练费、子女教育费津补贴免税优惠政策，应按规定享受专项附加扣除。"

根据上述规定，外籍员工在 2022 年 1 月 1 日后取得公司实报实销形式支付的住房补贴不再享受免税优惠政策，该补贴应按规定享受专项附加扣除。

485. 综合所得中扣除的捐款能否重调整到分类所得扣除

2022 年 2 月某企业员工王某通过公益性组织为疫情严重地区捐款 2 万元现金，在当月的综合所得预扣预缴时申请扣除，但没扣完。3 月王某除取得综合所得外，还取得一笔财产租赁收入。请问王某可以重新选择将捐款全部调整到财产租赁所得中扣除吗？如果不能调整，可以将 2 月没扣完的捐赠支出在 3 月的财产租赁所得中扣除吗？

答：《财政部 税务总局关于支持新型冠状病毒感染的肺炎疫情防控有关捐赠税收政策的公告》（财政部 税务总局公告 2020 年第 9 号）第一条规定："企业和个人通过公益性社会组织或者县级以上人民政府及其部门等国家机关，捐赠用于应对新型冠状病毒感染的肺炎疫情的现金和物品，允许在计算应纳税所得额时全额扣除。"《财政部 税务总局关于公益慈善事业捐赠个人所得税政策的公告》（财政部 税务总局公告 2019 年第 99 号）第三条第（一）项规定："居民个人发生的公益捐赠支出可以在财产租赁所得、财产转让所得、利息股息红利所得、偶然所得、综合所得或者经营所得中扣除。在当期一个所得项目扣除不完的公益捐赠支出，可以按规定在其他所得项目中继续扣除。"第五条第（三）项规定："居民个人自行申报纳税的，可以在公益捐赠之日起 90 日内向主管税务机关办理更正申报追补扣除。居民个人捐赠当月有多项多次分类所得的，应先在其中一项一次分类所得中扣除。已经在分类所得中扣除的公益捐赠支出，不再调整到其他所得中扣除。"第十一条规定："本公告自 2019 年 1 月 1 日起施行。个人自 2019 年 1 月 1 日至本公告发布之日期间发生的公益捐赠支出，按照本公告规定可以在分类所得中扣除但未扣除的，可以在2020年1月31日前通过扣缴义务人向征收税款的税务机关提出追补扣除申请，税务机关应当按规定予以办理。”国家税务总局公众号2020年3月10日发布“个人为疫情防控捐款捐物可以税前扣除！一组问答告诉你具体怎么办”，其中第12问是：“我公司员工为此疫情进行捐赠可以全额扣除，但是当月应纳税所得额不足以扣除，是否可以结转下月扣除，还是可以等到汇算清缴时继续扣除?”解答中明确，根据财税2019年第99号公告第三条第（一）项规定，居民个人在当期一个项目扣除不完的公益捐赠支出，可以按规定在其他所得项目中继续扣除。同时，综合财税2019年第99号公告第四条、第五条、第六条规定，居民个人发生公益捐赠支出可在当年的综合所得、经营所得以及当月的分类所得中扣除。因此，当月应纳所得额不足以扣除的，可以结转到下月综合所得、经营所得应纳税所得额中扣除，但是不能结转到下月分类所得中扣除。如在上述情况下仍扣除不完的，可以在当年综合所得和经营所得汇算清缴时扣除。

根据上述规定，王某的捐款已在2月的综合所得预缴申报中扣除，不能重新选择全部调整到财产租赁所得中扣除，未扣完的捐赠支出也不能在3月的财产租赁所得中扣除，但可以在3月的综合所得预扣预缴申报或在2020年度综合所得汇算清缴时扣除。

486. 放弃退税能否不进行个税汇算清缴

某企业员工综合所得在预扣预缴环节多预缴了个人所得税，但金额不大。请问该员工能否放弃退税不进行2022年度综合所得汇算清缴?

答：《国家税务总局关于办理2022年度个人所得税综合所得汇算清缴事项的公告》（国家税务总局公告2023年第3号）第二条规定：“纳税人在2022年已依法预缴个人所得税且符合下列情形之一的，无须办理汇算：（一）汇算需补税但综合所得收入全年不超过12万元的；（二）汇算需补税金额不超过400元的；（三）已预缴税额与汇算应纳税额一致的；（四）符合汇算退税条件但不申请退税的。”第三条规定：“符合下列情形之一的，纳税人需办理汇算：（一）已预缴税额大于汇算应纳税额且申请退税的；（二）2022年取得的综合所得收入超过12万元且汇算需要补税金额超过400元的。因适用所得项目错误或者扣缴义务人未依法履行扣缴义务，造成2022年少申报或者未申报综合所得的，纳税人应当依法据实办理汇算。”

根据上述规定，如果该员工放弃退税，则无须办理2022年度个人所得税综合所得汇算清缴。

487. 2023年1月取得的工资是否属于2022年个税汇缴范围

某企业代理员工办理2022年度个人所得税综合所得汇算清缴。请问员工2023年1月取得的2022年12月工资是否并入2022年度综合所得收入额？

答：《中华人民共和国个人所得税法》（主席令第九号）第一条规定："在中国境内有住所，或者无住所而一个纳税年度内在中国境内居住累计满一百八十三天的个人，为居民个人。居民个人从中国境内和境外取得的所得，依照本法规定缴纳个人所得税。纳税年度，自公历一月一日起至十二月三十一日止。第六条第（一）项规定，居民个人的综合所得，以每一纳税年度的收入额减除费用六万元以及专项扣除、专项附加扣除和依法确定的其他扣除后的余额，为应纳税所得额。"第十一条规定："居民个人取得综合所得，按年计算个人所得税；有扣缴义务人的，由扣缴义务人按月或者按次预扣预缴税款；需要办理汇算清缴的，应当在取得所得的次年三月一日至六月三十日内办理汇算清缴。预扣预缴办法由国务院税务主管部门制定。"国家税务总局网站2020年3月发布的《2019年度个人所得税综合所得年度汇算办税指引》对于问题"年度汇算的年度怎么算？"解答如下：年度汇算的"年度"即为纳税年度，也就是公历1月1日起至12月31日。年度汇算时的收入、扣除，均为该时间区间内实际取得的收入和实际发生的符合条件或规定标准的费用或支出。如，实际取得工资是在2019年的12月31日，那么它就属于2019年度；实际取得工资是在2020年的1月1日，那么它就属于2020年度。

根据上述规定，公司员工2023年1月取得的工资薪金属于2023年度综合所得收入额，不能并入2022年度综合所得收入额。

488. 支付离职员工劳动仲裁赔款如何扣缴个人所得税

某企业在合同期内辞退一名员工，其在离职后申请了劳动仲裁，劳动仲裁判定该公司需要一次性支付其赔款5万元。请问该企业支付的该笔款项属于他的工资薪金吗？应如何扣缴个税？

答：《中华人民共和国个人所得税法》（主席令第九号）第二条规定："下列各项个人所得，应当缴纳个人所得税：（一）工资、薪金所得；（二）劳务报酬所得；（三）稿酬所得；（四）特许权使用费所得；（五）经营所得；（六）利息、股息、红利所得；（七）财产租赁所得；（八）财产转让所得；（九）偶然所得。居民个人取得前款第一项至第四项所得（以下称综合所得)，按纳税年度合并计算个人所得税。”《中华人民共和国个人所得税法实施条例》(国务院令第707号) 第六条第(一) 项规定：“工资、薪金所得，是指个人因任职或者受雇取得的工资、薪金、奖金、年终加薪、劳动分红、津贴、补贴以及与任职或者受雇有关的其他所得。”《财政部 税务总局关于个人所得税法修改后有关优惠政策衔接问题的通知》(财税〔2018〕164号) 第五条第(一) 项规定：“个人与用人单位解除劳动关系取得一次性补偿收入(包括用人单位发放的经济补偿金、生活补助费和其他补助费)，在当地上年职工平均工资3倍数额以内的部分，免征个人所得税；超过3倍数额的部分，不并入当年综合所得，单独适用综合所得税率表，计算纳税。”国家税务总局福建省税务局发布的《2019年4月12366咨询热点难点问题集》第10问“员工和企业之间发生劳动仲裁，判企业赔款给个人。但企业支付赔款时员工已辞职。企业是否还需要为其代扣代缴个人所得税?”解答中明确，根据《中华人民共和国个人所得税法》(主席令第九号)(根据2018年8月31日第十三届全国人民代表大会常务委员会第五次会议《关于修改〈中华人民共和国个人所得税法〉的决定》第七次修正) 第九条规定：“个人所得税以所得人为纳税人，以支付所得的单位或者个人为扣缴义务人。”《财政部 税务总局关于个人所得税法修改后有关优惠政策衔接问题的通知》(财税〔2018〕164号) 规定：“五、关于解除劳动关系、提前退休、内部退养的一次性补偿收入的政策(一) 个人与用人单位解除劳动关系取得一次性补偿收入(包括用人单位发放的经济补偿金、生活补助费和其他补助费)，在当地上年职工平均工资3倍数额以内的部分，免征个人所得税；超过3倍数额的部分，不并入当年综合所得，单独适用综合所得税率表，计算纳税。”因此，虽然仲裁判决属于劳动法上的赔偿规定，但该笔款项实质上属于个人从企业解除劳动关系而取得的赔偿，企业应按照上述文件规定代扣代缴个人所得税。

根据上述规定，该公司向离职员工支付的劳动仲裁赔款5万元，不属于其个人的工资薪金所得，应按解除劳动关系一次性补偿为其扣缴个人所得税，在当地上年职工平均工资3倍数额以内的部分，免征个人所得税，超过3倍数额的部分，单独适用综合所得税率表计算纳税。

489. 总包方代发农民工工资如何确定个税扣缴义务人

某企业是建筑施工单位，年初作为分包方承接了一处施工项目。之前一直是总包方把工程款打给该公司，由该公司支付农民工工资并扣缴个税。

2022 年 5 月起调整为该企业考核农民工工作量并编制工资支付表，由总包方直接将工资支付给农民工。请问总包方代发农民工工资，农民工个税扣缴义务人是该公司还是总包方？

答：《保障农民工工资支付条例》（国务院令第 724 号）第三十一条规定："工程建设领域推行分包单位农民工工资委托施工总承包单位代发制度。分包单位应当按月考核农民工工作量并编制工资支付表，经农民工本人签字确认后，与当月工程进度等情况一并交施工总承包单位。施工总承包单位根据分包单位编制的工资支付表，通过农民工工资专用账户直接将工资支付到农民工本人的银行账户，并向分包单位提供代发工资凭证。用于支付农民工工资的银行账户所绑定的农民工本人社会保障卡或者银行卡，用人单位或者其他人员不得以任何理由扣押或者变相扣押。"第六十四条规定："本条例 2020 年 5 月 1 日起施行。"《中华人民共和国个人所得税法》（主席令第九号）第九条规定："个人所得税以所得人为纳税人，以支付所得的单位或者个人为扣缴义务人。"《中华人民共和国个人所得税法实施条例》（国务院令第 707 号）第二十四条规定："扣缴义务人向个人支付应税款项时，应当依照个人所得税法规定预扣或者代扣税款，按时缴库，并专项记载备查。"《国家税务总局关于个人所得税偷税案件查处中有关问题的补充通知》（国税函发〔1996〕602 号）第三条规定："扣缴义务人的认定，按照个人所得税法的法规，向个人支付所得的单位和个人为扣缴义务人。由于支付所得的单位和个人与取得所得的人之间有多重支付的现象，有时难以确定扣缴义务人。为保证全国执行的统一，现将认定标准法规为：凡税务机关认定对所得的支付对象和支付数额有决定权的单位和个人，即为扣缴义务人。"

根据上述规定，由于农民工的工作由该公司进行考核，工资数额由该公司确定，总承包方只是工资代发的单位，因此，根据相关政策规定，该公司仍然是农民工个人所得税的扣缴义务人。

490. 合伙企业股票转让收入分配给合伙人是否扣缴个税

某企业是一家主要从事服装生产的合伙企业，合伙人均为自然人，查账征收所得税，2022 年 4 月该单位将一笔股票转让收入按合伙协议约定的分配比例分配给合伙人。请问是否应扣缴合伙人的个人所得税？

答：《财政部 国家税务总局关于印发〈关于个人独资企业和合伙企业投资者征收个人所得税的法规〉的通知》（财税〔2000〕91 号）附件 1《关于个人独资企业和合伙企业投资者征收个人所得税的法规》第三条规定："个人

独资企业以投资者为纳税义务人，合伙企业以每一个合伙人为纳税义务人。”第四条规定：“个人独资企业和合伙企业每一纳税年度的收入总额减除成本、费用以及损失后的余额，作为投资者个人的生产经营所得，比照个人所得税法的‘个体工商户的生产经营所得’应税项目，适用5%—35%的五级超额累进税率，计算征收个人所得税。前款所称收入总额，是指企业从事生产经营以及与生产经营有关的活动所取得的各项收入，包括商品（产品）销售收入、营运收入、劳务服务收入、工程价款收入、财产出租或转让收入、利息收入、其他业务收入和营业外收入。”《财政部 国家税务总局关于合伙企业合伙人所得税问题的通知》（财税〔2008〕159号）第二条规定：“合伙企业以每一个合伙人为纳税义务人。合伙企业合伙人是自然人的，缴纳个人所得税。”第三条规定：“合伙企业生产经营所得和其他所得采取‘先分后税’的原则。具体应纳税所得额的计算按照《关于个人独资企业和合伙企业投资者征收个人所得税的规定》（财税〔2000〕91号）及《财政部 国家税务总局关于调整个体工商户个人独资企业和合伙企业个人所得税税前扣除标准有关问题的通知》（财税〔2008〕65号）的有关规定执行。前款所称生产经营所得和其他所得，包括合伙企业分配给所有合伙人的所得和企业当年留存的所得（利润）。”《国家税务总局关于个人所得税自行纳税申报有关问题的公告》（国家税务总局公告2018年第62号）第二条规定：“合伙企业的个人合伙人取得来源于境内注册的合伙企业生产、经营的所得，按年计算个人所得税，由纳税人在月度或季度终了后15日内，向经营管理所在地主管税务机关办理预缴纳税申报，并报送‘个人所得税经营所得纳税申报表（A表）’。在取得所得的次年3月31日前，向经营管理所在地主管税务机关办理汇算清缴，并报送‘个人所得税经营所得纳税申报表（B表）’；从两处以上取得经营所得的，选择向其中一处经营管理所在地主管税务机关办理年度汇总申报，并报送‘个人所得税经营所得纳税申报表（C表）’。”《国家税务总局稽查局关于2018年股权转让检查工作的指导意见》（税总稽便函〔2018〕88号）第一条第（一）项规定：“现行个人所得税法规定，合伙企业的投资者为其纳税人，合伙企业转让股票所得，应按照‘先分后税’原则，按照合伙企业的全部生产经营所得和合伙协议约定的分配比例确定合伙企业投资者的应纳税所得额，比照‘个体工商户生产经营所得’项目，适用5%—35%的超额累进税率征税。地方政府的规定违背了《征管法》第三条的规定，应予以纠正。”第（二）项规定：“合伙企业的自然人合伙人的税收征收管理按照个人所得税法第九条第三款规定执行：‘个体工商户的生产、经营所得应纳的税款，按年计算，分月预缴，由纳税义务人在次月十五日内预缴，年度终了后三个月内汇算清缴，多退少补。'适用自行申报的征收方式，不适用代扣代缴的征收方式。"

根据上述规定，该单位转让股票所得应并入合伙企业的全部生产经营所得，按照合伙协议约定的分配比例确定自然合伙人的应纳税所得额，由自然人合伙人比照"个体工商户生产经营所得"项目，适用5%—35%的超额累进税率自行按规定进行预缴和汇缴申报，合伙企业分配时无须扣缴自然人合伙人的个人所得税。

491. 自然人合伙人取得的分红能否适用差别化个税政策

某企业是一家合伙企业，合伙人均为自然人，持有某上市公司股票已超过一年，现该单位将取得的上市公司分红分配给合伙人。请问自然人合伙人取得的分红是否适用差别化个人所得税政策？

答：《国家税务总局关于〈关于个人独资企业和合伙企业投资者征收个人所得税的规定〉执行口径的通知》（国税函〔2001〕84号）第二条规定："个人独资企业和合伙企业对外投资分回的利息或者股息、红利，不并入企业的收入，而应单独作为投资者个人取得的利息、股息、红利所得，按'利息、股息、红利所得'应税项目计算缴纳个人所得税。以合伙企业名义对外投资分回利息或者股息、红利的，应按《通知》所附规定的第五条精神确定各个投资者的利息、股息、红利所得，分别按'利息、股息、红利所得'应税项目计算缴纳个人所得税。"《财政部 国家税务总局 证监会关于上市公司股息红利差别化个人所得税政策有关问题的通知》（财税〔2015〕101号）第一条规定："个人从公开发行和转让市场取得的上市公司股票，持股期限超过1年的，股息红利所得暂免征收个人所得税。个人从公开发行和转让市场取得的上市公司股票，持股期限在1个月以内（含1个月）的，其股息红利所得全额计入应纳税所得额；持股期限在1个月以上至1年（含1年）的，暂减按50%计入应纳税所得额；上述所得统一适用20%的税率计征个人所得税。"《国家税务总局稽查局关于2018年股权转让检查工作的指导意见》（税总稽便函〔2018〕88号）第一条第（三）项规定："关于自然人投资者从投资成立的合伙企业取得的股息、红利是否适用财税〔2015〕101号文件享受优惠政策问题的意见。财税〔2015〕101号文件规定，个人从公开发行和转让市场取得上市公司股票，适用上市公司股息红利差别化个人所得税政策。该'个人'不包括合伙企业的自然人合伙人。"

根据上述规定，该单位自然人合伙人取得的分红无法适用差别化个人所得税政策，应全额按“利息、股息、红利所得”计算缴纳个人所得税。

492. 人才补助奖励是否需要扣缴个人所得税

某企业是一家高科技公司，获得区政府人才补助奖励，补助文件中未明确是否发放给个人，该企业收到补助款后将其奖励给研发人员。请问是否需要扣缴个税？

答：《中华人民共和国个人所得税法》（主席令第九号）第四条第（一）项规定：“省级人民政府、国务院部委和中国人民解放军军以上单位，以及外国组织、国际组织颁发的科学、教育、技术、文化、卫生、体育、环境保护等方面的奖金免征个人所得税，由国务院报全国人民代表大会常务委员会备案。”《中华人民共和国个人所得税法实施条例》（国务院令第707号）第六条规定：“（一）工资、薪金所得，是指个人因任职或者受雇取得的工资、薪金、奖金、年终加薪、劳动分红、津贴、补贴以及与任职或者受雇有关的其他所得。……（九）偶然所得，是指个人得奖、中奖、中彩以及其他偶然性质的所得。”《国家税务总局关于个人取得的奖金收入征收个人所得税问题的批复》（国税函〔1998〕293号）规定：“根据《中华人民共和国个人所得税法实施条例》的规定，个人因在各行各业做出突出贡献而从省级以下人民政府及其所属部门取得的一次性奖励收入，不论其奖金来源于何处，均不属于税法所规定的免税范畴，应按‘偶然所得’项目征收个人所得税。”

根据上述规定，该公司收到补助款后奖励给员工个人，应并入当月工资薪金所得为其扣缴个人所得税。

493. 员工未休年假取得补贴是否缴纳个人所得税

某企业有部分员工因为工作原因没有休带薪年假，企业将未休的年假以现金补贴的形式发放。请问发放的补贴是否需要缴纳个税？

答：《中华人民共和国个人所得税法实施条例》（国务院令第707号）第六条第（一）项规定：“工资、薪金所得，是指个人因任职或者受雇取得的工资、薪金、奖金、年终加薪、劳动分红、津贴、补贴以及与任职或者受雇有关的其他所得。”

根据上述规定，该公司给没有休带薪年假的员工发放的补贴，应当合并到工资薪金为其扣缴个人所得税。

494. 代开发票已按1.3%缴纳个税，支付方是否还有扣缴义务

某企业雇用一名外部人员将一批产品装车运送至指定地点，向其支付1000元运输费，该工人去税务局代开发票时税务机关按照1.3%征收了个人所得税。请问企业在支付费用时是否还需要扣缴其个人所得税？

答：《中华人民共和国个人所得税法》（主席令第九号）第九条规定："个人所得税以所得人为纳税人，以支付所得的单位或者个人为扣缴义务人。"第十条规定："扣缴义务人应当按照国家规定办理全员全额扣缴申报，并向纳税人提供其个人所得和已扣缴税款等信息。"第十二条规定："纳税人取得经营所得，按年计算个人所得税，由纳税人在月度或者季度终了后十五日内向税务机关报送纳税申报表，并预缴税款；在取得所得的次年三月三十一日前办理汇算清缴。"《国家税务总局关于发布〈个人所得税扣缴申报管理办法（试行）〉的公告》（国家税务总局公告2018年第61号）第四条规定："实行个人所得税全员全额扣缴申报的应税所得包括：（一）工资、薪金所得；（二）劳务报酬所得；（三）稿酬所得；（四）特许权使用费所得；（五）利息、股息、红利所得；（六）财产租赁所得；（七）财产转让所得；（八）偶然所得。"《中华人民共和国个人所得税法实施条例》（国务院令第707号）第六条第（二）项规定："劳务报酬所得，是指个人从事劳务取得的所得，包括从事设计、装潢、安装、制图、化验、测试、医疗、法律、会计、咨询、讲学、翻译、审稿、书画、雕刻、影视、录音、录像、演出、表演、广告、展览、技术服务、介绍服务、经纪服务、代办服务以及其他劳务取得的所得。……第（五）项规定，经营所得，是指：1. 个体工商户从事生产、经营活动取得的所得，个人独资企业投资人、合伙企业的个人合伙人来源于境内注册的个人独资企业、合伙企业生产、经营的所得；2. 个人依法从事办学、医疗、咨询以及其他有偿服务活动取得的所得；3. 个人对企业、事业单位承包经营、承租经营以及转包、转租取得的所得；4. 个人从事其他生产、经营活动取得的所得。"

根据上述规定，该工人的搬运收入已被税务机关认定为临时从事生产、经营的自然人纳税人取得的经营所得，按1.3%征收个人所得税。该公司支付个人的经营所得没有扣缴义务，无须扣缴其个人所得税。

495. 个人综合所得汇算清缴的办理方式及申报地点

王某是位居民个人，2022年度需要办理综合所得汇算清缴。请问综合所得汇算清缴办理方式有哪些？申报地点如何确定？

答：《中华人民共和国个人所得税法》（主席令第九号）第二条规定：

"居民个人取得工资、薪金所得、劳务报酬所得、稿酬所得和特许权使用费所得四项所得（以下称综合所得），按纳税年度合并计算个人所得税。"《国家税务总局关于办理2019年度个人所得税综合所得汇算清缴事项的公告》（国家税务总局公告2019年第44号）第一条规定："依据税法规定，2019年度终了后，居民个人需要汇总2019年1月1日至12月31日取得的'综合所得'的收入额，减除费用6万元以及专项扣除、专项附加扣除、依法确定的其他扣除和符合条件的公益慈善事业捐赠后，适用综合所得个人所得税税率并减去速算扣除数，计算本年度最终应纳税额，再减去2019年度已预缴税额，得出本年度应退或应补税额，向税务机关申报并办理退税或补税。"第六条规定："纳税人可自主选择下列办理方式：（一）自行办理年度汇算。（二）通过取得工资薪金或连续性取得劳务报酬所得的扣缴义务人代为办理。由扣缴义务人代为办理的，纳税人应在2020年4月30日前与扣缴义务人进行书面确认，补充提供其2019年度在本单位以外取得的综合所得收入、相关扣除、享受税收优惠等信息资料，并对所提交信息的真实性、准确性、完整性负责。（三）委托涉税专业服务机构或其他单位及个人（以下称'受托人'）办理，受托人需与纳税人签订授权书。"第九条规定："按照方便就近原则，纳税人自行办理或受托人为纳税人代为办理2019年度汇算的，向纳税人任职受雇单位所在地的主管税务机关申报；有两处及以上任职受雇单位的，可自主选择向其中一处单位所在地的主管税务机关申报。纳税人没有任职受雇单位的，向其户籍所在地或者经常居住地的主管税务机关申报。扣缴义务人在年度汇算期内为纳税人办理年度汇算的，向扣缴义务人的主管税务机关申报。"

根据上述规定，王某办理个人所得税综合所得汇算清缴有自己办理、要求扣缴义务人代为办理、委托办理三种方式。自己办理和委托办理申报地点相同，按国家税务总局公告2019年第44号第六条规定执行；扣缴义务代为办理的，向扣缴义务人的主管税务机关申报。

496. 个税汇算清缴放弃退税后能否再申请退税

王某为山东青岛的自然人。请问其2022年度个税汇算清缴能否选择放弃退税？放弃以后还可以申请退税吗？

答：《国家税务总局关于办理2019年度个人所得税综合所得汇算清缴事项的公告》（国家税务总局公告2019年第44号）第二条规定："纳税人在2019年度已依法预缴个人所得税且符合下列情形之一的，无须办理年度汇算：（一）纳税人年度汇算需补税但年度综合所得收入不超过12万元的；（二）纳税人年度汇算需补税金额不超过400元的；（三）纳税人已预缴税额与年度应纳税额一致或者不申请年度汇算退税的。”国家税务总局2020年3月发布的《2019年度个人所得税综合所得年度汇算办税指引》对问题“什么情况下需要办理年度汇算?”解答如下：“如果您是居民个人，在一个纳税年度内（2019年1月1日至12月31日期间）取得工资薪金、劳务报酬、稿酬、特许权使用费所得时已预缴的个人所得税，与这四项所得全年加总后计算的个人所得税存在差异，您就需要关注综合所得年度汇算。如果预缴的税款高于全年应纳税款，您可以通过办理年度汇算申报以获得退税；如预缴的税款少于全年应纳税款，您应当办理年度汇算申报并补缴税款。同时，为进一步减轻纳税人负担，经国务院批准，如果您的综合所得年收入不超过12万元但需要年度汇算补税或者年度汇算补税金额不超过400元，且在取得所得时扣缴义务人已依法预扣预缴了个人所得税，那么您无须办理综合所得年度汇算申报，也无须补缴税款。如果您多预缴了税款，申请退税是您的权利，无论多小的税款，您都可以办理年度汇算申报并申请退税；如果您放弃退税，那么也不用办理年度汇算申报。”国家税务总局青岛市税务局2020年6月5日对问题“个税汇算时选择放弃退税后，可以再次申请退税吗?”答复如下：“可以。放弃退税后，如果您改变了想法，可以在税收征管法规定的期限内重新申请退税。”《税收征收管理法》第五十一条规定：“纳税人超过应纳税额缴纳的税款，税务机关发现后应当立即退还；纳税人自结算缴纳税款之日起三年内发现的，可以向税务机关要求退还多缴的税款并加算银行同期存款利息，税务机关及时查实后应当立即退还；涉及从国库中退库的，依照法律、行政法规有关国库管理的规定退还。”

根据上述规定，王某可以放弃退税，放弃退税无须办理年度汇算；放弃退税后，如果改变想法，可以在《税收征收管理法》规定的期限内重新申请退税。

▶≫ 497. 个人股权被公司回购是否缴纳个人所得税

赵某是一家非上市公司的个人股东，被公司回购股权。请问其是否需要缴纳个人所得税?

答：《中华人民共和国个人所得税法》（主席令第九号）第二条规定：“下列各项个人所得，应当缴纳个人所得：（一）工资、薪金所得；（二）劳务报酬所得；（三）稿酬所得；（四）特许权使用费所得；（五）经营所得；（六）利息、股息、红利所得；（七）财产租赁所得；（八）财产转让所得；

（九）偶然所得。第三条第（三）项规定，利息、股息、红利所得，财产租赁所得，财产转让所得和偶然所得，适用比例税率，税率为百分之二十。”《中华人民共和国个人所得税法实施条例》（国务院令第707号）第六条第（八）项规定：“财产转让所得，是指个人转让有价证券、股权、合伙企业中的财产份额、不动产、机器设备、车船以及其他财产取得的所得。”《国家税务总局关于发布〈股权转让所得个人所得税管理办法（试行）〉的公告》（国家税务总局公告2014年第67号）第三条规定：“本办法所称股权转让是指个人将股权转让给其他个人或法人的行为，包括以下情形：（一）出售股权；（二）公司回购股权；（三）发行人首次公开发行新股时，被投资企业股东将其持有的股份以公开发行方式一并向投资者发售；（四）股权被司法或行政机关强制过户；（五）以股权对外投资或进行其他非货币性交易；（六）以股权抵偿债务；（七）其他股权转移行为。”第四条规定：“个人转让股权，以股权转让收入减除股权原值和合理费用后的余额为应纳税所得额，按‘财产转让所得’缴纳个人所得税。”

根据上述规定，个人股东被公司回购股权，应按回购价减除被回购股权的原值及合理费用得出应纳税所得额，按“财产转让所得”适用20%税率计算缴纳个人所得税。

498. 技术入股递延至股权转让时，个税如何确定纳税地点

2022年某企业员工严某用自己名下的一项专利技术对外投资，选择递延纳税，现将这部分股权转让。请问转让时个税的纳税地点如何确定？

答：《财政部 国家税务总局关于完善股权激励和技术入股有关所得税政策的通知》（财税〔2016〕101号）第三条规定：“（一）企业或个人以技术成果投资入股到境内居民企业，被投资企业支付的对价全部为股票（权）的，企业或个人可选择继续按现行有关税收政策执行，也可选择适用递延纳税优惠政策。选择技术成果投资入股递延纳税政策的，经向主管税务机关备案，投资入股当期可暂不纳税，允许递延至转让股权时，按股权转让收入减去技术成果原值和合理税费后的差额计算缴纳所得税。……（三）技术成果是指专利技术（含国防专利）、计算机软件著作权、集成电路布图设计专有权、植物新品种权、生物医药新品种，以及科技部、财政部、国家税务总局确定的其他技术成果。（四）技术成果投资入股，是指纳税人将技术成果所有权让渡给被投资企业、取得该企业股票（权）的行为。”《国家税务总局关于个人非货币性资产投资有关个人所得税征管问题的公告》（国家税务总局公告2015

年第20号）第三条规定：“纳税人以不动产投资的，以不动产所在地地税机关为主管税务机关；纳税人以其持有的企业股权对外投资的，以该企业所在地地税机关为主管税务机关；纳税人以其他非货币资产投资的，以被投资企业所在地地税机关为主管税务机关（注：本条中地税机关现已调整为税务机关）。”《国家税务总局关于发布〈股权转让所得个人所得税管理办法（试行）〉的公告》（国家税务总局公告2014年第67号）第十九条规定：“个人股权转让所得个人所得税以被投资企业所在地地税机关（注：调整为税务机关）为主管税务机关。”

根据上述规定，王某用专利技术入股选择递延纳税，现将股权转让，应向被投资企业所在地的税务机关申报缴纳个人所得税。

499. 在享受专项附加扣除中的婴幼儿信息应当如何填报

某企业员工朱某于2022年3月喜得一子。请问朱某在享受专项附加扣除中的婴幼儿信息应当如何填报？

答：《国家税务总局关于修订发布〈个人所得税专项附加扣除操作办法（试行）〉的公告》（国家税务总局公告〔2022〕7号）规定：“第三章 报送信息及留存备查资料”中，第十八条规定：“纳税人享受3岁以下婴幼儿照护专项附加扣除，应当填报配偶及子女的姓名、身份证件类型（如居民身份证、子女出生医学证明等）及号码以及本人与配偶之间扣除分配比例等信息。纳税人需要留存备查资料包括：子女的出生医学证明等资料。”“第四章 信息报送方式”中，第二十条规定：“纳税人可以通过远程办税端、电子或者纸质报表等方式，向扣缴义务人或者主管税务机关报送个人专项附加扣除信息。”第二十一条规定：“纳税人选择纳税年度内由扣缴义务人办理专项附加扣除的，按下列规定办理：（二）纳税人通过填写电子或者纸质‘扣除信息表’直接报送扣缴义务人的，扣缴义务人将相关信息导入或者录入扣缴端软件，并在次月办理扣缴申报时提交给主管税务机关。‘扣除信息表’应当一式两份，纳税人和扣缴义务人签字（章）后分别留存备查。”

根据上述规定，婴幼儿出生后，如获得载明其姓名、出生日期、父母姓名等信息的“出生医学证明”，纳税人可以通过手机个人所得税App或纸质“扣除信息表”填报子女信息。证件类型可选择“出生医学证明”，并填写相应编号和婴幼儿出生时间即可；婴幼儿已被赋予居民身份证号码的，证件类型也可选择“居民身份证”，并填写身份证号码和婴幼儿出生时间即可；婴幼儿名下是中国护照、外国护照、港澳居民来往内地通行证、台湾居民来往大陆通行证等身份证件信息，也可作为填报证件。如果婴幼儿暂未获得上述证件，也可选择“其他个人证件”，并在备注中如实填写相关情况，不影响纳税人享受扣除。后续纳税人取得婴幼儿的出生医学证明或者居民身份证号码后，及时补充更新即可。如税务机关联系纳税人核实有关情况，纳税人可通过手机个人所得税 App 将证件照片等证明资料推送给税务机关证明真实性，以便继续享受扣除。

500. 个人养老金享受个人所得税递延纳税优惠政策

请问个人养老金享受个人所得税递延纳税优惠政策具体是如何规定的？

答：《财政部 税务总局关于个人养老金有关个人所得税政策的公告》（财政部 税务总局公告 2022 年第 34 号）规定：“一、自 2022 年 1 月 1 日起，对个人养老金实施递延纳税优惠政策。在缴费环节，个人向个人养老金资金账户的缴费，按照 12000 元/年的限额标准，在综合所得或经营所得中据实扣除；在投资环节，计入个人养老金资金账户的投资收益暂不征收个人所得税；在领取环节，个人领取的个人养老金，不并入综合所得，单独按照 3% 的税率计算缴纳个人所得税，其缴纳的税款计入‘工资、薪金所得’项目。二、个人缴费享受税前扣除优惠时，以个人养老金信息管理服务平台出具的扣除凭证为扣税凭据。取得工资薪金所得、按累计预扣法预扣预缴个人所得税劳务报酬所得的，其缴费可以选择在当年预扣预缴或次年汇算清缴时在限额标准内据实扣除。选择在当年预扣预缴的，应及时将相关凭证提供给扣缴单位。扣缴单位应按照本公告有关要求，为纳税人办理税前扣除有关事项。取得其他劳务报酬、稿酬、特许权使用费等所得或经营所得的，其缴费在次年汇算清缴时在限额标准内据实扣除。个人按规定领取个人养老金时，由开立个人养老金资金账户所在市的商业银行机构代扣代缴其应缴的个人所得税。”

根据上述规定，在缴费环节，个人向个人养老金资金账户的缴费，按照 12000 元/年的限额标准，在综合所得或经营所得中据实扣除；在投资环节，计入个人养老金资金账户的投资收益暂不征收个人所得税；在领取环节，个人领取的个人养老金，不并入综合所得，单独按照 3% 的税率计算缴纳个人所得税，其缴纳的税款计入“工资、薪金所得”项目。由开立个人养老金资金账户所在市的商业银行机构代扣代缴其应缴的个人所得税。

501. 双胞胎婴幼儿照护专项附加如何扣除

某企业员工李某今年喜得一对双胞胎。请问在享受3岁以下婴幼儿照护专项附加扣除时扣除标准是多少？扣除金额能在父母之间分配吗？当月未享受专项附加扣除政策，后续还可以享受吗？

答：《国务院关于设立3岁以下婴幼儿照护个人所得税专项附加扣除的通知》（国发〔2022〕8号）规定："一、纳税人照护3岁以下婴幼儿子女的相关支出，按照每个婴幼儿每月1000元的标准定额扣除。二、父母可以选择由其中一方按扣除标准的100%扣除，也可以选择由双方分别按扣除标准的50%扣除，具体扣除方式在一个纳税年度内不能变更。三、3岁以下婴幼儿照护个人所得税专项附加扣除涉及的保障措施和其他事项，参照《国务院关于印发个人所得税专项附加扣除暂行办法的通知》（国发〔2018〕41号）有关规定执行。四、3岁以下婴幼儿照护个人所得税专项附加扣除自2022年1月1日起实施。"《国家税务总局关于修订发布〈个人所得税专项附加扣除操作办法（试行）〉的公告》（国家税务总局公告〔2022〕7号）规定："第三条 纳税人享受符合规定的专项附加扣除的计算时间分别为……（七）3岁以下婴幼儿照护。为婴幼儿出生的当月至年满3周岁的前一个月。……第十八条 纳税人享受3岁以下婴幼儿照护专项附加扣除，应当填报配偶及子女的姓名、身份证件类型（如居民身份证、子女出生医学证明等）及号码以及本人与配偶之间扣除分配比例等信息。纳税人需要留存备查资料包括：子女的出生医学证明等资料。"

根据上述规定，3岁以下婴幼儿照护专项附加扣除按照每个婴幼儿每月1000元的标准定额扣除，有多个婴幼儿的父母，可以对不同的婴幼儿选择不同的扣除方式。即对婴幼儿甲可以选择由一方按照每月1000元的标准扣除，对婴幼儿乙可以选择由双方分别按照每月500元的标准扣除。这两种分配方式，父母可以根据情况自行选择，选定扣除方式后在一个纳税年度内不能变更。如果纳税人在婴幼儿出生当月没有享受专项附加扣除，可以在当年的后续月份发工资时追溯享受专项附加扣除，也可以在次年办理汇算清缴时享受。

502. 子女在国外学习是否可以享受子女教育专项扣除

某企业员工贾某的儿子现在上大学，参与了学校的合作办学项目，前两年在中国学习，后两年在国外学习。请问现在填写信息选择中国还是境外？证书由境外发放，没有学籍号，怎样填写信息？是否可以扣除？

答：《国务院关于印发个人所得税专项附加扣除暂行办法的通知》（国发

〔2018〕41号）第二章第五条规定："纳税人的子女接受全日制学历教育的相关支出，按照每个子女每月1000元的标准定额扣除。学历教育包括义务教育（小学、初中教育）、高中阶段教育（普通高中、中等职业、技工教育）、高等教育（大学专科、大学本科、硕士研究生、博士研究生教育）。年满3岁至小学入学前处于学前教育阶段的子女，按本条第一款规定执行。"第二章第七条规定："纳税人子女在中国境外接受教育的，纳税人应当留存境外学校录取通知书、留学签证等相关教育的证明资料备查。"

根据上述规定，如贾某符合子女教育扣除的相关条件，子女前两年在国内学习，父母作为纳税人应按照规定填写子女接受教育的相关信息；后两年在境外接受教育，应按照接受境外教育相关规定填报信息，可以不填写，但纳税人应当按规定留存相关证书、子女接受境内外合作办学的招生简章、出入境记录等。

503. 如何区分劳务报酬和经营所得

垃圾清理费、运费、吊机费等没有发票。请问如何区分劳务报酬和经营所得？

答：《中华人民共和国个人所得税法实施条例》（国务院令第707号）第六条规定："个人所得税法规定的各项个人所得的范围……（二）劳务报酬所得，是指个人从事劳务取得的所得，包括从事设计、装潢、安装、制图、化验、测试、医疗、法律、会计、咨询、讲学、翻译、审稿、书画、雕刻、影视、录音、录像、演出、表演、广告、展览、技术服务、介绍服务、经纪服务、代办服务以及其他劳务取得的所得。……（五）经营所得，是指：1. 个体工商户从事生产、经营活动取得的所得，个人独资企业投资人、合伙企业的个人合伙人来源于境内注册的个人独资企业、合伙企业生产、经营的所得；2. 个人依法从事办学、医疗、咨询以及其他有偿服务活动取得的所得；3. 个人对企业、事业单位承包经营、承租经营以及转包、转租取得的所得；4. 个人从事其他生产、经营活动取得的所得。……（七）财产租赁所得，是指个人出租不动产、机器设备、车船以及其他财产取得的所得。"第三十六条规定："本条例自2019年1月1日起施行。"《国家税务总局关于印发〈征收个人所得税若干问题的规定〉的通知》（国税发〔1994〕89号）第十九条规定："关于工资、薪金所得与劳务报酬所得的区分问题。工资、薪金所得是属于非独立个人劳务活动，即在机关、团体、学校、部队、企事业单位及其他组织中任职、受雇而得到的报酬；劳务报酬所得则是个人独立从事各种技艺、提供各项劳务取得的报酬。两者的主要区别在于，前者存在雇用与被雇用关系，后者则不存在这种关系。”

根据上述规定，个人所得税经营所得一般是指有稳定的机构场所、持续经营且不是独立的个人活动而取得的所得。劳务报酬所得，是指个人独立从事劳务活动而取得的所得。

504. 企业是否要留存员工个人所得税专项扣除的资料

请问企业是否要留存员工个人所得税专项扣除的资料？

答：《国家税务总局关于修订发布〈个人所得税专项附加扣除操作办法（试行）〉的公告》（2022 年第 7 号）第二十一条规定：“（一）纳税人通过远程办税端选择扣缴义务人并报送专项附加扣除信息的，扣缴义务人根据接收的扣除信息办理扣除。（二）纳税人通过填写电子或者纸质‘扣除信息表’直接报送扣缴义务人的，扣缴义务人将相关信息导入或者录入扣缴端软件，并在次月办理扣缴申报时提交给主管税务机关。‘扣除信息表’应当一式两份，纳税人和扣缴义务人签字（章）后分别留存备查。”第二十四条规定：“纳税人应当将‘扣除信息表’及相关留存备查资料，自法定汇算清缴期结束后保存五年。纳税人报送给扣缴义务人的‘扣除信息表’，扣缴义务人应当自预扣预缴年度的次年起留存五年。”第二十五条规定：“纳税人向扣缴义务人提供专项附加扣除信息的，扣缴义务人应当按照规定予以扣除，不得拒绝。扣缴义务人应当为纳税人报送的专项附加扣除信息保密。”

根据上述规定，纳税人报送给扣缴义务人的“扣除信息表”，扣缴义务人应当自预扣预缴年度的次年起留存 5 年，纳税人应对扣缴义务人提供实际信息。

505. 多份商业健康保险都可以在个人所得税前扣除吗

某企业员工金某购买了多份商业健康保险，都有税优识别码。请问这些保险都可以在个人所得税前扣除吗？

答：《关于将商业健康保险个人所得税试点政策推广到全国范围实施的通知》（财税〔2017〕39 号）规定：“对个人购买符合规定的商业健康保险产品的支出，允许在当年（月）计算应纳税所得额时予以税前扣除，扣除限额为 2400 元/年（200 元/月）。单位统一为员工购买符合规定的商业健康保险产品的支出，应分别计入员工个人工资薪金，视同个人购买，按上述限额予以扣除。2400 元/年（200 元/月）的限额扣除为个人所得税法规定减除费用标准之外的扣除。”

根据上述规定，不论个人同时购买多少份符合条件的商业健康保险，扣除限额只有2400元/年（200元/月）。

506. 本溢价转增资本是否缴纳个税

某有限责任公司以资本公积（资本溢价形成）转增资本。请问对于个人股东是否需要依照股息红利收入缴纳个人所得税？

答：《国家税务总局关于股份制企业转增股本和派发红股征免个人所得税的通知》（国税发〔1997〕198号）第一条规定："股份制企业用资本公积金转增股本不属于股息、红利性质的分配，对个人取得的转增股本数额，不作为个人所得，不征收个人所得税。"《国家税务总局关于原城市信用社在转制为城市合作银行过程中个人股增值所得应纳个人所得税的批复》（国税函发〔1998〕289号）第二条规定："《国家税务总局关于股份制企业转增股本和派发红股征免个人所得税的通知》（国税发〔1997〕198号）中所表述的'资本公积金'是指股份制企业股票溢价发行收入所形成的资本公积金。将此转增股本由个人取得的数额，不作为应税所得征收个人所得税。而与此不相符合的其他资本公积金分配个人所得部分，应当依法征收个人所得税。"

根据上述规定，除股份制企业股票溢价发行收入所形成的资本公积金转增股本不征收个人所得税外，其他企业以资本公积转增股本，均视同向股东进行利润分配，应当按照"利息、股息、红利所得"项目计征个人所得税。

507. 违法解雇的经济赔偿金是否需要缴纳个人所得税

某企业员工严某因违法被用人单位解除劳动关系，取得该企业支付的经济赔偿金。请问违法解雇的情况下用人单位支付给劳动者的经济赔偿金是否需要代扣代缴个人所得税后再行支付给劳动者？

答：《财政部 税务总局关于个人所得税法修改后有关优惠政策衔接问题的通知》（财税〔2018〕164号）第五条第（一）项规定："个人与用人单位解除劳动关系取得一次性补偿收入（包括用人单位发放的经济补偿金、生活补助费和其他补助费），在当地上年职工平均工资3倍数额以内的部分，免征个人所得税；超过3倍数额的部分，不并入当年综合所得，单独适用综合所得税率表，计算纳税。"

根据上述规定，应根据该笔经济补偿金情况是否超过当地上年职工平均工资3倍数额来判断是否需要缴纳个人所得税。

▶>> 508. 住房补贴是否可以免征个税

某国有企业自取消福利分房制度后，以住房补贴代替，每月将该部分住房补贴直接打入员工住房公积金管理账户。请问企业是否可对该部分补贴进行免税处理？

答：《财政部 国家税务总局关于住房公积金医疗保险金养老保险金征收个人所得税问题的通知》（财税字〔1997〕144号）第三条规定："企业以现金形式发给个人的住房补贴、医疗补助费，应全额计入领取人的当期工资、薪金收入计征个人所得税。但对外籍个人以实报实销形式取得的住房补贴，仍按照《财政部 国家税务总局关于个人所得税若干政策问题的通知》（财税字〔1994〕第20号）的规定，暂免征收个人所得税。"《财政部 国家税务总局关于个人所得税若干政策问题的通知》（财税字〔1994〕第20号）第二条规定："下列所得，暂免征收个人所得税：（一）外籍个人以非现金形式或实报实销形式取得的住房补贴、伙食补贴、搬迁费、洗衣费。"《财政部 税务总局关于延续实施外籍个人津补贴等有关个人所得税优惠政策的公告》（财政部 税务总局公告2021年第43号）规定："《财政部 税务总局关于个人所得税法修改后有关优惠政策衔接问题的通知》（财税〔2018〕164号）规定的外籍个人有关津补贴优惠政策、中央企业负责人任期激励单独计税优惠政策，执行期限延长至2023年12月31日。"

根据上述规定，企业支付给员工的住房补贴应全额计入领取人的当期工资、薪金收入计征个人所得税。

▶>> 509. 职工取得公务交通补贴是否要缴纳个税

某企业给职工发放车贴。请问职工取得的此类公务交通补贴是否应并入工资薪金缴纳个人所得税？

答：《国家税务总局关于个人所得税有关政策问题的通知》（国税发〔1999〕58号）第二条规定："关于个人取得公务交通、通讯补贴收入征税问题，个人因公务用车和通讯制度改革而取得的公务用车、通讯补贴收入，扣除一定标准的公务费用后，按照'工资、薪金'所得项目计征个人所得税。按月发放的，并入当月'工资、薪金'所得计征个人所得税；不按月发放的，分解到所属月份并与该月份'工资、薪金'所得合并后计征个人所得税。公务费用的扣除标准，由省税务局根据纳税人公务交通、通讯费用的实际发生情况调查测算，报经省级人民政府批准后确定，并报国家税务总局备案。"

根据上述规定，不同省市的扣除标准存在差异，企业可以咨询当地税务机关是否出台了相关公务费用扣除标准的文件。如果有相应的文件，可以在将补贴收入并入当月工资薪金时扣除一定的公务费用，否则应当全额计征个人所得税。

510. 两次以上股权激励所得如何计算个税

某企业员工在一个纳税年度内取得两次或者两项以上股权激励所得。请问如何计算个人所得税？

答：《财政部 税务总局关于个人所得税法修改后有关优惠政策衔接问题的通知》（财税〔2018〕164 号）第二条规定：“（一）居民个人取得股票期权、股票增值权、限制性股票、股权奖励等股权激励（以下简称股权激励），符合《财政部 国家税务总局关于个人股票期权所得征收个人所得税问题的通知》（财税〔2005〕35 号）、《财政部 国家税务总局关于股票增值权所得和限制性股票所得征收个人所得税有关问题的通知》（财税〔2009〕5 号）、《财政部 国家税务总局关于将国家自主创新示范区有关税收试点政策推广到全国范围实施的通知》（财税〔2015〕116 号）第四条、《财政部 国家税务总局关于完善股权激励和技术入股有关所得税政策的通知》（财税〔2016〕101 号）第四条第（一）项规定的相关条件的，在 2021 年 12 月 31 日前，不并入当年综合所得，全额单独适用综合所得税率表，计算纳税。计算公式为：应纳税额 = 股权激励收入 × 适用税率 - 速算扣除数。（二）居民个人一个纳税年度内取得两次以上（含两次）股权激励的，应合并按本通知第二条第（一）项规定计算纳税。（三）2022 年 1 月 1 日之后的股权激励政策另行明确。”《财政部 税务总局关于延续实施全年一次性奖金等个人所得税优惠政策的公告》（财税〔2021〕42 号）第一条规定：“《财政部 税务总局关于个人所得税法修改后有关优惠政策衔接问题的通知》（财税〔2018〕164 号）规定的全年一次性奖金单独计税优惠政策，执行期限延长至 2023 年 12 月 31 日；上市公司股权激励单独计税优惠政策，执行期限延长至 2022 年 12 月 31 日。”《财政部 税务总局关于延续实施有关个人所得税优惠政策的公告》（财政部 税务总局公告 2023 年第 2 号）第一条规定：“《财政部 税务总局关于延续实施全年一次性奖金等个人所得税优惠政策的公告》（财政部 税务总局公告 2021 年第 42 号）中规定的上市公司股权激励单独计税优惠政策，自 2023 年 1 月 1 日起至 2023 年 12 月 31 日止继续执行。”

根据上述规定，个人在一个纳税年度内取得两次或者两项以上股权激励所得，在 2023 年 12 月 31 日前，不并入当年综合所得，全额单独适用综合所得税率表，计算纳税。计算公式为：应纳税额 = 股权激励收入 × 适用税率 - 速算扣除数。

511. 个人民间借贷利息如何计算个税

某企业员工李某个人之间发生民间借贷利息所得，扣缴义务人未扣缴税款的。请问纳税人应在什么时间办理纳税申报？向哪里的税务机关办理纳税申报？

答：《中华人民共和国个人所得税法》（主席令第九号）第十二条规定："纳税人取得利息、股息、红利所得，财产租赁所得，财产转让所得和偶然所得，按月或者按次计算个人所得税，有扣缴义务人的，由扣缴义务人按月或者按次代扣代缴税款。"第十三条规定："纳税人取得应税所得没有扣缴义务人的，应当在取得所得的次月十五日内向税务机关报送纳税申报表，并缴纳税款。"《国家税务总局关于个人所得税自行纳税申报有关问题的公告》（国家税务总局公告 2018 年第 62 号）规定："三、取得应税所得，扣缴义务人未扣缴税款的纳税申报……（三）纳税人取得利息、股息、红利所得，财产租赁所得，财产转让所得和偶然所得的，应当在取得所得的次年 6 月 30 日前，按相关规定向主管税务机关办理纳税申报，并报送'个人所得税自行纳税申报表（A 表）'。税务机关通知限期缴纳的，纳税人应当按照期限缴纳税款。"

根据上述规定，纳税人取得应税所得，扣缴义务人未扣缴税款的，纳税人应当在取得所得的次年 6 月 30 日前，在扣缴义务人所在地主管税务机关申报缴纳税款；税务机关通知限期缴纳的，纳税人应当按照期限缴纳税款。

512. 跨年度的医疗费用如何计算扣除额

在大病医疗支出中，假如纳税人于 2021 年底住院，2022 年初出院。请问这种跨年度的医疗费用如何计算扣除额？是分两个年度分别扣除吗？

答：《国务院关于印发个人所得税专项附加扣除暂行办法的通知》（国发〔2018〕41 号）第十一条规定："在一个纳税年度内，纳税人发生的与基本医保相关的医药费用支出，扣除医保报销后个人负担（指医保目录范围内的自付部分）累计超过 15000 元的部分，由纳税人在办理年度汇算清缴时，在 80000 元限额内据实扣除。"

根据上述规定，纳税人 2021 年住院，2022 年初出院，一般是在出院时才进行医疗费用的结算。纳税人申报享受大病医疗扣除，以医疗费用结算单上的结算时间为准，因此，该医疗费用支出属于 2022 年的支出。如果达到大病医疗扣除的条件，纳税人可以在2023年6月30日前办理2022年度汇算时享受此扣除。

513. 夫妻同时发生大病医疗支出，仅在一方扣除时的扣除限额为多少

某企业员工李某与配偶同时发生大病医疗支出。请问如果都在李某一方扣除，那么，扣除限额是多少？

答：《国务院关于印发个人所得税专项附加扣除暂行办法的通知》（国发〔2018〕41号）规定："第十一条 在一个纳税年度内，纳税人发生的与基本医保相关的医药费用支出，扣除医保报销后个人负担（指医保目录范围内的自付部分）累计超过15000元的部分，由纳税人在办理年度汇算清缴时，在80000元限额内据实扣除。第十二条 纳税人发生的医药费用支出可以选择由本人或者其配偶扣除；未成年子女发生的医药费用支出可以选择由其父母一方扣除。纳税人及其配偶、未成年子女发生的医药费用支出，按本办法第十一条规定分别计算扣除额。"

根据上述规定，夫妻同时有符合条件的大病医疗支出，可以选择在其中一方扣除，扣除限额分别计算，每人最高扣除额为8万元，合计最高扣除限额为16万元。

514. 大病医疗专项附加扣除的注意事项有哪些

某企业员工陈某看病时发生符合大病医疗专项附加扣除的支出。请问李某在享受大病医疗专项附加扣除时，需要注意什么？

答：《国务院关于印发个人所得税专项附加扣除暂行办法的通知》（国发〔2018〕41号）规定："第十一条 在一个纳税年度内，纳税人发生的与基本医保相关的医药费用支出，扣除医保报销后个人负担（指医保目录范围内的自付部分）累计超过15000元的部分，由纳税人在办理年度汇算清缴时，在80000元限额内据实扣除。……第十三条 纳税人应当留存医药服务收费及医保报销相关票据原件（或者复印件）等资料备查。医疗保障部门应当向患者提供在医疗保障信息系统记录的本人年度医药费用信息查询服务。"

根据上述规定，纳税人日常看病时，应当留存医药服务收费及医保报销相关票据等资料备查；同时，纳税人可以通过国家医保服务平台App查询发生的与基本医保相关的医药费用支出扣除医保报销后个人负担的累计金额。

▶≫ 515. 房贷提前还款后是否可以抵扣个税

某企业员工徐某贷款买的首套房，现在绑定个税专项附加扣除。请问如果提前把房贷还清了，还能继续抵扣个税专项附加扣除每个月1000元吗？

答：《国务院关于印发个人所得税专项附加扣除暂行办法的通知》（国发〔2018〕41号）第十四条规定："纳税人本人或者配偶单独或者共同使用商业银行或者住房公积金个人住房贷款为本人或者其配偶购买中国境内住房，发生的首套住房贷款利息支出，在实际发生贷款利息的年度，按照每月1000元的标准定额扣除，扣除期限最长不超过240个月。纳税人只能享受一次首套住房贷款的利息扣除。本办法所称首套住房贷款是指购买住房享受首套住房贷款利率的住房贷款。"

根据上述规定，徐某只有"在实际发生贷款利息的年度"才可以按规定享受房贷利息的税前扣除，如果提前还贷后没有实际发生贷款利息支出，则不能再享受税前扣除。

▶≫ 516. 军人转业费是否需要缴纳个人所得税

某企业员工王某为转业军人，请问其收到的转业费是否需要缴纳个人所得税？

答：《中华人民共和国个人所得税法》（主席令第九号）第四条规定："下列各项个人所得，免征个人所得税：（一）省级人民政府、国务院部委和中国人民解放军军以上单位，以及外国组织、国际组织颁发的科学、教育、技术、文化、卫生、体育、环境保护等方面的奖金；（二）国债和国家发行的金融债券利息；（三）按照国家统一规定发给的补贴、津贴；（四）福利费、抚恤金、救济金；（五）保险赔款；（六）军人的转业费、复员费、退役金；（七）按照国家统一规定发给干部、职工的安家费、退职费、基本养老金或者退休费、离休费、离休生活补助费；（八）依照有关法律规定应予免税的各国驻华使馆、领事馆的外交代表、领事官员和其他人员的所得；（九）中国政府参加的国际公约、签订的协议中规定免税的所得；（十）国务院规定的其他免税所得。前款第十项免税规定，由国务院报全国人民代表大会常务委员会备案。"

根据上述规定，王某收到的转业费不需要缴纳个人所得税。

▶≫ 517. 兼职网约车司机需要缴纳个人所得税吗

某企业员工赵某利用下班时间兼职网约车司机。请问其需要缴纳个人所得税吗？

答：《中华人民共和国个人所得税法实施条例》（国务院令第707号）第

六条第（二）项规定："劳务报酬所得，是指个人从事劳务取得的所得，包括从事设计、装潢、安装、制图、化验、测试、医疗、法律、会计、咨询、讲学、翻译、审稿、书画、雕刻、影视、录音、录像、演出、表演、广告、展览、技术服务、介绍服务、经纪服务、代办服务以及其他劳务取得的所得。"第十四条规定："个人所得税法第六条第一款第二项、第四项、第六项所称每次，分别按照下列方法确定：（一）劳务报酬所得、稿酬所得、特许权使用费所得，属于一次性收入的，以取得该项收入为一次；属于同一项目连续性收入的，以一个月内取得的收入为一次。"

根据上述规定，开网约车取得的收入，属于个人从事其他生产、经营活动取得的所得，是需要缴纳个人所得税的，适用20%的比例税率，并对一次性收入较高的情况实行加成征收。劳务报酬所得的实际执行情况，相当于适用三级超额累进税率。

518. 个人买卖股票收入怎么缴纳个人所得税

某企业员工张某获得买卖股票收入。请问该收入是否需要缴纳个人所得税？

答：《个人转让股票所得继续暂免征收个人所得税》（财税字〔1998〕61号）："从1997年1月1日起，对个人转让上市公司股票取得的所得继续暂免征收个人所得税。"

根据上述规定，张某买卖股票收入暂不征收所得税。

519. 租用股东车辆，股东是否要缴纳个人所得税

某企业名下无车辆，股东开会商量租用某一股东的小车12个月，租金为每月4000元，每个月付租金，租用期间油费、路费、车辆维修保养费由企业承担。请问该股东是否要缴纳个人所得税，适用税率是多少？

答：《中华人民共和国个人所得税法》（主席令第九号）第三条规定："个人所得税的税率：（三）利息、股息、红利所得，财产租赁所得，财产转让所得和偶然所得，适用比例税率，税率为百分之二十。"

根据上述规定，企业租赁私人车辆支付给个人的租赁费，个人实际取得所得后按"财产租赁所得"缴纳个人所得税，适用比例税率，税率为20%。

520. 继承遗产需要缴纳个人所得税吗

某企业员工张某继承了其父母名下位于市区的一栋房产。请问其是否需要缴纳个人所得税？

答：《财政部 国家税务总局关于个人无偿受赠房屋有关个人所得税问题的通知》（财税〔2009〕78 号）第一条规定：“符合以下情形的，对当事双方不征收个人所得税：（一）房屋产权所有人将房屋产权无偿赠与配偶、父母、子女、祖父母、外祖父母、孙子女、外孙子女、兄弟姐妹；（二）房屋产权所有人将房屋产权无偿赠与对其承担直接抚养或者赡养义务的抚养人或者赡养人；（三）房屋产权所有人死亡，依法取得房屋产权的法定继承人、遗嘱继承人或者受遗赠人。”

根据上述规定，对于继承父母遗产，张某不需要缴纳个人所得税。

521. 个人无偿受赠房屋产权如何缴纳个税

某企业员工蒋某收到叔叔无偿受赠的房屋，请问如何缴纳个税？

答：《财政部 国家税务总局关于个人无偿受赠房屋有关个人所得税问题的通知》（财税〔2009〕78 号）第一条规定：“以下情形的房屋产权无偿赠与，对当事双方不征收个人所得税：(1) 房屋产权所有人将房屋产权无偿赠与配偶、父母、子女、祖父母、外祖父母、孙子女、外孙子女、兄弟姐妹；(2) 房屋产权所有人将房屋产权无偿赠与对其承担直接抚养或者赡养义务的抚养人或者赡养人；(3) 房屋产权所有人死亡，依法取得房屋产权的法定继承人、遗嘱继承人或者受遗赠人。……”第四条规定：“对受赠人无偿受赠房屋计征个人所得税时，其应纳税所得额为房地产赠与合同上标明的赠与房屋价值减除赠与过程中受赠人支付的相关税费后的余额。赠与合同标明的房屋价值明显低于市场价格或房地产赠与合同未标明赠与房屋价值的，税务机关可依据受赠房屋的市场评估价格或采取其他合理方式确定受赠人的应纳税所得额。”《关于个人取得有关收入适用个人所得税应税所得项目的公告》（财政部 税务总局公告 2019 年第 74 号）第二条规定：“房屋产权所有人将房屋产权无偿赠与他人的，受赠人因无偿受赠房屋取得的受赠收入，按照‘偶然所得’项目计算缴纳个人所得税。”

根据上述规定，该员工蒋某要按偶然所得缴纳个税。

522. 离退休人员的返聘工资和奖金补贴如何计税、是否需要年度汇算

张某是离退休人员，现被一家企业返聘。请问张某取得返聘工资和奖金补贴如何计税，是否需要进行年度汇算？

答：《中华人民共和国个人所得税法》（主席令第九号）第四条规定："下列各项个人所得，免征个人所得税……（七）按照国家统一规定发给干部、职工的安家费、退职费、基本养老金或者退休费、离休费、离休生活补助费。"《国家税务总局关于个人兼职和退休人员再任职取得收入如何计算征收个人所得税问题的批复》（国税函〔2005〕382号）规定："退休人员再任职取得的收入，在减除按个人所得税法规定的费用扣除标准后，按'工资、薪金所得'应税项目缴纳个人所得税。"

根据上述规定，按照国家统一规定发给干部、职工的安家费、退职费、基本养老金或者退休费、离休费、离休生活补助费，免征个人所得税。离退休人员除按规定领取离退休工资或养老金外，另从原任职单位取得的各类补贴、奖金、实物，不属于《个人所得税法》第四条规定可以免税的退休工资、离休工资、离休生活补助费，应在减除按个人所得税法规定的费用扣除标准后，按"工资、薪金所得"应税项目缴纳个人所得税。需要办理年度汇算的，按照规定办理年度汇算。

523. 工会以非现金形式发放福利是否需要缴纳个税

某企业工会以非现金形式发放给工会会员一批面包券、提货券等，属于普发性的福利。请问是否需要代扣代缴个税？

答：《中华人民共和国个人所得税法》（主席令第九号）第四条第四款和《中华人民共和国个人所得税法实施条例》（国务院令第707号）第十一条规定："福利费免纳个人所得税。这里所说的福利费，是指根据国家有关规定，从企业、事业单位、国家机关、社会团体提留的福利费或者工会经费中支付给个人的生活补助费。"《国家税务总局关于生活补助费范围确定问题的通知》国税发〔1998〕155号文件规定："下列收入不属于免税的福利费范围，应当并入纳税人的工资、薪金收入计征个人所得税：（一）从超出国家规定的比例或基数计提的福利费、工会经费中支付给个人的各种补贴、补助；（二）从福利费和工会经费中支付给单位职工的人人有份的补贴、补助；（三）单位为个人购买汽车、住房、电子计算机等不属于临时性生活困难补助性质的支出。"《中华人民共和国个人所得税法实施条例》

（国务院令第707号）第六条规定：“个人所得税法规定的各项个人所得的范围：（一）工资、薪金所得，是指个人因任职或者受雇取得的工资、薪金、奖金、年终加薪、劳动分红、津贴、补贴以及与任职或者受雇有关的其他所得。”第八条规定：“个人所得的形式，包括现金、实物、有价证券和其他形式的经济利益；所得为实物的，应当按照取得的凭证上所注明的价格计算应纳税所得额，无凭证的实物或者凭证上所注明的价格明显偏低的，参照市场价格核定应纳税所得额；所得为有价证券的，根据票面价格和市场价格核定应纳税所得额；所得为其他形式的经济利益的，参照市场价格核定应纳税所得额。”

根据上述规定，问题所述情况应当并入纳税人的工资、薪金收入计征个人所得税。

▶>> 524. 微信销售代购商品是否要缴纳个人所得税

某公司员工陈某在去国外旅游时，帮朋友代购了5个名牌包，陈某通过微信方式销售给朋友并赚取了一定差价。请问陈某是否需就其所得缴纳个人所得税？

答：《中华人民共和国个人所得税法实施条例》（国务院令第707号）第六条规定：“（五）经营所得，是指：1. 个体工商户从事生产、经营活动取得的所得，个人独资企业投资人、合伙企业的个人合伙人来源于境内注册的个人独资企业、合伙企业生产、经营的所得；2. 个人依法从事办学、医疗、咨询以及其他有偿服务活动取得的所得；3. 个人对企业、事业单位承包经营、承租经营以及转包、转租取得的所得；4. 个人从事其他生产、经营活动取得的所得。”第八条规定：“个人所得的形式，包括现金、实物、有价证券和其他形式的经济利益；所得为实物的，应当按照取得的凭证上所注明的价格计算应纳税所得额，无凭证的实物或者凭证上所注明的价格明显偏低的，参照市场价格核定应纳税所得额；所得为有价证券的，根据票面价格和市场价格核定应纳税所得额；所得为其他形式的经济利益的，参照市场价格核定应纳税所得额。”

根据上述规定，个人从外国代购商品通过微信进行销售取得的收入应按规定缴纳个人所得税。

525. 如何为兼职人员申报个人所得税

某企业因业务需要，临时招聘了一批兼职人员。请问应如何为这批兼职人员申报个税？适用税率多少？

答：《关于全面实施新个人所得税法若干征管衔接问题的公告》（国家税务总局公告2018年第56号）规定："第一项 居民个人预扣预缴方法……（二）扣缴义务人向居民个人支付劳务报酬所得、稿酬所得、特许权使用费所得，按次或者按月预扣预缴个人所得税。具体预扣预缴方法如下：劳务报酬所得、稿酬所得、特许权使用费所得以收入减除费用后的余额为收入额。其中，稿酬所得的收入额减按百分之七十计算。减除费用：劳务报酬所得、稿酬所得、特许权使用费所得每次收入不超过四千元的，减除费用按八百元计算；每次收入四千元以上的，减除费用按百分之二十计算。应纳税所得额：劳务报酬所得、稿酬所得、特许权使用费所得，以每次收入额为预扣预缴应纳税所得额。劳务报酬所得适用百分之二十至百分之四十的超额累进预扣率（见附件2'个人所得税预扣率表二'），稿酬所得、特许权使用费所得适用百分之二十的比例预扣率。劳务报酬所得应预扣预缴税额 = 预扣预缴应纳税所得额 × 预扣率 - 速算扣除数。"根据《国家税务总局关于印发〈征收个人所得税若干问题的规定〉的通知》（国税发〔1994〕89号）第十九条规定："关于工资、薪金所得与劳务报酬所得的区分问题：工资、薪金所得是属于非独立个人劳务活动，即在机关、团体、学校、部队、企事业单位及其他组织中任职、受雇而得到的报酬；劳务报酬所得则是个人独立从事各种技艺、提供各项劳务取得的报酬。关于是否存在实质的雇佣关系，可以参看：两者的主要区别在于，前者存在雇用与被雇用关系，后者则不存在这种关系。"

根据上述规定，如果个人与其兼职的单位存在实质的雇用关系，则其兼职单位应按照"工资薪金所得"项目代扣代缴个人所得税；如果个人与其兼职单位不存在实质的雇用关系，则兼职单位应按照"劳务报酬所得"项目扣缴个人所得税。

526. 个人转让离婚析产房屋是否免征个人所得税

某企业员工章某离婚后将其离婚析产房屋进行了转让。请问转让离婚析产房屋所取得的收入可以免征个税吗？

答：《国家税务总局关于明确个人所得税若干政策执行问题的通知》（国税发〔2009〕121号）第四条规定："（二）个人转让离婚析产房屋所取得的收入，允许扣除其相应的财产原值和合理费用后，余额按照规定的税率缴纳个人所得税；其相应的财产原值，为房屋初次购置全部原值和相关税费之和乘以转让者占房屋所有权的比例。（三）个人转让离婚析产房屋所取得的收入，符合家庭生活自用五年以上唯一住房的，可以申请免征个人所得税，其购置时间按照《国家税务总局关于房地产税收政策执行中几个具体问题的通知》（国税发〔2005〕172 号）执行。”

根据上述规定，如果该员工转让的离婚析产房屋符合家庭生活自用 5 年以上唯一住房的，可以免征个税。

527. 员工聚餐费用是否需要计入员工工资申报个税

某企业年末为员工举办聚餐活动，请问相关费用是否需要计入员工工资里申报个税？

答：《中华人民共和国个人所得税法实施条例》（国务院令第 707 号）第六条规定：“个人所得税法规定的各项个人所得的范围：（一）工资、薪金所得，是指个人因任职或者受雇取得的工资、薪金、奖金、年终加薪、劳动分红、津贴、补贴以及与任职或者受雇有关的其他所得。”

根据上述规定，对于任职受雇单位发给个人的福利，不论是现金还是实物，依法均应缴纳个人所得税。但对于集体享受的、不可分割的、未向个人量化的非现金方式的福利，原则上不征收个人所得税。

528. 提交虚假专项附加扣除信息企业是否需要承担责任

某企业为员工申报个税后发现其员工李某在提交专项附加扣除信息时，提供了虚假的扣除信息。请问企业是否需要就此承担法律责任？

答：《国务院关于印发个人所得税专项附加扣除暂行办法的通知》（国发〔2018〕41 号）第二十五条规定：“纳税人首次享受专项附加扣除，应当将专项附加扣除相关信息提交扣缴义务人或者税务机关，扣缴义务人应当及时将相关信息报送税务机关，纳税人对所提交信息的真实性、准确性、完整性负责。专项附加扣除信息发生变化的，纳税人应当及时向扣缴义务人或者税务机关提供相关信息。”第二十七条规定：“扣缴义务人发现纳税人提供的信息与实际情况不符的，可以要求纳税人修改。纳税人拒绝修改的，扣缴义务人应当报告税务机关，税务机关应当及时处理。”《财政部 税务总局关于个人所得税综合所得汇算清缴涉及有关政策问题的公告》（财政部 税务总局公告 2019 年第 94 号）第三条规定：“居民个人填报专项附加扣除信息存在明显错误，经税务机关通知，居民个人拒不更正或者不说明情况的，税务机关可暂停纳税人享受专项附加扣除。居民个人按规定更正相关信息或者说明情况后，经税务机关确认，居民个人可继续享受专项附加扣除，以前月份未享受扣除的，可按规定追补扣除。”

根据上述规定，企业应要求该员工李某如实上报信息并及时修改，修改后，可继续享受专项附加扣除，以前月份未享受扣除的，可按规定追补扣除；如李某拒绝配合修改，可报告当地税务机关。

529. 员工领取税收递延型商业养老保险如何处理

某企业员工参加了税收递延型商业养老保险。请问员工在领取税收递延型商业养老保险的三个阶段应如何缴纳个税？

答：第一阶段——缴费支出环节：居民个人缴扣符合规定的税收递延型商业养老保险后，可以根据《中华人民共和国个人所得税法》及《中华人民共和国个人所得税法实施条例》（国务院令第707号）的规定，在每一纳税年度的收入额中扣除。根据（财税〔2018〕22号）规定，扣除限额按照当月工资薪金、连续性劳务报酬收入的6%和1000元孰低办法确定。

第二阶段——期间收益环节：根据财税〔2018〕22号规定，计入个人商业养老资金账户的投资收益，在缴费期间暂不征收个人所得税。

第三阶段——领取养老金环节：根据财税〔2018〕22号规定，对个人达到规定条件时领取的商业养老金收入，其中25%部分予以免税，其余75%部分按照10%的比例税率计算缴纳个人所得税。税款计入“工资、薪金所得”项目，由保险机构代扣代缴后，在个人购买税延养老保险的机构所在地办理全员全额扣缴申报。

530. 在外省的住房影响享受“满五唯一”优惠政策吗

某企业员工王某转让其名下自用7年的唯一住房，但其配偶名下在外省有一套住房。请问这种情况可以享受免征个税政策吗？

答：《国家税务总局关于个人转让房屋有关税收征管问题的通知》（国税发〔2007〕33号）第三条规定：“根据《财政部 国家税务总局 建设部关于个人出售住房所得征收个人所得税有关问题的通知》（财税字〔1999〕278号）的规定，个人转让自用5年以上，并且是家庭唯一生活用房，取得的所得免征个人所得税。”第三条第（二）点规定：“家庭唯一生活用房是指在同一省、自治区、直辖市范围内纳税人（有配偶的为夫妻双方）仅拥有一套住房。”

根据上述规定，如果该员工王某配偶名下的一套住房在同一省、自治区、直辖市范围内，不能享受“满五唯一”免税的优惠政策，需要按照“财产转让所得”缴纳个人所得税，税率20%；如果该员工配偶名下的一套住房不在同一省、自治区、直辖市范围内，比如员工住房是在A省，配偶住房在B直辖市，则可以享受“满五唯一”免税的优惠政策。

531. 个人独资企业申报经营所得后的利润是否缴纳个税

某个人独资企业申报经营所得后，将剩余的利润打到投资者个人的账户。请问这是否需要缴纳个人所得税？

答：《财政部 国家税务总局关于印发〈关于个人独资企业和合伙企业投资者征收个人所得税的规定〉的通知》（财税〔2000〕91号）第五条规定：“个人独资企业的投资者以全部生产经营所得为应纳税所得额；合伙企业的投资者按照合伙企业的全部生产经营所得和合伙协议约定的分配比例确定应纳税所得额，合伙协议没有约定分配比例的，以全部生产经营所得和合伙人数量平均计算每个投资者的应纳税所得额。前款所称生产经营所得，包括企业分配给投资者个人的所得和企业当年留存的所得（利润）。”

根据上述规定，个人独资企业和合伙企业按照上述规定申报缴纳经营所得个人所得税后，将利润分配给投资者个人不再缴纳个人所得税。

532. 使用工会经费发放的节日慰问品是否缴纳个税

某企业工会在节日向员工发放慰问品，请问员工是否要缴纳个人所得税？

答：《国家税务总局关于生活补助费范围确定问题的通知》（国税发〔1998〕155号）第二条规定：“下列收入不属于免税的福利费范围，应当并入纳税人的工资、薪金收入计征个人所得税：（一）从超出国家法规的比例或基数计提的福利费、工会经费中支付给个人的各种补贴、补助；（二）从福利费和工会经费中支付给本单位职工的人人有份的补贴、补助。”《国家税务总局2018年第三季度政策解读辅导》中对此的解释是：“对于任职受雇单位发给个人的福利，不论是现金还是实物，依法均应缴纳个人所得税。但对于集体享受的、不可分割的、未向个人量化的非现金方式的福利，原则上不征收个人所得税。”

根据上述规定，对于集体享受的、不可分割的、未向个人量化的非现金方式的福利，原则上不征收个人所得税，除此以外企业发给员工个人的福利，不论是现金还是实物，均应缴纳个人所得税。

533. 权益性投资的个人独资企业、合伙企业是否可以核定征收

请问持有股权、股票、合伙企业财产份额等权益性投资的个人独资企业、合伙企业可以用核定征收方式计征个人所得税吗?

答:《关于权益性投资经营所得个人所得税征收管理的公告》(财政部 税务总局公告2021年第41号)规定:"一、持有股权、股票、合伙企业财产份额等权益性投资的个人独资企业、合伙企业(以下简称独资合伙企业),一律适用查账征收方式计征个人所得税。二、独资合伙企业应自持有上述权益性投资之日起30日内,主动向税务机关报送持有权益性投资的情况;公告实施前独资合伙企业已持有权益性投资的,应当在2022年1月30日前向税务机关报送持有权益性投资的情况。税务机关接到核定征收独资合伙企业报送持有权益性投资情况的,调整其征收方式为查账征收。四、本公告自2022年1月1日起施行。"

根据上述规定,有股权、股票、合伙企业财产份额等权益性投资的个人独资企业、合伙企业一律适用查账征收方式计征个人所得税。

534. 全年一次性奖金如何计税更合适

请问扣缴义务人或纳税人自行申报全年一次性奖金个人所得税时,如何缴纳个人所得税?是否可以选择并入综合所得或不并入综合所得计税?

答:《财政部 税务总局关于个人所得税法修改后有关优惠政策衔接问题的通知》(财税〔2018〕164号)第一条第(一)项规定:"居民个人取得全年一次性奖金,符合《国家税务总局关于调整个人取得全年一次性奖金等计算征收个人所得税方法问题的通知》(国税发〔2005〕9号)规定的,在2021年12月31日前,不并入当年综合所得,以全年一次性奖金收入除以12个月得到的数额,按照本通知所附按月换算后的综合所得税率表(以下简称月度税率表),确定适用税率和速算扣除数,单独计算纳税。计算公式为:应纳税额=全年一次性奖金收入×适用税率-速算扣除数,居民个人取得全年一次性奖金,也可以选择并入当年综合所得计算纳税。自2022年1月1日起,居民个人取得全年一次性奖金,应并入当年综合所得计算缴纳个人所得税。"《财政部 税务总局公告关于延续实施全年一次性奖金等个人所得税优惠政策的公告》(财政部 税务总局公告2021年第42号)第一条规定:"《财政部 税务总局关于个人所得税法修改后有关优惠政策衔接问题的通知》(财税〔2018〕164号)规定的全年一次性奖金单独计税优惠政策,执行期限延长至2023年12月31日;上市公司股权激励单独计税优惠政策,执行期限延长至2022年12月31日。"

根据上述规定，应当根据具体情况选择更适合的计税方式。如甲 2022 年 1 月从单位取得 2021 年度全年绩效奖金 48000 元，2022 年全年工资 120000 元，不考虑“三险一金”，无其他所得收入，专项附加扣除 12000 元。如选择全年一次性奖金 48000 元单独计税，则先确定适用税率和速算扣除数：48000 ÷ 12 = 4000（元）适用税率 10%，速算扣除数 210。全年一次性奖金应纳个人所得税 = 48000 × 10% − 210 = 4590（元），综合所得应纳个人所得税 =（120000 − 60000 − 12000）× 10% − 2520 = 2280（元），全年应纳个人所得税 = 4590 + 2280 = 6870（元）。如选择全年一次性奖金 48000 元并入综合所得计算纳税，则全年应纳个人所得税：（120000 + 48000 − 60000 − 12000）× 10% − 2520 = 7080（元）。

535. 向困难职工发放的生活补助费是否要代扣代缴个税

某企业于春节前向困难职工发放了一笔生活补助费。请问该行为是否要代扣代缴个税？

答：《中华人民共和国个人所得税法》（主席令第九号）第四条规定：“下列各项个人所得，免纳个人所得税：（一）省级人民政府、国务院部委和中国人民解放军军以上单位，以及外国组织、国际组织颁发的科学、教育、技术、文化、卫生、体育、环境保护等方面的奖金；（二）国债和国家发行的金融债券利息；（三）按照国家统一规定发给的补贴、津贴；（四）福利费、抚恤金、救济金……”《中华人民共和国个人所得税法实施条例》（国务院令第 707 号）第十一条规定：“个人所得税法第四条第一款第四项所称福利费，是指根据国家有关规定，从企业、事业单位、国家机关、社会组织提留的福利费或者工会经费中支付给个人的生活补助费；所称救济金，是指各级人民政府民政部门支付给个人的生活困难补助费。”《国家税务总局关于生活补助费范围确定问题的通知》（国税发〔1998〕155 号）第一条规定：“上述所称生活补助费，是指由于某些特定事件或原因而给纳税人本人或其家庭的正常生活造成一定困难，其任职单位按国家规定从提留的福利费或者工会经费中向其支付的临时性生活困难补助。”第二条规定：“下列收入不属于免税的福利费范围，应当并入纳税人的工资、薪金收入计征个人所得税：（一）从超出国家规定的比例或基数计提的福利费、工会经费中支付给个人的各种补贴、补助；（二）从福利费和工会经费中支付给本单位职工的人人有份的补贴、补助；（三）单位为个人购买汽车、住房、电子计算机等不属于临时性生活困难补助性质的支出。”

根据上述规定，企业向困难职工发放的生活补助费符合上述规定的可免征个人所得税，若不符合上述规定的生活补助费需要并入当月的“工资、薪金所得”合并计征个人所得税。

536. 企业为员工缴纳的社保需要并入员工收入申报吗

某企业按当地规定的缴费比例为员工缴付基本养老保险费、基本医疗保险费和失业保险费。请问企业为员工缴纳的社保需要并入员工收入申报个人所得税吗？

答：《财政部 国家税务总局关于基本养老保险费基本医疗保险费失业保险费住房公积金有关个人所得税政策的通知》（财税〔2006〕10号）第一条规定：“企事业单位按照国家或省（自治区、直辖市）人民政府规定的缴费比例或办法实际缴付的基本养老保险费、基本医疗保险费和失业保险费，免征个人所得税；个人按照国家或省（自治区、直辖市）人民政府规定的缴费比例或办法实际缴付的基本养老保险费、基本医疗保险费和失业保险费，允许在个人应纳税所得额中扣除。企事业单位和个人超过规定的比例和标准缴付的基本养老保险费、基本医疗保险费和失业保险费，应将超过部分并入个人当期的工资、薪金收入，计征个人所得税。”

根据上述规定，企业在规定的比例和标准内为员工缴付的社保免征个人所得税，个人在申报工资薪金个人所得税时，需要加上个人缴付的社保费和单位超过比例缴付的社保费，并在专项扣除中填入个人按照国家或省（自治区、直辖市）人民政府规定的缴费比例或办法实际缴付的社保费。

537. 企业预扣预缴税款未足额申报专项附加扣除怎么办

某企业为员工申报专项附加扣除并办理代扣代缴，由于疏忽导致某员工赡养老人部分专项附加扣除未录入。请问这种情况应当如何处理？

答：《国家税务总局关于修订发布〈个人所得税专项附加扣除操作办法（试行）〉的公告》（国家税务总局公告2022年第7号）第七条规定：“一个纳税年度内，纳税人在扣缴义务人预扣预缴税款环节未享受或未足额享受专项附加扣除的，可以在当年内向支付工资、薪金的扣缴义务人申请在剩余月份发放工资、薪金时补充扣除，也可以在次年3月1日至6月30日内，向汇缴地主管税务机关办理汇算清缴时申报扣除。”

根据上述规定，企业可以在发现此问题的次月在发放工资、薪金时补充扣除，也可以由员工在次年办理汇算清缴时申报扣除。

538. 如何核实员工提供的信息是否真实

某企业根据员工提供的信息为其申报专项附加扣除并办理代扣代缴。请问企业是否要核实员工提供的信息真实性？

答：《国家税务总局关于修订发布〈个人所得税专项附加扣除操作办法（试行）〉的公告》（国家税务总局公告〔2022〕7号）第二十五条规定："纳税人向扣缴义务人提供专项附加扣除信息的，扣缴义务人应当按照规定予以扣除，不得拒绝。扣缴义务人应当为纳税人报送的专项附加扣除信息保密。"第二十六条规定："扣缴义务人应当及时按照纳税人提供的信息计算办理扣缴申报，不得擅自更改纳税人提供的相关信息。扣缴义务人发现纳税人提供的信息与实际情况不符，可以要求纳税人修改。纳税人拒绝修改的，扣缴义务人应当向主管税务机关报告，税务机关应当及时处理。"

根据上述规定，企业无须专门核实员工提供的信息是否真实，只要及时按纳税人提供的信息计算办理扣缴申报，员工所提供的信息真实性由其本人负责。但如果企业发现员工提供的信息与实际情况不符，可以要求员工修改，如员工拒绝修改，则应当向主管税务机关报告。

539. 法律援助人员取得法律援助补贴是否需要缴纳个税

法律援助人员张某一直从事法律援助工作，2022年12月从律师事务所取得法律援助机构向其支付的2022年度法律援助补贴5万元。请问这是否需要缴纳个人所得税？

答：《关于法律援助补贴有关税收政策的公告》（财政部 税务总局公告2022年第25号）规定："一、对法律援助人员按照《中华人民共和国法律援助法》规定获得的法律援助补贴，免征增值税和个人所得税。二、法律援助机构向法律援助人员支付法律援助补贴时，应当为获得补贴的法律援助人员办理个人所得税劳务报酬所得免税申报……五、本公告自2022年1月1日起施行。按照本公告应予免征的增值税，在本公告下发前已征收的，已征增值税可抵减纳税人以后纳税期应缴纳税款或予以退还，纳税人如果已经向购买方开具了增值税专用发票，在将专用发票追回后申请办理免税；按照本公告应予免征的个人所得税，在本公告下发前已征收的，由扣缴单位依法申请退税。"

根据上述规定，法律援助人员张某取得法律援助补贴5万元免征个人所得税，并由法律援助机构为其办理个人所得税劳务报酬所得税免税申报。

540. 换购住房个人所得税退税金额如何计算

2022 年 11 月，某企业员工单某出售其自有住房并重新购买了住房，符合换购住房有关个人所得税的条件。请问其退税金额如何计算?

答：《财政部 税务总局关于支持居民换购住房有关个人所得税政策的公告》（财政部 税务总局公告 2022 年第 30 号）第一条规定："自 2022 年 10 月 1 日至 2023 年 12 月 31 日，对出售自有住房并在现住房出售后 1 年内在市场重新购买住房的纳税人，对其出售现住房已缴纳的个人所得税予以退税优惠。其中，新购住房金额大于或等于现住房转让金额的，全部退还已缴纳的个人所得税；新购住房金额小于现住房转让金额的，按新购住房金额占现住房转让金额的比例退还出售现住房已缴纳的个人所得税。"

根据上述规定，单某退税金额的计算公式为：（1）新购住房金额大于或等于现住房转让金额的，退税金额 = 现住房转让时缴纳的个人所得税；（2）新购住房金额小于现住房转让金额的，退税金额 = （新购住房金额 ÷ 现住房转让金额）× 现住房转让时缴纳的个人所得税。其中，原住房转让金额和新购住房金额均不含增值税。

541. 换购住房个税退税如何确定出售和购买住房时间

2022 年 9 月，某企业员工黄某将其现有住房出售，并在 10 月重新购买了一套二手房，出售住房的个税完税时间为 10 月 15 日，购买二手房的契税完税时间为 11 月 5 日。请问其出售和购买住房时间是否符合换购住房个税退税条件?

答：《国家税务总局关于支持居民换购住房个人所得税政策有关征管事项的公告》（国家税务总局公告 2022 年第 21 号）第三条规定："出售现住房的时间，以纳税人出售住房时个人所得税完税时间为准。新购住房为二手房的，购买住房时间以纳税人购房时契税的完税时间或不动产权证载明的登记时间为准；新购住房为新房的，购买住房时间以在住房城乡建设部门办理房屋交易合同备案的时间为准。"

根据上述规定，黄某出售住房时个人所得税完税时间和购买二手房时契税的完税时间在 2022 年 10 月 1 日至 2023 年 12 月 31 日期间，符合居民换购住房个人所得税政策的规定条件。

542. 换购住房个税退税后不再符合条件应如何处理

2022 年 11 月，某企业员工单某出售其自有住房并重新购买了住房，因符合换购住房有关个人所得税的条件，办理了个税退税手续，后因故解除了新购住房的交易合同。请问其所退税款是否应当缴回？

答：《国家税务总局关于支持居民换购住房个人所得税政策有关征管事项的公告》（国家税务总局公告 2022 年第 21 号）第七条规定："纳税人因新购住房的房屋交易合同解除、撤销或无效等原因导致不再符合退税政策享受条件的，应当在合同解除、撤销或无效等情形发生的次月 15 日内向主管税务机关主动缴回已退税款。纳税人符合本条第一款规定情形但未按规定缴回已退税款，以及不符合本公告规定条件骗取退税的，税务机关将依照《中华人民共和国税收征收管理法》及其实施细则等有关规定处理。"

根据上述规定，单某应当在合同解除后次月 15 日内向主管税务机关主动缴回已退税款。

543. 外派员工取得的境外所得如何申报个税

某企业有部分员工被外派到境外工作。请问这些外派员工取得的境外所得如何进行申报？

答：《财政部 税务总局关于境外所得有关个人所得税政策的公告》（财政部 税务总局公告 2020 年第 3 号）第十一条规定："居民个人被境内企业、单位、其他组织（以下称派出单位）派往境外工作，取得的工资薪金所得或者劳务报酬所得，由派出单位或者其他境内单位支付或负担的，派出单位或者其他境内单位应按照个人所得税法及其实施条例规定预扣预缴税款。居民个人被派出单位派往境外工作，取得的工资薪金所得或者劳务报酬所得，由境外单位支付或负担的，如果境外单位为境外任职、受雇的中方机构（以下称中方机构）的，可以由境外任职、受雇的中方机构预扣税款，并委托派出单位向主管税务机关申报纳税。中方机构未预扣税款的或者境外单位不是中方机构的，派出单位应当于次年 2 月 28 日前向其主管税务机关报送外派人员情况，包括：外派人员的姓名、身份证件类型及身份证件号码、职务、派往国家和地区、境外工作单位名称和地址、派遣期限、境内外收入及缴税情况等。"

根据上述规定，企业外派员工取得的境外所得，根据是否由境内单位支付或承担、境外单位是否为中方机构等，分别采取境内单位预扣预缴、境外中方机构预扣预缴、派出单位次年 2 月 28 日前报送等方式处理。

544. 复员军人的慰问费是否缴纳个人所得税

某企业每年对本单位职工中的复员军人发放慰问费。请问复员军人取得的慰问费是否要缴纳个人所得税？

答：《中华人民共和国个人所得税法》（主席令第九号）第四条规定："下列各项个人所得，免纳个人所得税……（六）军人的转业费、复员费、退役金……"《财政部 国家税务总局关于退役士兵退役金和经济补助免征个人所得税问题的通知》（财税〔2011〕109号）第一条规定："对退役士兵按照《退役士兵安置条例》（国务院 中央军委令第608号）规定，取得的一次性退役金以及地方政府发放的一次性经济补助，免征个人所得税。"

根据上述规定，复员军人取得的复员费免征个人所得税，而企业对复员军人发放的慰问费不属于免税类型，应当计入工资薪金代扣代缴个人所得税。

545. 居民换购住房如何缴纳个人所得税

2023年1月，居民个人小张将自有住房以500万元出售后，2月以1000万元的价格购入新住房。请问其个人所得税如何处理？

答：《财政部 税务总局关于支持居民换购住房有关个人所得税政策的公告》（财政部 税务总局公告2022年第30号）规定："一、自2022年10月1日至2023年12月31日，对出售自有住房并在现住房出售后1年内在市场重新购买住房的纳税人，对其出售现住房已缴纳的个人所得税予以退税优惠。其中，新购住房金额大于或等于现住房转让金额的，全部退还已缴纳的个人所得税；新购住房金额小于现住房转让金额的，按新购住房金额占现住房转让金额的比例退还出售现住房已缴纳的个人所得税。"《国家税务总局关于支持居民换购住房个人所得税政策有关征管事项的公告》（国家税务总局公告2022年第21号）规定："一、在2022年10月1日至2023年12月31日期间，纳税人出售自有住房并在现住房出售后1年内，在同一城市重新购买住房的，可按规定申请退还其出售现住房已缴纳的个人所得税。纳税人换购住房个人所得税退税额的计算公式为：新购住房金额大于或等于现住房转让金额的，退税金额＝现住房转让时缴纳的个人所得税；新购住房金额小于现住房转让金额的，退税金额＝（新购住房金额÷现住房转让金额）×现住房转让时缴纳的个人所得税。现住房转让金额和新购住房金额与核定计税价格不一致的，以核定计税价格为准。现住房转让金额和新购住房金额均不含增值税。二、对于出售多人共有住房或新购住房为多人共有的，应按照纳税人所占产权份额确定该纳税人现住房转让金额或新购住房金额。"

根据上述规定，小张在购入新住房时可退回原住房转让时缴纳的个人所得税，即 500 万元 ×1% =5 万元。

546. 员工首次入职取得的工资如何预扣预缴个人所得税

某企业员工严某于 8 月首次入职，15 日报到并办理了入职手续。请问企业应当如何预扣预缴个人所得税？

答：《国家税务总局关于完善调整部分纳税人个人所得税预扣预缴方法的公告》（国家税务总局公告 2020 年第 13 号）第一条规定："对一个纳税年度内首次取得工资、薪金所得的居民个人，扣缴义务人在预扣预缴个人所得税时，可按照 5000 元/月乘以纳税人当年截至本月月份数计算累计减除费用。"第三条规定："符合本公告规定并可按上述条款预扣预缴个人所得税的纳税人，应当及时向扣缴义务人申明并如实提供相关佐证资料或承诺书，并对相关资料及承诺书的真实性、准确性、完整性负责。相关资料或承诺书，纳税人及扣缴义务人需留存备查。"第四条规定："本公告所称首次取得工资、薪金所得的居民个人，是指自纳税年度首月起至新入职时，未取得工资、薪金所得或者未按照累计预扣法预扣预缴过连续性劳务报酬所得个人所得税的居民个人。"

根据上述规定，企业应当以严某在本单位截至当前月份工资、薪金所得累计收入减除累计免税收入、累计减除费用、累计专项扣除、累计专项附加扣除和累计依法确定的其他扣除后的余额为累计预扣预缴应纳税所得额。适用个人所得税预扣率表一，计算累计应预扣预缴税额，再减除累计减免税额和累计已预扣预缴税额，其余额为本期应预扣预缴税额，其中应按照 5000 元/月乘以纳税人当年截至本月月份数计算累计减除费用。

四、房产税、城镇土地使用税

547. 房屋附属设备和配套设施是否计征房产税

某企业在计提房产税时未将中央空调、电梯、智能楼宇设备等资产纳入计税依据。请问房屋附属设施和配套设施是否计入房产原值计征房产税？

答：《国家税务总局关于进一步明确房屋附属设备和配套设施计征房产税有关问题的通知》（国税发〔2005〕173号）规定："关于房屋附属设备和配套设施计征房产税问题，《财政部、税务总局关于房产税和车船使用税几个业务问题的解释与规定》（〔87〕财税地字第3号）规定：'一、为了维持和增加房屋的使用功能或使房屋满足设计要求，凡以房屋为载体，不可随意移动的附属设备和配套设施，如给排水、采暖、消防、中央空调、电气及智能化楼宇设备等，无论在会计核算中是否单独记账与核算，都应计入房产原值，计征房产税。二、对于更换房屋附属设备和配套设施的，在将其价值计入房产原值时，可扣减原来相应设备和设施的价值；对附属设备和配套设施中易损坏、需要经常更换的零配件，更新后不再计入房产原值。'"《财政部 税务总局关于房产税和车船使用税几个业务问题的解释与规定》（〔1987〕财税地字第3号）规定："二、关于房屋附属设备的解释房产原值应包括与房屋不可分割的各种附属设备或一般不单独计算价值的配套设施。主要有：暖气、卫生、通风、照明、煤气等设备；各种管线，如蒸气、压缩空气、石油、给水排水等管道及电力、电讯、电缆导线；电梯、升降机、过道、晒台等。"

根据上述规定，房屋附属设施应计入房产原值，缴纳房产税。

548. 变电站是否需要缴纳房产税

某供电公司名下有多处征税区域内的变电站。请问变电站是否需要缴纳房产税？

答：《中华人民共和国房产税暂行条例》（国发〔1986〕90号）第五条规

定："下列房产免纳房产税：1. 国家机关、人民团体、军队自用的房产；2. 由国家财政部门拨付事业经费的单位自用的房产；3. 宗教寺庙、公园、名胜古迹自用的房产；4. 个人所有非营业用的房产；5. 经财政部批准免税的其他房产。"

根据上述规定，征税区域内的变电站不属于免纳房产税范畴，需要缴纳房产税。

549. 已投入使用未决算暂估入账的房产如何缴纳房产税

某供电企业新建房屋已经投入使用但是尚未办理竣工决算，在会计处理时进行暂估入账处理。请问该新建房屋应如何缴纳房产税？

答：《财政部 国家税务总局关于房产税 城镇土地使用税有关问题的通知》（财税〔2008〕152 号）规定："对依照房产原值计税的房产，不论是否记载在会计账簿固定资产科目中，均应按照房屋原价计算缴纳房产税。房屋原价应根据国家有关会计制度规定进行核算。对纳税人未按国家会计制度规定核算并记载的，应按规定予以调整或重新评估。"《财政部 国家税务总局关于房产税若干具体问题的解释和暂行规定》（财税字〔1986〕第 008 号）第十九条规定："纳税人自建的房屋，自建成之次月起征收房产税。纳税人委托施工企业建设的房屋，从办理验收手续之次月起征收房产税。纳税人在办理验收手续前已使用或出租、出借的新建房屋，应按法规征收房产税。"

根据上述规定，对于企业暂估入账的房地产，需要缴纳房产税。新建的房屋，建成验收后尚未决算的，应先按暂估入账的房产原值计算缴纳房产税，待决算完成后再调整房产原值。

550. 划拨土地是否需要计入房产原值缴纳房产税

某供电企业有一宗土地由国家划拨，地价款按评估价入账。请问是否按评估价计入房产原值缴纳房产税？

答：《财政部 国家税务总局关于安置残疾人就业单位城镇土地使用税等政策的通知》（财税〔2010〕121 号）第三条规定："对按照房产原值计税的房产，无论会计上如何核算，房产原值均应包含地价，包括为取得土地使用权支付的价款、开发土地发生的成本费用等。宗地容积率低于 0.5 的，按房产建筑面积的 2 倍计算土地面积并据此确定计入房产原值的地价。"

根据上述规定，此类划拨土地的"地价"应为纳税人实际支付的地价，纳税人通过划拨等方式取得土地未支付地价的，计入房产计税原值的地价应为零。因此，评估价无须计入房产原值。

551. 闲置未用的房产是否需要缴纳房产税

某企业2022年搬入新办公楼，其原有的办公楼闲置不用。请问闲置的原办公楼能否免缴房产税？

答：《关于房产税若干具体问题的解释和暂行法规》（财税地字〔1986〕8号）第十六条规定："经有关部门鉴定，对毁损不堪居住的房屋和危险房屋，在停止使用后，可免征房产税。"

根据上述规定，企业原有办公楼如果符合经有关部门鉴定，确属毁损不堪居住的房屋和危险的房屋，在停止使用后，可免缴房产税。

552. 没收租赁保证金是否要缴纳增值税与房产税

某企业对外出租商铺，因商户原因撤铺，商户未拖欠租金，但因未按合同约定租满最低期限，该企业依据合同约定的违约责任没收商户支付的租赁保证金。请问企业是否须开具不动产租赁发票给商户？这部分收入是否要缴纳增值税与房产税？

答：《中华人民共和国增值税暂行条例》（国务院令第691号）第六条规定："销售额为纳税人发生应税销售行为收取的全部价款和价外费用，但是不包括收取的销项税额。"《中华人民共和国增值税暂行条例实施细则》（财政部令第65号）第十二条规定："所称价外费用，包括价外向购买方收取的手续费、补贴、基金、集资费、返还利润、奖励费、违约金、滞纳金、延期付款利息、赔偿金、代收款项、代垫款项、包装费、包装物租金、储备费、优质费、运输装卸费以及其他各种性质的价外收费。"《中华人民共和国发票管理办法实施细则》（国家税务总局令第25号）第二十六条规定："填开发票的单位和个人必须在发生经营业务确认营业收入时开具发票。未发生经营业务一律不准开具发票。"

根据上述规定，该企业没收商户支付的租赁保证金，不属于增值税规定的应税行为，无须缴纳增值税，只需开具收据给商户。由于该笔租赁保证金不属于租金，不属于房产税规定的征收对象，无须缴纳房产税。

553. 关停的生产场所何时终止房、土两税纳税义务

某企业位于郊区的一座仓库因突发火灾毁损严重，该企业决定于2022年11月将其拆除。请问该仓库的房产税纳税义务终止时间是什么时候？

答：《财政部 国家税务总局关于房产税城镇土地使用税有关问题的通知》（财税〔2008〕152号）第三条规定："纳税人因房产、土地的实物或权利状

态发生变化而依法终止房产税、城镇土地使用税纳税义务的，其应纳税款的计算应截止到房产、土地的实物或权利状态发生变化的当月末。”

根据上述规定，该企业的仓库、厂房于2022年11月拆除，房产税、土地使用税纳税义务终止时间是到11月末。

554. 单位房产租给员工是否征收房产税

某企业将自有房产出租给员工当住房，出租价格低于市场价。请问这是否要缴纳房产税？如果缴纳房产税是从价计征还是从租？

答：《财政部 国家税务总局关于调整住房租赁市场税收政策的通知》（财税〔2000〕125号）规定：“一、对按政府规定价格出租的公有住房和廉租住房，包括企业和自收自支的事业单位向职工出租的单位自有住房；房管部门向居民出租的公有住房；落实私房政策中带户发还产权并以政府法规租金标准向居民出租的私有住房等，暂免征收房产税、营业税。”《财政部 国家税务总局关于企业和自收自支事业单位向职工出租的单位自有住房房产税和营业税政策的通知》（财税〔2013〕94号）规定：“暂免征收房产税的企业和自收自支事业单位向职工出租的单位自有住房，是指按照公有住房管理或纳入县级以上政府廉租住房管理的单位自有住房。”

根据上述规定，单位租给员工的房屋如果是按照公有住房管理或纳入县级以上政府廉租住房管理的单位自有住房，免收房产税。

555. 出租房屋免租期内如何缴纳房产税

某企业2022年8月将一栋办公楼出租，因新冠疫情，双方约定了2个月的免租期。请问免收租金期间如何缴纳房产税？

答：《财政部 国家税务总局关于安置残疾人就业单位城镇土地使用税等政策的通知》（财税〔2010〕121号）第二条规定：“对出租房产，租赁双方签订的租赁合同约定有免收租金期限的，免收租金期间由产权所有人按照房产原值缴纳房产税。”

根据上述规定，免收租金期间企业应当按照房产原值缴纳房产税。

556. 自有房产的外墙面出租是否按租金收入缴纳房产税

某企业2022年9月将其一幢自有房产的外墙面出租。请问这是否需要按租金收入缴纳房产税？

答：《财政部 国家税务总局关于房产税和车船使用税几个业务问题的解

释与规定》（财税地字〔1987〕第3号）第一条规定："房产是以房屋形态表现的财产。房屋是指有屋面和围护结构（有墙或两边有柱），能够遮风避雨，可供人们在其中生产、工作、学习、娱乐、居住或储藏物资的场所。独立于房屋之外的建筑物，如围墙、烟囱、水塔、变电塔、油池油柜、酒窖菜窖、酒精池、糖蜜池、室外游泳池、玻璃暖房、砖瓦石灰窑以及各种油气罐等，不属于房产。"

根据上述规定，墙面出租不属于房产出租，该处房产仍应按从价方式缴纳房产税，即依照房产余值计算缴纳，税率为1.2%。

557. 没有产权证的地下车位是否要缴纳城镇土地使用税

某企业2022年8月新建一个独立地下仓库，但没有取得产权证。请问是否要缴纳城镇土地使用税？

答：《财政部 国家税务总局关于房产税、城镇土地使用税有关问题的通知》（财税〔2009〕128号）第四条规定："对在城镇土地使用税征税范围内单独建造的地下建筑用地，按规定征收城镇土地使用税。其中，已取得地下土地使用权证的，按土地使用权证确认的土地面积计算应征税款；未取得地下土地使用权证或地下土地使用权证上未标明土地面积的，按地下建筑垂直投影面积计算应征税款。对上述地下建筑用地暂按应征税款的50%征收城镇土地使用税。"

根据上述规定，该独立地下仓库应按地下建筑垂直投影面积计算缴纳城镇土地使用税，并可享受减半征收的优惠。

558. 无偿使用自然人股东房屋是否缴纳城镇土地使用税

某企业无偿使用自然人股东的房屋办公，请问是否需要由企业缴纳城镇土地使用税？

答：《中华人民共和国城镇土地使用税暂行条例》（国务院令第483号）第二条规定："在城市、县城、建制镇、工矿区范围内使用土地的单位和个人，为城镇土地使用税的纳税人，应当依照本条例的规定缴纳土地使用税。前款所称单位，包括国有企业、集体企业、私营企业、股份制企业、外商投资企业、外国企业以及其他企业和事业单位、社会团体、国家机关、军队以及其他单位；所称个人，包括个体工商户以及其他个人。"《国家税务局关于土地使用税若干具体问题的解释和暂行规定》（〔1988〕国税地字第15号）第四条规定："土地使用税由拥有土地使用权的单位或个人缴纳。"

根据上述规定，企业无偿使用自然人股东的房屋办公，企业无须缴纳城镇土地使用税，而应由自然人股东缴纳城镇土地使用税。

559. 对外出租自有房产从何时开始缴纳城镇土地使用税

某企业将一处房产对外出租，合同已签订，但尚未交付。请问应当从何时开始缴纳城镇土地使用税？

答：《国家税务总局关于房产税城镇土地使用税有关政策规定的通知》(国税发〔2003〕89号）第二条（三）项规定：“出租、出借房产，自交付出租、出借房产之次月起计征房产税和城镇土地使用税。”

根据上述规定，企业应当自交付出租房产次月起开始计算缴纳城镇土地使用税。

560. 房产被政府征收后何时开始不用缴纳房产土地税

某企业一处房产及土地被政府征收，但是房屋还没有被拆除。请问房产税和城镇土地使用税是否还需要缴纳？从什么时候开始不用缴纳？

答：《财政部 国家税务总局关于房产税城镇土地使用税有关问题的通知》(财税〔2008〕152号）第三条规定：“纳税人因房产、土地的实物或权利状态发生变化而依法终止房产税、城镇土地使用税纳税义务的，其应纳税款的计算应截止到房产、土地的实物或权利状态发生变化的当月末。”

根据上述规定，企业房产土地被政府征收，其应纳税款的计算应截止到房产、土地的实物或权利状态发生变化的当月末，即从被征收的次月开始不再征收房产税和城镇土地使用税。

561. 出租公租房是否免征房产税和土地税

某企业将一处公租房对外出租。请问对于该公租房是否可以免征房产税和城镇土地使用税？

答：《财政部 税务总局关于公共租赁住房税收优惠政策的公告》（财政部税务总局公告2019年第61号）第一条规定：“对公租房建设期间用地及公租房建成后占地，免征城镇土地使用税。在其他住房项目中配套建设公租房，按公租房建筑面积占总建筑面积的比例免征建设、管理公租房涉及的城镇土地使用税。”第七条规定：“对公租房免征房产税。对经营公租房所取得的租金收入，免征增值税。公租房经营管理单位应单独核算公租房租金收入，未单独核算的，不得享受免征增值税、房产税优惠政策。”《财政部 税务总局关于延长部分税收优惠政策执行期限的公告》（财政部 税务总局公告2021年第6号）第一条规定：“《财政部 税务总局关于设备器具扣除有关企业所得税政策的通知》（财税〔2018〕54号）等16个文件规定的税收优惠政策凡已经到期的，执行期限延长至2023年12月31日，详见附件1。”

根据上述规定，目前企业出租公租房免征房产税和城镇土地使用税。

562. 从租计征房产税计税依据是否包含增值税额

某企业将所持有的一块空地租给其他单位用于露天仓库，签订的租赁合同中未单独区分不含税金额和增值税。请问该企业计算缴纳从租计征房产税时是否将增值税额计入计税依据？

答：《关于营改增后契税房产税土地增值税个人所得税计税依据问题的通知》（财税〔2016〕43号）第二条规定：“房产出租的，计征房产税的租金收入不含增值税。”

根据上述规定，企业签订的租赁合同中未单独区分不含税金额和增值税，在计算缴纳从租计征房产税时应将增值税额进行剥离，以不含税金额作为房产税计税依据。

563. 立体车库是否缴纳房产税

某企业购买了一套立体车库，放置在公司空地上。请问该立体车库需要缴纳房产税吗？

答：《财政部 税务总局关于房产税和车船使用税几个业务问题的解释与规定》（〔1987〕财税地字第3号）第一条规定：“房产是以房屋形态表现的财产。房屋是指有屋面和围护结构（有墙或两边有柱），能够遮风避雨，可供人们在其中生产、工作、学习、娱乐、居住或储藏物资的场所。独立于房屋之外的建筑物，如围墙、烟囱、水塔、变电塔、油池油柜、酒窖菜窖、酒精池、糖蜜池、室外游泳池、玻璃暖房、砖瓦石灰窑以及各种油气罐等，不属于房产。”

根据上述规定，企业购买的立体车库是独立于房屋之外的建筑物，不属于房产，不需要缴纳房产税。

564. 将土地无偿提供给分公司使用应由谁缴纳土地使用税

某企业在外县市拥有一项土地使用权，为开展业务，在当地设立了一家分公司并由分公司实际使用该土地。请问应当由哪方缴纳城镇土地使用税？

答：《中华人民共和国城镇土地使用税暂行条例》（国务院令第483号）

第二条规定："在城市、县城、建制镇、工矿区范围内使用土地的单位和个人，为城镇土地使用税（以下简称土地使用税）的纳税人，应当依照本条例的规定缴纳土地使用税。前款所称单位，包括国有企业、集体企业、私营企业、股份制企业、外商投资企业、外国企业以及其他企业和事业单位、社会团体、国家机关、军队以及其他单位；所称个人，包括个体工商户以及其他个人。"《国家税务局关于印发〈关于土地使用税若干具体问题的解释和暂行规定〉的通知》〔(1988) 国税地字第15号〕第四条规定："关于纳税人的确定，土地使用税由拥有土地使用权的单位或个人缴纳。拥有土地使用权的纳税人不在土地所在地的，由代管人或实际使用人纳税；土地使用权未确定或权属纠纷未解决的，由实际使用人纳税；土地使用权共有的，由共有各方分别纳税。"

根据上述规定，应当由拥有土地使用权的单位即总公司缴纳城镇土地使用税。

565. 部分与地上建筑相连的地下车库如何缴纳房产税

某企业拥有一幢办公大楼，其中地下车库部分与地上建筑物相连。请问该地下车库应如何缴纳房产税？

答：《财政部 国家税务总局关于具备房屋功能的地下建筑征收房产税的通知》(财税〔2005〕181号) 规定："一、凡在房产税征收范围内的具备房屋功能的地下建筑，包括与地上房屋相连的地下建筑以及完全建在地面以下的建筑、地下人防设施等，均应当依照有关规定征收房产税。上述具备房屋功能的地下建筑是指有屋面和维护结构，能够遮风避雨，可供人们在其中生产、经营、工作、学习、娱乐、居住或储藏物资的场所。"第二条规定："自用的地下建筑，按以下方式计税……3. 对于与地上房屋相连的地下建筑，如房屋的地下室、地下停车场、商场的地下部分等，应将地下部分与地上房屋视为一个整体，按照地上房屋建筑的有关规定计算征收房产税。"第三条规定："出租的地下建筑，按照出租地上房屋建筑的有关规定计算征收房产税。"

根据上述规定，企业该地下车库与地上建筑物相连，也应按照地上建筑的标准缴纳房产税。

566. 从价计征房产税税源明细表中房产原值包括哪些

某企业拥有的房产部分出租、部分自用。请问在申报房产税时，填写从价计征房产税税源明细表中的房产原值是否包括已出租部分面积的原值？

答：《国家税务总局关于简并税费申报有关事项的公告》（国家税务总局

公告2021年第9号）附件“财产和行为税税源明细表”规定：“22. 房产原值（必填）：填写房产的全部房产原值。包括：分摊应计入房产原值的地价，与房产不可分割的设备设施的原值，房产中已出租部分的原值，以及房产中减免税部分的原值。”

根据上述规定，企业填写从价计征房产税税源明细表中的房产原值包括已出租部分面积的原值。

567. 房屋扩建期间是否需要缴纳房产税

某企业对拥有的一幢房屋进行扩建，相关人员和设施已经腾空，预计施工期间为8个月。请问在此期间该企业是否还要缴纳房产税？

答：《财政部 税务总局关于房产税若干具体问题的解释和暂行规定》（〔1986〕财税地字第8号）第二十四条规定：“关于房屋大修停用期间，可否免征房产税？房屋大修停用在半年以上的，经纳税人申请，在大修期间可免征房产税。”《国家税务总局关于房产税部分行政审批项目取消后加强后续管理工作的通知》（国税函〔2004〕839号）第一条规定：“对《财政部 税务总局关于房产税若干具体问题的解释和暂行规定》（〔86〕财税地字第8号）第二十四条关于‘房屋大修停用在半年以上的，经纳税人申请，税务机关审核，在大修期间可免征房产税’的规定作适当修改，取消经税务机关审核的内容。”

根据上述规定，企业对房屋进行大修或改扩建，停用时间在半年以上的，可以申请免征房产税，无须经税务机关审核。

568. 通过拍卖取得建设用地如何确定纳税义务发生时间

某企业通过拍卖方式取得一块建设用地。请问该企业应如何确定城镇土地使用税的纳税义务发生时间？

答：《国家税务总局关于通过招拍挂方式取得土地缴纳城镇土地使用税问题的公告》（国家税务总局公告2014年第74号）规定：“通过招标、拍卖、挂牌方式取得的建设用地，不属于新征用的耕地，纳税人应按照《财政部 国家税务总局关于房产税城镇土地使用税有关政策的通知》（财税〔2006〕186号）第二条规定，从合同约定交付土地时间的次月起缴纳城镇土地使用税；合同未约定交付土地时间的，从合同签订的次月起缴纳城镇土地使用税。”

根据上述规定，企业应从合同约定交付土地时间的次月或从合同签订的次月起缴纳城镇土地使用税。

569. 将房屋租给社区养老机构用于社区养老是否免税

某企业将自有房屋租给社区养老机构用于社区养老服务。请问该房产是否免征房产税？

答：《中华人民共和国房产税暂行条例》（国发〔1986〕90号）第一条规定："房产税在城市、县城、建制镇和工矿区征收。"第二条规定："房产税由产权所有人缴纳。产权属于全民所有的，由经营管理的单位缴纳。产权出典的，由承典人缴纳。产权所有人、承典人不在房产所在地的，或者产权未确定及租典纠纷未解决的，由房产代管人或者使用人缴纳。前款列举的产权所有人、经营管理单位、承典人、房产代管人或者使用人，统称为纳税义务人（以下简称纳税人）。"《财政部 税务总局 发展改革委 民政部 商务部 卫生健康委公告》（2019年第76号）第二条规定："为社区提供养老、托育、家政等服务的机构自有或其通过承租、无偿使用等方式取得并用于提供社区养老、托育、家政服务的房产、土地，免征房产税、城镇土地使用税。"第三条规定："本公告所称社区是指聚居在一定地域范围内的人们所组成的社会生活共同体，包括城市社区和农村社区。为社区提供养老服务的机构，是指在社区依托固定场所设施，采取全托、日托、上门等方式，为社区居民提供养老服务的企业、事业单位和社会组织。社区养老服务是指为老年人提供的生活照料、康复护理、助餐助行、紧急救援、精神慰藉等服务。"

根据上述规定，企业将房屋出租给社区养老机构用于社区养老服务免征房产税。

570. 评估增值的房产如何缴纳房产税

某企业由全民所有制企业改制为公司制企业，并在此过程中进行了资产评估，依据资产评估结果在账务上调整了房产的价值。请问其自用房产计征房产税的依据是原值还是评估后的价值？

答：《财政部 国家税务总局关于房产税城镇土地使用税有关问题的通知》（财税〔2008〕152号）第一条规定："对依照房产原值计税的房产，不论是否记载在会计账簿固定资产科目中，均应按照房屋原价计算缴纳房产税。房屋原价应根据国家有关会计制度规定进行核算。对纳税人未按国家会计制度规定核算并记载的，应按规定予以调整或重新评估。"

根据上述规定，企业的各项资产应当按取得时的实际成本计价，除法律、行政法规和国家统一的会计制度另有规定外，一律不得自行调整其账面价值。企业改制、合并、分立、股权重组、接受资产投资等情况是属于法律、行政法规和国家统一的会计制度另有规定情形，应调整其账面价值，并按其评估调整后账面价值计征房产税。

571. 部分无租使用的房屋对外转租应如何缴纳房产税

2022年初，某企业将一处自有的办公大楼免费提供给子公司使用，该大楼共8层，该子公司使用了1—5层，将6—8层对外出租给其他单位使用。请问该情形下，应如何缴纳房产税？

答：《财政部 国家税务总局关于房产税、城镇土地使用税有关问题的通知》（财税〔2009〕128号）第一条规定："关于无租使用其他单位房产的房产税问题，无租使用其他单位房产的应税单位和个人，依照房产余值代缴纳房产税。"

根据上述规定，该子公司对自用房产部分1—5层应按照房产余值缴纳房产税，对出租部分6—8层，按房屋租金收入计算缴纳房产税。

572. 补缴土地增容费是否需要调整房产税的计税基础

某企业办公大楼由于加建了一些建筑面积，需补缴一笔土地增容费。请问其原房产税的计税基础是否需要做出相应调整？是否有明确的操作办法？

答：《财政部 国家税务总局关于房产税城镇土地使用税有关问题的通知》（财税〔2008〕152号）第一条规定："关于房产原值如何确定的问题。对依照房产原值计税的房产，不论是否记载在会计账簿固定资产科目中，均应按照房屋原价计算缴纳房产税。房屋原价应根据国家有关会计制度规定进行核算。对纳税人未按国家会计制度规定核算并记载的，应按规定予以调整或重新评估。"

根据上述规定，因为土地增容费属于土地出让价款的一种，补缴土地增容费需要调增房产税计税依据，可以在电子税务局中变更原税源信息，或就增加的部分新增一条税源信息。

573. 预收的房屋租金应如何申报缴纳房产税

某企业将一处闲置的办公室出租给其他公司，企业一次性预收5年的房屋租金。请问该企业应如何申报缴纳房产税，是按预收的全部租金一次性申报，还是把租金分摊到租赁期内各期，分期进行申报缴纳？

答：《国家税务总局关于房产税城镇土地使用税有关政策规定的通知》（国税发〔2003〕89号）第二条第三款规定："出租、出借房产，自交付出租、出借房产之次月起计征房产税和城镇土地使用税。”《中华人民共和国房产税暂行条例》（国发〔1986〕90号）第三条规定：“房产税依照房产原值一次减除10%至30%后的余值计算缴纳。具体减除幅度，由省、自治区、直辖市人民政府规定。没有房产原值作为依据的，由房产所在地税务机关参考同类房产核定。房产出租的，以房产租金收入为房产税的计税依据。”第七条规定：“房产税按年征收、分期缴纳。纳税期限由省、自治区、直辖市人民政府规定。”

根据上述规定，一次性收取租金收入，可以分期缴纳房产税。

574. 宗地容积率是否影响土地价值并入房产原值

某地区有甲、乙两家公司，当地房产原值减除比例为30%。乙公司有一宗土地，占地30000平方米，支付价款30000万元，每平方米平均地价1万元，该宗土地上建有1幢20层的房屋，每层1000平方米，另有无围栏的车库1000平方米，简易建筑1000平方米，建筑面积共22000平方米，房屋、车库、简易建筑三项建造成本共11000万元。甲公司有一宗土地，占地30000平方米，支付价款30000万元，每平方米平均地价1万元，该宗土地上建有1幢10层的房屋，每层1000平方米，另有无围栏的车库1000平方米，简易建筑1000平方米，建筑面积共12000平方米，房屋、车库、简易建筑三项建造成本共6000万元。请问甲、乙公司该如何缴纳该年房产税？

答：《财政部 国家税务总局关于安置残疾人就业单位城镇土地使用税等政策的通知》（财税〔2010〕121号）第三条规定：“对按照房产原值计税的房产，无论会计上如何核算，房产原值均应包含地价，包括为取得土地使用权支付的价款、开发土地发生的成本费用等。宗地容积率低于0.5的，按房产建筑面积的2倍计算土地面积并据此确定计入房产原值的地价。”

根据上述规定，甲公司宗地容积率低于0.5，应将全部土地价值按照房产建筑面积2倍计算的土地面积的价值并入房产原值计算缴纳房产税。该宗地容积率为：12000 ÷ 30000 = 0.4，因此，计入房产原值的地价为24000万元（= 应税房产建筑面积 × 2 × 土地单价 = 12000平方米 × 2 × 1万元/平方米），甲公司全年应该缴纳的房产税为252万元［ =（6000 + 24000）×（1 − 30%）× 1.2% = 252万元］。乙公司宗地容积率高于0.5，应将整宗地全部土地价值并入房产原值计算缴纳房产税。该宗地容积率为：22000 ÷ 30000 = 0.73，因此，计入房产原值的地价为该宗土地的全部地价款30000万元，乙公司全年应该缴纳的房产税为344.4万元［＝(11000＋30000)×(1－30%)×1.2%］。

575. 购买土地的价款是否应计入房产原值

某企业购买了一块土地用于建造自用的厂房。请问其购买土地的支付价款是否应计入房产原值并申报房产税？

答：《财政部 国家税务总局关于安置残疾人就业单位城镇土地使用税等政策的通知》(财税〔2010〕121号)第三条规定："对按照房产原值计税的房产，无论会计上如何核算，房产原值均应包含地价，包括为取得土地使用权支付的价款、开发土地发生的成本费用等。宗地容积率低于0.5的，按房产建筑面积的2倍计算土地面积并据此确定计入房产原值的地价。"

根据上述规定，应将地价计入房产原值征收房产税。

576. 科技企业孵化器等是否免征房、土两税

请问国家级、省级科技企业孵化器、大学科技园和国家备案众创空间等是否免征房产税和城镇土地使用税？

答：《财政部 税务总局 科技部 教育部关于科技企业孵化器大学科技园和众创空间税收政策的通知》(财税〔2018〕120号)规定："自2019年1月1日至2021年12月31日，对国家级、省级科技企业孵化器、大学科技园和国家备案众创空间自用以及无偿或通过出租等方式提供给在孵对象使用的房产、土地，免征房产税和城镇土地使用税。……2018年12月31日以前认定的国家级科技企业孵化器、大学科技园，自2019年1月1日起享受本政策规定的税收优惠。2019年1月1日以后认定的国家级、省级科技企业孵化器、大学科技园和国家备案众创空间，自认定之日次月起享受本政策规定的税收优惠。2019年1月1日以后被取消资格的，自取消资格之日次月起停止享受本政策规定的税收优惠。"《财政部 税务总局关于延长部分税收优惠政策执行期限的公告》(2022年第4号)规定："《财政部 税务总局 科技部 教育部关于科技企业孵化器大学科技园和众创空间税收政策的通知》(财税〔2018〕120号)执行期限延长至2023年12月31日。国家级、省级科技企业孵化器、大学科技园和国家备案众创空间应按规定申报享受免税政策，并将房产土地权属资料、房产原值资料、房产土地租赁合同、孵化协议等留存备查。"

根据上述规定，国家级、省级科技企业孵化器、大学科技园和国家备案众创空间等2019年1月1日至2023年12月31日免征房产税、城镇土地

使用税。

577. 未验收但已投入使用的房产是否需要缴纳房产税

某企业委托施工单位建设办公大楼，未办理验收手续，也未办理产权证，会计处理上也还是在建工程科目核算，但是办公大楼已经投入使用。请问这种情况是否需要缴纳房产税？

答：《财政部 税务总局关于房产税若干具体问题的解释和暂行规定》(〔1986〕财税地字第8号）第十九条规定：“关于新建的房屋如何征税？纳税人自建的房屋，自建成之次月起征收房产税。纳税人委托施工企业建设的房屋，从办理验收手续之次月起征收房产税。纳税人在办理验收手续前已使用或出租、出借的新建房屋，应按规定征收房产税。”《财政部 国家税务总局关于房产税城镇土地使用税有关问题的通知》（财税〔2008〕152号）第一条规定：“对依照房产原值计税的房产，不论是否记载在会计账簿固定资产科目中，均应按照房屋原价计算缴纳房产税。房屋原价应根据国家有关会计制度规定进行核算。对纳税人未按国家会计制度规定核算并记载的，应按规定予以调整或重新评估。”

根据上述规定，已投入使用的房产，即使未办理验收手续，企业也应当按房产原价计算缴纳房产税。

578. 自有土地上搭建板房是否缴纳房产税

某企业在属于自己的地块上搭建板房用于员工居住。请问该板房是否属于房产，是否需要缴纳房产税？

答：《财政部 国家税务总局关于房产税和车船使用税几个业务问题的解释与规定》（财税地字〔1987〕第3号）第一条规定：“房产是以房屋形态表现的财产。房屋是指有屋面和围护结构（有墙或两边有柱），能够遮风避雨，可供人们在其中生产、工作、学习、娱乐、居住或储藏物资的场所。独立于房屋之外的建筑物，如围墙、烟囱、水塔、变电塔、油池油柜、酒窖菜窖、酒精池、糖蜜池、室外游泳池、玻璃暖房、砖瓦石灰窑以及各种油气罐等，不属于房产。”

根据上述规定，企业在其自有土地上搭建的板房符合房产税中的“房产”定义，应缴纳房产税。

579. 违约金是否应并入租金作为房产税的计税依据

某企业出租房屋时，以租金收入作为计税依据缴纳了增值税。租赁期间，由于承租人发生违约行为，企业向其收取了2万元的违约金。请问企业是否需要将增值税和收取的违约金作为房产税的计税基础缴纳房产税？

答：《中华人民共和国房产税暂行条例》（国发〔1986〕90号）第三条规定："房产税依照房产原值一次减除10%至30%后的余值计算缴纳。具体减除幅度，由省、自治区、直辖市人民政府规定。没有房产原值作为依据的，由房产所在地税务机关参考同类房产核定。房产出租的，以房产租金收入为房产税的计税依据。"

根据上述规定，出租的房产以租金收入为房产税计税依据，违约金和增值税不属于租金收入，不用缴纳房产税。

580. 新建的电梯是否需要缴纳房产税

某企业在已使用多年的老楼房内新建了电梯。请问是否需要缴纳房产税？

答：《财政部 税务总局关于房产税和车船使用税几个业务问题的解释与规定》（〔1987〕财税地字第3号）第二条规定："房产原值应包括与房屋不可分割的各种附属设备或一般不单独计算价值的配套设施。主要有：暖气、卫生、通风、照明、煤气等设备；各种管线，如蒸气、压缩空气、石油、给水排水等管道及电力、电讯、电缆导线；电梯、升降机、过道、晒台等。"

根据上述规定，电梯的价值应纳入房产原值计缴房产税。

581. 钢结构大棚是否需要缴纳房产税

某企业在两个房屋之间搭建了钢结构大棚，该大棚依附于两个房屋的两面墙。请问该大棚是否要缴纳房产税？

答：《中华人民共和国房产税暂行条例》（国发〔1986〕90号）第一条规定："房产税在城市、县城、建制镇和工矿区征收。"第二条规定："房产税由产权所有人缴纳。产权属于全民所有的，由经营管理的单位缴纳。产权出典的，由承典人缴纳。产权所有人、承典人不在房产所在地的，或者产权未确定及租典纠纷未解决的，由房产代管人或者使用人缴纳。前款列举的产权所有人、经营管理单位、承典人、房产代管人或者使用人，统称为纳税义务人。"《财政部 税务总局关于房产税和车船使用税几个业务问题的解释与规定》（〔1987〕财税地字第3号）第一条规定："关于'房产'的解释。'房产’是以房屋形态表现的财产。房屋是指有屋面和围护结构（有墙或两边有柱），能够遮风避雨，可供人们在其中生产、工作、学习、娱乐、居住或储藏物资的场所。独立于房屋之外的建筑物，如围墙、烟囱、水塔、变电塔、油池油柜、酒窖菜窖、酒精池、糖蜜池、室外游泳池、玻璃暖房、砖瓦石灰窑以及各种油气罐等，不属于房产。”《财政部 税务总局关于房产税若干具体问题的解释和暂行规定》（〔1986〕财税地字第8号）第二十一条规定：“关于基建工地的临时性房屋，应否征收房产税？凡是在基建工地为基建工地服务的各种工棚、材料棚、休息棚和办公室、食堂、茶炉房、汽车房等临时性房屋，不论是施工企业自行建造还是由基建单位出资建造交施工企业使用的，在施工期间，一律免征房产税。但是，如果在基建工程结束以后，施工企业将这种临时性房屋交还或者估价转让给基建单位的，应当从基建单位接收的次月起，依照规定征收房产税。”

根据上述规定，房产税以房屋为征税对象，房屋是指有屋面和围护结构（有墙或两边有柱），能够遮风避雨，可供人们在其中生产、工作、学习、娱乐、居住或储藏物资的场所。如果该钢棚属于基建工地的临时性房屋，则工程结束后需要缴纳房产税。

582. 政府免费提供的房屋是否需要缴纳房产税

某企业购买了一块土地，土地上有一处房屋，房屋属于政府所有，政府免费提供给该公司使用。请问公司是否需要就该房屋缴纳房产税？

答：《中华人民共和国房产税暂行条例》（国发〔1986〕90号）第二条规定：“房产税由产权所有人缴纳。产权属于全民所有的，由经营管理的单位缴纳，产权出典的，由承典人缴纳。产权所有人、承典人不在房产所在地的，或者产权未确定及租典纠纷未解决的，由房产代管人或者使用人缴纳。”《财政部 国家税务总局关于安置残疾人就业单位城镇土地使用税等政策的通知》（财税〔2010〕121号）第二条规定：“对出租房产，租赁双方签订的租赁合同约定有免收租金期限的，免收租金期间由产权所有人按照房产原值缴纳房产税。”《财政部 国家税务总局关于房产税城镇土地使用税有关问题的通知》（财税〔2009〕128号）第一条规定：“无租使用其他单位房产的应税单位和个人，依照房产余值代缴纳房产税。”

根据上述规定，无租使用其他单位房产的应税单位和个人，由使用单位按照房产余值代缴纳房产税。

583. 防盗监控系统是否要计入房产原值计算缴纳房产税

某企业在其自有的写字楼里安装防盗监控系统。请问该系统是否要计入房产原值计算缴纳房产税？

答：《国家税务总局关于进一步明确房屋附属设备和配套设施计征房产税有关问题的通知》（国税发〔2005〕173号）规定："一、为了维持和增加房屋的使用功能或使房屋满足设计要求，凡以房屋为载体，不可随意移动的附属设备和配套设施，如给排水、采暖、消防、中央空调、电气及智能化楼宇设备等，无论在会计核算中是否单独记账与核算，都应计入房产原值，计征房产税。二、对于更换房屋附属设备和配套设施的，在将其价值计入房产原值时，可扣减原来相应设备和设施的价值；对附属设备和配套设施中易损坏、需要经常更换的零配件，更新后不再计入房产原值。"

根据上述规定，防盗监控系统应计入房产原值，缴纳房产税；对于经常更换的零配件不计入原值，不缴纳房产税。

584. 独立于房屋之外的自行车棚是否计算缴纳房产税

某企业为了员工停车方便，在闲置的空地上建造了一个自行车棚。请问该车棚是否需要计算缴纳房产税？

答：《财政部 税务总局关于房产税和车船使用税几个业务问题的解释与规定》（〔1987〕财税地字第3号）规定："（一）关于'房产'的解释。'房产'是以房屋形态表现的财产。房屋是指有屋面和围护结构（有墙或两边有柱），能够遮风避雨，可供人们在其中生产、工作、学习、娱乐、居住或储藏物资的场所。独立于房屋之外的建筑物，如围墙、烟囱、水塔、变电塔、油池油柜、酒窖菜窖、酒精池、糖蜜池、室外游泳池、玻璃暖房、砖瓦石灰窑以及各种油气罐等，不属于房产。"

根据上述规定，该车棚不符合房产税中"房产"的定义，不属于房产税的征收范围，无须缴纳房产税。

585. 出租地下停车位是否需要缴纳房产税

某企业将其自有的地下停车位用于出租。请问出租的停车位是否需要缴纳房产税？

答：《财政部 国家税务总局关于具备房屋功能的地下建筑征收房产税的通知》（财税〔2005〕181号）第一条规定："凡在房产税征收范围内的具备房屋功能的地下建筑，包括与地上房屋相连的地下建筑以及完全建在地面以下的建筑、地下人防设施等，均应当依照有关规定征收房产税。上述具备房屋功能的地下建筑是指有屋面和维护结构，能够遮风避雨，可供人们在其中生产、经营、工作、学习、娱乐、居住或储藏物资的场所。”第三条规定：“出租的地下建筑，按照出租地上房屋建筑的有关规定计算征收房产税。”

根据上述规定，企业出租地下建筑需要缴纳房产税。

586. 同一房屋部分自用如何确定自用部分的房产原值

某企业将其自有房屋一部分自用，另一部分用于出租。请问该情况下如何确定自用部分的房产原值？

答：《中华人民共和国房产税暂行条例》（国发〔1986〕90号）第三条规定：“房产税依照房产原值一次减除10%至30%后的余值计算缴纳。具体减除幅度，由省、自治区、直辖市人民政府规定。没有房产原值作为依据的，由房产所在地税务机关参考同类房产核定。”《财政部 国家税务总局关于房产税城镇土地使用税有关问题的通知》（财税〔2008〕152号）第一条规定：“关于房产原值如何确定的问题对依照房产原值计税的房产，不论是否记载在会计账簿固定资产科目中，均应按照房屋原价计算缴纳房产税。房屋原价应根据国家有关会计制度规定进行核算。对纳税人未按国家会计制度规定核算并记载的，应按规定予以调整或重新评估。”《财政部 税务总局关于房产税和车船使用税几个业务问题的解释与规定》（财税地字〔1987〕第3号）第二条规定：“关于房屋附属设备的解释房产原值应包括与房屋不可分割的各种附属设备或一般不单独计算价值的配套设施。主要有：暖气、卫生、通风、照明、煤气等设备；各种管线，如蒸气、压缩空气、石油、给水排水等管道及电力、电讯、电缆导线；电梯、升降机、过道、晒台等。”《国家税务总局关于进一步明确房屋附属设备和配套设施计征房产税有关问题的通知》（国税发〔2005〕173号）第一条规定：“为了维持和增加房屋的使用功能或使房屋满足设计要求，凡以房屋为载体，不可随意移动的附属设备和配套设施，如给排水、采暖、消防、中央空调、电气及智能化楼宇设备等，无论在会计核算中是否单独记账与核算，都应计入房产原值，计征房产税。”第二条规定：“对于更换房屋附属设备和配套设施的，在将其价值计入房产原值时，可扣减原来相应设备和设施的价值；对附属设备和配套设施中易损坏、需要经常更换的零配件，更新后不再计入房产原值。”《关于安置残疾人就业单位城镇土地使用税等政策的通知》（财税〔2010〕121号）第三条规定：“关于将地价计入房产原值征收房产税问题。对按照房产原值计税的房产，无论会计上如何核算，房产原值均应包含地价，包括为取得土地使用权支付的价款、开发土地发生的成本费用等。”

根据上述规定，计征房产税的房产原值包括房屋原价及地价、与房屋不可分割的各种附属设备或一般不单独计算价值的配套设施。房产税依照房产原值一次减除10%—30%后的余值计算缴纳。企业可参考上述文件结合实际情况，按其各自占用的建筑面积比例划分，分别按计税余值和租金收入来计征房产税。

587. 国有建设用地和国有农业用地上种植树木花草是否享受土地使用税优惠

请问国有建设用地和国有农业用地上种植树木花草是否享受土地使用税免缴优惠？

答：《中华人民共和国城镇土地使用税暂行条例》第二条规定：“在城市、县城、建制镇、工矿区范围内使用土地的单位和个人，为城镇土地使用税（以下简称土地使用税）的纳税人，应当依照本条例的规定缴纳土地使用税。……第六条　下列土地免缴土地使用税……（四）市政街道、广场、绿化地带等公共用地；（五）直接用于农、林、牧、渔业的生产用地。”《国家税务局关于印发〈关于土地使用税若干具体问题的解释和暂行规定〉的通知》（〔1988〕国税地字第15号）第一条规定：“关于城市、县城、建制镇、工矿区范围内土地的解释：城市、县城、建制镇、工矿区范围内土地，是指在这些区域范围内属于国家所有和集体所有的土地。”《财政部 国家税务总局关于房产税、城镇土地使用税有关政策的通知》（财税〔2006〕186号）第三条规定：“在城镇土地使用税征收范围内经营采摘、观光农业的单位和个人，其直接用于采摘、观光的种植、养殖、饲养的土地，根据《中华人民共和国城镇土地使用税暂行条例》第六条中‘直接用于农、林、牧、渔业的生产用地’的规定，免征城镇土地使用税。”

根据上述规定，在城镇土地使用税征收范围内经营采摘、观光农业的单位和个人，其直接用于采摘、观光的种植、养殖、饲养的土地，根据《中华人民共和国城镇土地使用税暂行条例》第六条中“直接用于农、林、牧、渔业的生产用地”的规定，免征城镇土地使用税。

588. 屋顶出租和空地出租是否缴纳房产税

某企业将自有房产的屋顶和外面的空地出租给其他单位。请问屋顶出租和空地出租是否缴纳房产税？

答：《财政部 税务总局关于房产税和车船使用税几个业务问题的解释与

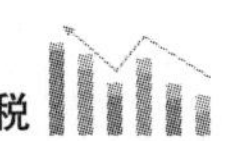

规定》(〔1987〕财税地字第3号)文件第一条规定:“关于‘房产’的解释。‘房产’是以房屋形态表现的财产。房屋是指有屋面和围护结构(有墙或两边有柱),能够遮风避雨,可供人们在其中生产、工作、学习、娱乐、居住或储藏物资的场所。独立于房屋之外的建筑物,如围墙、烟囱、水塔、变电塔、油池油柜、酒窖菜窖、酒精池、糖蜜池、室外游泳池、玻璃暖房、砖瓦石灰窑以及各种油气罐等,不属于房产。”

根据上述规定,出租屋顶和空地出租,不具有房屋形态,不需要缴纳房产税。

589. 厂区内部自用的绿化用地是否缴纳城镇土地使用税

某企业在办公区域内建设了花坛、草坪等绿化用地。请问企业内部自用的绿化用地是否缴纳城镇土地使用税?

答:《国家税务局关于印发〈关于城镇土地使用税若干具体问题的补充规定〉的通知》(〔1989〕国税地字第140号)第十三条规定:“关于对企业的绿化用地可否免征土地使用税问题。对企业厂区(包括生产、办公及生活区)以内的绿化用地,应照章征收土地使用税,厂区以外的公共绿化用地和向社会开放的公园用地,暂免征收土地使用税。”

根据上述规定,企业内部自用的绿化用地需要缴纳城镇土地使用税。

590. 充电桩顶棚是否计算缴纳房产税

某企业在高速公路服务区中建设了若干个电动充电桩。请问该充电桩顶棚是否需要计算缴纳房产税?

答:《财政部 税务总局关于房产税和车船使用税几个业务问题的解释与规定》(〔1987〕财税地字第3号)规定:“(一)关于‘房产’的解释。‘房产’是以房屋形态表现的财产。房屋是指有屋面和围护结构(有墙或两边有柱),能够遮风避雨,可供人们在其中生产、工作、学习、娱乐、居住或储藏物资的场所。独立于房屋之外的建筑物,如围墙、烟囱、水塔、变电塔、油池油柜、酒窖菜窖、酒精池、糖蜜池、室外游泳池、玻璃暖房、砖瓦石灰窑以及各种油气罐等,不属于房产。”

根据上述规定,充电桩顶棚不符合房产税中“房产”的定义,不属于房产税的征收范围,无须缴纳房产税。

五、契　税

591. 政策性搬迁资产置换方式是否可以申请减免契税

某企业的一处房产，因为政府城市建设道路拓宽被划为拆迁房。请问采取资产置换方式重新获得的另一处房产是否可以申请减征契税？

答：《中华人民共和国契税法》（主席令第五十二号）第七条规定："省、自治区、直辖市可以决定对下列情形免征或者减征契税：（一）因土地、房屋被县级以上人民政府征收、征用，重新承受土地、房屋权属……前款规定的免征或者减征契税的具体办法，由省、自治区、直辖市人民政府提出，报同级人民代表大会常务委员会决定，并报全国人民代表大会常务委员会和国务院备案。"《中华人民共和国契税暂行条例细则》（财法字〔1997〕52号）第十五条第一款规定："土地、房屋被县级以上人民政府征用、占用后，重新承受土地、房屋权属的，是否减征或者免征契税，由省、自治区、直辖市人民政府确定。"《中华人民共和国契税暂行条例实施细则》第十条规定："土地使用权交换、房屋交换，交换价格不相等的，由多交付货币、实物、无形资产或者其他经济利益的一方缴纳税款。交换价格相等的，免征契税。土地使用权与房屋所有权之间相互交换，按照前款征税。"

根据上述规定，该企业政策性搬迁采取资产置换的，若无多缴货币、实物、无形资产或者其他经济利益，则免征契税；若另支付房屋差价的，应按照差价缴纳契税。

592. 合同只有一个成交价如何确定契税计税依据

某企业取得一项土地使用权，但签订的土地成交合同只有一个成交价，没有标明是否含税。请问契税应如何确定计税依据？是否就按成交价计算？

答：《中华人民共和国契税法》（主席令第五十二号）第六条规定："契税的计税依据：（一）土地使用权出让、出售，房屋买卖，为土地、房屋权属转移合同确定的成交价格，包括应交付的货币以及实物、其他经济利益对应的价款。”《财税公告 2021 年 23 号关于贯彻实施契税法若干事项执行口径的公告》第二条第（九）项规定：“契税的计税依据不包括增值税。”

根据上述规定，契税缴纳的基数为合同成交价的不含税价，如果合同为总价款，在计算契税时应进行价税分离，以不含税（不含增值税）的价款来计算契税。

593. 精装修的房屋其装修费是否包括在契税计税价格中

某企业购置了一间精装修的公寓，购置价款包含了房屋装修费用。请问计算缴纳契税时是否应将装修费包括在内？

答：《财政部 税务总局关于贯彻实施契税法若干事项执行口径的公告》（财政部 税务总局公告 2021 年第 23 号）第二条规定：“关于若干计税依据的具体情形……（七）承受已装修房屋的，应将包括装修费用在内的费用计入承受方应交付的总价款。”

根据上述规定，企业计算缴纳契税时应将包括装修费用在内的费用计入承受方应交付的总价款。

594. 购买车库如何缴纳契税

某企业购买了一套商品房，支付的总价款包含了附带的车库。请问缴纳契税时是否将车库对应的价款一并计算在内？

答：《财政部 税务总局关于贯彻实施契税法若干事项执行口径的公告》（财政部 税务总局公告 2021 年第 23 号）第二条规定：“关于若干计税依据的具体情形……（六）房屋附属设施（包括停车位、机动车库、非机动车库、顶层阁楼、储藏室及其他房屋附属设施）与房屋为同一不动产单元的，计税依据为承受方应交付的总价款，并适用与房屋相同的税率；房屋附属设施与房屋为不同不动产单元的，计税依据为转移合同确定的成交价格，并按当地确定的适用税率计税。”

根据上述规定，企业购买的该车库属于与所在商品房同一不动产单元，应合并计入交付的总价款中，并适用与房屋相同的税率。

595. 取得投资入股房产是否缴纳契税

某企业取得其他单位投资入股的房产。请问其是否需要缴纳契税？

答：《中华人民共和国契税法》（主席令第五十二号）第二条规定：“本

法所称转移土地、房屋权属，是指下列行为：（一）土地使用权出让；（二）土地使用权转让，包括出售、赠与、互换；（三）房屋买卖、赠与、互换。前款第二项土地使用权转让，不包括土地承包经营权和土地经营权的转移。以作价投资（入股）、偿还债务、划转、奖励等方式转移土地、房屋权属的，应当依照本法规定征收契税。”

根据上述规定，企业取得以作价投资（入股）方式转移土地、房屋权属的，应当缴纳契税。

596. 缴纳契税之后税务机关是否开具契税完税凭证

某企业取得一处房产，已按规定缴纳契税，但尚未拿到契税完税凭证。请问是否应当由税务机关开具契税完税凭证？

答：《中华人民共和国契税法》（主席令第五十二号）第十一条规定：“纳税人办理纳税事宜后，税务机关应当开具契税完税凭证。纳税人办理土地、房屋权属登记，不动产登记机构应当查验契税完税、减免税凭证或者有关信息。未按照规定缴纳契税的，不动产登记机构不予办理土地、房屋权属登记。”

根据上述规定，企业纳税完毕后应当由税务机关开具契税完税凭证，企业以契税完税凭证办理土地、房屋权属登记。

597. 缴纳契税时购房款低于最低计税价格的处理

某企业2022年6月因业务需求购买了一处房产。请问在缴纳契税时税务要求计算税款的销售额比实际购房金额略大是什么原因？

答：《中华人民共和国契税法》（主席令第五十二号）第四条规定：“契税的计税依据：（一）土地使用权出让、出售，房屋买卖，为土地、房屋权属转移合同确定的成交价格，包括应交付的货币以及实物、其他经济利益对应的价款；（二）土地使用权互换、房屋互换，为所互换的土地使用权、房屋价格的差额；（三）土地使用权赠与、房屋赠与以及其他没有价格的转移土地、房屋权属行为，为税务机关参照土地使用权出售、房屋买卖的市场价格依法核定的价格。纳税人申报的成交价格、互换价格差额明显偏低且无正当理由的，由税务机关依照《中华人民共和国税收征收管理法》的规定核定。”

根据上述规定，如果购房款明显低于市场价格，由征收机关参照市场价格核定计算征收契税。

▶>> 598. 仲裁得到的房产该如何缴纳契税

某企业的一家合作企业由于新冠疫情期间经营不善无法偿还欠款，公司与债务人在法院民事执行程序中达成和解协议，取得原属于债务人的涉案房屋的所有权。在办理涉案房屋的所有权变更登记的过程中由于无法取得销售不动产发票无法进行契税申报。请问该如何处理？

答：《国家税务总局关于契税纳税申报有关问题的公告》（国家税务总局公告2015年第67号）第一条规定："根据人民法院、仲裁委员会的生效法律文书发生土地、房屋权属转移，纳税人不能取得销售不动产发票的，可持人民法院执行裁定书原件及相关材料办理契税纳税申报，税务机关应予受理。"

根据上述规定，该企业可持人民法院执行裁定书原件及相关材料办理契税纳税申报。

▶>> 599. 吸收合并取得划转地是否需要缴纳契税

某企业吸收合并了它名下的一家子公司，现在子公司账上有一块无偿取得的国家划转土地。请问母公司吸收合并后取得该土地是否需要缴纳契税？

答：《财政部 税务总局关于继续执行企业事业单位改制重组有关契税政策的公告》（财政部 税务总局公告2021年第17号）第三条规定："公司合并两个或两个以上的公司，依照法律规定、合同约定，合并为一个公司，且原投资主体存续的，对合并后公司承受原合并各方土地、房屋权属，免征契税。"

根据上述规定，该企业无须缴纳契税。

▶>> 600. 房屋买卖合同无效、被撤销或解除能否申请退契税

某企业在2021年准备购买某处房产，房屋买卖合同已经签订，定金及契税已经缴纳，但尚未办理权属登记。后因新冠疫情，企业2022年初通过协商达成一致解除该房屋买卖合同。请问这种情况是否能申请退还已经缴纳的契税？

答：《中华人民共和国契税法》（主席令第五十二号）第十二条规定："在依法办理土地、房屋权属登记前，权属转移合同、权属转移合同性质凭证不生效、无效、被撤销或者被解除的，纳税人可以向税务机关申请退还已缴纳的税款，税务机关应当依法办理。"《国家税务总局关于契税纳税服务与征收管理若干事项的公告》（国家税务总局公告2021年第25号）第七条规定："纳税人依照《契税法》以及23号公告规定向税务机关申请退还已缴纳契税

的，应提供纳税人身份证件，完税凭证复印件，并根据不同情形提交相关资料：（一）在依法办理土地、房屋权属登记前，权属转移合同或合同性质凭证不生效、无效、被撤销或者被解除的，提交合同或合同性质凭证不生效、无效、被撤销或者被解除的证明材料。”

根据上述规定，对于已经缴纳的契税，如果纳税人已经办理房屋权属转移登记，原则上不能申请退还已缴纳的税款，除法院判决该产权转移行为自始无效并且判决撤销房屋所有权证。但因为公司尚未办理房屋权属登记，而房屋买卖合同或合同性质凭证因某种事由不发生效力、无效、被撤销或被解除，纳税人可以依法向税务机关申请退税。

601. 不良债权以物抵债是否缴纳契税

2022 年 9 月，某银行因客户破产无法偿还 3000 万元贷款本金及利息，经法院判决以一套价值 2000 万元的别墅抵债。请问该银行抵债的房屋是否缴纳契税？

答：《财政部 税务总局关于银行业金融机构、金融资产管理公司不良债权以物抵债有关税收政策的公告》（财政部 税务总局公告 2022 年第 31 号）第三条规定：“对银行业金融机构、金融资产管理公司接收抵债资产免征契税。”第七条规定：“本公告执行期限为 2022 年 8 月 1 日至 2023 年 7 月 31 日。”

根据上述规定，对某银行抵债的别墅免征契税。

602. 同一控制下企业之间划转不动产是否缴纳契税

2022 年 3 月，A 市某企业在 B 市有一处房屋因国有土地资源整合无偿划转给 B 市某企业，两者属于同一控制下的子公司之间的关联交易。请问是否缴纳契税？

答：《财政部 税务总局关于继续执行企业事业单位改制重组有关契税政策的公告》（财政部 税务总局公告 2021 年第 17 号）第六条规定：“同一投资主体内部所属企业之间土地、房屋权属的划转，包括母公司与其全资子公司之间，同一公司所属全资子公司之间，同一自然人与其设立的个人独资企业、一人有限公司之间土地、房屋权属的划转，免征契税。”第十一条规定：“本公告自 2021 年 1 月 1 日起至 2023 年 12 月 31 日执行。”

根据上述规定，A 市某企业与 B 市某企业之间的房屋划转属于同一投资主体内部企业之间的划转免征契税。

603. 售后回租合同期满承租人回购不动产是否缴纳契税

某企业与某租赁企业的仓库售后回租合同已到期。请问该企业回购仓库是否需要缴纳契税？

答：《财政部 国家税务总局关于企业以售后回租方式进行融资等有关契税政策的通知》（财税〔2012〕82号）第一条规定："对金融租赁公司开展售后回租业务，承受承租人房屋、土地权属的，照章征税。对售后回租合同期满，承租人回购原房屋、土地权属的，免征契税。"

根据上述规定，该企业回购仓库不需要缴纳契税。

604. 地震后企业重新购买办公楼是否有契税优惠政策

2022年5月，A市出现7.6级地震，该市某企业办公楼在地震中灭失。请问该企业灾后重新购买办公楼是否有契税优惠政策？

答：《中华人民共和国契税法》（主席令第五十二号）第七条规定："省、自治区、直辖市可以决定对下列情形免征或者减征契税：（一）因土地、房屋被县级以上人民政府征收、征用，重新承受土地、房屋权属；（二）因不可抗力灭失住房，重新承受住房权属。"

根据上述规定，文件中的"住房"是指居民住房，因此该企业不能享受免征契税的优惠政策。

605. 改变土地性质补缴的土地出让金是否需要缴纳契税

2021年5月，由于当地政府正大力推行旧城改造，某房地产企业为了响应号召，购买一块原工业企业土地并拟将在该地块开发建造商品房。该房地产企业通过竞价方式支付5亿元。因为获得土地的性质为工业用地，要想开发商品房必须改变土地性质。2022年5月该房地产企业经政府批准，按国土局要求补缴改变土地用途的土地出让金1亿元，补缴政府的其他费用0.3亿元。该房地产企业在竞价过程中向国土局支付的5亿元已经缴纳了3%合计1500万元的契税。请问因改变用途补缴的出让金1亿元以及补缴的其他费用0.3亿元是否还要缴纳契税？

答：《财政部 税务总局关于贯彻实施契税法若干事项执行口径的公告》（财政部 税务总局公告2021年第23号）第二条规定："（一）以划拨方式取得的土地使用权，经批准改为出让方式重新取得该土地使用权的，应由该土地使用权人以补缴的土地出让价款为计税依据缴纳契税。（二）先以划拨方式取得土地使用权，后经批准转让房地产，划拨土地性质改为出让的，承受方应分别以补缴的土地出让价款和房地产权属转移合同确定的成交价格为计税依据缴纳契税。（三）先以划拨方式取得土地使用权，后经批准转让房地产，划拨土地性质未发生改变的，承受方应以房地产权属转移合同确定的成交价格为计税依据缴纳契税。（四）土地使用权及所附建筑物、构筑物等（包括在建的房屋、其他建筑物、构筑物和其他附着物）转让的，计税依据为承受方应交付的总价款。（五）土地使用权出让的，计税依据包括土地出让金、土地补偿费、安置补助费、地上附着物和青苗补偿费、征收补偿费、城市基础设施配套费、实物配建房屋等应交付的货币以及实物、其他经济利益对应的价款。"

根据上述规定，该房地产企业因改变用途补缴的出让金1亿元以及补缴的其他费用0.3亿元需要缴纳契税，应补缴的契税为0.039［=(1+0.3)×3%］亿元。

606. 获取转让的在建工程是否需要缴纳契税

某企业于2022年10月通过拍卖取得一项在建工程共计40000平方米，价值2亿元（含土地成本）。请问获取该在建工程需要缴纳契税吗？

答：《财政部 税务总局关于贯彻实施契税法若干事项执行口径的公告》（财政部 税务总局公告2021年第23号）第二条规定："（四）土地使用权及所附建筑物、构筑物等（包括在建的房屋、其他建筑物、构筑物和其他附着物）转让的，计税依据为承受方应交付的总价款。"

根据上述规定，该企业拍卖取得在建工程，属于土地使用者将土地使用权及所附建筑物、构筑物等（包括在建的房屋、其他建筑物、构筑物和其他附着物）转让给他人，取得方应就转让的总价款缴纳契税。

六、土地增值税

⋙ 607. 通过吸收合并取得房屋是否缴纳土地增值税

某企业吸收合并了它名下的一家子公司，现在子公司账上的原有房屋市场价值远远高于账面价值。请问母公司吸收合并是否需要缴纳土地增值税？

答：《财政部 税务总局关于继续实施企业改制重组有关土地增值税政策的公告财政部》（税务总局公告 2021 年第 21 号）第二条规定：“按照法律规定或者合同约定，两个或两个以上企业合并为一个企业，且原企业投资主体存续的，对原企业将房地产转移、变更到合并后的企业，暂不征土地增值税。”

根据上述规定，企业无须缴纳土地增值税。

⋙ 608. 开发产品用于对外出租是否缴纳土地增值税

新冠疫情期间某房地产企业资金短缺，在某项目房屋仍未能全部对外出售的情况下，决定将剩余房屋对外出租给某企业作为员工宿舍。请问这种情况是否缴纳土地增值税？

答：《国家税务总局关于房地产开发企业土地增值税清算管理有关问题的通知》（国税发〔2006〕187 号）第三条第（二）款规定：“房地产开发企业将开发的部分房地产转为企业自用或用于出租等商业用途时，如果产权未发生转移，不征收土地增值税，在税款清算时不列收入，不扣除相应的成本和费用。”

根据上述规定，房屋产权未转移情况下，在土地增值税清算时不计入收入，也不扣除对应的成本和费用。

⋙ 609. 不动产评估增值是否缴纳土地增值税

某企业混改时对资产进行评估发生增值。请问土地、房屋等不动产评估增值是否缴纳土地增值税？

答：《中华人民共和国土地增值税暂行条例》（国务院令第 588 号）第二

条规定："转让国有土地使用权、地上的建筑物及其附着物（以下简称转让房地产）并取得收入的单位和个人，为土地增值税的纳税义务人（以下简称纳税人），应当依照本条例缴纳土地增值税。"

根据上述规定，土地、房屋等不动产评估增值不涉及产权转移，因此不需要缴纳土地增值税。

610. 房屋无偿划转给关联企业是否缴纳土地增值税

某企业将一处办公楼划给某新设企业，两家企业均为所属集团公司下的子公司。请问该划转行为是否缴纳土地增值税？

答：《中华人民共和国土地增值税暂行条例》（国务院令第588号）第三条规定："土地增值税按照纳税人转让房地产所取得的增值额和本条例第七条规定的税率计算征收。"《中华人民共和国土地增值税暂行条例实施细则》（财法字〔1995〕6号）第二条规定："条例第二条所称的转让国有土地使用权、地上的建筑物及其附着物并取得收入，是指以出售或者其他方式有偿转让房地产的行为。不包括以继承、赠与方式无偿转让房地产的行为。"《财政部 国家税务总局关于土地增值税一些具体问题规定的通知》（财税字〔1995〕48号）第四条规定："关于细则中'赠与'所包括的范围问题。细则所称的'赠与'是指如下情况：（一）房产所有人、土地使用权所有人将房屋产权、土地使用权赠与直系亲属或承担直接赡养义务人的。（二）房产所有人、土地使用权所有人通过中国境内非营利的社会团体、国家机关将房屋产权、土地使用权赠与教育、民政和其他社会福利、公益事业的。"

根据上述规定，该企业将办公楼无偿赠与关联企业不属于政策"赠与"免税范围，应当缴纳土地增值税。

611. 因城市规划自行搬迁房地产是否免征土地增值税

某企业对周围的环境存在一定的污染，2022年6月因城市规划而需要自行搬迁。请问这种情况土地增值税是否免征？

答：《中华人民共和国土地增值税暂行条例实施细则》（财法字〔1995〕6号）第十一条规定："因城市实施规划、国家建设的需要而搬迁，由纳税人自行转让原房地产的，比照本规定免征土地增值税。"《财政部 国家税务总局关于土地增值税若干问题的通知》（财税〔2006〕21号）第四条规定："关于因城市实施规划、国家建设需要而搬迁，纳税人自行转让房地产的征免税问题。《中华人民共和国土地增值税暂行条例实施细则》第十一条第四款所称：因‘城市实施规划’而搬迁，是指因旧城改造或因企业污染、扰民（指产生过量废气、废水、废渣和噪音，使城市居民生活受到一定危害），而由政府或政府有关主管部门根据已审批通过的城市规划确定进行搬迁的情况；因‘国家建设的需要’而搬迁，是指因实施国务院、省级人民政府、国务院有关部委批准的建设项目而进行搬迁的情况。”

根据上述规定，该企业因城市规划自行搬迁房地产免征土地增值税。

612. 北京冬奥组委出售不动产是否免征土地增值税

2022 年 6 月，北京冬奥组委将一处闲置办公楼出售。请问是否免征土地增值税？

答：《财政部 税务总局 海关总署关于北京 2022 年冬奥会和冬残奥会税收政策的通知》（财税〔2017〕60 号）第一条第（八）款规定：“对北京冬奥组委再销售所获捐赠物品和赛后出让资产取得收入，免征应缴纳的增值税、消费税和土地增值税。”

根据上述规定，北京冬奥组委赛后出让房产取得收入免征土地增值税。

613. 转让无产权地下车位是否缴纳土地增值税

某企业转让 2 个地下停车位，1 个有产权，另 1 个没有产权。请问地下车位是否缴纳土地增值税？

答：《中华人民共和国土地增值税暂行条例》（国务院令第 588 号）第二条规定：“转让国有土地使用权、地上的建筑物及其附着物（以下简称转让房地产）并取得收入的单位和个人，为土地增值税的纳税义务人（以下简称纳税人），应当依照本条例缴纳土地增值税。”《中华人民共和国土地增值税暂行条例实施细则》（财法字〔1995〕6 号）第四条规定：“条例第二条所称的地上的建筑物，是指建于土地上的一切建筑物，包括地上地下的各种附属设施。条例第二条所称的附着物，是指附着于土地上的不能移动，一经移动即遭损坏的物品。”

根据上述规定，地上建筑物是指建于土地上的一切建筑物，包括地上地下的各种附属设施，因此有产权的地下车位需要缴纳土地增值税。没有产权的地下车位只有租赁使用权，无须缴纳土地增值税。

614. 营改增以前房屋出售错缴增值税是否对土地增值税产生影响

某企业于2022年2月在税务自查中发现2016年1月对外出售一处房屋，未缴纳营业税而错缴成增值税。请问该事项是否对土地增值税产生影响？

答：《财政部 国家税务总局关于全面推开营业税改征增值税试点的通知》（财税〔2016〕36号）规定："自2016年5月1日起，在全国范围内全面推开营业税改征增值税（以下称营改增）试点，建筑业、房地产业、金融业、生活服务业等全部营业税纳税人，纳入试点范围，由缴纳营业税改为缴纳增值税。"《中华人民共和国土地增值税暂行条例》（国务院令第588号）第六条规定："计算增值额的扣除项目：（一）取得土地使用权所支付的金额；（二）开发土地的成本、费用；（三）新建房及配套设施的成本、费用，或者旧房及建筑物的评估价格；（四）与转让房地产有关的税金；（五）财政部规定的其他扣除项目。"《中华人民共和国土地增值税暂行条例实施细则》（财法字〔1995〕6号）第七条规定："条例第六条所列的计算增值额的扣除项目，具体为：（五）与转让房地产有关的税金，是指在转让房地产时缴纳的营业税、城市维护建设税、印花税。因转让房地产交纳的教育费附加，也可视同税金予以扣除。"

根据上述规定，该企业应按规定缴纳营业税，并在计算土地增值税增值额时扣除，因此，该事项造成土地增值税多缴。

615. 未办理土地使用权证转让土地是否缴纳土地增值税

某企业于2022年7月转让一块土地，该土地因历史遗留问题未取得土地使用权证。请问是否需要缴纳土地增值税？

答：《国家税务总局关于未办理土地使用权证转让土地有关税收问题的批复》（国税函〔2007〕645号）规定："土地使用者转让、抵押或置换土地，无论其是否取得了该土地的使用权属证书，无论其在转让、抵押或置换土地过程中是否与对方当事人办理了土地使用权属证书变更登记手续，只要土地使用者享有占有、使用、收益或处分该土地的权利，且有合同等证据表明其实质转让、抵押或置换了土地并取得了相应的经济利益，土地使用者及其对方当事人应当依照税法规定缴纳营业税、土地增值税和契税等相关税收。"

根据上述规定，该企业未办理土地使用权证转让土地需要缴纳土地增值税。

616. 合作建房如何缴纳土地增值税

某企业与另一家企业签订合作建房合同，企业投入自有的一项土地使用权，另一方投入资金，双方共同开发一幢不动产，建成后按比例分房。请问该行为是否缴纳土地增值税？

答：《财政部 国家税务总局关于土地增值税一些具体问题规定的通知》（财税字〔1995〕48号）第二条规定："对于一方出地，一方出资金，双方合作建房，建成后按比例分房自用的，暂免征收土地增值税；建成后转让的，应征收土地增值税。"

根据上述规定，企业该合作建房行为不涉及转让，暂免征收土地增值税。

617. 地方教育附加能否作为税金在土地增值税前扣除

某企业转让房产并取得增值收入。请问该企业在计算土地增值税增值额时，地方教育附加能否作为与转让房地产有关的税金扣除？

答：《中华人民共和国土地增值税暂行条例》（国务院令第588号）第六条规定："计算增值额的扣除项目：（一）取得土地使用权所支付的金额；（二）开发土地的成本、费用；（三）新建房及配套设施的成本、费用，或者旧房及建筑物的评估价格；（四）与转让房地产有关的税金；（五）财政部规定的其他扣除项目。"《中华人民共和国土地增值税暂行条例实施细则》（财法字〔1995〕6号）第七条第（五）项规定："条例第六条所列的计算增值额的扣除项目中与转让房地产有关的税金，是指在转让房地产时缴纳的营业税、城市维护建设税、印花税。因转让房地产交纳的教育费附加，也可视同税金予以扣除。"《国家税务总局关于营改增后土地增值税若干征管规定的公告》（国家税务总局公告2016年第70号）第三条第（二）项规定："营改增后，房地产开发企业实际缴纳的城市维护建设税（以下简称'城建税'）、教育费附加，凡能够按清算项目准确计算的，允许据实扣除。凡不能按清算项目准确计算的，则按该清算项目预缴增值税时实际缴纳的城建税、教育费附加扣除。其他转让房地产行为的城建税、教育费附加扣除比照上述规定执行。"《北京市地方税务局土地增值税清算管理规程》（北京市地方税务局公告2016年第7号）第十八条第（九）款规定："与转让房地产有关的完税凭证，包括：已缴纳的营业税、城市维护建设税、教育费附加、地方教育附加等。"

根据上述规定，企业计算土地增值税增值额时，地方教育附加可以作为与转让房地产有关的税金扣除。

618. 普通住宅和非普通住宅能否合并计算增值额

某企业开发项目中同时包含普通住宅和非普通住宅，企业不能准确核算增值额。请问能否对建造的普通标准住宅不选择免税规定，而是以整个开发项目（包含普通住宅和非普通住宅）为基准，合并计算增值额？

答：《国家税务总局关于房地产开发企业土地增值税清算管理有关问题的通知》（国税发〔2006〕187号）第一条规定："土地增值税以国家有关部门审批的房地产开发项目为单位进行清算，对于分期开发的项目，以分期项目为单位清算。开发项目中同时包含普通住宅和非普通住宅的，应分别计算增值额。"《财政部 国家税务总局关于土地增值税一些具体问题规定的通知》（财税字〔1995〕48号）第十三条规定："对纳税人既建普通标准住宅又搞其他房地产开发的，应分别核算增值额。不分别核算增值额或不能准确核算增值额的，其建造的普通标准住宅不能适用条例第八条（一）项的免税规定。"

根据上述规定，企业既建普通标准住宅又有其他房地产开发的，应分别核算增值额；不分别核算增值额或不能准确核算增值额的，应按整个开发项目计算缴纳土地增值税，同时不能享受《中华人民共和国土地增值税暂行条例》第八条（一）项的免税规定。

619. 享受土地增值税优惠事项是否需要进行备案

某企业为土地增值税纳税人。请问其开发的项目享受土地增值税优惠政策的，是否要将相关资料提交税务机关进行备案？

答：《国家税务总局关于实施〈中华人民共和国印花税法〉等有关事项的公告》（国家税务总局公告2022年第14号）第二条规定："（一）土地增值税原备案类优惠政策，实行纳税人'自行判别、申报享受、有关资料留存备查'的办理方式。纳税人在土地增值税纳税申报时按规定填写申报表相应减免税栏次即可享受，相关政策规定的材料留存备查。纳税人对留存备查资料的真实性、完整性和合法性承担法律责任。"

根据上述规定，企业无须提交有关资料给税务机关，而是留存备查即可，但需对留存备查资料的真实性、完整性和合法性承担法律责任。

620. 接受建筑安装服务取得的增值税发票有何要求

某企业为土地增值税纳税人。请问接受建筑安装服务取得的增值税发票有何要求？

答：《国家税务总局关于营改增后土地增值税若干征管规定的公告》（国

家税务总局公告2016年第70号）第五条规定："营改增后，土地增值税纳税人接受建筑安装服务取得的增值税发票，应按照《国家税务总局关于全面推开营业税改征增值税试点有关税收征收管理事项的公告》（国家税务总局公告2016年第23号）规定，在发票的备注栏注明建筑服务发生地县（市、区）名称及项目名称，否则不得计入土地增值税扣除项目金额。"

根据上述规定，企业应当关注取得的建筑安装服务发票备注栏是否注明了相关事项。

621. 企业改制下房产转移是否缴纳土地增值税

某非房地产开发企业由有限责任公司整体改制为股份有限公司，改制前自有房产由改制后公司承继。请问是否需要缴纳土地增值税？

答：《财政部 税务总局关于继续实施企业改制重组有关土地增值税政策的公告》（财政部 税务总局公告2021年第21号）第一条规定："企业按照《中华人民共和国公司法》有关规定整体改制，包括非公司制企业改制为有限责任公司或股份有限公司，有限责任公司变更为股份有限公司，股份有限公司变更为有限责任公司，对改制前的企业将国有土地使用权、地上的建筑物及其附着物（以下称房地产）转移、变更到改制后的企业，暂不征土地增值税。"

根据上述规定，由于企业不是房地产开发企业，若符合财政部、税务总局公告2021年第21号文件的相关规定，由有限责任公司整体改制为股份有限公司导致的房产承继，暂不征土地增值税。

622. 土地增值税清算中预提费用是否允许扣除

某企业进行土地增值税清算，成本中包含预提未实际发生费用。请问能否计入扣除成本？

答：《国家税务总局关于房地产开发企业土地增值税清算管理有关问题的通知》（国税发〔2006〕187号）第四条第一款规定："房地产开发企业办理土地增值税清算时计算与清算项目有关的扣除项目金额，应根据土地增值税暂行条例第六条及其实施细则第七条的规定执行。除另有规定外，扣除取得土地使用权所支付的金额、房地产开发成本、费用及与转让房地产有关税金，须提供合法有效凭证；不能提供合法有效凭证的，不予扣除。"《国家税务总局关于印发〈土地增值税清算管理规程〉的通知》（国税发〔2009〕91号）第二十一条规定："审核扣除项目是否符合下列要求：（一）在土地增值税清算中，计算扣除项目金额时，其实际发生的支出应当取得但未取得合法凭据的不得扣除。（二）扣除项目金额中所归集的各项成本和费用，必须是实际发生的。”

根据上述规定，在房地产开发企业进行清算时，计算扣除项目完全依据形式上的税收凭证，否则不能扣除，土地增值税清算时预提未实际发生费用不应扣除。费用的实际发生包括三个要求：一是费用应当已经发生；二是所发生的费用属于房地产开发项目；三是所发生的费用已经支付。房地产开发项目在成本核算时，预提公共配套设施费或者基础设施费，预提建筑安装工程费，这些属于仍未发生的费用，一般会被剔除在扣除之外。

七、印花税

623. 未列明金额的框架合同如何缴纳印花税

某企业向一家发电厂购电，所签订购电合同未确定合同金额，在实际结算时才有金额记载。请问此类未列明金额的框架合同应如何缴纳印花税？

答：《中华人民共和国印花税法》（主席令第八十九号）第六条规定："应税合同、产权转移书据未列明金额的，印花税的计税依据按照实际结算的金额确定。计税依据按照前款规定仍不能确定的，按照书立合同、产权转移书据时的市场价格确定；依法应当执行政府定价或者政府指导价的，按照国家有关规定确定。"《国家税务总局关于实施〈中华人民共和国印花税法〉等有关事项的公告》（国家税务总局公告 2022 年第 14 号）第一条第（二）项规定："应税合同、产权转移书据未列明金额，在后续实际结算时确定金额的，纳税人应当于书立应税合同、产权转移书据的首个纳税申报期申报应税合同、产权转移书据书立情况，在实际结算后下一个纳税申报期，以实际结算金额计算申报缴纳印花税。"

根据上述规定，企业签订未列明金额的框架合同，应先在签订合同后的首个纳税申报期申报合同书立情况，此时"印花税税源明细表"中的计税金额应填"0"；待实际结算后的下一个纳税申报期，再根据实际结算金额申报缴纳印花税，此时应在"印花税税源明细表"中填写实际结算日期和实际结算金额。

624. 视频制作类合同是否需要缴纳印花税

某企业为进行宣传，与广告公司签订了视频制作合同。请问该类合同是否需要缴纳印花税？如果是，应按哪个税目？

答：《中华人民共和国印花税法》（主席令第八十九号）所附印花税税目税率表，应税合同包含了承揽合同。《国家税务总局关于实施〈中华人民共和国印花税法〉等有关事项的公告》（国家税务总局公告2022年第14号）所附印花税税源明细表填写说明规定："承揽合同包括加工合同、定作合同、修理合同、复制合同、测试合同、检验合同。"《中华人民共和国民法典》第七百七十条规定："承揽合同是承揽人按照定作人的要求完成工作，交付工作成果，定作人支付报酬的合同。"

根据上述规定，企业签订视频制作合同，广告公司须按企业的要求完成视频拍摄和后续制作，在规定的时间内完成交付，属于承揽合同中的定作合同，企业应按"承揽合同"申报缴纳印花税，计税依据为所支付报酬（不含税金额）的0.3‰。

625. 商品房销售合同如何缴纳印花税

某企业与一家房地产开发企业签订商品房销售合同。请问该合同按买卖合同还是产权转移书据缴纳印花税？

答：《中华人民共和国印花税法》（主席令第八十九号）所附印花税税目税率表，产权转移书据包括土地使用权、房屋等建筑物和构筑物所有权转让书据（不包括土地承包经营权和土地经营权转移）。《财政部 国家税务总局关于印花税若干政策的通知》（财税〔2006〕162号）第四条规定，对商品房销售合同按照产权转移书据征收印花税。

根据上述规定，企业签订的商品房销售合同为"产权转移书据"，应按照合同所载价款的万分之五缴纳印花税。

626. 委托贷款合同是否需要缴纳印花税

某企业与商业银行签订委托贷款合同，委托银行将款项贷给集团内的另一家企业，银行只负责办理贷款的审查发放、监督使用、到期收回和计收利息等事项，不负盈亏责任，同时收取一定的手续费。请问该委托贷款合同是否需要缴纳印花税？如果需要，应当由哪方缴纳？

答：《财政部 税务总局关于印花税若干事项政策执行口径的公告》（财政部 税务总局公告2022年第22号）第一条第（二）项规定："采用委托贷款方式书立的借款合同纳税人，为受托人和借款人，不包括委托人。"

根据上述规定，企业作为委托人无须对委托贷款合同计算缴纳印花税，而是由受托人和借款人按"借款合同"申报缴纳印花税，计税依据为借款金额的0.05‰。

627. 印花税计税依据是否包含增值税

某企业签订买卖合同，合同中只规定了一个含税金额，未将不含税金额和增值税税额分列。请问在申报缴纳印花税时应以哪个金额作为计税依据？

答：《中华人民共和国印花税法》（主席令第八十九号）第五条规定："印花税的计税依据如下：（一）应税合同的计税依据，为合同所列的金额，不包括列明的增值税税款；（二）应税产权转移书据的计税依据，为产权转移书据所列的金额，不包括列明的增值税税款；（三）应税营业账簿的计税依据，为账簿记载的实收资本（股本）、资本公积合计金额；（四）证券交易的计税依据，为成交金额。"

根据上述规定，企业签订合同申报缴纳印花税的计税依据为合同所列金额。如果合同记载金额为价税分离的，则计税依据为不含税金额，即不包括列明的增值税税款；如果合同记载金额为价税合计的，则应以价税合计金额作为计税依据。

628. 合同中涉及多个税目应如何缴纳印花税

某企业与物流公司签订仓储物流一揽子合同，合同中包含货物运输、仓库租赁、仓储保管等事项，涉及多个印花税税目。请问该合同应如何缴纳印花税？

答：《中华人民共和国印花税法》（主席令第八十九号）第九条规定："同一应税凭证载有两个以上税目事项并分别列明金额的，按照各自适用的税目税率分别计算应纳税额；未分别列明金额的，从高适用税率。"

根据上述规定，企业签订的该一揽子合同中涉及了租赁合同、运输合同、仓储合同、保管合同等多个印花税税目。如果在合同中列明了各事项金额的，应按照各自适用的税率计算缴纳印花税；如果合同中未分别列明各事项金额，应以合同金额从高适用税率计算缴纳印花税。

629. 涉及三方合同应如何缴纳印花税

某企业与两家供应商签订物资供应合同，该合同中约定两家供应商应根据企业需要在规定时间内提供所需的物资，合同只对总金额作出了规定，未明确两家供应商各自涉及的金额。请问企业签订的该三方合同应如何缴纳印花税？

答：《中华人民共和国印花税法》（主席令第八十九号）第十条规定："同一应税凭证由两方以上当事人书立的，按照各自涉及的金额分别计算应纳税额。”《财政部 税务总局关于印花税若干事项政策执行口径的公告》（财政部 税务总局公告2022年第22号）第三条第（一）项规定：“同一应税合同、应税产权转移书据中涉及两方以上纳税人，且未列明纳税人各自涉及金额的，以纳税人平均分摊的应税凭证所列金额（不包括列明的增值税税款）确定计税依据。”

根据上述规定，三方合同中列明各方涉及金额的，应按照各自涉及的金额计算缴纳印花税；未列明各方涉及金额的，应以平均分摊的合同金额计算缴纳印花税。由于该合同中未明确列明各方涉及的金额，企业应将合同金额进行平均分摊后按“买卖合同”申报缴纳印花税。

630. 签订补充合同变更所列金额如何缴纳印花税

某企业与一家施工企业签署《建筑工程施工合同》，后续结算时根据实际结算价格签订了补充协议，增加原合同所列金额。请问该补充协议所增加金额是否需要缴纳印花税？如果减少原合同所列金额，能否退还已缴纳的印花税？

答：《财政部 税务总局关于印花税若干事项政策执行口径的公告》（财政部 税务总局公告2022年第22号）第三条第（二）项规定：“应税合同、应税产权转移书据所列的金额与实际结算金额不一致，不变更应税凭证所列金额的，以所列金额为计税依据；变更应税凭证所列金额的，以变更后的所列金额为计税依据。已缴纳印花税的应税凭证，变更后所列金额增加的，纳税人应当就增加部分的金额补缴印花税；变更后所列金额减少的，纳税人可以就减少部分的金额向税务机关申请退还或者抵缴印花税。”

根据上述规定，企业签订补充协议，增加了原合同所列金额，应当对增加部分金额补缴印花税；如果补充协议减少了原合同所列金额，可以就减少部分申请退还或者抵缴印花税。

631. 因计算错误导致多缴印花税能否申请退还

某企业申报印花税时误将合同含税金额作为计税依据填入“印花税税源明细表”的计税金额中，导致当月多缴纳印花税。请问能否申请退还多缴的印花税？

答：《财政部 税务总局关于印花税若干事项政策执行口径的公告》（财政部 税务总局公告2022年第22号）第三条第（三）项规定：“纳税人因应税凭证列明的增值税税款计算错误导致应税凭证的计税依据减少或者增加的，

纳税人应当按规定调整应税凭证列明的增值税税款，重新确定应税凭证计税依据。已缴纳印花税的应税凭证，调整后计税依据增加的，纳税人应当就增加部分的金额补缴印花税；调整后计税依据减少的，纳税人可以就减少部分的金额向税务机关申请退还或者抵缴印花税。”

根据上述规定，企业误将增值税税款列入计税金额中，导致多缴印花税，符合财政部、税务总局公告2022年第22号第三条第（三）项情形，可以调整增值税税款，重新确定应税凭证计税依据，并就减少部分的金额申请退还或者抵缴印花税。

632. 境外转让公司股权在境内是否需要缴纳印花税

某企业是居民企业，将所持有的一家香港公司100%股权转让给另一家居民企业，双方已在香港签署股权转让协议并办理了股权过户手续，同时缴纳了香港印花税。请问这两家居民企业是否还需要在中国境内再缴纳印花税？

答：《中华人民共和国印花税法》（主席令第八十九号）第一条规定：“在中华人民共和国境内书立应税凭证、进行证券交易的单位和个人，为印花税的纳税人，应当依照本法规定缴纳印花税。在中华人民共和国境外书立在境内使用的应税凭证的单位和个人，应当依照本法规定缴纳印花税。”《财政部 税务总局关于印花税若干事项政策执行口径的公告》（财政部 税务总局公告2022年第22号）第二条第（一）项规定：“在中华人民共和国境外书立在境内使用的应税凭证，应当按规定缴纳印花税。包括以下几种情形：1. 应税凭证的标的为不动产的，该不动产在境内；2. 应税凭证的标的为股权的，该股权为中国居民企业的股权；3. 应税凭证的标的为动产或者商标专用权、著作权、专利权、专有技术使用权的，其销售方或者购买方在境内，但不包括境外单位或者个人向境内单位或者个人销售完全在境外使用的动产或者商标专用权、著作权、专利权、专有技术使用权；4. 应税凭证的标的为服务的，其提供方或者接受方在境内，但不包括境外单位或者个人向境内单位或者个人提供完全在境外发生的服务。”

根据上述规定，双方在境外书立应税凭证，不在境内使用的，不属于印花税征税范围，不缴纳印花税。双方在境外书立应税凭证，并在境内使用的，应判断应税凭证的标的股权是否为中国居民企业的股权：如果是中国居民企业的股权，应当按规定缴纳印花税；如果是非中国居民企业股权，不属于缴纳印花税的情形，不缴纳印花税。

633. 供电企业与用户签订的购售电合同是否缴纳印花税

某供电企业在电力交易平台与批发用户签订购售电合同。请问该合同是否需要缴纳印花税?

答:《财政部 国家税务总局关于印花税若干政策的通知》(财税〔2006〕162号)第二条规定:“对发电厂与电网之间、电网与电网之间(国家电网公司系统、南方电网公司系统内部各级电网互供电量除外)签订的购售电合同按购销合同征收印花税。电网与用户之间签订的供用电合同不属于印花税列举征税的凭证,不征收印花税。”《财政部 税务总局关于印花税法实施后有关优惠政策衔接问题的公告》(财政部 税务总局公告2022年第23号)第一条规定:“继续执行财税〔2006〕162号第二条规定的印花税优惠政策。”

根据上述规定,供电企业与批发用户签订的购售电合同属于财税〔2006〕162号第二条规定的电网与用户之间签订的供用电合同,无须缴纳印花税。

634. 与境外企业签订合同是否需为其扣缴印花税

某企业与境外企业签订技术服务合同。请问需要帮境外企业扣缴印花税吗?

答:《中华人民共和国印花税法》(主席令第八十九号)第十四条规定:“纳税人为境外单位或者个人,在境内有代理人的,以其境内代理人为扣缴义务人;在境内没有代理人的,由纳税人自行申报缴纳印花税,具体办法由国务院税务主管部门规定。”《国家税务总局关于实施〈中华人民共和国印花税法〉等有关事项的公告》(国家税务总局公告2022年第14号)第一条第(四)项规定:“纳税人为境外单位或者个人,在境内有代理人的,以其境内代理人为扣缴义务人。境外单位或者个人的境内代理人应当按规定扣缴印花税,向境内代理人机构所在地(居住地)主管税务机关申报解缴税款。纳税人为境外单位或者个人,在境内没有代理人的,纳税人应当自行申报缴纳印花税。境外单位或者个人可以向资产交付地、境内服务提供方或者接受方所在地(居住地)、书立应税凭证境内书立人所在地(居住地)主管税务机关申报缴纳;涉及不动产产权转移的,应当向不动产所在地主管税务机关申报缴纳。”

根据上述规定,如果该合同是在境内书立或境外书立后在境内使用的,属于征税范围,该企业和境外企业均为纳税人,需要缴纳印花税;该企业为境外企业的境内代理人的,应作为扣缴义务人,履行代扣代缴、代收代缴义务,向机构所在地主管税务机关申报解缴境外企业应缴纳的印花税税款。

635. 应税凭证所载金额为外币，如何计算应纳税额

某企业与境外企业签订产权转移书据，购买对方持有的一项专利权用于本企业某项产品，该应税凭证所记载的金额为外币。请问如何计算缴纳印花税？

答：《财政部 税务总局关于印花税若干事项政策执行口径的公告》（财政部 税务总局公告2022年第22号）第三条第（五）项规定：“应税凭证金额为人民币以外的货币的，应当按照凭证书立当日的人民币汇率中间价折合人民币确定计税依据。”

根据上述规定，企业应按书立该产权转移书据当日人民币汇率中间价将外币金额折合为人民币金额，并作为印花税计税依据计算缴纳印花税。

636. 未履行的合同能否申请退还印花税

某企业因业务需要签订了一项房屋租赁合同并申报缴纳了印花税，后因项目取消而导致该合同未能履行。请问能否就该未履行的合同申请退还已缴纳的印花税？

答：《财政部 税务总局关于印花税若干事项政策执行口径的公告》（财政部 税务总局公告2022年第22号）第三条第（七）项规定：“未履行的应税合同、产权转移书据，已缴纳的印花税不予退还及抵缴税款。”

根据上述规定，虽然该房屋租赁合同未能履行，但已缴纳的印花税不得申请退还，也不能用于抵缴税款。

637. 采用订单形式买卖商品是否需要缴纳印花税

某企业与长期合作的供应商之间采取的商业模式是需要采购一批商品时向供应商发出订单，供应商根据订单上的要求发出货物，该企业收到货物并验收合格后付款。双方未另行签订合同。请问这种情况是否需要缴纳印花税？

答：《财政部 税务总局关于印花税若干事项政策执行口径的公告》（财政部 税务总局公告2022年第22号）第二条第（二）项规定：“企业之间书立的确定买卖关系、明确买卖双方权利义务的订单、要货单等单据，且未另外书立买卖合同的，应当按规定缴纳印花税。”

根据上述规定，双方虽然未签订买卖合同，但企业向供应商发出的订单能确定买卖关系、明确买卖双方权利义务，具有合同性质，应按买卖合同申报缴纳印花税。

638. 纳税人享受印花税优惠政策应如何办理

某企业将闲置的一幢房屋捐赠给当地小学，签订了赠与协议，该产权转移书据符合印花税法中免征印花税的规定。请问企业应如何享受该印花税优惠政策？

答：《国家税务总局关于城镇土地使用税等“六税一费”优惠事项资料留存备查的公告》（国家税务总局公告2019年第21号）第一条规定：“纳税人享受‘六税一费’优惠实行‘自行判别、申报享受、有关资料留存备查’办理方式，申报时无须再向税务机关提供有关资料。纳税人根据具体政策规定自行判断是否符合优惠条件，符合条件的，纳税人申报享受税收优惠，并将有关资料留存备查。”《国家税务总局关于实施〈中华人民共和国印花税法〉等有关事项的公告》（国家税务总局公告2022年第14号）第一条第（五）项规定：“印花税法实施后，纳税人享受印花税优惠政策，继续实行‘自行判别、申报享受、有关资料留存备查’的办理方式。纳税人对留存备查资料的真实性、完整性和合法性承担法律责任。”

根据上述规定，该企业应填报“印花税税源明细表”，并在减免性质代码和项目名称栏填写相应的代码，其中财产所有权人将财产赠与政府、学校、社会福利机构、慈善组织书立的产权转移书据适用的减免性质代码为09120602，填写“印花税税源明细表”后自动生成财产和行为税纳税申报表。企业还需要注意留存相关资料，以备税务机关检查。

639. 企业网购办公用品是否需要缴纳印花税

某企业从网上购物平台零星采购了一批办公用品，电子订单和发票中的购买方均为该企业。请问是否需要缴纳印花税？

答：《财政部 国家税务总局关于印花税若干政策的通知》（财税〔2006〕162号）第一条规定：“对纳税人以电子形式签订的各类应税凭证按规定征收印花税。”《中华人民共和国印花税法》（主席令第八十九号）第十二条规定：“下列凭证免征印花税……（八）个人与电子商务经营者订立的电子订单。”

根据上述规定，企业以单位名义采购办公用品，签订的电子应税凭证应当按照买卖合同计算缴纳印花税。

640. 技术咨询合同的征税范围应如何把握

某企业为提高经济效益，与某一大学签订了开展技术课题研究的协议。请问该协议是否需要按照技术合同申报缴纳印花税？

答：《国家税务局关于对技术合同征收印花税问题的通知》（国税地字

〔1989〕34 号）第二条规定：“关于技术咨询合同的征税范围问题技术咨询合同是当事人就有关项目的分析、论证、评价、预测和调查订立的技术合同。有关项目包括：1. 有关科学技术与经济、社会协调发展的软科学研究项目；2. 促进科技进步和管理现代化，提高经济效益和社会效益的技术项目；3. 其他专业项目。对属于这些内容的合同，均应按照‘技术合同’税目的规定计税贴花。至于一般的法律、法规、会计、审计等方面的咨询不属于技术咨询，其所立合同不贴印花。”

根据上述规定，如果该协议具有上述技术咨询合同的要素，应按照技术合同申报缴纳印花税，否则可归为一般的法律、法规、会计、审计等方面的咨询，不缴纳印花税。

641. 是否还能采取核定征收方式缴纳印花税

某企业签订的合同涉及大量客户，如果按照系统导出的合同分类别计提，工作量大且容易遗漏。请问是否能采取按照营业收入的合理比例核定征收的方式缴纳印花税？

答：《中华人民共和国印花税法》（主席令第八十九号）第十六条规定：“印花税按季、按年或者按次计征。实行按季、按年计征的，纳税人应当自季度、年度终了之日起十五日内申报缴纳税款；实行按次计征的，纳税人应当自纳税义务发生之日起十五日内申报缴纳税款。”第十八条规定：“印花税由税务机关依照本法和《中华人民共和国税收征收管理法》的规定征收管理。”此外，《国家税务总局关于实施〈中华人民共和国印花税法〉等有关事项的公告》（国家税务总局公告 2022 年第 14 号）附件 2《全文废止和部分条款废止的印花税文件目录》中将涉及印花税核定征收的国税函〔2004〕150 号和国家税务总局公告 2016 年第 77 号公告予以废止。

根据上述规定，企业应当采取按季、按年或按次申报缴纳印花税，不再适用事前核定征收方式缴纳印花税。但企业如果未按要求如实申报缴纳印花税，税务机关可以根据《税收征收管理法》的规定进行核定征收。

642. 资金账簿发生变动如何缴纳印花税

某企业以“实收资本”和“资本公积”的两项合计金额为印花税资金账簿计税依据，年初资金账簿均已经计税贴花，本年发生资产划转导致资本公积减少 20 万元，接受所有者投资导致实收资本增加 50 万元。请问本年是按照 50 万元还是 30 万元计提资金账簿印花税？

答：《中华人民共和国印花税法》（主席令第八十九号）第十一条规定：

“已缴纳印花税的营业账簿，以后年度记载的实收资本（股本）、资本公积合计金额比已缴纳印花税的实收资本（股本）、资本公积合计金额增加的，按照增加部分计算应纳税额。”

根据上述规定，企业年初实收资本和资本公积已缴纳印花税，应根据年末实收资本和资本公积合计金额相比年初合计金额的增加部分30万元计算应纳税额。

643. 融资性售后回租业务如何缴纳印花税

某企业开展融资租赁业务，与融资租赁公司签订融资性售后回租合同。请问该合同中出售租赁资产、回租租赁资产租金以及购回租赁资产相关金额是否需要缴纳印花税？

答：《财政部 国家税务总局关于印花税若干政策的通知》（财税〔2006〕162号）第一条规定：“对开展融资租赁业务签订的融资租赁合同（含融资性售后回租），统一按照其所载明的租金总额依照‘借款合同’税目，按万分之零点五的税率计税贴花。”第二条规定：“在融资性售后回租业务中，对承租人、出租人因出售租赁资产及购回租赁资产所签订的合同，不征收印花税。”

根据上述规定，企业签订的融资性售后回租合同中的租金总额应按照借款合同计算缴纳印花税，而出售和购回租赁资产的金额不征收印花税。

644. 民间借款是否需要缴纳印花税

某企业因资金周转需要从股东处取得借款，签订了借款协议。请问该协议是否需要按借款合同缴纳印花税？

答：根据《中华人民共和国印花税法》（主席令第八十九号）所附印花税税目税率表，借款合同是指银行业金融机构、经国务院银行业监督管理机构批准设立的其他金融机构与借款人（不包括同业拆借）的借款合同，不包括向关联方借款、向股东借款、向个人借款、现金池业务等民间借款。

根据上述规定，企业向股东借款签订的借款协议不属于印花税应税范围，不缴纳印花税。

645. 与个人签订的车辆买卖合同是否需要缴纳印花税

某企业从个体工商户甲某处购买了一辆二手车，签订二手车买卖合同。请问该合同是否需要缴纳印花税？

答：根据《中华人民共和国印花税法》（主席令第八十九号）所附印花

税税目税率表，买卖合同应按价款的万分之三计算缴纳印花税，但不包括个人书立的动产买卖合同。

根据上述规定，与个人（含个体工商户）签订的车辆买卖合同不属于征税范围，合同订立双方均不需要缴纳印花税，企业无须就与个体工商户签订的二手车买卖合同缴纳印花税。

▶≫ 646. 与个人签订的房屋租赁合同是否需要缴纳印花税

某企业向个人租赁住房，签订了房屋租赁合同。请问该合同是否需要缴纳印花税？

答：《财政部 国家税务总局关于廉租住房、经济适用住房和住房租赁有关税收政策的通知》（财税〔2008〕24 号）第二条第（二）项规定："对个人出租、承租住房签订的租赁合同，免征印花税。"《财政部 税务总局关于印花税法实施后有关优惠政策衔接问题的公告》（财政部 税务总局公告 2022 年第 23 号）规定："自 2022 年 7 月 1 日《中华人民共和国印花税法》实施后，财税〔2008〕24 号文件第二条第（二）项继续执行。"《财政部 税务总局关于印花税若干事项政策执行口径的公告》（财政部 税务总局公告 2022 年第 22 号）第四条第一款规定："对应税凭证适用印花税减免优惠的，书立该应税凭证的纳税人均可享受印花税减免政策，明确特定纳税人适用印花税减免优惠的除外。"

根据上述规定，对个人出租、承租住房签订的租赁合同，继续执行免征印花税政策，企业与个人书立租赁合同的，双方均免征印花税。

▶≫ 647. 印花税纳税地点如何确定

某企业为甲地注册的企业，为了拓展业务，与乙地的另一家企业签订了房屋租赁合同，租赁该企业的办公楼。请问应向何地税务机关申报缴纳印花税？

答：《中华人民共和国印花税法》（主席令第八十九号）第十三条规定："纳税人为单位的，应当向其机构所在地的主管税务机关申报缴纳印花税；纳税人为个人的，应当向应税凭证书立地或者纳税人居住地的主管税务机关申报缴纳印花税。不动产产权发生转移的，纳税人应当向不动产所在地的主管税务机关申报缴纳印花税。"

根据上述规定，该合同未涉及不动产产权转移，企业应当向机构所在地甲地的主管税务机关申报缴纳印花税。

648. 司法判决书是否需要缴纳印花税

某企业根据法院司法判决不动产过户的裁决书取得了某处房产的所有权。请问该判决书是否需要按照产权转移书据缴纳印花税？

答：《财政部 税务总局关于印花税若干事项政策执行口径的公告》（财政部 税务总局公告2022年第22号）第二条第（四）项规定："下列情形的凭证，不属于印花税征收范围：1. 人民法院的生效法律文书，仲裁机构的仲裁文书，监察机关的监察文书。2. 县级以上人民政府及其所属部门按照行政管理权限征收、收回或者补偿安置房地产书立的合同、协议或者行政类文书。3. 总公司与分公司、分公司与分公司之间书立的作为执行计划使用的凭证。"

根据上述规定，企业取得人民法院的生效法律文书、仲裁机构的仲裁文书、监察机关的监察文书等不作为印花税计税凭证，不缴纳印花税。

649. 印花税减免优惠是否合同各方都能享受

某企业属于小型企业，与金融机构签订了借款合同。请问该企业是否也能享受财税〔2017〕77号对金融机构与小型、微型企业签订的借款合同免征印花税的优惠政策？

答：《财政部 税务总局关于印花税若干事项政策执行口径的公告》（财政部 税务总局公告2022年第22号）第四条第（一）项规定："对应税凭证适用印花税减免优惠的，书立该应税凭证的纳税人均可享受印花税减免政策，明确特定纳税人适用印花税减免优惠的除外。"

根据上述规定，除政策明确只有特定纳税人享受减免优惠外，金融机构和小型企业、微型企业签订了借款合同后，各方均可享受印花税减免政策。

650. 产权转移书据印花税率分别是多少

某企业当期从乙企业取得一宗土地，签订土地使用权转让合同，从丙企业取得一项发明专利，签订专利转让合同。请问以上产权转移书据缴纳印花税分别适用什么税率？

答：根据《中华人民共和国印花税法》（主席令第八十九号）所附印花税税目税率表，产权转移书据，包括土地使用权出让书据，税率为价款的万分之五；土地使用权、房屋等建筑物和构筑物所有权转让书据（不包括土地承包经营权和土地经营权转移），税率为价款的万分之五；股权转让书据（不包括应缴纳证券交易印花税的），税率为价款的万分之五；商标专用权、著作权、专利权、专有技术使用权转让书据，税率为价款的万分之三。转让包括买卖（出售）、继承、赠与、互换、分割。

根据上述规定，企业签订的土地使用权转让合同按照价款的万分之五计算缴纳印花税，签订的专利转让合同按照价款的万分之三计算缴纳印花税。

651. 一次性签订多年的房屋租赁合同如何缴纳印花税

某企业签订房屋租赁合同，将自有闲置的一幢办公楼出租给另一家企业，合同中约定租期5年，租金按年递增。请问印花税是一次性缴纳还是按年度分期缴纳？

答：根据《中华人民共和国印花税法》（主席令第八十九号）所附印花税税目税率表，租赁合同按照租金的千分之一计算缴纳。第十五条规定：“印花税的纳税义务发生时间为纳税人书立应税凭证或者完成证券交易的当日。”第十六条规定：“印花税按季、按年或者按次计征。实行按季、按年计征的，纳税人应当自季度、年度终了之日起十五日内申报缴纳税款；实行按次计征的，纳税人应当自纳税义务发生之日起十五日内申报缴纳税款。”

根据上述规定，企业书立租赁合同当日，印花税纳税义务发生，计税依据为根据合同规定计算的各年度租金总额，并在年度终了之日起十五日内申报缴纳印花税。

652. 货物多式联运合同如何缴纳印花税

某企业签订货物多式联运合同，合同约定在起运地统一结算全程运费。请问该合同应如何缴纳印花税？

答：《财政部 税务总局关于印花税若干事项政策执行口径的公告》（财政部 税务总局公告2022年第22号）第三条第（六）项规定：“《财政部 国家税务总局关于印花税若干政策的通知》境内的货物多式联运，采用在起运地统一结算全程运费的，以全程运费作为运输合同的计税依据，由起运地运费结算双方缴纳印花税；采用分程结算运费的，以分程的运费作为计税依据，分别由办理运费结算的各方缴纳印花税。”

根据上述规定，企业签订的该合同采取在起运地统一结算全程运费方式，应以全程运费作为运输合同的计税依据，由企业和承运方分别计算缴纳印花税。

653. 营业执照还需要缴纳印花税吗

某企业刚注册成立。请问其营业执照还需要缴纳印花税吗？

答：根据《中华人民共和国印花税法》（主席令第八十九号）所附印花

税税目税率表，目前已经没有权利、许可证照的税目。

根据上述规定，印花税法已经取消对权利、许可证照每件5元印花税的规定，即房产证、土地使用证、工商营业执照、商标注册证和专利权证将不再缴纳印花税。

654. 委托加工合同如何缴纳印花税

某企业受客户委托加工一批货物，合同约定由企业提供原材料并收取加工费。请问该合同该如何缴纳印花税？

答：《中华人民共和国印花税法》（主席令第八十九号）第九条规定："同一应税凭证载有两个以上税目事项并分别列明金额的，按照各自适用的税目税率分别计算应纳税额；未分别列明金额的，从高适用税率。"《国家税务局关于印花税若干具体问题的规定》（国税地字〔1988〕25号）第1条："对由受托方提供原材料的加工、定作合同，如何贴花？由受托方提供原材料的加工、定作合同，凡在合同中分别记载加工费金额与原材料金额的，应分别按'加工承揽合同'、'购销合同'计税，两项税额相加数，即为合同应贴印花；合同中不划分加工费金额与原材料金额的，应按全部金额，依照'加工承揽合同'计税贴花。"

根据上述规定，企业签订的委托加工合同中既包含买卖合同的约定事项，又包含承揽合同的约定事项，若合同将两项业务分别记载销售额，应按适用税目税率分别计算应纳税额，相加后按合计税额贴花；如未分别记载销售额，全额按承揽合同计税贴花。

655. 销售使用过的固定资产签订的合同如何缴纳印花税

某企业销售自己使用过的固定资产并签订了合同。请问应按照买卖合同还是产权转移书据计征印花税？

答：《中华人民共和国印花税法》（主席令第八十九号）附件《印花税税目税率表》规定："买卖合同，指动产买卖合同（不包括个人书立的动产买卖合同），税率为价款的万分之三。产权转移书据，包括土地使用权出让书据，税率为价款的万分之五；土地使用权、房屋等建筑物和构筑物所有权转让书据（不包括土地承包经营权和土地经营权转移），税率为价款的万分之五；股权转让书据（不包括应缴纳证券交易印花税的），税率为价款的万分之五；商标专用权、著作权、专利权、专有技术使用权转让书据，税率为价款的万分之三。转让包括买卖（出售）、继承、赠与、互换、分割。"

根据上述规定，企业销售自己使用过的固定资产签订的合同，如该固定资产属于动产且买方不属于个人的，应按照买卖合同计征印花税；如该固定资产属于不动产，应按照产权转移书据缴纳印花税。

656. “印花税税源明细表”中不同的货物能否合并为一行

某企业发生了不同货物的买卖行为。请问填写采集“印花税税源明细表”时，能否把不同的货物合并为一行填写“应税凭证名称”？

答：《国家税务总局关于实施〈中华人民共和国印花税法〉等有关事项的公告》的解读第三条规定：“纳税人应当根据书立印花税应税合同、产权转移书据和营业账簿情况，填写‘印花税税源明细表’，进行财产行为税综合申报。合同数量较多且属于同一税目的，可以合并汇总填写‘印花税税源明细表’。”

根据上述规定，企业可以将不同货物合并一行体现在“应税凭证名称”中，汇总填写应税凭证名称。

657. “印花税税源明细表”应税凭证名称和数量如何填写

某企业发生印花税纳税义务，请问在填报“印花税税源明细表”时，“应税凭证名称”和“应税凭证数量”应如何填写？

答：《国家税务总局关于实施〈中华人民共和国印花税法〉等有关事项的公告》（国家税务总局公告2022年第14号）附件1“印花税税源明细表”规定：“……3. 应税凭证名称：必填。填写应税凭证的具体名称。……5. 应税凭证数量：逐份填写应税凭证时填1，合并汇总填写应税凭证时填写合并汇总应税凭证的数量。合并汇总填写应税凭证时，只能合并适用同一税目且内容高度相似的应税凭证。合并汇总填写应税凭证时，对方书立人信息〔对方书立人名称、对方书立人纳税人识别号（统一社会信用代码）、对方书立人涉及金额〕不需填写。”

根据上述规定，企业应按照填报说明要求如实填报应税凭证名称和应税凭证数量信息。

八、车船税、车辆购置税

▶≫ 658. 办理退税的被盗抢车船失而复得后如何缴纳车船税

某企业 2021 年初购置的一辆汽车于 2021 年 10 月因司机疏忽被盗，向公安局报案后凭借相关证明已办理退税，退还自被盗月份起至本纳税年度终了期间的税款。随着警察将案件侦破后，2022 年 3 月被盗车辆被追回，警方开具相关证明将被盗车辆归还至该企业。请问该如何缴纳车船税？

答：《中华人民共和国车船税法实施条例》（国务院令第 611 号）第十九条规定："在一个纳税年度内，已完税的车船被盗抢、报废、灭失的，纳税人可以凭有关管理机关出具的证明和完税凭证，向纳税所在地的主管税务机关申请退还自被盗抢、报废、灭失月份起至该纳税年度终了期间的税款。已办理退税的被盗抢车船失而复得的，纳税人应当从公安机关出具相关证明的当月起计算缴纳车船税。"

根据上述规定，该企业应当从公安机关出具相关证明的 2022 年 3 月起计算缴纳车船税。

▶≫ 659. 已代收车船税的车辆是否还需要重新缴纳车船税

某企业因公需要，于 2022 年 10 月在杭州购买了一辆轿车，已由保险公司代收代缴车船税，没有开具车船税完税凭证，只是在增值税发票上面注明了车船税信息，随后在金华进行了车辆登记。请问在车辆登记地是否还需要重新缴纳车船税？没有完税凭证可以吗？

答：《国家税务总局关于发布〈车船税管理规程（试行）〉的公告》（国家税务总局公告 2015 年第 83 号）第二十一条规定："纳税人在车辆登记地之外购买机动车第三者责任强制保险，由保险机构代收代缴车船税的，凭注明已收税款信息的机动车第三者责任强制保险单或保费发票，车辆登记地的主管税务机关不再征收该纳税年度的车船税，已经征收的应予退还。"

《国家税务总局关于保险机构代收车船税开具增值税发票问题的公告》（国家税务总局公告 2016 年第 51 号）规定："保险机构作为车船税扣缴义务人，在代收车船税并开具增值税发票时，应在增值税发票备注栏中注明代收车船税税款信息。具体包括：保险单号、税款所属期（详细至月）、代收车船税金额、滞纳金金额、金额合计等。该增值税发票可作为纳税人缴纳车船税及滞纳金的会计核算原始凭证。"

根据上述规定，该企业不需要在车辆登记地重新缴纳车船税，企业应以保险公司开具的增值税发票作为车船税会计核算原始凭证。

660. 已缴车船税后再卖出车辆是否能够申请退还车船税

某企业于 2018 年 2 月购买了一辆小客车，作为接送职工上下班的班车。2022 年 6 月由于人员扩张，此客车不足以容纳现有的职工，所以该企业决定将此小客车作为二手车出售，再重新购买一辆大客车。此小客车 2022 年度的车船税已经缴纳。请问该企业是否能够申请退回本年度剩下的车船税？

答：《中华人民共和国车船税法实施条例》（国务院令第 611 号）第二十条规定："已缴纳车船税的车船在同一纳税年度内办理转让过户的，不另纳税，也不退税。"

根据上述规定，该企业不能申请退回本年度剩余车船税。

661. 客货两用车如何缴纳车船税

某企业于 2022 年 2 月购买了一辆客货两用车，平时多用于作为运输小型货物及接送员工或接待客户。请问应按怎样的标准缴纳车船税？

答：《国家税务总局关于车船税征管若干问题的公告》（国家税务总局公告 2013 年第 42 号）第二条规定："客货两用车，又称多用途货车，是指在设计和结构上主要用于载运货物，但在驾驶员座椅后带有固定或折叠式座椅，可运载 3 人以上乘客的货车。客货两用车依照货车的计税单位和年基准税额计征车船税。"

根据上述规定，企业应该依照货车的计税单位和年基准税额计征车船税。

662. 新能源汽车是否有车辆购置税优惠政策

某企业于 2022 年新购入 1 辆纯电新能源汽车、1 辆混动新能源汽车。请问新能源汽车是否有车船税优惠政策？

答：《中华人民共和国车船税法》（中华人民共和国主席令第 43 号）第四

条规定："对节约能源、使用新能源的车船可以减征或者免征车船税。"《财政部 税务总局 工业和信息化部 交通运输部关于节能新能源车船享受车船税优惠政策的通知》（财税〔2018〕74号）第二条规定："对新能源车船，免征车船税。（一）免征车船税的新能源汽车是指纯电动商用车、插电式（含增程式）混合动力汽车、燃料电池商用车。纯电动乘用车和燃料电池乘用车不属于车船税征税范围，对其不征车船税。（二）免征车船税的新能源汽车应同时符合以下标准：1. 获得许可在中国境内销售的纯电动商用车、插电式（含增程式）混合动力汽车、燃料电池商用车；2. 符合新能源汽车产品技术标准，具体标准见附件4；3. 通过新能源汽车专项检测，符合新能源汽车标准，具体标准见附件5；4. 新能源汽车生产企业或进口新能源汽车经销商在产品质量保证、产品一致性、售后服务、安全监测、动力电池回收利用等方面符合相关要求，具体要求见附件6。"《中华人民共和国工业和信息化部 财政部 税务总局关于调整享受车船税优惠的节能新能源汽车产品技术要求的公告》（工业和信息化部公告2022年第2号）第二条规定："对财税〔2018〕74号文中插电式混合动力（含增程式）乘用车有关技术要求调整如下：插电式混合动力（含增程式）乘用车纯电动续驶里程应满足有条件的等效全电里程不低于43公里。（二）插电式混合动力（含增程式）乘用车电量保持模式试验的燃料消耗量（不含电能转化的燃料消耗量）与'乘用车燃料消耗量限值'（GB19578—2021）中车型对应的燃料消耗量限值相比应当小于70%；电量消耗模式试验的电能消耗量应小于电能消耗量目标值的135%。按整备质量（m，kg）不同，百公里电能消耗量目标值（Y）应满足以下要求：$m \leq 1000$ 时，$Y = 0.0112 \times m + 0.4$；$1000 < m \leq 1600$ 时，$Y = 0.0078 \times m + 3.8$；$m > 1600$ 时，$Y = 0.0048 \times m + 8.60$。"

根据上述规定，该企业新购入的1辆纯电新能源汽车免征车船税，另1辆混动新能源汽车纯电动续驶里程应满足有条件的等效全电里程不低于43公里等条件才能继续享受车船税优惠。

663. 遭受严重自然灾害是否有车船税优惠政策

2022年7月，A市出现罕见的降雨，近三天的降雨量，接近常年一年的量。该市某企业大量生产用车浸水维修，无法正常开展生产经营活动。请问这种情况是否有车船税优惠政策？

答：《中华人民共和国车船税法》（中华人民共和国主席令第43号）第四条规定："对受严重自然灾害影响纳税困难以及有其他特殊原因确需减税、免税的，可以减征或者免征车船税。具体办法由国务院规定，并报全国人民代表大会常务委员会备案。”《河南省车船税实施办法》（河南省人民政府令第144号）第六条第（四）点规定：“受地震、洪涝等严重自然灾害影响纳税困难以及其他特殊原因确需减免税的车船，经主管税务机关核准，当年免征车船税。”

根据上述规定，该企业因洪涝严重影响导致纳税困难的，可以根据当地相关规定在当年免征车船税。

664. 1.6升排量以下车辆购置税减征优惠是否能享受

某企业于2022年5月15日购买了一辆1.6升的乘用车，因为当时没有现车，所以先与车行签订了订购合同并交付了定金。6月2日现车到货后，企业员工前往提车，付清全款后取得购车发票，发票上的日期是6月2日。请问这样还能继续享受1.6升以下车购税的减征优惠吗？

答：《财政部 税务总局关于减征部分乘用车车辆购置税的公告》（财政部 税务总局公告2022年第20号）第一条规定：“对购置日期在2022年6月1日至2022年12月31日期间内且单车价格（不含增值税）不超过30万元的2.0升及以下排量乘用车，减半征收车辆购置税。”第四条规定：“乘用车购置日期按照机动车销售统一发票或海关关税专用缴款书等有效凭证的开具日期确定。”

根据上述规定，该企业虽于5月15日签订了订购合同，但是“机动车销售统一发票”开票日期为6月2日，符合公告中减征部分乘用车车辆购置税的标准，可以享受车辆购置税减半征收的优惠政策。

665. 车辆退回销售企业是否可以申请返还车辆购置税

某公司于2022年初购置一辆二手汽车（二手车行承诺非事故车、非泡水车），车辆购置税已经缴纳。但具体行驶过程中发现具体车况与车行所说的不符，经详细检查后分析该车曾经被水泡过。经过沟通后，该公司于2022年初将车辆退回原二手车行。请问纳税人是否可以申请退还已缴纳的车购税？

答：《中华人民共和国车辆购置税法》（中华人民共和国主席令第十九号）第十五条规定：“纳税人将已征车辆购置税的车辆退回车辆生产企业或者销售企业的，可以向主管税务机关申请退还车辆购置税。退税额以已缴税款为基准，自缴纳税款之日至申请退税之日，每满一年扣减百分之十。”《财政部 税务总局关于车辆购置税有关具体政策的公告》（财政部 税务总局公告2019年第71号）第八条规定：“已征车辆购置税的车辆退回车辆生产或销售企业，纳税人申请退还车辆购置税的，应退税额计算公式如下：应退税额 = 已纳税额 ×（1 - 使用年限 × 10%）。应退税额不得为负数。使用年限的计算方法是，自纳税人缴纳税款之日起，至申请退税之日止。”

根据上述规定，纳税人可以向主管税务机关申请退还车辆购置税。退税额以已缴税款为基准，使用年限自缴纳税款之日至申请退税之日，应退税额 = 已纳税额 ×（1 - 使用年限 × 10%）。

666. 设有固定装置的非运输专用作业车辆是否免税

某企业于2022年3月25日因为业务需要从A公司购置了一台未列入《目录》的车辆，并缴纳了车辆购置税，A公司上传车辆电子信息时未标注免税标识；随后国家税务总局、工业和信息化部发布的第五批《目录》包含了上述销售车辆的车型。请问该企业是否能够申请退回已缴纳的车辆购置税？

答：《关于〈国家税务总局 工业和信息化部关于发布《免征车辆购置税的设有固定装置的非运输专用作业车辆目录》（第五批）的公告〉的解读》第五条规定：“依据现行重新标注免税标识的规定，第五批《目录》发布前已出厂销售的专用车辆，申请人可在所销售车辆的车型列入第五批《目录》后，在所销售车辆的车辆电子信息中重新标注免税标识，重新上传，纳税人据此向主管税务机关申请办理免税手续。第六条规定，如果纳税人已缴纳车辆购置税，在申请人重新标注免税标识并上传信息之后，可以向主管税务机关申请退税，主管税务机关根据申请人重新标注的免税标识及相关资料，依法退还纳税人已缴税款。”

根据上述规定，该企业可以在免税标识重新标注后，凭借免税标识及相关资料，向主管税务机关申请退还已缴纳的税款。

667. 新能源汽车是否有车辆购置税优惠政策

某车辆运输企业于2022年计划购入20辆汽车，财务资产部建议在预算相同的情况下购买纯电新能源汽车，降低车辆年使用成本，新能源汽车年消耗电费小于年消耗油费。请问新能源汽车除了使用成本低，是否有车辆购置税优惠政策？

答：《财政部 税务总局 工业和信息化部关于新能源汽车免征车辆购置税有关政策的公告》（财政部公告2020年第21号）第一条规定：“自2021年1月1日至2022年12月31日，对购置的新能源汽车免征车辆购置税。免征车辆购置税的新能源汽车是指纯电动汽车、插电式混合动力（含增程式）汽车、燃料电池汽车。”第二条规定：“免征车辆购置税的新能源汽车，通过工业和信息化部、税务总局发布《免征车辆购置税的新能源汽车车型目录》（以下简称《目录》）实施管理。自《目录》发布之日起，购置列入《目录》的新能源汽车免征车辆购置税；购置时间为机动车销售统一发票（或有效凭证）上注明的日期。”

根据上述规定，2022年度购置的新能源汽车免征车辆购置税。

668. 支付车款包含车辆装饰费如何缴纳车辆购置税

某企业于2022年9月从4S店购买的一辆小汽车30万元（不含增值税），包括25万元车费、5万元装饰费。请问该如何缴纳车辆购置税？

答：《机动车发票使用办法》（国家税务总局 工业和信息化部 公安部公告2020年第23号）第六条规定：“销售方应当按照销售符合国家机动车管理部门车辆参数、安全等技术指标规定的车辆所取得的全部价款如实开具机动车发票。”

根据上述规定，车辆装饰费不属于文件规定的车辆参数、安全等技术指标所取得的价款，因此5万元装饰费不计入车辆购置税的计税依据，另行开具增值税普通发票。该企业应按照25万元计算缴纳车辆购置税。

669. 留学归国人员购买进口车辆是否免征车辆购置税

某企业新入职员工为留学归国人员。请问其购买进口车辆是否可以免征车辆购置税？

答：《财政部 税务总局关于继续执行的车辆购置税优惠政策的公告》（财政部 税务总局公告2019年第75号）第1点规定：“回国服务的在外留学人员用现汇购买1辆个人自用国产小汽车和长期来华定居专家进口1辆自用小汽车免征车辆购置税。”

根据上述规定，该企业留学归国人员购买国产小汽车才能免征车辆购置税，购买进口车辆需要缴纳车辆购置税。

670. 自产自用汽车如何缴纳车辆购置税

某汽车制造企业自产自用5台汽车用于开展营销活动。假设该批汽车为最新款还未上市，生产成本约15万元/台，消费税税率为5%；假设当地税务核定的成本利润率为10%。请问自产自用汽车如何缴纳车辆购置税？

答：《中华人民共和国车船税法》（中华人民共和国主席令第43号）第二

条规定："本法所称购置，是指以购买、进口、自产、受赠、获奖或者其他方式取得并自用应税车辆的行为。"第六条第（三）款规定："纳税人自产自用应税车辆的计税价格，按照纳税人生产的同类应税车辆的销售价格确定，不包括增值税税款。"第四条规定："车辆购置税的税率为百分之十。"《财政部 税务总局关于车辆购置税有关具体政策的公告》（财政部 税务总局公告2019年第71号）第四条规定："纳税人自产自用应税车辆的计税价格，按照同类应税车辆（即车辆配置序列号相同的车辆）的销售价格确定，不包括增值税税款；没有同类应税车辆销售价格的，按照组成计税价格确定。组成计税价格计算公式如下：组成计税价格 = 成本 ×（1 + 成本利润率）。属于应征消费税的应税车辆，其组成计税价格中应加计消费税税额。上述公式中的成本利润率，由国家税务总局各省、自治区、直辖市和计划单列市税务局确定。"

根据上述规定，每台汽车组成计税价格为17.37［=15×(1+10%)/(1-5%)］万元；5辆车辆购置税为8.69（=17.37×10%×5）万元。

671. 免税条件消失后如何缴纳车辆购置税

某企业购置一辆市场价为20万元的国产车自用，购置时因符合免税条件而未缴纳车辆购置税。购置使用1年后免税条件消失，该车辆初次办理纳税申报时确定的计税价格是20万元。请问该企业就该车辆应缴纳多少车辆购置税？

答：《中华人民共和国车辆购置税法》（中华人民共和国主席令第十九号）第十四条规定："免税、减税车辆因转让、改变用途等原因不再属于免税、减税范围的，纳税人应当在办理车辆转移登记或者变更登记前缴纳车辆购置税。计税价格以免税、减税车辆初次办理纳税申报时确定的计税价格为基准，每满一年扣减百分之十。"

根据上述规定，该企业应缴纳车辆购置税为1.8［=初次办理纳税申报时确定的计税价格×(1-使用年限×10%)×10% =20×(1-1×10%)×10%］万元。

672. 2022年还能继续享受挂车车辆购置税的减征优惠吗

某企业于2022年8月购买了一辆用于载运货物的挂车。请问还能继续享受挂车车辆购置税的减征优惠吗？

答：《财政部 税务总局 工业和信息化部关于对挂车减征车辆购置税的公告》（财政部 税务总局 工业和信息化部公告2018年第69号）第一条规定：

“自2018年7月1日至2021年6月30日，对购置挂车减半征收车辆购置税。购置日期按照‘机动车销售统一发票’‘海关关税专用缴款书’或者其他有效凭证的开具日期确定。”《财政部 税务总局关于延长部分税收优惠政策执行期限的公告》（财政部 税务总局公告2021年第6号）第一条规定：“《财政部 税务总局关于设备器具扣除有关企业所得税政策的通知》（财税〔2018〕54号）等16个文件规定的税收优惠政策凡已经到期的，执行期限延长至2023年12月31日，详见附件1。”

根据上述规定，“机动车销售统一发票”或“海关关税专用缴款书”开票日期在2023年12月31日之前的纳税人，办理新车申报缴税可继续享受挂车减征车辆购置税的优惠政策（应当注意，按照现行《车辆购置税征收管理办法》规定，纳税人购买自用应税车辆的，应自购买之日起60日内申报纳税）。因此，该企业于2022年8月购买的该挂车目前仍可以享受车购税的减征优惠。

673. 车辆底盘发生更换，车辆购置税该如何处理

某企业有一辆已缴纳车辆购置税并办理了登记注册手续的小轿车。2022年6月，因车祸需要大修和更换底盘，经国家税务总局核定的同类型新车最低计税价格为20万元，高于原来的计税价格。请问是否需要补缴车辆购置税？

答：《车辆购置税征收管理办法》（国家税务总局令第33号）第五条规定：“已经办理纳税申报的车辆发生下列情形之一的，纳税人应按本办法规定重新办理纳税申报：（一）底盘发生更换的；（二）免税条件消失的。”第七条规定：“底盘发生更换的车辆，计税依据为最新核发的同类型车辆最低计税价格的70%。同类型车辆是指同国别、同排量、同车长、同吨位、配置近似等（下同）。”第八条规定：“最低计税价格是指国家税务总局依据车辆生产企业提供的车辆价格信息，参照市场平均交易价格核定的车辆购置税计税价格。”

根据上述规定，该企业在车辆底盘更换后需要重新办理纳税申报，计税依据为最新核发的同类型车辆最低计税价格的70%，若不足应补缴。

674. 无偿受赠是否缴纳车辆购置税

某企业于2022年7月受赠5辆生产用车用于夏季抢修工作。请问是否需要缴纳车辆购置税？

答：《中华人民共和国车辆购置税法》（中华人民共和国主席令第十九

号）第二条规定："本法所称购置，是指以购买、进口、自产、受赠、获奖或者其他方式取得并自用应税车辆的行为。"第六条第（四）款规定："纳税人以受赠、获奖或者其他方式取得自用应税车辆的计税价格，按照购置应税车辆时相关凭证载明的价格确定，不包括增值税税款。"

根据上述规定，受赠是购置的一种类型，因此，该企业应按照赠送方购置凭证缴纳车辆购置税。

675. 北京冬奥组委新购车辆是否有车辆购置税优惠政策

北京冬奥组委于2022年1月新购一辆大巴用于接送运动员。请问这是否有车辆购置税优惠政策？

答：《财政部 税务总局 海关总署关于北京2022年冬奥会和冬残奥会税收政策的通知》（财税〔2017〕60号）第一条第（十）款规定："对北京冬奥组委免征应缴纳的车船税和新购车辆应缴纳的车辆购置税。"

根据上述规定，北京冬奥组委新购车辆免征车辆购置税。

676. 场地内部使用车辆是否缴纳车辆购置税和车船税

某企业有一批仅在企业场地内部使用，不在社会道路上行驶，也不用到公安机关办理车辆牌照的内部车辆。请问是否需要缴纳车辆购置税和车船税？

答：《中华人民共和国车辆购置税法》（中华人民共和国主席令第十九号）第一条规定："在中华人民共和国境内购置汽车、有轨电车、汽车挂车、排气量超过一百五十毫升的摩托车（以下统称应税车辆）的单位和个人，为车辆购置税的纳税人，应当依照本法规定缴纳车辆购置税。"第十一条规定："纳税人购置应税车辆，应当向车辆登记地的主管税务机关申报缴纳车辆购置税；购置不需要办理车辆登记的应税车辆的，应当向纳税人所在地的主管税务机关申报缴纳车辆购置税。"第十二条规定："车辆购置税的纳税义务发生时间为纳税人购置应税车辆的当日。纳税人应当自纳税义务发生之日起六十日内申报缴纳车辆购置税。"《中华人民共和国车船税法》（中华人民共和国主席令第43号）第七条规定："依法不需要办理登记的车船，车船税的纳税地点为车船的所有人或者管理人所在地。"

根据上述规定，该企业的车辆无论是否需要办理登记，只要是属于文件中规定的征收范围的，就要缴纳车辆购置税和车船税。如果有属于免税范围的车辆，虽不用缴税，但还是要到税务机关去申报免税。

677. 挂车应如何计算车辆购置税和车船税

2022 年，某建筑企业拥有整备质量 10 吨货车 10 辆，货车车船税年税额是 20 元/吨，年初新购 8 吨挂车 5 辆，每辆挂车 6 万元。请问应如何计算车辆购置税和车船税？

答：《财政部 税务总局 工业和信息化部关于对挂车减征车辆购置税的公告》（财政部公告 2018 年第 69 号）第一条规定：“自 2018 年 7 月 1 日至 2021 年 6 月 30 日，对购置挂车减半征收车辆购置税。购置日期按照‘机动车销售统一发票’‘海关关税专用缴款书’或者其他有效凭证的开具日期确定。”第二条规定：“本公告所称挂车，是指由汽车牵引才能正常使用且用于载运货物的无动力车辆。”根据《财政部 税务总局关于延长部分税收优惠政策执行期限的公告》（财政部 税务总局公告 2021 年第 6 号）第一条规定：“《财政部 税务总局关于设备器具扣除有关企业所得税政策的通知》（财税〔2018〕54 号）等 16 个文件规定的税收优惠政策凡已经到期的，执行期限延长至 2023 年 12 月 31 日，详见附件 1。”

根据上述规定，货车年基准税额按照 16 元至 120 元，挂车年基准税额按照货车税额的 50% 计算。挂车的车辆购置税是 15000（ = 60000 × 5 × 10% × 50%）元，挂车的车船税是 400（ = 8 × 5 × 20 × 50%）元，因此，该建筑企业应缴纳 15000 元车辆购置税、2400 元车船税。

678. 购买应税车辆购置税的纳税义务发生时间如何确定

某企业购置了一辆公务车，其合同日期和发票日期不一致。请问缴纳车辆购置税的纳税义务发生时间如何确定？

答：《国家税务总局关于车辆购置税征收管理有关事项的公告》（国家税务总局公告 2021 年第 26 号）第四条规定：“《车辆购置税法》第十二条所称纳税义务发生时间，按照下列情形确定：（一）购买自用应税车辆的为购买之日，即车辆相关价格凭证的开具日期。（二）进口自用应税车辆的为进口之日，即‘海关进口增值税专用缴款书’或者其他有效凭证的开具日期。（三）自产、受赠、获奖或者以其他方式取得并自用应税车辆的为取得之日，即合同、法律文书或者其他有效凭证的生效或者开具日期。”

根据上述规定，应当以车辆相关价格凭证的开具日期即发票开具日期作为纳税义务发生时间。

679. 购买挖掘机是否需要申报缴纳车辆购置税

某企业为建筑企业，购买了两台在工地上使用的挖掘机。请问购买该挖掘机是否需要申报缴纳车辆购置税？

答：《中华人民共和国车辆购置税法》（中华人民共和国主席令第十九号）第一条规定：“在中华人民共和国境内购置汽车、有轨电车、汽车挂车、排气量超过一百五十毫升的摩托车（以下统称应税车辆）的单位和个人，为车辆购置税的纳税人，应当依照本法规定缴纳车辆购置税。”第二条规定：“本法所称购置，是指以购买、进口、自产、受赠、获奖或者其他方式取得并自用应税车辆的行为。”《财政部 税务总局关于车辆购置税有关具体政策的公告》（财政部 税务总局公告2019年第71号）第一条规定：“地铁、轻轨等城市轨道交通车辆，装载机、平地机、挖掘机、推土机等轮式专用机械车，以及起重机（吊车）、叉车、电动摩托车，不属于应税车辆。”

根据上述规定，挖掘机不属于车辆购置税应税车辆，企业购买挖掘机不需要缴纳车辆购置税。

680. 履带式挖掘机是否需要缴纳车船税

某企业购买了一台履带式挖掘机用于工程建设。请问该履带式挖掘机是否需要缴纳车船税？

答：《中华人民共和国车船税法》（中华人民共和国主席令第四十三号）第一条规定：“在中华人民共和国境内属于本法所附‘车船税税目税额表’规定的车辆、船舶（以下简称车船）的所有人或者管理人，为车船税的纳税人，应当依照本法缴纳车船税。”‘车船税税目税额表’规定，其他车辆包括专用作业车、轮式专用机械车，不包括拖拉机。《中华人民共和国车船税法实施条例》（国务院令第611号）第二十六条第（七）款和第（八）款：“专用作业车，是指在其设计和技术特性上用于特殊工作的车辆。轮式专用机械车，是指有特殊结构和专门功能，装有橡胶车轮可以自行行驶，最高设计车速大于每小时20公里的轮式工程机械车。”《国家税务总局关于车船税征管若干问题的公告》（国家税务总局公告2013年第42号）第一条规定：“对于在设计和技术特性上用于特殊工作，并装置有专用设备或器具的汽车，应认定为专用作业车，如汽车起重机、消防车、混凝土泵车、清障车、高空作业车、洒水车、扫路车等。以载运人员或货物为主要目的的专用汽车，如救护车，不属于专用作业车。”

根据上述规定，履带式挖掘机属于工程机械，不属于“车船税税目税额表”规定的车辆，不缴纳车船税。

681. 年度中间转让车辆是否可以退还已缴纳的车船税

某企业年终将一辆使用了五年的车辆进行了更新换代，为此将该车辆转让给其他单位。请问已缴纳的车船税能否申请退还？

答：《中华人民共和国车船税法实施条例》（国务院令第 611 号）第二十三条规定：“车船税按年申报，分月计算，一次性缴纳。纳税年度为公历 1 月 1 日至 12 月 31 日。”第二十条规定：“已缴纳车船税的车船在同一纳税年度内办理转让过户的，不另纳税，也不退税。”

根据上述规定，企业年度中间转让车辆，已缴纳的车船税不予退税。

682. 购入已征车购税的二手车是否还要再缴纳车购税

某企业因业务需要，从二手车市场购入一辆九成新的货车，该货车已缴纳过车辆购置税。请问企业的购买行为是否要再缴纳一次车辆购置税？

答：《中华人民共和国车辆购置税法》（中华人民共和国主席令第十九号）第三条规定：“车辆购置税实行一次性征收。购置已征车辆购置税的车辆，不再征收车辆购置税。”

根据上述规定，企业购入已征车辆购置税的二手车，不需要再缴纳车辆购置税。

683. 因质量问题退货能否申请退还已缴纳的车船税

某企业购置一辆公务用车，当年车船税已由保险公司代收代缴，后发现该车辆存在质量问题，企业将其退回经销商。请问能否申请退还已缴纳的车船税？

答：《国家税务总局关于车船税征管若干问题的公告》（国家税务总局公告 2013 年第 42 号）第四条规定：“已经缴纳车船税的车船，因质量原因，车船被退回生产企业或者经销商的，纳税人可以向纳税所在地的主管税务机关申请退还自退货月份起至该纳税年度终了期间的税款。退货月份以退货发票所载日期的当月为准。”《国家税务总局关于发布〈车船税管理规程（试行）〉的公告》（国家税务总局公告 2015 年第 83 号）第十九条规定：“已经缴纳车船税的车船，因质量原因，车船被退回生产企业或者经销商的，纳税人可以向纳税所在地的主管税务机关申请退还自退货月份起至该纳税年度终了期间的税款，退货月份以退货发票所载日期的当月为准。”

根据上述规定，企业可以向当地主管税务机关申请退还自退货月份起至该纳税年度终了期间的车船税税款。

684. 新能源车是否需要申报车船税

某企业购买了一辆纯电动乘用车。请问是否需要缴纳车船税？是否需要进行申报？

答：《财政部 税务总局 工业和信息化部 交通运输部关于节能新能源车船享受车船税优惠政策的通知》（财税〔2018〕74号）第二条规定："免征车船税的新能源汽车是指纯电动商用车、插电式（含增程式）混合动力汽车、燃料电池商用车。纯电动乘用车和燃料电池乘用车不属于车船税征税范围，对其不征车船税。"

根据上述规定，企业购置的纯电动乘用车不属于车船税征税范围，对其不征车船税，无须申报。

685. 丢失机动车销售统一发票无法办理纳税申报怎么办

某企业购置一辆公务用车，由于疏忽导致丢失了机动车销售统一发票，无法办理车辆购置税纳税申报。请问应当如何处理？

答：《机动车发票使用办法》（国家税务总局 工业和信息化部 公安部公告2020年第23号）第九条规定："（四）消费者丢失机动车销售统一发票，无法办理车辆购置税纳税申报或者机动车注册登记的，应向销售方申请重新开具机动车销售统一发票；销售方核对消费者相关信息后，先开具红字发票，再重新开具与原蓝字发票存根联内容一致的机动车销售统一发票。"

根据上述规定，企业丢失机动车销售统一发票导致无法办理纳税申报的，应当向销售方申请重新开具机动车销售统一发票。

686. 购车船税滞纳金能否由车船税扣缴义务人代收代缴

某企业由于未在规定期限内申报缴纳车船税，产生滞纳金。请问是否可以由扣缴义务人代收代缴滞纳金？

答：《中华人民共和国车船税法实施条例》（国务院令第611号）第十四条规定："纳税人没有按照规定期限缴纳车船税的，扣缴义务人在代收代缴税款时，可以一并代收代缴欠缴税款的滞纳金。"

根据上述规定，企业未及时缴纳车船税产生的滞纳金可以由扣缴义务人代收代缴。

⋙ 687. 车辆被法院扣留期间是否需要缴纳车船税

某企业因涉及诉讼导致其名下的一辆车被法院扣留数月。请问该车辆被法院扣留期间企业是否还需要缴纳车船税？

答：《中华人民共和国车船税法》（中华人民共和国主席令第四十三号）第一条规定："在中华人民共和国境内属于本法所附'车船税税目税额表'规定的车辆、船舶（以下简称车船）的所有人或者管理人，为车船税的纳税人，应当依照本法缴纳车船税。"

根据上述规定，车辆被法院扣留期间，车辆所有人也需要缴纳车船税。

⋙ 688. 车辆无法上牌申请退税时应提供什么资料

某企业购买一辆车为"国五"排放标准，车辆购置税已缴纳，后因国家颁发"国六"排放标准，该车辆在车管所无法办理注册登记上牌。请问申请退税时应提供哪些资料？

答：《中华人民共和国车辆购置税法》（中华人民共和国主席令第十九号）第十五条规定："纳税人将已征车辆购置税的车辆退回车辆生产企业或者销售企业的，可以向主管税务机关申请退还车辆购置税。退税额以已缴税款为基准，自缴纳税款之日至申请退税之日，每满一年扣减百分之十。"《国家税务总局关于车辆购置税征收管理有关事项的公告》（国家税务总局公告2019年第26号）第八条规定："已经缴纳车辆购置税的，纳税人向原征收机关申请退税时，应当如实填报'车辆购置税退税申请表'（见附件2），提供纳税人身份证明，并区别不同情形提供相关资料。（一）车辆退回生产企业或者销售企业的，提供生产企业或者销售企业开具的退车证明和退车发票。（二）其他依据法律法规规定应当退税的，根据具体情形提供相关资料。"

根据上述规定，企业应当提供身份证明、退车证明、退车发票及其他相应资料。

九、其他税种

▶≫ 689. 申报环境保护税使用什么表

某企业新上岗财务人员第一次操作电子税务局，对系统不熟练，找不到在哪里申报环境保护税。请问应当如何申报环境保护税？

答：《国家税务总局关于简并税费申报有关事项的公告》（国家税务总局公告2021年第9号）第一条规定："自2021年6月1日起，纳税人申报缴纳城镇土地使用税、房产税、车船税、印花税、耕地占用税、资源税、土地增值税、契税、环境保护税、烟叶税中一个或多个税种时，使用'财产和行为税纳税申报表'（附件1）。"

根据上述规定，申报环境保护税应在电子税务局新增环境保护税税源采集后通过"财产和行为税纳税申报表"进行。

▶≫ 690. 开发施工扬尘的环境保护税应由哪一方缴纳

某企业是一家建筑施工单位，与房地产公司签订了建筑施工合同，在施工过程中存在扬尘。请问环境保护税应由房地产开发公司还是建筑施工企业缴纳？

答：《中华人民共和国环境保护税法》（主席令第十六号）第二条规定："在中华人民共和国领域和中华人民共和国管辖的其他海域，直接向环境排放应税污染物的企业事业单位和其他生产经营者为环境保护税的纳税人，应当依照本法规定缴纳环境保护税。"

根据上述规定，环境保护税应当由直接向环境排放应税污染物的企业即建筑施工企业缴纳。

691. 未检测到应税污染物的监测数据应如何处理

某企业按季度申报缴纳环境保护税，并委托检测机构检测应税污染物的排放量，由于检测设备出现故障导致某月未检测到应税污染物排放数据。请问应如何处理？

答：《中华人民共和国环境保护税法》（主席令第十六号）第十条规定："应税大气污染物、水污染物、固体废物的排放量和噪声的分贝数，按照下列方法和顺序计算：（一）纳税人安装使用符合国家规定和监测规范的污染物自动监测设备的，按照污染物自动监测数据计算；（二）纳税人未安装使用污染物自动监测设备的，按照监测机构出具的符合国家有关规定和监测规范的监测数据计算；（三）因排放污染物种类多等原因不具备监测条件的，按照国务院环境保护主管部门规定的排污系数、物料衡算方法计算；（四）不能按照本条第一项至第三项规定的方法计算的，按照省、自治区、直辖市人民政府环境保护主管部门规定的抽样测算的方法核定计算。"第十八条规定："环境保护税按月计算，按季申报缴纳。不能按固定期限计算缴纳的，可以按次申报缴纳。"《财政部 税务总局 生态环境部关于明确环境保护税应税污染物适用等有关问题的通知》（财税〔2018〕117号）第三条第（二）项规定："纳税人委托监测机构监测应税污染物排放量的，应当按照国家有关规定制定监测方案，并将监测数据资料及时报送生态环境主管部门。监测机构实施的监测项目、方法、时限和频次应当符合国家有关规定和监测规范要求。监测机构出具的监测报告应当包括应税水污染物种类、浓度值和污水流量；应税大气污染物种类、浓度值、排放速率和烟气量；执行的污染物排放标准和排放浓度限值等信息。监测机构对监测数据的真实性、合法性负责，凡发现监测数据弄虚作假的，依照相关法律法规的规定追究法律责任。纳税人采用委托监测方式，在规定监测时限内当月无监测数据的，可以沿用最近一次的监测数据计算应税污染物排放量，但不得跨季度沿用监测数据。纳税人采用监测机构出具的监测数据申报减免环境保护税的，应当取得申报当月的监测数据；当月无监测数据的，不予减免环境保护税。有关污染物监测浓度值低于生态环境主管部门规定的污染物检出限的，除有特殊管理要求外，视同该污染物排放量为零。生态环境主管部门、计量主管部门发现委托监测数据失真或者弄虚作假的，税务机关应当按照同一纳税期内的监督性监测数据或者排污系数、物料衡算方法计算应税污染物排放量。"

根据上述规定，企业委托监测机构监测应税污染物排放量，如当月无监测数据，可以沿用上月的监测数据计算季度的应税污染物排放量，但当月无监测数据的，不能申请减免环境保护税。

692. 自行监测的数据能否作为计算污染物排放量的依据

某企业有自己的监测人员和监测设备。请问申报缴纳环境保护税时能否以自行监测的数据作为计算污染物排放量的依据？

答：《中华人民共和国环境保护税法》（主席令第十六号）第十条规定："应税大气污染物、水污染物、固体废物的排放量和噪声的分贝数，按照下列方法和顺序计算：（一）纳税人安装使用符合国家规定和监测规范的污染物自动监测设备的，按照污染物自动监测数据计算；（二）纳税人未安装使用污染物自动监测设备的，按照监测机构出具的符合国家有关规定和监测规范的监测数据计算……"《中华人民共和国环境保护税法实施条例》（国务院令第693号）第九条规定："属于环境保护税法第十条第二项规定情形的纳税人，自行对污染物进行监测所获取的监测数据，符合国家有关规定和监测规范的，视同环境保护税法第十条第二项规定的监测机构出具的监测数据。"

根据上述规定，企业安装使用符合国家规定和监测规范的污染物自动监测设备的，可以按自动监测数据计算；没有安装使用污染物自动监测设备但自行对污染物进行监测所获取监测数据，符合国家有关规定和监测规范的，视同监测机构出具的监测数据。

693. 自行监测数据与环保部门监测数据不一致如何处理

某企业有自己的监测人员和监测设备。请问如果自行监测的数据与环保部门监测数据不一致时应如何处理？

答：《中华人民共和国环境保护税法实施条例》（国务院令第693号）第二十一条规定："纳税人申报的污染物排放数据与环境保护主管部门交送的相关数据不一致的，按照环境保护主管部门交送的数据确定应税污染物的计税依据。"

根据上述规定，企业自行监测的污染物排放数据与环境保护主管部门交送的相关数据不一致的，应以环境保护主管部门交送的数据作为应税污染物的计税依据。

694. 有多个污染物排放口排放污水，如何计算缴纳环境保护税

某企业通过多个排放口排放污水。请问应当如何计算缴纳环境保护税？

答：《中华人民共和国环境保护税法实施条例》（国务院令第693号）第八条规定："从两个以上排放口排放应税污染物的，对每一排放口排放的应税污染物分别计算征收环境保护税；纳税人持有排污许可证的，其污染物排放口按照排污许可证载明的污染物排放口确定。"第十一条规定："依照环境保护税法第十三条的规定减征环境保护税的，应当对每一排放口排放的不同应税污染物分别计算。"

根据上述规定，企业应当分别对每个排放口安装使用符合国家规定和监测规范的污染物自动监测设备，按照自动监测数据计算环境保护税计税依据；可以按规定减征环境保护税的，也应当对各排放口分别计算。

695. 耕地占用税的纳税义务发生时间是何时

某企业是新成立的企业，当年3月经国家批准占用耕地，但因农作物赔偿纠纷一直未实际使用耕地，当年10月解决纠纷并实际使用耕地。10月缴纳耕地占用税时，税务机关让补缴税款并缴纳滞纳金。请问耕地占用税为何要按批复时间征收？为何不按耕地占用税实际占用时间征收？

答：《中华人民共和国耕地占用税法》（中华人民共和国主席令第十八号）第十条规定："耕地占用税的纳税义务发生时间为纳税人收到自然资源主管部门办理占用耕地手续的书面通知的当日。纳税人应当自纳税义务发生之日起三十日内申报缴纳耕地占用税。"《财政部 税务总局 自然资源部 农业农村部 生态环境部关于发布〈中华人民共和国耕地占用税法实施办法〉的公告》（财政部公告2019年第81号）第二十七条规定："未经批准占用耕地的，耕地占用税纳税义务发生时间为自然资源主管部门认定的纳税人实际占用耕地的当日。"

根据上述规定，耕地占用税纳税义务发生时间为纳税人收到自然资源主管部门办理占用耕地手续的书面通知的当日；未经批准占用耕地的，耕地占用税纳税义务发生时间为自然资源主管部门认定的纳税人实际占用耕地的当日。

696. 变电站占用耕地时是否需要缴纳耕地占用税

某供电企业认为占用耕地建造变电站，属于建设公共设施，不用缴纳耕地占用税。请问变电站占用耕地时是否需要缴纳耕地占用税？

答：《中华人民共和国耕地占用税法》（中华人民共和国主席令第十八

号）第七条规定："军事设施、学校、幼儿园、社会福利机构、医疗机构占用耕地，免征耕地占用税。铁路线路、公路线路、飞机场跑道、停机坪、港口、航道、水利工程占用耕地，减按每平方米二元的税额征收耕地占用税。农村居民在规定用地标准以内占用耕地新建自用住宅，按照当地适用税额减半征收耕地占用税；其中村居民经批准搬迁，新建自用住宅占用耕地不超过原宅基地面积的部分，免征耕地占用税。农村烈士遗属、因公牺牲军人遗属、残疾军人以及符合农村最低生活保障条件的农村居民，在规定用地标准以内新建自用住宅，免征耕地占用税。根据国民经济和社会发展的需要，国务院可以规定免征或者减征耕地占用税的其他情形，报全国人民代表大会常务委员会备案。"

根据上述规定，供电公司建造变电站占用耕地时不属于《中华人民共和国耕地占用税法》规定的减免项目，应按规定缴纳耕地占用税。

697. 光伏发电企业占用耕地以何为依据缴纳耕地占用税

某企业是光伏发电企业，租用一般农用地2470亩用于经营农光互补项目，高于地面2.2米架光伏板实施光伏发电。地面种植油菜、牡丹、花生、中药材等，企业认为地面种植农作物的土地没有改变农用地的性质，不应缴纳耕地占用税。请问该企业是否需要缴纳耕地占用税？

答：《中华人民共和国耕地占用税法》（中华人民共和国主席令第十八号）第二条规定："在中华人民共和国境内占用耕地建设建筑物、构筑物或者从事非农业建设的单位和个人，为耕地占用税的纳税人，应当依照本法规定缴纳耕地占用税。……本法所称耕地，是指用于种植农作物的土地。"第三条规定："耕地占用税以纳税人实际占用的耕地面积为计税依据，按照规定的适用税额一次性征收，应纳税额为纳税人实际占用的耕地面积（平方米）乘以适用税额。"

根据上述规定，目前，针对光伏企业经营农光互补项目没有特殊的文件规定，企业占用耕地建设建筑物、构筑物或者从事非农业建设，需要缴纳耕地占用税。耕地占用税以纳税人实际占用的耕地面积为计税依据，按照规定的适用税额一次性征收。

698. 小微企业免增值税是否同时免城建税

某小微企业月销售额不超过15万元，适用免征增值税政策。请问其城建税是否同时减免？

答：《中华人民共和国城市维护建设税法》（中华人民共和国主席令第五

十一号）第二条规定："城市维护建设税以纳税人依法实际缴纳的增值税、消费税税额为计税依据。城市维护建设税的计税依据应当按照规定扣除期末留抵退税退还的增值税税额。城市维护建设税计税依据的具体确定办法，由国务院依据本法和有关税收法律、行政法规规定，报全国人民代表大会常务委员会备案。"

根据上述规定，小微企业月销售额不超过15万元免征增值税的，同时减免城建税。

699. 境内为境外企业代扣代缴增值税是否代扣附加税

某境外企业为某境内企业提供在境内的服务。请问境内企业为境外企业代扣代缴增值税的同时，是否需要扣缴城建税及附加？

答：《中华人民共和国城市维护建设税法》（中华人民共和国主席令第五十一号）第三条规定："对进口货物或者境外单位和个人向境内销售劳务、服务、无形资产缴纳的增值税、消费税税额，不征收城市维护建设税。"《财政部 税务总局关于城市维护建设税计税依据确定办法等事项的公告》（财政部 税务总局公告2021年第28号）第一条规定："依法实际缴纳的两税税额，是指纳税人依照增值税、消费税相关法律法规和税收政策规定计算的应当缴纳的两税税额（不含因进口货物或境外单位和个人向境内销售劳务、服务、无形资产缴纳的两税税额），加上增值税免抵税额，扣除直接减免的两税税额和期末留抵退税退还的增值税税额后的金额。"

根据上述规定，境外企业向境内销售劳务、服务、无形资产，境内企业为其代扣代缴增值税时，不需要扣缴城建税、教育费附加和地方教育附加。

700. 建制镇管辖下的村的城建税税率是多少

某企业在建制镇管辖下的村落里建设了一个生产企业，经营生产地就在工厂里，工厂所在地为"村"，即该企业经营所在地属于"建制镇管辖下的村"。随着新城市维护建设税法的实施，请问其城建税率是按照5%还是1%缴纳？

答：《中华人民共和国城市维护建设税法》（中华人民共和国主席令第五十一号）第四条规定："城市维护建设税税率如下：（一）纳税人所在地在市区的，税率为百分之七；（二）纳税人所在地在县城、镇的，税率为百分之五；（三）纳税人所在地不在市区、县城或者镇的，税率为百分之一。前款所称纳税人所在地，是指纳税人住所地或者与纳税人生产经营活动相关的其他地点，具体地点由省、自治区、直辖市确定。”《国家税务总局关于城市维护建设税征收管理有关事项的公告》（国家税务总局公告2021年第26号）第四条规定：“城建税纳税人按所在地在市区、县城、镇和不在上述区域适用不同税率。市区、县城、镇按照行政区划确定。行政区划变更的，自变更完成当月起适用新行政区划对应的城建税税率，纳税人在变更完成当月的下一个纳税申报期按新税率申报缴纳。”

根据上述规定，应当根据企业所在的行政区划信息，按照上述政策规定并结合当地的行政区划情况判断适用税率。

701. 招收退伍军人附加税计税依据怎么确定

某企业招收退伍军人9人，每人可享受9000元的增值税减免政策，本年可享受81000元的增值税减免政策。请问申报该月份本单位城建税、教育附加、地方教育附加这三个附加税的计税依据是要用减免前的增值税金额还是减免后的增值税金额？

答：《财政部 税务总局 退役军人部关于进一步扶持自主就业退役士兵创业就业有关税收政策的通知》（财税〔2019〕21号）第二条规定：“……城市维护建设税、教育费附加、地方教育附加的计税依据是享受本项税收优惠政策前的增值税应纳税额。”

根据上述规定，该月份本单位城建税、教育附加、地方教育附加这三个附加税的计税依据应当用减免前的增值税金额。

702. 购买应税产品是否需要缴纳资源税

某企业外购原石后，通过筛选，加工生产沙、石对外销售。请问企业是否需要缴纳资源税？

答：《中华人民共和国资源税法》（中华人民共和国主席令第三十三号）第一条规定：“在中华人民共和国领域和中华人民共和国管辖的其他海域开发应税资源的单位和个人，为资源税的纳税人，应当依照本法规定缴纳资源税。应税资源的具体范围，由本法所附《资源税税目税率表》确定。”第五条规定：“纳税人开采或者生产应税产品自用的，应当依照本法规定缴纳资源税；但是，自用于连续生产应税产品的，不缴纳资源税。”

根据上述规定，生产销售了应税资源品或将应税资源品移送连续加工为非应税资源后进行销售，但其本身不开采应税资源，不满足应税行为条件的，则不属于资源税纳税人，无须缴纳资源税。

▶>> 703. 应在取水、运水、用水哪个环节缴纳水资源税

某地有三家企业，一个是灌区管理单位（全额事业），负责从河道取水；一个是水务公司，负责把灌区引来的水供给用水企业；一个是热电厂，用水大户。请问这三家单位由谁缴纳水资源税？

答：《水资源费征收使用管理办法》第四条规定："直接从江河，湖泊或者地下取用水资源的单位（包括中央直属水电厂和火电厂）和个人，除按《条例》第四条规定不需要申领取水许可证的情形外，均应按照本办法规定缴纳水资源费。"

根据上述规定，直接从江河、湖泊或者地下取用水资源的单位（包括中央直属水电厂和火电厂）和个人为水资源税的纳税人，应由灌区管理单位（全额事业）缴纳水资源税。

▶>> 704. 未经批准占用耕地结算补税时是否加收滞纳金

某企业未经批准占用一块土地，企业先按主管地税机关规定核定征收耕地占用税。请问待应税面积准确确定后，结算补税时是否加收滞纳金？

答：《国家税务总局关于发布〈耕地占用税管理规程（试行）〉的公告》（国家税务总局公告2016年第2号）第三十七条规定："纳税人未经批准占用应税土地，应税面积不能及时准确确定的，主管地税机关可根据实际占地情况核定征收耕地占用税，待应税面积准确确定后结清税款，结算补税不加收滞纳金。"

根据上述规定，企业待应税面积准确确定后结清税款，结算补税不加收滞纳金。

▶>> 705. 建设电网设施占用耕地是否需要缴纳耕地占用税

某供电公司为建设一座110千伏变电所占用耕地2000平方米，已得到国土管理部门的许可。请问其需要缴纳耕地占用税吗？

答：《中华人民共和国耕地占用税法》（中华人民共和国主席令第十八号）第二条规定："在中华人民共和国境内占用耕地建设建筑物、构筑物或者从事非农业建设的单位和个人，为耕地占用税的纳税人，应当依照本法规定缴纳耕地占用税。占用耕地建设农田水利设施的，不缴纳耕地占用税。本法所称耕地，是指用于种植农作物的土地。"第七条规定："军事设施、学校、幼儿园、社会福利机构、医疗机构占用耕地，免征耕地占用税。铁路线路、公路线路、飞机场跑道、停机坪、港口、航道、水利工程占用耕地，减按每

平方米二元的税额征收耕地占用税。农村居民在规定用地标准以内占用耕地新建自用住宅，按照当地适用税额减半征收耕地占用税；其中村居民经批准搬迁，新建自用住宅占用耕地不超过原宅基地面积的部分，免征耕地占用税。农村烈士遗属、因公牺牲军人遗属、残疾军人以及符合农村最低生活保障条件的农村居民，在规定用地标准以内新建自用住宅，免征耕地占用税。根据国民经济和社会发展的需要，国务院可以规定免征或者减征耕地占用税的其他情形，报全国人民代表大会常务委员会备案。”

根据上述规定，电网建设占用耕地不属于免征耕地占用税的情形，应根据实际占用的耕地面积计算缴纳耕地占用税。

706. 占用耕地改变用途不再属于免税情形应如何处理

某企业占用一块耕地，因符合减征条件而减征了部分耕地占用税，后因改变用途导致不再符合减征条件。请问企业应当如何处理？

答：《中华人民共和国耕地占用税法》（中华人民共和国主席令第十八号）第八条规定：“免征或者减征耕地占用税后，纳税人改变原占地用途，不再属于免征或者减征耕地占用税情形的，应当按照当地适用税额补缴耕地占用税。”《财政部 税务总局 自然资源部 农业农村部 生态环境部关于发布〈中华人民共和国耕地占用税法实施办法〉的公告》（公告2019年第81号）第十七条规定：“根据税法第八条的规定，纳税人改变原占地用途，不再属于免征或减征情形的，应自改变用途之日起30日内申报补缴税款，补缴税款按改变用途的实际占用耕地面积和改变用途时当地适用税额计算。”《国家税务总局关于耕地占用税征收管理有关事项的公告》（国家税务总局公告2019年第30号）第四条规定：“根据《耕地占用税法》第八条的规定，纳税人改变原占地用途，需要补缴耕地占用税的，其纳税义务发生时间为改变用途当日，具体为：经批准改变用途的，纳税义务发生时间为纳税人收到批准文件的当日；未经批准改变用途的，纳税义务发生时间为自然资源主管部门认定纳税人改变原占地用途的当日。”

根据上述规定，企业应当在改变用途之日起30日内申报补缴税款。

707. 跨地区提供建筑服务如何缴纳城市维护建设税

某建筑企业跨地区提供建筑服务，在建筑服务发生地预缴了增值税，后回到机构所在地申报缴纳了增值税。请问应当如何缴纳相应的城市维护建设税？

答：《财政部 国家税务总局关于纳税人异地预缴增值税有关城市维护建

设税和教育费附加政策问题的通知》（财税〔2016〕74 号）第一条规定："纳税人跨地区提供建筑服务、销售和出租不动产的，应在建筑服务发生地、不动产所在地预缴增值税时，以预缴增值税税额为计税依据，并按预缴增值税所在地的城市维护建设税适用税率和教育费附加征收率就地计算缴纳城市维护建设税和教育费附加。"第二条规定："预缴增值税的纳税人在其机构所在地申报缴纳增值税时，以其实际缴纳的增值税税额为计税依据，并按机构所在地的城市维护建设税适用税率和教育费附加征收率就地计算缴纳城市维护建设税和教育费附加。"

根据上述规定，企业对于预缴的增值税和实际缴纳的增值税应当分别按预缴增值税所在地和机构所在地税率缴纳城市维护建设税。

708. 享受增值税即征即退政策随征的城建税是否退还

某企业是符合条件的软件企业，享受增值税即征即退政策。请问其随征的城市维护建设税、教育费附加是否同时予以退（返）还?

答：《财政部 国家税务总局关于增值税、营业税、消费税实行先征后返等办法有关城建税和教育费附加政策的通知》（财税〔2005〕72 号）规定："对'三税'实行先征后返、先征后退、即征即退办法的，除另有规定外，对随'三税'附征的城市维护建设税和教育费附加，一律不予退（返）还。"

根据上述规定，企业享受增值税即征即退政策，退还的增值税对应的城建税和教育费附加不予退还。

709. 国家重大水利工程建设基金是否免征城建税和教育费附加

某供电企业按要求缴纳国家重大水利工程建设基金。请问该基金是否免征城市维护建设税和教育费附加?

答：《财政部 国家税务总局关于免征国家重大水利工程建设基金的城市维护建设税和教育费附加的通知》（财税〔2010〕44 号）规定："经国务院批准，为支持国家重大水利工程建设，对国家重大水利工程建设基金免征城市维护建设税和教育费附加。"

根据上述规定，此类国家重大水利工程建设基金免征城市维护建设税和教育费附加。

710. 增值税即征即退的企业，其相应的城建税是否同时退还

某企业为一般纳税人，因适用增值税即征即退政策而收到税务机关返还的增值税。请问其相应的城建税是否同时退还？

答：《财政部 税务总局关于城市维护建设税计税依据确定办法等事项的公告》（财政部 税务总局公告 2021 年第 28 号）第一条规定："城市维护建设税以纳税人依法实际缴纳的增值税、消费税税额（以下简称两税税额）为计税依据。依法实际缴纳的两税税额，是指纳税人依照增值税、消费税相关法律法规和税收政策规定计算的应当缴纳的两税税额（不含因进口货物或境外单位和个人向境内销售劳务、服务、无形资产缴纳的两税税额），加上增值税免抵税额，扣除直接减免的两税税额和期末留抵退税退还的增值税税额后的金额。直接减免的两税税额，是指依照增值税、消费税相关法律法规和税收政策规定，直接减征或免征的两税税额，不包括实行先征后返、先征后退、即征即退办法退还的两税税额。"《国家税务总局关于城市维护建设税征收管理有关事项的公告》（国家税务总局公告 2021 年第 26 号）第六条规定："因纳税人多缴发生的两税退税，同时退还已缴纳的城建税。"

根据上述规定，企业多缴增值税或直接减征免征增值税，相应的城建税可以退还，但按先征后返、先征后退、即征即退办法退还的增值税，其相应的城建税不予退还。

711. 捐赠自产客车用于防疫如何享受消费税优惠

某企业为一家汽车生产企业，计划向疫情防治定点医院捐赠一批商用客车。请问该企业应如何享受消费税优惠政策？

答：《财政部 税务总局关于支持新型冠状病毒感染的肺炎疫情防控有关捐赠税收政策的公告》（财政部 税务总局公告 2020 年第 9 号）第三条规定："单位和个体工商户将自产、委托加工或购买的货物，通过公益性社会组织和县级以上人民政府及其部门等国家机关，或者直接向承担疫情防治任务的医院，无偿捐赠用于应对新型冠状病毒感染的肺炎疫情的，免征增值税、消费税、城市维护建设税、教育费附加、地方教育附加。"《国家税务总局关于支持新型冠状病毒感染的肺炎疫情防控有关税收征收管理事项的公告》（国家税务总局公告 2020 年第 4 号）第二条规定："纳税人按照 8 号公告和《财政部 税务总局关于支持新型冠状病毒感染的肺炎疫情防控有关捐赠税收政策的公告》（2020 年第 9 号）有关规定享受免征增值税、消费税优惠的，可自主

进行免税申报，无须办理有关免税备案手续，但应将相关证明材料留存备查。适用免税政策的纳税人在办理增值税纳税申报时，应当填写增值税纳税申报表及‘增值税减免税申报明细表’相应栏次；在办理消费税纳税申报时，应当填写消费税纳税申报表及‘本期减（免）税额明细表’相应栏次。”

根据上述规定，企业捐赠自产汽车享受消费税免税优惠，应该自主填写消费税纳税申报表及“本期减（免）税额明细表”相应栏次，无须办理税收优惠备案手续，但应将捐赠商用客车用于防疫的相关证明材料留存备查。

712. 电子烟的消费税在哪些环节征收

某企业是一家卷烟生产企业，为进军电子烟市场，企业取得了电子烟产品注册商标，并自主研发生产某型号电子烟。请问企业电子烟消费税应当在什么环节缴纳？

答：《财政部 海关总署 税务总局关于对电子烟征收消费税的公告》（财政部 海关总署 税务总局公告2022年第33号）第二条规定：“在中华人民共和国境内生产（进口）、批发电子烟的单位和个人为消费税纳税人。电子烟生产环节纳税人，是指取得烟草专卖生产企业许可证，并取得或经许可使用他人电子烟产品注册商标（以下称持有商标）的企业。通过代加工方式生产电子烟的，由持有商标的企业缴纳消费税。电子烟批发环节纳税人，是指取得烟草专卖批发企业许可证并经营电子烟批发业务的企业。电子烟进口环节纳税人，是指进口电子烟的单位和个人。”

根据上述规定，电子烟消费税在生产环节、批发环节和进口环节征收消费税，企业作为生产电子烟的单位，属于生产环节，应当按规定缴纳消费税。

713. 烟叶税应纳税额如何计算

某企业是一家卷烟生产企业，其原料主要是通过向个人收购烤烟叶所得。请问企业缴纳烟叶税的应纳税额应当如何计算？

答：《中华人民共和国烟叶税法》（中华人民共和国主席令第八十四号）第三条规定：“烟叶税的计税依据为纳税人收购烟叶实际支付的价款总额。”第四条规定：“烟叶税的税率为百分之二十。”第五条规定：“烟叶税的应纳税额按照纳税人收购烟叶实际支付的价款总额乘以税率计算。”《财政部 税务总局关于明确烟叶税计税依据的通知》（财税〔2018〕75号）规定：“纳税人收购烟叶实际支付的价款总额包括纳税人支付给烟叶生产销售单位和个人的烟叶收购价款和价外补贴。其中，价外补贴统一按烟叶收购价款的10%计算。”

根据上述规定，企业收购烟叶应缴纳的烟叶税的计算公式为：烟叶应纳税额＝烟叶收购金额×20%；其中，烟叶收购金额＝收购价款×（1＋10%）。

十、非税收入、政府性基金

▶>> 714. 文化事业建设费是否有最新优惠政策

某企业是新成立公司，对税收优惠政策不太了解。请问文化事业建设费是否有减免优惠政策？

答：《财政部关于调整部分政府性基金有关政策的通知》（财税〔2019〕46号）规定：“自2019年7月1日至2024年12月31日，对归属中央收入的文化事业建设费，按照缴纳义务人应缴费额的50%减征；对归属地方收入的文化事业建设费，各省（区、市）财政、党委宣传部门可以结合当地经济发展水平、宣传思想文化事业发展等因素，在应缴费额50%的幅度内减征。各省（区、市）财政、党委宣传部门应当将本地区制定的减征政策文件抄送财政部、中共中央宣传部。”

根据上述规定，对归属中央收入的文化事业建设费，按照缴纳义务人应缴费额的50%减征；对归属地方收入的文化事业建设费，各省（区、市）财政、党委宣传部门可以结合当地经济发展水平、宣传思想文化事业发展等因素，在应缴费额50%的幅度内减征。

▶>> 715. 受新冠疫情影响申请缓缴社会保险有哪些规定

某企业近几年由于新冠疫情影响，生产经营出现资金困难。请问申请缓缴社会保险费需要符合什么条件，单位社保缓缴期到什么时候？

答：《人力资源社会保障部办公厅 国家税务总局办公厅关于特困行业阶段性实施缓缴企业社会保险费政策的通知》（人社厅发〔2022〕16号）第一条规定：“缓缴适用于餐饮、零售、旅游、民航、公路水路铁路运输企业三项社保费的单位应缴纳部分。上述行业中以单位方式参加社会保险的有雇工的个体工商户以及其他单位，参照企业办法缓缴。对职工个人应缴纳部分，企业应依法履行好代扣代缴义务。”《人力资源社会保障部 国家发展改革委 财政部税务总局关于扩大阶段性缓缴社会保险费政策实施范围等问题的通知》（人社部发〔2022〕31号）第一条规定："扩大实施缓缴政策的困难行业范围。在对餐饮、零售、旅游、民航、公路水路铁路运输等5个特困行业实施阶段性缓缴三项社保费政策的基础上，以产业链供应链受疫情影响较大、生产经营困难的制造业企业为重点，进一步扩大实施范围（具体行业名单附后）。缓缴扩围行业所属困难企业，可申请缓缴三项社保费单位缴费部分，其中养老保险费缓缴实施期限到2022年年底，工伤、失业保险费缓缴期限不超过1年。原明确的5个特困行业缓缴养老保险费期限相应延长至2022年年底。缓缴期间免收滞纳金。"第二条规定："对受疫情影响较大、生产经营困难的中小微企业实施缓缴政策。受疫情影响严重地区生产经营出现暂时困难的所有中小微企业、以单位方式参保的个体工商户，可申请缓缴三项社保费单位缴费部分，缓缴实施期限到2022年年底，期间免收滞纳金。参加企业职工基本养老保险的事业单位及社会团体、基金会、社会服务机构、律师事务所、会计师事务所等社会组织参照执行。"

根据上述规定，缓缴扩围行业所属困难企业、受疫情影响严重地区生产经营出现暂时困难的所有中小微企业、以单位方式参保的个体工商户等可申请缓缴三项社保费单位缴费部分，缓缴实施期限到2022年年底，期间免收滞纳金。

716. 基金补贴是按收付实现制还是权责发生制

某企业主营废旧电器电子产品的回收与拆解处理，根据《废弃电器电子产品处理基金征收使用管理办法》，国家对取得废电处理资格的处理企业按照实际完成拆解处理的废电数量给予定额补贴。请问废弃电器电子产品处理基金补贴是按收付实现制还是按照权责发生制缴纳企业所得税？

答：《国家税务总局关于企业所得税若干政策征管口径问题的公告》（国家税务总局公告2021年第17号）第六条规定："企业按照市场价格销售货物、提供劳务服务等，凡由政府财政部门根据企业销售货物、提供劳务服务的数量、金额的一定比例给予全部或部分资金支付的，应当按照权责发生制原则确认收入。除上述情形外，企业取得的各种政府财政支付，如财政补贴、补助、补偿、退税等，应当按照实际取得收入的时间确认收入。"

根据上述规定，废弃电器电子产品处理基金补贴是按照权责发生制原则确认收入。

▶>> 717. 缴纳水费取得水利建设基金的收据能否税前抵扣

某企业在缴纳水费后取得水利建设基金的收据。请问缴纳水费取得的水利建设基金的收据可以税前抵扣吗?

答:《中华人民共和国企业所得税法》(中华人民共和国主席令第二十三号)第八条规定:“企业实际发生的与取得收入有关的、合理的支出,包括成本、费用、税金、损失和其他支出,准予在计算应纳税所得额时扣除。”

根据上述规定,缴纳的水利建设基金是企业实际发生的与取得收入有关的、合理的支出,所取得的收据准予在计算应纳税所得额时扣除。

▶>> 718. 手工填开的政府非税收入专用收据是否为有效凭据

某企业是建筑施工单位,市建设局对其收取市政挖掘修复费。请问企业取得手工填开的政府非税收入专用收据是否为有效凭据?可否在企业所得税前扣除?

答:《中华人民共和国企业所得税法》(中华人民共和国主席令第二十三号)第八条规定:“企业实际发生的与取得收入有关的、合理的支出,包括成本、费用、税金、损失和其他支出,准予在计算应纳税所得额时扣除。”《财政票据管理办法》(财政部令2012年第70号)第二章第六条规定:“非税收入专用票据,是指特定的行政事业单位依法收取特定的政府非税收入时开具的专用凭证。主要包括行政事业性收费票据、政府性基金票据、国有资源(资产)收入票据、罚没票据等。”第五章第二十七条规定:“财政票据应当按照规定填写,做到字迹清楚、内容完整真实、印章齐全、各联次内容和金额一致。填写错误的,应当另行填写。”

根据上述规定,企业据实取得符合规定的政府非税收收入专用收据可以作为有效记账凭证,在企业所得税前扣除。

▶>> 719. 广告策划设计收入是否需要缴纳文化事业建设费

某企业是提供广告策划设计服务的广告媒介单位经营单位。请问是否需要缴纳文化事业建设费?

答:《财政部、国家税务总局〈关于营业税改征增值税试点有关文化事业建设费政策及征收管理问题的通知〉》(财税〔2016〕25号)规定:“在中华人民共和国境内提供广告服务的广告媒介单位和户外广告经营单位,应按照通知规定缴纳文化事业建设费。”《财政部、国家税务总局关于全面推开营业税改征增值税试点的通知》（财税〔2016〕36号）附件1：《营业税改征增值税试点实施办法》附《销售服务、无形资产、不动产注释》第一条第（六）项规定："广告服务，是指利用图书、报纸、杂志、广播、电视、电影、幻灯、路牌、招贴、橱窗、霓虹灯、灯箱、互联网等各种形式为客户的商品、经营服务项目、文体节目或者通告、声明等委托事项进行宣传和提供相关服务的业务活动。包括广告代理和广告的发布、播映、宣传、展示等。"

根据上述规定，广告和策划设计收入不属于提供广告服务，不需要缴纳文化事业建设费。

720. 非税收入可以与税收收入相互抵扣吗

某企业存在非税收入对应退税额，同时还有应税收入对应的应纳税额。请问非税收入可以与税收收入相互抵扣吗？

答：《国家税务总局关于应退税款抵扣欠缴税款有关问题的通知》（国税发〔2002〕150号）第三条规定："国家税务局与地方税务局分别征退的税款、滞纳金和罚没款，相互之间不得抵扣；由税务机关征退的农业税及教育费附加、社保费、文化事业建设费等非税收入不得与税收收入相互抵扣。抵扣欠缴税款时，应按欠缴税款的发生时间逐笔抵扣，先发生的先抵扣。"

根据上述规定，企业发生的非税收入不得与税收收入相互抵扣。

721. 四项非税收入划给税务部门后如何处理

某企业取得了政府出让的土地使用权。请问国有土地使用权出让收入、矿产资源专项收入、海域使用金、无居民海岛使用金四项政府非税收入划转给税务部门征收后，以前年度和今后形成的应缴未缴收入以及按规定分期缴纳的收入按什么规定处理？

答：《财政部 自然资源部 税务总局 人民银行关于将国有土地使用权出让收入、矿产资源专项收入、海域使用金、无居民海岛使用金四项政府非税收入划转税务部门征收有关问题的通知》（财综〔2021〕19号）第三条规定："四项政府非税收入划转给税务部门征收后，以前年度和今后形成的应缴未缴收入以及按规定分期缴纳的收入，由税务部门负责征缴入库，有关部门应当配合做好相关信息传递和材料交接工作。税务部门应当按照国库集中收缴制度等规定，依法依规开展收入征管工作，确保非税收入及时足额缴入国库。已缴入财政非税专户，但尚未划缴国库的有关资金，由财政部门按非税收入收缴管理制度规定缴入国库。"

根据上述规定，四项政府非税收入划转给税务部门征收后，以前年度和今后形成的应缴未缴收入以及按规定分期缴纳的收入，由税务部门负责征缴入库，有关部门应当配合做好相关信息传递和材料交接工作。

722. 如何计算残疾人就业保障金

某企业安排了数名残疾人在本单位就业，但残疾人占在职职工总数的比例未达到要求。请问应如何计算需缴纳的残疾人就业保障金?

答:《财政部 国家税务总局 中国残疾人联合会关于印发〈残疾人就业保障金征收使用管理办法〉的通知》(财税〔2015〕72 号) 第八条规定:“保障金按上年用人单位安排残疾人就业未达到规定比例的差额人数和本单位在职职工年平均工资之积计算缴纳。计算公式如下：保障金年缴纳额 =（上年用人单位在职职工人数 × 所在地省、自治区、直辖市人民政府规定的安排残疾人就业比例 - 上年用人单位实际安排的残疾人就业人数） × 上年用人单位在职职工年平均工资。用人单位在职职工，是指用人单位在编人员或依法与用人单位签订 1 年以上（含 1 年）劳动合同（服务协议）的人员。季节性用工应当折算为年平均用工人数。以劳务派遣用工的，计入派遣单位在职职工人数。用人单位安排残疾人就业未达到规定比例的差额人数，以公式计算结果为准，可以不是整数。上年用人单位在职职工年平均工资，按用人单位上年在职职工工资总额除以用人单位在职职工人数计算。”

根据上述规定，企业需用上年本单位在职职工人数乘以当地残疾人就业比例，再减去上年本单位实际安排的残疾人就业人数，乘以上年本单位在职职工年平均工资，计算得到本企业应缴纳的残疾人就业保障金。

723. 如何申报土地闲置费

某企业收到税务部门通知，要求就企业某处闲置的土地缴纳土地闲置费。请问土地闲置费应如何申报缴纳?

答:《国家税务总局等五部门关于土地闲置费城镇垃圾处理费划转有关征管事项的公告》(国家税务总局 财政部 自然资源部 住房和城乡建设部 中国人民银行公告 2021 年第 12 号) 第七条规定:“缴纳义务人或代征单位原则上使用‘非税收入通用申报表’申报缴纳土地闲置费、城镇垃圾处理费。各地可与其他项目合并申报资料、简并申报流程。……本公告自 2021 年 7 月 1 日起施行。”

根据上述规定，企业从 2021 年 7 月 1 日起，申报土地闲置费时原则上使用“非税收入通用申报表”。具体的申报资料、申报流程可根据各地税务部门要求办理。

724. 申报2021年残疾人就业保障金有哪些优惠政策

某企业于2022年6月申报缴纳2021年残疾人就业保障金，请问有哪些优惠政策可以享受？

答：《财政部关于调整残疾人就业保障金征收政策的公告》（财政部公告2019年第98号）第三条规定：“自2020年1月1日起至2022年12月31日，对残疾人就业保障金实行分档减缴政策。其中，用人单位安排残疾人就业比例达到1%（含）以上，但未达到所在地省、自治区、直辖市人民政府规定比例的，按规定应缴费额的50%缴纳残疾人就业保障金；用人单位安排残疾人就业比例在1%以下的，按规定应缴费额的90%缴纳残疾人就业保障金。”第四条规定：“自2020年1月1日起至2022年12月31日，在职职工人数在30人（含）以下的企业，暂免征收残疾人就业保障金。”

根据上述规定，企业2021年度安排残疾人就业未达到所在地省、自治区、直辖市人民政府规定比例，但达到1%（含）以上的，可以减半征收；在1%以下的，减征10%。同时如果企业在职职工人数在30人（含）以下的，暂免征收残疾人就业保障金。

十一、征收管理

▶▶ 725. 什么样的企业可以申请延期缴纳税款

某企业受疫情影响生产经营发生严重困难。请问该企业是否可以申请延期缴纳税款?

答:《中华人民共和国税收征收管理法》(中华人民共和国主席令第49号)第三十一条规定:“纳税人、扣缴义务人按照法律、行政法规规定或者税务机关依照法律、行政法规的规定确定的期限,缴纳或者解缴税款。纳税人因有特殊困难,不能按期缴纳税款的,经省、自治区、直辖市税务局批准,可以延期缴纳税款,但是最长不得超过三个月。”《中华人民共和国税收征收管理法实施细则》(国务院令第362号)第四十一条规定:“纳税人有下列情形之一的,属于税收征管法第三十一条所称特殊困难:(一)因不可抗力,导致纳税人发生较大损失,正常生产经营活动受到较大影响的;(二)当期货币资金在扣除应付职工工资、社会保险费后,不足以缴纳税款的。”

根据上述规定,企业因不可抗力,导致纳税人发生较大损失,正常生产经营活动受到较大影响的,或当期货币资金在扣除应付职工工资、社会保险费后,不足以缴纳税款的,经省、自治区、直辖市税务局批准,可以延期缴纳税款。

▶▶ 726. 未及时取得产权证的如何确定购房时间

个人转让住房享受优惠,因纠纷未及时取得产权证。请问如何确定购房时间?

答:《国家税务总局关于个人转让住房享受税收优惠政策判定购房时间问题的公告》(国家税务总局公告2017年第8号)规定:“个人转让住房,因产权纠纷等原因未能及时取得房屋所有权证书(包括不动产权证书),对于人民法院、仲裁委员会出具的法律文书确认个人购买住房的,法律文书的生效日期视同房屋所有权证书的注明时间，据以确定纳税人是否享受税收优惠政策。”

根据上述规定，应当以法律文书的生效日期视同房屋所有权证书的注明时间。

727. 未按规定期限纳税申报和报送纳税资料有何影响

某企业由于新成立，不知道需要进行税务申报，导致其未在规定期间内进行纳税申报。请问纳税人、扣缴义务人未按照规定的期限办理纳税申报和报送纳税资料有哪些影响？应承担哪些法律责任？

答：《中华人民共和国税收征收管理法》（中华人民共和国主席令第49号）第六十二条规定：“纳税人未按照规定的期限办理纳税申报和报送纳税资料的，或者扣缴义务人未按照规定的期限向税务机关报送代扣代缴、代收代缴税款报告表和有关资料的，由税务机关责令限期改正，可以处二千元以下的罚款；情节严重的，可以处二千元以上一万元以下的罚款。”《国家税务总局关于发布〈税务行政处罚“首违不罚”事项清单〉的公告》（国家税务总局公告2021年第6号）规定：“对于首次发生清单中所列事项且危害后果轻微，在税务机关发现前主动改正或者在税务机关责令限期改正的期限内改正的，不予行政处罚。税务机关应当对当事人加强税法宣传和辅导。”

根据上述规定，纳税人、扣缴义务人未按照规定的期限办理纳税申报和报送纳税资料的，将影响纳税信用评价结果，并依照《中华人民共和国税收征收管理法》有关规定承担相应法律责任。但对于首次发生《税务行政处罚“首违不罚”事项清单》中所列事项且危害后果轻微，在税务机关发现前主动改正或者在税务机关责令限期改正的期限内改正的，不予行政处罚。

728. 企业可以采用何种途径进行对外支付备案

某外贸企业由于经营需要向国外支付资金。请问应该通过何种途径进行备案？

答：《国家税务总局 国家外汇管理局关于服务贸易等项目对外支付税务备案有关问题的补充公告》（国家税务总局 国家外汇管理局公告2021年第19号）第四条规定：“备案人选择在电子税务局等在线方式办理备案的，应完整、如实填写‘备案表’并提交相关资料。备案人完成备案后，可凭‘备案表’编号和验证码，按照外汇管理相关规定，到银行办理付汇手续。”第五条规定：“备案人选择在办税服务厅办理备案的，对于提交资料齐全、‘备案表’填写完整的，主管税务机关无须当场进行纳税事项审核，应在系统录入‘备案表’信息、生成‘备案表’编号和验证码。备案人可凭‘备案表’编号和验证码，按照外汇管理相关规定，到银行办理付汇手续。”

根据上述规定，企业可以在电子税务局以在线方式或在办税服务厅办理备案。

729.“首违不罚”不予行政处罚是否计入纳税信用评价

某企业因故未按照规定的期限办理纳税申报和报送纳税资料，由于符合“税务行政处罚‘首违不罚’事项清单”，税务机关按照“首违不罚”相关规定不予行政处罚。请问该情况会影响企业纳税信用评价吗？

答：《国家税务总局关于纳税信用评价与修复有关事项的公告》（国家税务总局公告 2021 年第 31 号）第四条规定：“自 2021 年度纳税信用评价起，税务机关按照‘首违不罚’相关规定对纳税人不予行政处罚的，相关记录不纳入纳税信用评价。”

根据上述规定，税务机关按照“首违不罚”相关规定对企业不予行政处罚的，相关记录不纳入纳税信用评价。

730. 中小微企业如何享受设备器具所得税税前扣除政策

某企业为中小微企业，其在 2022 年 3 月购置了一台设备，符合财政部、税务总局公告 2022 年第 12 号中关于设备器具所得税税前扣除有关政策。请问该企业能否在预缴企业所得税时享受该政策？

答：《财政部 税务总局关于中小微企业设备器具所得税税前扣除有关政策的公告》（财政部 税务总局公告 2022 年第 12 号）第一条规定：“中小微企业在 2022 年 1 月 1 日至 2022 年 12 月 31 日期间新购置的设备、器具，单位价值在 500 万元以上的，按照单位价值的一定比例自愿选择在企业所得税税前扣除。其中，企业所得税法实施条例规定最低折旧年限为 3 年的设备器具，单位价值的 100% 可在当年一次性税前扣除；最低折旧年限为 4 年、5 年、10 年的，单位价值的 50% 可在当年一次性税前扣除，其余 50% 按规定在剩余年度计算折旧进行税前扣除。”第四条规定：“中小微企业可按季（月）在预缴申报时享受上述政策。本公告发布前企业在 2022 年已购置的设备、器具，可在本公告发布后的预缴申报、年度汇算清缴时享受。”

根据上述规定，企业可按季（月）在预缴申报时享受上述政策。

731. 未及时享受“六税两费”减免政策而多缴的可以申请退税吗

2022年某小微企业符合条件但未及时申报享受“六税两费”减免优惠。请问多缴的相应税费应该如何处理？是否可以申请退税？

答：《国家税务总局关于进一步实施小微企业“六税两费”减免政策有关征管问题的公告》（国家税务总局公告2022年第3号）第五条规定：“纳税人符合条件但未及时申报享受‘六税两费’减免优惠的，可依法申请抵减以后纳税期的应纳税费款或者申请退还。”

根据上述规定，纳税人可依法申请抵减以后纳税期的应纳税费款或者申请退还，其中对申请抵减以后纳税期的应纳税费款的，系统将在纳税人下次申报时，自动抵减同税费种的应纳税费款。

732. 发票丢失是否会影响纳税信用评价

某企业不慎将在正常经营活动中从其他纳税人处取得的发票丢失。请问是否会影响纳税信用评价？

答：《纳税信用管理办法（试行）》（国家税务总局公告2014年第40号）规定：“纳税信用级别设A、B、C、D四级。A级纳税信用为年度评价指标得分90分以上的；B级纳税信用为年度评价指标得分70分以上不满90分的；C级纳税信用为年度评价指标得分40分以上不满70分的；D级纳税信用为年度评价指标得分不满40分或者直接判级确定的。”《纳税信用评价指标和评价方式（试行）》（国家税务总局公告2014年第48号）规定：“应当开具而未开具发票，每发生一次，纳税人的纳税信用得分扣5分，未按规定开具发票或纸质发票未加盖发票专用章，每发生一次，纳税人的纳税信用得分扣3分，未按规定保管纸质发票并造成发票损毁、遗失的，每发生一次，纳税人的纳税信用得分扣3分。”

根据上述规定，企业发票丢失会影响纳税信用评价，每发生一次，纳税信用得分扣3分。

733. 对纳税信用评价结果有异议的应如何处理

某企业参与当年度纳税信用评价，得到了C级的评价结果，企业对此存在异议。请问应当如何处理？

答：《国家税务总局关于纳税信用管理有关事项的公告》（国家税务总局

公告2020年第15号）第四条规定："纳税人对指标评价情况有异议的，可在评价年度次年3月份填写'纳税信用复评（核）申请表'，向主管税务机关提出复核，主管税务机关在开展年度评价时审核调整，并随评价结果向纳税人提供复核情况的自我查询服务。"

根据上述规定，企业应通过填写"纳税信用复评（核）申请表"向主管税务机关申请复核。

734. D级纳税人如何修复纳税信用级别

某企业由于未在规定期限内足额缴纳税款，导致当年纳税信用级别直接被判为D级。请问如何修复纳税信用级别？

答：《国家税务总局关于纳税信用修复有关事项的公告》（国家税务总局公告2019年第37号）第一条第（二）项规定："自2020年1月1日起，纳入纳税信用管理的企业纳税人，未按税务机关处理结论缴纳或者足额缴纳税款、滞纳金和罚款，未构成犯罪，纳税信用级别被直接判为D级的纳税人，在税务机关处理结论明确的期限期满后60日内足额缴纳、补缴的，可在规定期限内向主管税务机关申请纳税信用修复。"第二条规定："符合本公告第一条第（二）项、第（三）项所列条件的，纳税人可在纳税信用被直接判为D级的次年年底前向主管税务机关提出申请，税务机关根据纳税人失信行为纠正情况调整该项纳税信用评价指标的状态，重新评价纳税人的纳税信用级别，但不得评价为A级。纳税信用修复后纳税信用级别不再为D级的纳税人，其直接责任人注册登记或者负责经营的其他纳税人之前被关联为D级的，可向主管税务机关申请解除纳税信用D级关联。"第三条规定："需向主管税务机关提出纳税信用修复申请的纳税人应填报'纳税信用修复申请表'，并对纠正失信行为的真实性作出承诺。"

根据上述规定，企业在税务机关处理结论明确的期限期满后60日内足额缴纳、补缴的，可在纳税信用被直接判为D级的次年底前向主管税务机关提出申请，填报"纳税信用修复申请表"，由税务机关根据企业失信行为纠正情况调整纳税信用评价指标的状态，重新评价纳税信用级别。

735. 如何查询减免税性质代码

某企业适用某项税收减免优惠，在纳税申报时需要填写减免税性质代码。请问如何查询各项税收优惠政策的减免税性质代码？

答：《国家税务总局关于发布〈减免税政策代码目录〉的公告》（国家税

务总局公告2015年第73号）第二条规定："《减免税政策代码目录》将根据减免税政策的新增、废止等情况，每月定期更新，并通过国家税务总局网站'纳税服务'下的'申报纳税'栏目发布。各地税务机关应当通过办税服务大厅、税务网站、12366热线、短信、微信等多种渠道和方式进行转载、发布与宣传推送。"

根据上述规定，企业可以从办税服务大厅、税务网站、12366热线、短信、微信等各种渠道获取《减免税政策代码目录》。

736. 非正常户认定如何解除

某企业办理发票申领手续时发现已被列为非正常户。请问是什么原因导致的？该如何解除？

答：《国家税务总局关于税收征管若干事项的公告》（国家税务总局公告2019年第48号）第三条规定："纳税人负有纳税申报义务，但连续三个月所有税种均未进行纳税申报的，税收征管系统自动将其认定为非正常户，并停止其发票领用簿和发票的使用。已认定为非正常户的纳税人，就其逾期未申报行为接受处罚、缴纳罚款，并补办纳税申报的，税收征管系统自动解除非正常状态，无须纳税人专门申请解除。"

根据上述规定，企业负有纳税申报义务，但连续三个月所有税种均未进行纳税申报的，会被税收征管系统自动认定为非正常户。企业被认定为非正常户后，如就逾期未申报行为接受处罚、缴纳罚款，并补办纳税申报，税收征管系统将自动解除非正常状态。

737. 经营地涉税事项反馈表中已预缴税款如何填写

某企业到外省临时从事生产经营活动，按规定要向机构所在地税务机关报送"跨区域涉税事项报告表"。请问该表中已预缴税款金额应填写预缴的增值税额，还是所有预缴的税额？

答：《国家税务总局关于明确跨区域涉税事项报验管理相关问题的公告》（国家税务总局公告2018年第38号）附件2："经营地涉税事项反馈表"填表说明规定："8.'已预缴税款金额'栏填写已向经营地税务机关预缴的增值税税款的累计金额（金额单位：元，下同）。"

根据上述规定，企业跨省经营填报的"经营地涉税事项反馈表"中，已预缴税款金额应填写预缴的增值税额。在电子税务局办理反馈时，企业可通过查询已缴税款后勾选税票信息，由系统带出。

738.“三代”税款手续费申请退付的截止时间是何时

某企业为员工代扣代缴个税，按规定可以按年付给2%的手续费。请问每年申请退付手续费的截止时间是何时?

答:《财政部 税务总局 人民银行关于进一步加强代扣代收代征税款手续费管理的通知》(财行〔2019〕11号)规定:“‘三代’税款手续费按年据实清算。代扣、代收扣缴义务人和代征人应于每年3月30日前，向税务机关提交上一年度‘三代’税款手续费申请相关资料，因‘三代’单位或个人自身原因，未及时提交申请的，视为自动放弃上一年度‘三代’税款手续费。”

根据上述规定，企业应当在次年3月30日前，及时向税务机关提交当年度代扣代缴个税手续费申请资料。

739. 经税务机关核准延期申报是否需要加收滞纳金

某企业由于受疫情影响导致经营状况严重恶化，向税务机关申请延期申报纳税。请问税务机关核准后企业后续申报时是否需要缴纳相应的滞纳金?

答:《国家税务总局关于延期申报预缴税款滞纳金问题的批复》(国税函〔2007〕753号)规定:“《中华人民共和国税收征收管理法》(以下简称税收征管法)第二十七条规定，纳税人不能按期办理纳税申报的，经税务机关核准，可以延期申报，但要在纳税期内按照上期实际缴纳的税额或者税务机关核定的税额预缴税款，并在核准的延期内办理税款结算。预缴税款之后，按照规定期限办理税款结算的，不适用税收征管法第三十二条关于纳税人未按期缴纳税款而被加收滞纳金的规定。”

根据上述规定，企业申请延期申报的，经税务机关核准，在核准的延期期间内办理税款缴纳的，可以不加收滞纳金;但如果超过核准的延期期间，仍需补缴相应的滞纳金。

740. 应缴纳的欠税及滞纳金是否必须同时缴纳

某企业因未在规定期限内申报纳税被加收滞纳金。请问缴纳的欠税及滞纳金是否必须同时缴纳?

答:《国家税务总局关于税收征管若干事项的公告》(国家税务总局公告2019年第48号)第一条规定:“(一)对纳税人、扣缴义务人、纳税担保人应缴纳的欠税及滞纳金不再要求同时缴纳，可以先行缴纳欠税，再依法缴纳滞纳金。(二)本条所称欠税，是指依照《欠税公告办法(试行)》(国家税务总局令第9号）第三条、第十三条规定认定的，纳税人、扣缴义务人、纳税担保人超过税收法律、行政法规规定的期限或者超过税务机关依照税收法律、行政法规规定确定的纳税期限未缴纳的税款。”

根据上述规定，企业未缴纳的欠税及滞纳金可以分别缴纳，即先行缴纳欠税，再依法缴纳滞纳金。

741. 企业发生补税情形是否必须加收滞纳金

某企业因税务机关原因导致一笔税款未按期申报缴纳。请问在企业后续缴纳时是否需要补缴相应的滞纳金？

答：《中华人民共和国税收征收管理法》（主席令第23号）第五十二条规定：“因税务机关的责任，致使纳税人、扣缴义务人未缴或者少缴税款的，税务机关在三年内可以要求纳税人、扣缴义务人补缴税款，但是不得加收滞纳金。因纳税人、扣缴义务人计算错误等失误，未缴或者少缴税款的，税务机关在三年内可以追征税款、滞纳金；有特殊情况的，追征期可以延长到五年。对偷税、抗税、骗税的，税务机关追征其未缴或者少缴的税款、滞纳金或者所骗取的税款，不受前款规定期限的限制。”

根据上述规定，企业由于税务机关责任导致未缴纳税款的，税务机关不得加收滞纳金；但如果是由于企业自身原因导致的，应补缴相应的滞纳金。

十二、票　据

742. 增值税专用发票各栏目信息是否必须正确

某企业取得一张增值税专用发票，其基本信息中公司名称、纳税人识别号、银行账号、电话等信息均正确，但地址为变更工商登记前的老地址，对方单位以不影响抵扣为由，拒绝重新开具发票。请问以该发票入账是否存在风险？

答：《中华人民共和国发票管理办法》（国务院令第709号）第二十二条规定："开具发票应当按照规定的时限、顺序、栏目，全部联次一次性如实开具，并加盖发票专用章。"《中华人民共和国发票管理办法实施细则》（国家税务总局令第25号公布，国家税务总局令第37号、第44号、第48号修正）第二十八条规定："单位和个人在开具发票时，必须做到按照号码顺序填开，填写项目齐全，内容真实，字迹清楚，全部联次一次打印，内容完全一致，并在发票联和抵扣联加盖发票专用章。"《国家税务总局关于修订〈增值税专用发票使用规定〉的通知》（国税发〔2006〕156号发布）第十一条规定，专用发票应按要求开具，其中第一条要求即为"项目齐全，与实际交易相符"，同时明确指出："对不符合上列要求的专用发票，购买方有权拒收。"

根据上述规定，公司取得增值税专用发票各栏目必须如实填写，否则属于不符合规定的发票。该企业取得的发票存在风险，应要求对方重新开具，如对方拒绝，可向税务机关反映该情况。

743. 分支机构向总公司提供服务是否开具增值税发票

某建筑企业将总包工程的其中一部分工程分包给其分支机构。请问该分支机构是否需要向总公司开具增值税发票？

答：《中华人民共和国发票管理办法》（国务院令第709号）第十九条规定："销售商品、提供服务以及从事其他经营活动的单位和个人，对外发生经营业务收取款项，收款方应当向付款方开具发票；特殊情况下，由付款方向收款方开具发票。”《国家税务总局关于增值税发票开具有关问题的公告》（国家税务总局公告2017年第16号）第一条规定：“自2017年7月1日起，购买方为企业的，索取增值税普通发票时，应向销售方提供纳税人识别号或统一社会信用代码；销售方为其开具增值税普通发票时，应在‘购买方纳税人识别号’栏填写购买方的纳税人识别号或统一社会信用代码。不符合规定的发票，不得作为税收凭证。本公告所称企业，包括公司、非公司制企业法人、企业分支机构、个人独资企业、合伙企业和其他企业。”

根据上述规定，总分公司是独立的纳税主体，相互之间提供服务，应当开具增值税发票。

744. 取得租赁车位永久使用权应取得什么税目发票

某企业购买了一幢写字楼的一层作为办公场所，另外还获得了地下停车场两个车位的永久使用权。请问取得车位永久使用权应取得什么税目的发票？

答：《财政部、国家税务总局关于全面推开营业税改征增值税试点的通知》（财税〔2016〕36号）附件1：《营业税改征增值税试点实施办法》附《销售服务、无形资产、不动产注释》第三条规定：“销售不动产，是指转让不动产所有权的业务活动。不动产，是指不能移动或者移动后会引起性质、形状改变的财产，包括建筑物、构筑物等。建筑物，包括住宅、商业营业用房、办公楼等可供居住、工作或者进行其他活动的建造物。构筑物，包括道路、桥梁、隧道、水坝等建造物。转让建筑物有限产权或者永久使用权的，转让在建的建筑物或者构筑物所有权的，以及在转让建筑物或者构筑物时一并转让其所占土地的使用权的，按照销售不动产缴纳增值税。”

根据上述规定，转让车位永久使用权应按照销售不动产缴纳增值税，因此企业应取得税目为“*不动产*”的增值税发票。

745. 企业能否超经营范围开具增值税发票

某企业为装备制造单位，除正常开展生产经营外，还将一部分自有房产出租并取得租赁收入，但企业营业执照中没有此项经营范围。请问能否超经营范围开具发票？

答：《中华人民共和国发票管理办法实施细则》（国家税务总局令第25号公布，国家税务总局令第37号、第44号、第48号修正）第二十六条规定：

"填开发票的单位和个人必须在发生经营业务确认营业收入时开具发票。未发生经营业务一律不准开具发票。"

根据上述规定，企业超越其登记的经营范围从事经营活动，只要该行为不违反法律、行政法规关于市场准入的限制性规定，就应当是合法有效的，企业发生了真实业务，不论该业务是否"超经营范围"，都应按实际业务情况开具发票。建议公司根据业务发生频率分别处理：对于临时性业务，向主管税务机关说明情况后，增加相应征收品目，自行开具发票；对于经常性业务，可先联系工商部门变更经营范围，再由主管税务机关增加相应的征收品目及征收率，自行开具发票。

746. 取得不合规发票应如何补救

某企业销售部门因采购物资从另一家企业取得一张增值税专用发票，但发票上未列明公司税号，被财务部门要求退回重开，但对方企业已注销。请问应当如何补救？

答：《国家税务总局关于发布〈企业所得税税前扣除凭证管理办法〉的公告》(国家税务总局公告2018年第28号）第十二条规定："企业取得私自印制、伪造、变造、作废、开票方非法取得、虚开、填写不规范等不符合规定的发票，以及取得不符合国家法律、法规等相关规定的其他外部凭证，不得作为税前扣除凭证。"第十三条规定："企业应当取得而未取得发票、其他外部凭证或者取得不合规发票、不合规其他外部凭证的，若支出真实且已实际发生，应当在当年度汇算清缴期结束前，要求对方补开、换开发票、其他外部凭证。补开、换开后的发票、其他外部凭证符合规定的，可以作为税前扣除凭证。"第十四条规定："企业在补开、换开发票、其他外部凭证过程中，因对方注销、撤销、依法被吊销营业执照、被税务机关认定为非正常户等特殊原因无法补开、换开发票、其他外部凭证的，可凭以下资料证实支出真实性后，其支出允许税前扣除：①无法补开、换开发票、其他外部凭证原因的证明资料（包括工商注销、机构撤销、列入非正常经营户、破产公告等证明资料)；②相关业务活动的合同或者协议；③采用非现金方式支付的付款凭证；④货物运输的证明资料；⑤货物入库、出库内部凭证；⑥企业会计核算记录以及其他资料。第①项至第③项为必备资料。"

根据上述规定，公司取得不合规发票的，应在当年度汇算清缴期结束前，要求对方补开、换开发票。由于对方单位已注销而无法补开发票，公司应当取得相关资料以证实该业务的真实性。

747. 汇算清缴后被税务机关发现未取得发票如何处理

某企业每月向银行支付手续费，由于涉及的笔数较多，企业未及时索取增值税发票，后来汇算清缴后被税务机关查出。请问应如何处理？

答：《国家税务总局关于发布〈企业所得税税前扣除凭证管理办法〉的公告》（国家税务总局公告2018年第28号）第十五条规定："汇算清缴期结束后，税务机关发现企业应当取得而未取得发票、其他外部凭证或者取得不合规发票、不合规其他外部凭证并且告知企业的，企业应当自被告知之日起60日内补开、换开符合规定的发票、其他外部凭证。其中，因对方特殊原因无法补开、换开发票、其他外部凭证的，企业应当按照本办法第十四条的规定，自被告知之日起60日内提供可以证实其支出真实性的相关资料。"

根据上述规定，企业应当自税务机关通知之日起60日内到银行补开增值税发票。

748. 取得与实际业务性质不同的发票应如何处理

某企业为参加展览，请物流公司将产品装卸搬运到展览场所，取得了物流公司开具的增值税专用发票，但货物或应税劳务、服务名称栏显示为"*运输服务*装卸费"，税率为9%。请问该发票能否作为财务报销的凭证并抵扣进项？

答：《国家税务总局关于增值税发票开具有关问题的公告》（国家税务总局公告2017年第16号）第二条规定："销售方开具增值税发票时，发票内容应按照实际销售情况如实开具。"《国家税务总局关于全面推开营业税改征增值税试点的通知》（财税〔2016〕36号）所附《销售服务、无形资产、不动产注释》第一条第（六）项第4点规定："物流辅助服务，包括航空服务、港口码头服务、货运客运场站服务、打捞救助服务、装卸搬运服务、仓储服务和收派服务。其中装卸搬运服务，是指使用装卸搬运工具或者人力、畜力将货物在运输工具之间、装卸现场之间或者运输工具与装卸现场之间进行装卸和搬运的业务活动。"

根据上述规定，该企业取得的装卸搬运服务属于物流辅助服务而非交通运输服务，适用税率为6%，其取得发票的货物或应税劳务、服务名称栏和税率栏均错误，不符合税法的规定，不得作为税收凭证，应退回并要求对方重新开具，否则后续在税务检查中被税务机关发现，将面临补缴税款和加处罚款的处罚。建议企业发生相关业务时，应在合同中约定对方开具增值税发票的种类、商品和服务税收分类编码、税率等信息，避免因取得不合规发票而导致的税收风险；如取得与合同约定不符的增值税发票应及时退回并要求重开。

749. 发票抬头能否用简称

某企业取得的普通发票中，有一部分发票抬头公司名称填写不全，有些仅仅是写了个简称。请问取得的此类发票能否在企业所得税前扣除？

答：《企业所得税税前扣除凭证管理办法》（国家税务总局公告2018年第28号）第十二条规定："企业取得私自印制、伪造、变造、作废、开票方非法取得、虚开、填写不规范等不符合规定的发票（以下简称'不合规发票'），以及取得不符合国家法律、法规等相关规定的其他外部凭证（以下简称'不合规其他外部凭证'），不得作为税前扣除凭证。"《中华人民共和国发票管理办法》（国务院令第709号）第二十一条规定："不符合规定的发票，不得作为财务报销凭证，任何单位和个人有权拒收。"

根据上述规定，发票抬头用简称的，属于不按规定开具发票，为"不合规发票"，不得税前扣除。发现"不合规发票"，企业应及时找发票开具方更换重开。

750. 合同未约定开具发票，是否必须开具发票

某企业从另一家单位处租赁房屋，款项已支付，但对方以合同未约定发票为由拒绝开具发票。请问该理由是否合规？

答：《中华人民共和国发票管理办法》（国务院令第709号）第三条规定："本办法所称发票，是指在购销商品、提供或者接受服务以及从事其他经营活动中，开具、收取的收付款凭证。"第二十条规定："所有单位和从事生产、经营活动的个人在购买商品、接受服务以及从事其他经营活动支付款项，应当向收款方取得发票。取得发票时，不得要求变更品名和金额。"第三十五条规定："违反本办法的规定，有下列情形之一的，由税务机关责令改正，可以处1万元以下的罚款；有违法所得的予以没收：（一）应当开具而未开具发票，或者未按照规定的时限、顺序、栏目，全部联次一次性开具发票，或者未加盖发票专用章的……"

根据上述规定，购销商品、提供或服务以及从事其他经营活动中，在收取款项时开具发票是《中华人民共和国发票管理办法》的规定，对方不得以民事约定为由拒绝履行法定义务。

751. 增值税专用发票字迹不清晰应如何处理

某企业员工报销会议费发票时，发现取得的增值税专用发票字迹不清晰，联系对方单位时对方以不影响抵扣为由拒绝重新开具。请问企业应当如何处理？

答：《中华人民共和国发票管理办法实施细则》（国家税务总局令第25号公布，国家税务总局令第37号、第44号、第48号修正）第二十八条规定："单位和个人在开具发票时，必须做到按照号码顺序填开，填写项目齐全，内容真实，字迹清楚，全部联次一次打印，内容完全一致，并在发票联和抵扣联加盖发票专用章。"《国家税务总局关于修订〈增值税专用发票使用规定〉的通知》（国税发〔2006〕156号）第十一条规定："专用发票应按下列要求开具：（一）项目齐全，与实际交易相符；（二）字迹清楚，不得压线、错格；（三）发票联和抵扣联加盖财务专用章或者发票专用章；（四）按照增值税纳税义务的发生时间开具。对不符合上列要求的专用发票，购买方有权拒收。"

根据上述规定，取得的增值税专用发票字迹不清晰，企业有权拒收并要求对方重新开具。如对方拒绝，可向税务机关反映该情况。

752. 同一张增值税专用发票能否开具多张红字发票

某企业销售的产品存在瑕疵，按客户要求对增值税专用发票中的部分金额开具了红字专用发票；后客户又发现存在其他问题，要求再次开具红字专用发票。请问该张增值税专用发票能否申请开具多张红字专用发票？

答：《国家税务总局关于红字增值税发票开具有关问题的公告》（国家税务总局公告2016年第47号）第一条规定："增值税一般纳税人开具增值税专用发票（以下简称'专用发票'）后，发生销货退回、开票有误、应税服务中止等情形但不符合发票作废条件，或者因销货部分退回及发生销售折让，需要开具红字专用发票的，按以下方法处理：（一）购买方取得专用发票已用于申报抵扣的，购买方可在增值税发票管理新系统（以下简称'新系统'）中填开并上传'开具红字增值税专用发票信息表'（以下简称'信息表'，详见附件），在填开'信息表'时不填写相对应的蓝字专用发票信息，应暂依'信息表'所列增值税税额从当期进项税额中转出，待取得销售方开具的红字专用发票后，与'信息表'一并作为记账凭证。购买方取得专用发票未用于申报抵扣、但发票联或抵扣联无法退回的，购买方填开'信息表'时应填写相对应的蓝字专用发票信息。销售方开具专用发票尚未交付购买方，以及购买方未用于申报抵扣并将发票联及抵扣联退回的，销售方可在新系统中填开并上传‘信息表’。销售方填开‘信息表’时应填写相对应的蓝字专用发票信息。（二）主管税务机关通过网络接收纳税人上传的‘信息表’，系统自动校验通过后，生成带有‘红字发票信息表编号’的‘信息表’，并将信息同步至纳税人端系统中。（三）销售方凭税务机关系统校验通过的‘信息表’开具红字专用发票，在新系统中以销项负数开具。红字专用发票应与‘信息表’一一对应。（四）纳税人也可凭‘信息表’电子信息或纸质资料到税务机关对‘信息表’内容进行系统校验。”

根据上述规定，企业同一张增值税专用发票可以开具多张红字增值税专用发票信息表，但每张红字信息表只能对应开具一张红字增值税专用发票，且多张红字增值税专用发票信息表的金额合计不得超过原增值税专用发票的金额。

⋙753. 收到购买方退回发票联及抵扣联如何开具红字发票

某企业为一般纳税人，2022 年 4 月销售一批产品并开具了增值税专用发票给客户，5 月客户通知企业将货物退回，同时将未抵扣的发票联和抵扣联一并退回。请问企业能否作废该发票？如果不能，如何开具红字发票？

答：《国家税务总局关于修订〈增值税专用发票使用规定〉的通知》（国税发〔2006〕156 号）第十三条规定：“一般纳税人在开具专用发票当月，发生销货退回、开票有误等情形，收到退回的发票联、抵扣联符合作废条件的，按作废处理；开具时发现有误的，可即时作废。”《国家税务总局关于红字增值税发票开具有关问题的公告》（国家税务总局公告 2016 年第 47 号）第一条规定：“增值税一般纳税人开具增值税专用发票（以下简称‘专用发票’）后，发生销货退回、开票有误、应税服务中止等情形但不符合发票作废条件，或者因销货部分退回及发生销售折让，需要开具红字专用发票的，按以下方法处理：（一）购买方取得专用发票已用于申报抵扣的，购买方可在增值税发票管理新系统（以下简称‘新系统’）中填开并上传‘开具红字增值税专用发票信息表’（以下简称‘信息表’，详见附件），在填开‘信息表’时不填写相对应的蓝字专用发票信息，应暂依‘信息表’所列增值税税额从当期进项税额中转出，待取得销售方开具的红字专用发票后，与‘信息表’一并作为记账凭证。购买方取得专用发票未用于申报抵扣、但发票联或抵扣联无法退回的，购买方填开‘信息表’时应填写相对应的蓝字专用发票信息。销售方开具专用发票尚未交付购买方，以及购买方未用于申报抵扣并将发票联及抵扣联退回的，销售方可在新系统中填开并上传‘信息表’。销售方填开‘信息表’时应填写相对应的蓝字专用发票信息。”

根据上述规定，企业于次月收到退回的发票联和抵扣联，已经跨月不能“作废”处理，根据国家税务总局公告2016年第47号文件的规定可以由企业填开并上传“信息表”，再凭税务机关系统校验通过的“信息表”开具红字专用发票。

754. 增值税电子专用发票应如何开具红字发票

某企业在发票管理系统中开具增值税专用发票后，次月购买方内部审计发现计价存在问题，要求企业开具红字发票。请问增值税电子专用发票应如何开具红字发票？是否和增值税专用发票开具方式一致？

答：《国家税务总局关于在新办纳税人中实行增值税专用发票电子化有关事项的公告》（国家税务总局公告2020年第22号）第七条规定：“纳税人开具电子专票后，发生销货退回、开票有误、应税服务中止、销售折让等情形，需要开具红字电子专票的，按照以下规定执行：（一）购买方已将电子专票用于申报抵扣的，由购买方在增值税发票管理系统中填开并上传‘开具红字增值税专用发票信息表’（以下简称‘信息表’），填开‘信息表’时不填写相对应的蓝字电子专票信息。购买方未将电子专票用于申报抵扣的，由销售方在发票管理系统中填开并上传‘信息表’，填开‘信息表’时应填写相对应的蓝字电子专票信息。（二）税务机关通过网络接收纳税人上传的‘信息表’，系统自动校验通过后，生成带有‘红字发票信息表编号’的‘信息表’，并将信息同步至纳税人端系统中。（三）销售方凭税务机关系统校验通过的‘信息表’开具红字电子专票，在发票管理系统中以销项负数开具。红字电子专票应与‘信息表’一一对应。（四）购买方已将电子专票用于申报抵扣的，应当暂依‘信息表’所列增值税税额从当期进项税额中转出，待取得销售方开具的红字电子专票后，与‘信息表’一并作为记账凭证。”

根据上述规定，企业增值税电子专用发票的红字发票开具方式与增值税专用发票类似，企业应该区分该电子专票是否已用于申报抵扣。如已申报抵扣的，由购买方在增值税发票管理系统中填开并上传“开具红字增值税专用发票信息表”；如未申报抵扣的，由企业在发票管理系统中填开并上传“信息表”，待税务机关系统校验通过后同步至纳税人端系统中，最后企业在发票管理系统中以销项负数开具。

755. 丢失已开具增值税专用发票应当如何处理

某企业员工因自身疏忽导致一张增值税专用发票的发票联和抵扣联丢失，现已无法寻回。请问应如何处理？

答：《国家税务总局关于增值税发票综合服务平台等事项的公告》（国家税务总局公告2020年第1号）第四条规定："纳税人同时丢失已开具增值税专用发票或机动车销售统一发票的发票联和抵扣联，可凭加盖销售方发票专用章的相应发票记账联复印件，作为增值税进项税额的抵扣凭证、退税凭证或记账凭证。纳税人丢失已开具增值税专用发票或机动车销售统一发票的抵扣联，可凭相应发票的发票联复印件，作为增值税进项税额的抵扣凭证或退税凭证；纳税人丢失已开具增值税专用发票或机动车销售统一发票的发票联，可凭相应发票的抵扣联复印件，作为记账凭证。"

根据上述规定，企业同时丢失已开具增值税专用发票的发票联和抵扣联的，可直接联系销售方取得其加盖发票专用章的记账联复印件作为本企业增值税进项税额的抵扣凭证、退税凭证或记账凭证。

756. 与行政事业单位发生经营行为应当取得何种票据

某企业因租用一家行政事业单位的办公楼，并向其支付水电费，对方未办理税务登记，也无法开具增值税专用发票。请问租赁费和水电费应取得何种票据入账？

答：《国家税务总局货物和劳务税司关于做好增值税发票使用宣传辅导有关工作的通知》（税总货便函〔2017〕127号）第二节第一条规定："有下列情形之一的，可以向税务机关申请代开增值税普通发票的情形包括'4. 依法不需要办理税务登记的单位和个人，临时取得收入，需要开具增值税普通发票的'。"《国家税务总局关于发布〈企业所得税税前扣除凭证管理办法〉的公告》（国家税务总局公告2018年第28号）第九条规定："企业在境内发生的支出项目属于增值税应税项目的，对方为已办理税务登记的增值税纳税人，其支出以发票（包括按照规定由税务机关代开的发票）作为税前扣除凭证；对方为依法无须办理税务登记的单位或者从事小额零星经营业务的个人，其支出以税务机关代开的发票或者收款凭证及内部凭证作为税前扣除凭证，收款凭证应载明收款单位名称、个人姓名及身份证号、支出项目、收款金额等相关信息。"

根据上述规定，企业与行政事业单位发生的经营行为，由于对方无须办理税务登记，应以税务机关代开的发票或者收款凭证及内部凭证作为税前扣除凭证。

757. 接受保洁服务应取得何种发票

某企业委托一家保洁公司提供日常打扫清洁服务。请问应取得劳务派遣还是劳务外包服务发票？

答：《财政部、国家税务总局关于全面推开营业税改征增值税试点的通知》（财税〔2016〕36号）《销售服务、无形资产、不动产注释》第一条第（六）项第八点规定："8. 商务辅助服务。……（3）人力资源服务，是指提供公共就业、劳务派遣、人才委托招聘、劳动力外包等服务的业务活动。"

根据上述规定，应根据保洁公司提供服务的形式判断取得发票的类型。如果保洁公司的服务人员派到用人单位后受该单位监督和管理的，则该服务属于劳务派遣，应取得劳务派遣发票作为扣除凭证；如果保洁人员仍由保洁公司进行监督和管理，以服务的成果作为服务结算方式的，则该服务属于劳务外包服务，应取得劳务外包服务发票作为扣除凭证。

758. 取得不得抵扣的增值税专用发票是否需要认证

某企业购入用于集体福利的货物，取得了增值税专用发票。对此，企业采取的是不进行认证，直接将相关抵扣联粘贴至凭证后面。请问该类发票是否需要先认证然后转出？

答：《财政部关于印发〈增值税会计处理规定〉的通知》（财会〔2016〕22号）第二条第（一）项第2点规定："一般纳税人购进货物、加工修理修配劳务、服务、无形资产或不动产，用于简易计税方法计税项目、免征增值税项目、集体福利或个人消费等，其进项税额按照现行增值税制度规定不得从销项税额中抵扣的，取得增值税专用发票时，应借记相关成本费用或资产科目，借记'应交税费——待认证进项税额'科目，贷记'银行存款''应付账款'等科目，经税务机关认证后，应借记相关成本费用或资产科目，贷记'应交税费——应交增值税（进项税额转出）'科目。"

根据上述规定，企业取得不得抵扣的增值税专用发票也应当进行认证，其进项税额借记"应交税费——待认证进项税额"，认证后再转出，计入相关成本费用或资产。

▶≫759. 取得合同以外第三方开具的建筑服务专票能否抵扣

某企业作为发包方与甲公司签订施工合同，甲公司实际通过内部授权的方式由其集团内乙公司施工，并结算工程价款，由乙公司向该企业开具增值税专用发票。请问乙公司开具的增值税专用发票能否用作财务凭证？是否涉嫌虚开？

答：《国家税务总局关于进一步明确营改增有关征管问题的公告》（国家税务总局公告2017年第11号）第二条规定："建筑企业与发包方签订建筑合同后，以内部授权或者三方协议等方式，授权集团内其他纳税人（以下称'第三方'）为发包方提供建筑服务，并由第三方直接与发包方结算工程款的，由第三方缴纳增值税并向发包方开具增值税发票，与发包方签订建筑合同的建筑企业不缴纳增值税。发包方可凭实际提供建筑服务的纳税人开具的增值税专用发票抵扣进项税额。"

根据上述规定，乙公司上述业务开具的增值税发票符合国家税务总局公告2017年第11号的规定，不涉嫌虚开增值税专用发票，可以用于抵扣进项税。建议企业与承包方签订施工合同时在合同中约定由承包方还是第三方提供建筑服务并结算工程款，明确各方的权利和义务，避免产生税收风险。

▶≫760. 采购商品项目较多是否可以取得汇总开具的发票

某企业集中采购了一批商品，项目较多。请问是否可以由销售方汇总开具一张增值税发票？

答：《国家税务总局关于修订〈增值税专用发票使用规定〉的通知》（国税发〔2006〕156号）第十二条规定："一般纳税人销售货物或者提供应税劳务可汇总开具专用发票。汇总开具专用发票的，同时使用防伪税控系统开具销售货物或者提供应税劳务清单，并加盖财务专用章或发票专用章。根据货物和劳务税司对《国家税务总局关于增值税发票开具有关问题的公告》（国家税务总局公告2017年第16号）的解读，如果购买的商品种类较多，销售方可以汇总开具增值税普通发票，购买方可凭汇总开具的增值税普通发票以及购物清单或小票作为税收凭证。"

根据上述规定，企业购买的商品项目较多时，可以要求销售方汇总开具增值税专用发票或增值税普通发票。建议公司取得汇总开具的专用发票时，应同时取得销售方从防伪税控系统开具并加盖发票专用章的销售货物或者提供应税劳务清单；取得汇总开具的增值税普通发票除销售货物或者提供应税劳务清单外，也可以购物清单或小票作为税收凭证。

761. 取得稳岗就业补贴是否需要开具发票

某企业申请并收到了政府补助的稳岗就业补贴。请问对该补贴是否需要开具发票？

答：《中华人民共和国发票管理办法》（国务院令第709号）第十九条规定："销售商品、提供服务以及从事其他经营活动的单位和个人，对外发生经营业务收取款项，收款方应当向付款方开具发票；特殊情况下，由付款方向收款方开具发票。"《国家税务总局关于取消增值税扣税凭证认证确认期限等增值税征管问题的公告》（国家税务总局公告2019年第45号）第七条规定："纳税人取得的财政补贴收入，与其销售货物、劳务、服务、无形资产、不动产的收入或者数量直接挂钩的，应按规定计算缴纳增值税。纳税人取得的其他情形的财政补贴收入，不属于增值税应税收入，不征收增值税。"

根据上述规定，企业收到财政补贴不属于增值税应税行为，也不属于从事经营活动，无须开具发票。

762. 税务机关代开发票是否须加盖发票代开专用章

某企业收到几张税务机关代开的增值税发票，有增值税普通发票，也有专用发票，其中有的发票没有加盖发票代开专用章。请问未加盖发票代开专用章可以抵扣进项税吗？

答：《国家税务总局货物和劳务税司关于做好增值税发票使用宣传辅导有关工作的通知》（税总货便函〔2017〕127号）所附《增值税发票开具指南》第二章第二节第四条规定："增值税纳税人应在代开增值税专用发票的备注栏上，加盖本单位的发票专用章（为其他个人代开的特殊情况除外）。税务机关在代开增值税普通发票以及为其他个人代开增值税专用发票的备注栏上，加盖税务机关代开发票专用章。"

根据上述规定，除为其他个人代开的特殊情况外，代开的增值税专用发票不需要加盖税务机关代开发票专用章；代开的普通发票需要加盖税务机关代开发票专用章。企业取得税务机关代开增值税发票时，应审核其发票专用章是否符合规定。

763. 接受劳务派遣取得发票的处理是否合规

某企业接受劳务派遣服务，发现不同的劳务派遣公司开具的发票税率不一致。请问如何判断劳务派遣方开具的发票是否合规？

答：《财政部 国家税务总局关于进一步明确全面推开营改增试点有关劳务派遣服务、收费公路通行费抵扣等政策的通知》（财税〔2016〕47号）第一条规定："一般纳税人提供劳务派遣服务，可以按照《财政部 国家税务总局关于全面推开营业税改征增值税试点的通知》（财税〔2016〕36号）的有关规定，以取得的全部价款和价外费用为销售额，按照一般计税方法计算缴纳增值税；也可以选择差额纳税，以取得的全部价款和价外费用，扣除代用工单位支付给劳务派遣员工的工资、福利和为其办理社会保险及住房公积金后的余额为销售额，按照简易计税方法依5%的征收率计算缴纳增值税。小规模纳税人提供劳务派遣服务，可以按照《财政部 国家税务总局关于全面推开营业税改征增值税试点的通知》（财税〔2016〕36号）的有关规定，以取得的全部价款和价外费用为销售额，按照简易计税方法依3%的征收率计算缴纳增值税；也可以选择差额纳税，以取得的全部价款和价外费用，扣除代用工单位支付给劳务派遣员工的工资、福利和为其办理社会保险及住房公积金后的余额为销售额，按照简易计税方法依5%的征收率计算缴纳增值税。选择差额纳税的纳税人，向用工单位收取用于支付给劳务派遣员工工资、福利和为其办理社会保险及住房公积金的费用，不得开具增值税专用发票，可以开具普通发票。"

根据上述规定，劳务派遣公司若为一般纳税人，可以选择一般计税方法和差额计税。若为小规模纳税人，可以选择简易计税和差额计税。一般计税方法可开具6%增值税专用发票；简易计税可开具征收率为3%增值税专用发票；差额计税可开具差额5%征收率的增值税专用发票。但是收取用于支付给劳务派遣员工工资、福利和为其办理社会保险及住房公积金的费用，不得开具增值税专用发票，可以开具普通发票。建议公司劳务派遣合同中约定计税方式以及提供发票样式。

764. 一张增值税专用发票能否开具不同税率的应税项目

某企业销售给同一单位适用不同税率和征收率的应税项目。请问是否可以在同一张增值税专用发票中开具？

答：《国家税务总局关于全面推开营业税改征增值税试点有关税收征收管

理事项的公告》（国家税务总局公告2016年第23号）第四条规定：“（二）按照现行政策规定适用差额征税办法缴纳增值税，且不得全额开具增值税发票的（财政部、税务总局另有规定的除外），纳税人自行开具或者税务机关代开增值税发票时，通过新系统中差额征税开票功能，录入含税销售额（或含税评估额）和扣除额，系统自动计算税额和不含税金额，备注栏自动打印‘差额征税’字样，发票开具不应与其他应税行为混开。……（六）个人出租住房适用优惠政策减按1.5%征收，纳税人自行开具或者税务机关代开增值税发票时，通过新系统中征收率减按1.5%征收开票功能，录入含税销售额，系统自动计算税额和不含税金额，发票开具不应与其他应税行为混开。”

根据上述规定，在开具增值税发票时，如不属于上述文件规定不得与其他应税行为混开的情形，可在同一张票面开具不同税率；并且在同一张发票上开具不同税率的增值税专用发票不影响认证，按照正常票认证即可。

765. 善意取得虚开增值税专用发票如何处理

某企业采购一批货物取得增值税专用发票，后经税务机关认定为虚开增值税专用发票。请问该如何处理？

答：《国家税务总局关于纳税人善意取得虚开的增值税专用发票处理问题的通知》（国税发〔2000〕187号）规定：“购货方与销售方存在真实的交易，销售方使用的是其所在省（自治区、直辖市和计划单列市）的专用发票，专用发票注明的销售方名称、印章、货物数量、金额及税额等全部内容与实际相符，且没有证据表明购货方知道销售方提供的专用发票是以非法手段获得的，对购货方不以偷税或者骗取出口退税论处。但应按有关法规不予抵扣进项税款或者不予出口、退税；购货方已经抵扣的进项税款或者取得的出口退税，应依法追缴。”《中华人民共和国税收征收管理法》（主席令第23号）第三十二条规定：“纳税人未按照规定期限缴纳税款的，扣缴义务人未按照规定期限解缴税款的，税务机关除责令限期缴纳外，从滞纳税款之日起，按日加收滞纳税款万分之五的滞纳金。”

根据上述规定，企业善意取得虚开的增值税专用发票指购货方与销售方存在真实交易，且购货方不知取得的增值税专用发票是以非法手段获得的，构成善意取得虚开的增值税专用发票。企业善意取得虚开的增值税专用发票被依法追缴已抵扣税款的，不属于《税收征收管理法》第三十二条“纳税人未按照规定期限缴纳税款”的情形，不适用该条“税务机关除责令限期缴纳外，从滞纳税款之日起，按日加收滞纳税款万分之五的滞纳金”的规定。

766. 销售不动产时发票的备注栏应注明哪些信息

某企业销售位于市区的一栋房产，自行开具了增值税发票。请问其开具的增值税发票备注栏需要注明哪些信息?

答:《国家税务总局关于全面推开营业税改征增值税试点有关税收征收管理事项的公告》(国家税务总局公告 2016 年第 23 号)第四条规定:“销售不动产，纳税人自行开具或者税务机关代开增值税发票时，应在发票‘货物或应税劳务、服务名称’栏填写不动产名称及房屋产权证书号码(无房屋产权证书的可不填写),‘单位’栏填写面积单位,‘备注栏’注明不动产的详细地址。”

根据上述规定，企业开具销售不动产发票需要在“备注栏”注明不动产名称及房屋产权证书号码(无房屋产权证书的可不填写),“单位”栏填写面积单位,“备注栏”注明不动产的详细地址。

767. 企业提供商业折扣时应如何开具发票

某企业 2021 年将其闲置的一幢办公大楼出租给另一家系统内单位，合同中约定租期 3 年，合同金额 210 万元(含税价),采用简易计税方式，如对方一次性支付可提供 20%的商业折扣。请问应如何开具增值税专用发票?

答:《国家税务总局关于折扣额抵减增值税应税销售额问题通知》(国税函〔2010〕56 号)规定:“纳税人采取折扣方式销售货物，销售额和折扣额在同一张发票上分别注明是指销售额和折扣额在同一张发票上的‘金额’栏分别注明的，可按折扣后的销售额征收增值税。”

根据上述规定，该企业应在发票第一行编码选择“*经营租赁*房屋租赁费”，金额栏填写“200 万元”，税额栏填写“10 万元”；第二行选择与第一行相同的编码，金额栏填写“-40 万元”，税额栏填写“-2 万元”，最终合计金额为 160 万元，税额 8 万元，价税合计 168 万元。建议企业在销售货物或提供应税行为时，为对方提供商业折扣的，在开票时应在同一张发票上的“金额”栏分别注明销售额和折扣额。

768. 疫情期间免征增值税的纳税人应如何开具发票

某企业在疫情期间发生业务并开具了增值税专用发票，后来发现该业务属于增值税免税范围。请问能否适用该优惠?企业在开具发票时应注意哪些事项?

答:《国家税务总局关于支持新型冠状病毒感染的肺炎疫情防控有关税收

征收管理事项的公告》（国家税务总局公告2020年第4号）第三条规定："纳税人按照8号公告和9号公告有关规定适用免征增值税政策的，不得开具增值税专用发票；已开具增值税专用发票的，应当开具对应红字发票或者作废原发票，再按规定适用免征增值税政策并开具普通发票。纳税人在疫情防控期间已经开具增值税专用发票，按照本公告规定应当开具对应红字发票而未及时开具的，可以先适用免征增值税政策，对应红字发票应当于相关免征增值税政策执行到期后1个月内完成开具。"

根据上述规定，该企业不可开具增值税专用发票，应按规定开具红字发票或作废该发票，再开具普通发票。

769. 增值税专用发票是否还有抵扣期限

某企业因疏忽导致一张增值税专用发票超过一年仍未抵扣。请问增值税专用发票是否还有360天的认证抵扣期限？

答：《国家税务总局关于取消增值税扣税凭证认证确认期限等增值税征管问题的公告》（国家税务总局公告2019年第45号）第一条规定："增值税一般纳税人取得2017年1月1日及以后开具的增值税专用发票、海关进口增值税专用缴款书、机动车销售统一发票、收费公路通行费增值税电子普通发票，取消认证确认、稽核比对、申报抵扣的期限。纳税人在进行增值税纳税申报时，应当通过本省（自治区、直辖市和计划单列市）增值税发票综合服务平台对上述扣税凭证信息进行用途确认。"

根据上述规定，企业该发票如果是2017年1月1日及以后开具的增值税专用发票，已经取消了认证抵扣期限，可以通过增值税发票综合服务平台对该发票进行确认。

770. 小规模纳税人能否部分放弃免税并开具增值税专票

某供电企业小水电供应商中80%是小规模纳税人，年初签订的购电合同中约定了开具增值税专用发票。后国家出台小规模纳税人增值税免税政策，对4—12月小规模纳税人适用3%征收率的应税销售收入免征增值税，但应当开具普通发票。请问该供电企业是否一定要要求这些小规模纳税人供应商开具专用发票？

答：《财政部 税务总局关于对增值税小规模纳税人免征增值税的公告》（财政部 税务总局公告2022年第15号）规定："自2022年4月1日至2022年12月31日，增值税小规模纳税人适用3%征收率的应税销售收入，免征增值税；适用3%预征率的预缴增值税项目，暂停预缴增值税。”《国家税务总局关于小规模纳税人免征增值税政策解读》第五条规定：“小规模纳税人不涉及进项税额抵扣问题，可以根据实际经营情况和下游企业抵扣要求，对自己取得的适用3%征收率的应税销售收入，部分享受免税政策，部分放弃免税并开具增值税专用发票。纳税人放弃免税无须提供书面声明材料，在开具3%等征收率发票时系统会记录纳税人未开具免税发票的原因。”

根据上述规定，小规模纳税人可以选择部分适用3%征收率的应税销售收入放弃免税并开具增值税专用发票。企业可与小规模纳税人供应商协商，要求其对销售给供电公司的部分应税收入放弃免税，开具征收率为3%的增值税专用发票，而对其他收入享受免征增值税政策，开具免税普通发票。

771. 多年未开具发票能否补开发票

某企业多年前已确认销售收入的服务因客户未要求开具发票，因此一直未开具增值税专用发票。今年客户要求对该服务补开增值税专用发票。请问能否开具？

答：《中华人民共和国发票管理办法》（国务院令第709号）第十九条规定：“销售商品、提供服务以及从事其他经营活动的单位和个人，对外发生经营业务收取款项，收款方应当向付款方开具发票；特殊情况下，由付款方向收款方开具发票。”《中华人民共和国消费者权益保护法》（中华人民共和国主席令第七号）第二十二条规定：“经营者提供商品或者服务，应当按照国家有关规定或者商业惯例向消费者出具发票等购货凭证或者服务单据；消费者索要发票等购货凭证或者服务单据的，经营者必须出具。”

根据上述规定，销售商品、提供服务以及从事其他经营活动时，对外发生经营业务收取款项，除另有规定外，收款方应当及时向收款方取得发票，且补开发票的期限没有规定，企业不得拒绝客户开具发票的要求。如果此前已经申报了无票收入，当期可以在“未开票”一栏以负数填列。

772. 预收电费能否开具增值税发票

某供电企业向用户预收了电费1000元。请问此供电企业能否按照客户要求向其开具增值税发票？

答：《电力产品增值税征收管理办法》（国家税务总局令第44号）第六条规定：“发、供电企业销售电力产品的纳税义务发生时间的具体规定如下：（一）发电企业和其他企事业单位销售电力产品的纳税义务发生时间为电力上网并开具确认单据的当天。（二）供电企业采取直接收取电费结算方式的，销售对象属于企事业单位，为开具发票的当天；属于居民个人，为开具电费缴纳凭证的当天。（三）供电企业采取预收电费结算方式的，为发行电量的当天。”《国家税务总局货物和劳务税司关于做好增值税发票使用宣传辅导有关工作的通知》（税总货便函〔2017〕127号）所附《增值税发票开具指南》第二章第一节第四条规定：“纳税人应在发生增值税纳税义务时开具发票。”

根据上述规定，此供电企业应在预收电费款项时出具收据，并在抄表发行电量并结算电费后才能开具增值税发票。

773. 增值税电子普票没有发票专用章是否有效

某企业购进货物收到对方通过增值税电子发票公共服务平台开具的增值税电子普通发票，发现该发票没有销售方的发票专用章。请问这张发票是否有效？

答：《国家税务总局关于增值税发票综合服务平台等事项的公告》（国家税务总局公告2020年第1号）第二条规定：“纳税人通过增值税电子发票公共服务平台开具的增值税电子普通发票（票样见附件），属于税务机关监制的发票，采用电子签名代替发票专用章，其法律效力、基本用途、基本使用规定等与增值税普通发票相同。增值税电子普通发票版式文件格式为OFD格式。单位和个人可以登录全国增值税发票查验平台（https：//inv - veri. chinatax. gov. cn）下载增值税电子发票版式文件阅读器查阅增值税电子普通发票。”

根据上述规定，企业收到的增值税电子普通发票采用电子签名代替发票专用章，其法律效力、基本用途、基本使用规定等与增值税普通发票相同，企业可登录全国增值税发票查验平台进行查验。

774. 增值税发票上能同时开具免税和征税项目吗

某企业销售一批货物，其中一部分适用免税政策。请问企业在开具增值税发票时能在一张发票上同时开具免税和征税项目吗？

答：《中华人民共和国发票管理办法》（国务院令第587号）第二十二条规定：“开具发票应当按照规定的时限、顺序，逐栏、全部联次一次性如实开具，并加盖单位发票专用章。”

根据上述规定，企业只要如实开具发票，可以同时开具免税和征税的项目。

775. 转让土地使用权开具发票，备注栏是否需要填写信息

某企业将自有的一项土地使用权转让给其他企业。请问企业在开具发票时是否要在备注栏注明土地编号和详细地址等信息？

答：《国家税务总局关于全面推开营业税改征增值税试点有关税收征收管理事项的公告》（国家税务总局公告2016年第23号）第四条第（四）项规定："销售不动产，纳税人自行开具或者税务机关代开增值税发票时，应在发票'货物或应税劳务、服务名称'栏填写不动产名称及房屋产权证书号码(无房屋产权证书的可不填写)，'单位'栏填写面积单位，备注栏注明不动产的详细地址。"《财政部 国家税务总局关于全面推开营业税改征增值税试点的通知》（财税〔2016〕36号）附件1《营业税改征增值税试点实施办法》附《销售服务、无形资产、不动产注释》第二条规定："销售无形资产，是指转让无形资产所有权或者使用权的业务活动。无形资产，是指不具实物形态，但能带来经济利益的资产，包括技术、商标、著作权、商誉、自然资源使用权和其他权益性无形资产。技术，包括专利技术和非专利技术。自然资源使用权，包括土地使用权、海域使用权、探矿权、采矿权、取水权和其他自然资源使用权。其他权益性无形资产，包括基础设施资产经营权、公共事业特许权、配额、经营权（包括特许经营权、连锁经营权、其他经营权）、经销权、分销权、代理权、会员权、席位权、网络游戏虚拟道具、域名、名称权、肖像权、冠名权、转会费等。"第三条规定："销售不动产，是指转让不动产所有权的业务活动。不动产，是指不能移动或者移动后会引起性质、形状改变的财产，包括建筑物、构筑物等。建筑物，包括住宅、商业营业用房、办公楼等可供居住、工作或者进行其他活动的建造物。构筑物，包括道路、桥梁、隧道、水坝等建造物。……"

根据上述规定，转让土地使用权属于销售无形资产，而不属于销售不动产，开具发票无须在"备注栏"填写土地编号和详细地址等信息。

776. 发票上开票人、复核人、收款人是否必须是不同人员

某企业收到客户退回的发票，客户要求重新开具，理由是发票上开票人、复核人、收款人都是同一个人。请问是否必须是不同人员？

答：《国务院关于修改〈中华人民共和国发票管理办法〉的决定》（国务院令第587号）第二十二条规定："开具发票应当按照规定的时限、顺序、栏目，全部联次一次性如实开具，并加盖发票专用章。"《中华人民共和国发票

管理办法实施细则》（国家税务总局令第25号）第四条规定：“发票的基本内容包括：发票的名称、发票代码和号码、联次及用途、客户名称、开户银行及账号、商品名称或经营项目、计量单位、数量、单价、大小写金额、开票人、开票日期、开票单位（个人）名称（章）等。省以上税务机关可根据经济活动以及发票管理需要，确定发票的具体内容。”

根据上述规定，发票上的内容均应据实填写完整，开票人、复核人、收款人一般应当是不同的人员。

▶≫ 777. ETC卡客户如何申请开具高速公路通行费电子普票

某企业使用ETC卡支付高速公路通行费。请问应如何取得高速公路通行费电子普票？

答：《交通运输部 财政部 国家税务总局 国家档案局关于收费公路通行费电子票据开具汇总等有关事项的公告》（交通运输部 财政部 国家税务总局 国家档案局2020年第24号）第四条规定：“（一）服务平台账户注册。客户登录服务平台网站www. txffp. com或‘票根’App，凭手机号码、手机验证码免费注册，并按要求设置购买方信息。客户如需变更购买方信息，应当于发生充值或通行交易前变更，确保开票信息真实准确。……”

根据上述规定，企业使用ETC卡支付高速公路通行费应登录客户服务平台网站www. txffp. com或“票根”App申请开具高速公路通行费电子普通发票。

▶≫ 778. 员工丢失航空电子客票行程单能否以电子凭证入账

某企业员工出差时误将航空电子客票行程单丢失。请问企业能否以电子形式凭证作为原始凭证，并作为企业所得税税前扣除凭证？

答：《财政部 国家档案局关于规范电子会计凭证报销入账归档的通知》（财会〔2020〕6号）第一条规定：“本通知所称电子会计凭证，是指单位从外部接收的电子形式的各类会计凭证，包括电子发票、财政电子票据、电子客票、电子行程单、电子海关专用缴款书、银行电子回单等电子会计凭证。”第二条规定：“来源合法、真实的电子会计凭证与纸质会计凭证具有同等法律效力。”第三条规定：“除法律和行政法规另有规定外，同时满足下列条件的，单位可以仅使用电子会计凭证进行报销入账归档：（一）接收的电子会计凭证经查验合法、真实；（二）电子会计凭证的传输、存储安全、可靠，对电子会计凭证的任何篡改能够及时被发现；（三）使用的会计核算系统能够准确、完整、有效接收和读取电子会计凭证及其元数据，能够按照国家统一的会计制度完成会计核算业务，能够按照国家档案行政管理部门规定格式输出电子会计凭证及其元数据，设定了经办、审核、审批等必要的审签程序，且能有效防止电子会计凭证重复入账；（四）电子会计凭证的归档及管理符合《会计档案管理办法》（财政部 国家档案局第 79 号令）等要求。”第四条规定：“单位以电子会计凭证的纸质打印件作为报销入账归档依据的，必须同时保存打印该纸质件的电子会计凭证。”第五条规定：“符合档案管理要求的电子会计档案与纸质档案具有同等法律效力。除法律、行政法规另有规定外，电子会计档案可不再另以纸质形式保存。”

根据上述规定，企业员工出差时误将电子客票行程单丢失，企业依据财会〔2020〕6 号取得电子化凭证的，可以作为企业所得税税前扣除凭证。

▶>> 779. 电子发票打印归档后是否无须保存电子资料

某企业每月取得大量电子发票。请问以纸质打印件入账归档的电子发票是否还需要同时保存该纸质件的电子资料？

答：《会计档案管理办法》（财政部 国家档案局令第 79 号）第二条规定：“国家机关、社会团体、企业、事业单位和其他组织（以下统称单位）管理会计档案适用本办法。”第三条规定：“本办法所称会计档案是指单位在进行会计核算等过程中接收或形成的，记录和反映单位经济业务事项的，具有保存价值的文字、图表等各种形式的会计资料，包括通过计算机等电子设备形成、传输和存储的电子会计档案。”第六条规定：“下列会计资料应当进行归档：（一）会计凭证，包括原始凭证、记账凭证；（二）会计账簿，包括总账、明细账、日记账、固定资产卡片及其他辅助性账簿；（三）财务会计报告，包括月度、季度、半年度、年度财务会计报告；（四）其他会计资料，包括银行存款余额调节表、银行对账单、纳税申报表、会计档案移交清册、会计档案保管清册、会计档案销毁清册、会计档案鉴定意见书及其他具有保存价值的会计资料。”第八条规定：“同时满足下列条件的，单位内部形成的属于归档范围的电子会计资料可仅以电子形式保存，形成电子会计档案：（一）形成的电子会计资料来源真实有效，由计算机等电子设备形成和传输；（二）使用的会计核算系统能够准确、完整、有效接收和读取电子会计资料，能够输出符合国家标准归档格式的会计凭证、会计账簿、财务会计报表等会计资料，设定了经办、审核、审批等必要的审签程序；（三）使用的电子档案管理系统能够有效接收、管理、利用电子会计档案，符合电子档案的长期保管要求，并建立了电子会计档案与相关联的其他纸质会计档案的检索关系；（四）采取有效措施，防止电子会计档案被篡改；（五）建立电子会计档案备份制度，能够有效防范自然灾害、意外事故和人为破坏的影响；（六）形成的电子会计资料不属于具有永久保存价值或者其他重要保存价值的会计档案。”《财政部 国家档案局关于规范电子会计凭证报销入账归档的通知》（财会〔2020〕6号）第一条规定：“本通知所称电子会计凭证，是指单位从外部接收的电子形式的各类会计凭证，包括电子发票、财政电子票据、电子客票、电子行程单、电子海关专用缴款书、银行电子回单等电子会计凭证。”第三条规定：“除法律和行政法规另有规定外，同时满足下列条件的，单位可以仅使用电子会计凭证进行报销入账归档：（一）接收的电子会计凭证经查验合法、真实；（二）电子会计凭证的传输、存储安全、可靠，对电子会计凭证的任何篡改能够及时被发现；（三）使用的会计核算系统能够准确、完整、有效接收和读取电子会计凭证及其元数据，能够按照国家统一的会计制度完成会计核算业务，能够按照国家档案行政管理部门规定格式输出电子会计凭证及其元数据，设定了经办、审核、审批等必要的审签程序，且能有效防止电子会计凭证重复入账；（四）电子会计凭证的归档及管理符合《会计档案管理办法》（财政部 国家档案局令第79号）等要求。”第四条规定：“单位以电子会计凭证的纸质打印件作为报销入账归档依据的，必须同时保存打印该纸质件的电子会计凭证。第五条规定，符合档案管理要求的电子会计档案与纸质档案具有同等法律效力。除法律、行政法规另有规定外，电子会计档案可不再另以纸质形式保存。”《国家税务总局关于增值税发票综合服务平台等事项的公告》（国家税务总局公告2020年第1号）第二条规定：“纳税人通过增值税电子发票公共服务平台开具的增值税电子普通发票（票样见附件），属于税务机关监制的发票，采用电子签名代替发票专用章，其法律效力、基本用途、基本使用规定等与增值税普通发票相同。增值税电子普通发票版式文件格式为OFD格式。单位和个人可以登录全国增值税发票查验平台（https://inv-veri.chinatax.gov.cn）下载增值税电子发票版式文件阅读器查阅增值税电子普通发票。”

根据上述规定，企业将电子发票以纸质打印件入账归档的，必须同时保存打印该纸质件的电子发票。

780. 取得非正常户开具的发票能否使用

某企业取得一张发票，经查询，显示销售方是非正常注销状态。请问这张发票可以使用吗？

答：《税务登记管理办法》（国家税务总局令第7号）第三十八条规定：

"已办理税务登记的纳税人未按照规定的期限申报纳税，在税务机关责令其限期改正后，逾期不改正的，税务机关应当派员实地检查，查无下落并且无法强制其履行纳税义务的，由检查人员制作非正常户认定书，存入纳税人档案，税务机关暂停其税务登记证件、发票领购簿和发票的使用。"第三十九条规定："纳税人被列入非正常户超过三个月的，税务机关可以宣布其税务登记证件失效，其应纳税款的追征仍按《税收征管法》及其《实施细则》的规定执行。"《国家税务总局关于税收征管若干事项的公告》（国家税务总局公告2019年第48号）第三条规定："已办理税务登记的纳税人未按照规定的期限进行纳税申报，税务机关依法责令其限期改正。纳税人逾期不改正的，税务机关可以按照《中华人民共和国税收征收管理法》（以下简称税收征管法）第七十二条规定处理。纳税人负有纳税申报义务，但连续三个月所有税种均未进行纳税申报的，税收征管系统自动将其认定为非正常户，并停止其发票领用簿和发票的使用。"

根据上述规定，纳税人如被认定为非正常户的，税务机关暂停其发票的使用；纳税人被列入非正常户超过3个月的，税务机关可以宣布其税务登记证失效，企业取得的纳税人被认定为非正常户期间开出的发票不能作为符合规定的发票使用。

⋙781. 纳税信用等级对每月可领购的发票量有什么影响

某企业为B级纳税人，税务局核定每月发票用量为50份。请问当月用完50份后是否可以继续申领？

答：《国家税务总局关于按照纳税信用等级对增值税发票使用实行分类管理有关事项的公告》（国家税务总局公告2016年第71号）第一条规定："纳税信用A级的纳税人可一次领取不超过3个月的增值税发票用量，纳税信用B级的纳税人可一次领取不超过2个月的增值税发票用量。以上两类纳税人生产经营情况发生变化，需要调整增值税发票用量，手续齐全的，按照规定即时办理。"

根据上述规定，企业可一次领取不超过2个月的增值税发票用量，如果当月核定发票用量50份用完，还可以继续申领50份；100份发票都领完并开完后还不够的，才需要申请超限量领取。

782. 预收房款开具不征税发票是否需要冲红

某企业为房地产开发企业，其在预收房款时开具了不征税的增值税普通发票，并在交房后给客户开具正式发票。请问原来的不征税发票是否需要向客户收回并开具红字发票？

答：《国家税务总局关于营改增试点若干征管问题的公告》（国家税务总局公告2016年第53号）第九条规定：“……（十一）增加6‘未发生销售行为的不征税项目’，用于纳税人收取款项但未发生销售货物、应税劳务、服务、无形资产或不动产的情形。‘未发生销售行为的不征税项目’下设601‘预付卡销售和充值’、602‘销售自行开发的房地产项目预收款’、603‘已申报缴纳营业税未开票补开票’。使用‘未发生销售行为的不征税项目’编码，发票税率栏应填写‘不征税’，不得开具增值税专用发票。”《国家税务总局货物和劳务税司关于做好增值税发票使用宣传辅导有关工作的通知》（税总货便函〔2017〕127号）所附《增值税发票开具指南》规定：“第二章……第一节……四、纳税人应在发生增值税纳税义务时开具发票。……十七、纳税人开具增值税普通发票后，如发生销货退回、开票有误、应税服务中止等情形但不符合发票作废条件，或者因销货部分退回及发生销售折让，需要开具红字发票的，应收回原发票并注明‘作废’字样或取得对方有效证明。”《营业税改征增值税试点实施办法》（财税〔2016〕36号附件1）第四十五条规定：“增值税纳税义务、扣缴义务发生时间为：（一）纳税人发生应税行为并收讫销售款项或者取得索取销售款项凭据的当天；先开具发票的，为开具发票的当天。收讫销售款项，是指纳税人销售服务、无形资产、不动产过程中或者完成后收到款项。取得索取销售款项凭据的当天，是指书面合同确定的付款日期；未签订书面合同或者书面合同未确定付款日期的，为服务、无形资产转让完成的当天或者不动产权属变更的当天。”

根据上述规定，房地产开发企业销售房地产项目纳税义务发生时间为交付房地产项目并取得索取销售款项凭据的当天，其开具的不征税发票不属于上述文件规定的开具红字发票的情形，应当待前述纳税义务发生时按规定重新开具适用税率或征收率的发票，不需要对不征税发票开具红字发票。

783. 税率调整后如何开具红字发票

某企业于2019年3月20日开具大修工程施工费发票，2022年在领导经济责任审计时发现该大修项目存在乙供材料加价问题，要求整改。请问重新计算工程施工费后，该企业应如何开具红字发票？

答：《财政部 税务总局 海关总署关于深化增值税改革有关政策的公告》（财政部 税务总局 海关总署公告2019年第39号）第一条规定："增值税一般纳税人（以下称纳税人）发生增值税应税销售行为或者进口货物，原适用10%税率的，税率调整为9%。第九条规定，本公告自2019年4月1日起执行。"《关于统一小规模纳税人标准等若干增值税问题的公告》（国家税务总局公告2018年第18号）第九条规定："一般纳税人在增值税税率调整前已按原适用税率开具的增值税发票，发生销售折让、中止或者退回等情形需要开具红字发票的，按照原适用税率开具红字发票；开票有误需要重新开具的，先按照原适用税率开具红字发票后，再重新开具正确的蓝字发票。一般纳税人在增值税税率调整前未开具增值税发票的增值税应税销售行为，需要补开增值税发票的，应当按照原适用税率补开。"

根据上述规定，该企业应向税务机关申请启用10%税率并按照10%的税率开具红字发票后，再重新开具正确的蓝字发票。

784. 哪些发票的备注栏必须填写

某企业在税务自查中梳理近3年发票的合规性。请问是否能举例说明哪些发票的备注栏必须填写，以及不合规票据产生的税务风险？

答：《国家税务总局关于全面推开营业税改征增值税试点有关税收征收管理事项的公告》（国家税务总局公告2016年第23号）第四条规定："（二）按照现行政策规定适用差额征税办法缴纳增值税，且不得全额开具增值税发票的（财政部、税务总局另有规定的除外），纳税人自行开具或者税务机关代开增值税发票时，通过新系统中差额征税开票功能，录入含税销售额（或含税评估额）和扣除额，系统自动计算税额和不含税金额，备注栏自动打印'差额征税'字样，发票开具不应与其他应税行为混开。（三）提供建筑服务，纳税人自行开具或者税务机关代开增值税发票时，应在发票的备注栏注明建筑服务发生地县（市、区）名称及项目名称。（四）销售不动产，纳税人自行开具或者税务机关代开增值税发票时，应在发票'货物或应税劳务、服务名称'栏填写不动产名称及房屋产权证书号码（无房屋产权证书的可不填写），‘单位’栏填写面积单位，备注栏注明不动产的详细地址。（五）出租不动产，纳税人自行开具或者税务机关代开增值税发票时，应在备注栏注明不动产的详细地址。……（八）税务机关为跨县（市、区）提供不动产经营租赁服务、建筑服务的小规模纳税人（不包括其他个人），代开增值税发票时，在发票备注栏中自动打印‘YD’字样。”《国家税务总局关于停止使用货物运输业增值税专用发票有关问题的公告》（国家税务总局公告2015年第99号）第一条规定：“增值税一般纳税人提供货物运输服务，使用增值税专用发票和增值税普通发票，开具发票时应将起运地、到达地、车种车号以及运输货物信息等内容填写在发票备注栏中，如内容较多可另附清单。”《中华人民共和国增值税暂行条例》（国务院令第691号）第九条规定：“纳税人购进货物、劳务、服务、无形资产、不动产，取得的增值税扣税凭证不符合法律、行政法规或者国务院税务主管部门有关规定的，其进项税额不得从销项税额中抵扣。”

根据上述规定，企业若取得上述发票备注栏未注明相关信息，会存在进项税额抵扣风险。

785. 企业间是否可以代开发票

某小微企业季度销售额超过增值税免税额后不再向顾客开票，而去其他企业代开发票后给顾客。请问其他企业是否可以代开发票？

答：《国家税务总局转发〈最高人民法院关于适用《全国人民代表大会常务委员会关于惩治虚开、伪造和非法出售增值税专用发票犯罪的决定》的若干问题的解释〉的通知》（国税发〔1996〕210号）第一条规定：“根据《决定》第一条规定，虚开增值税专用发票的，构成虚开增值税专用发票罪。具有下列行为之一的，属于‘虚开增值税专用发票’：（1）没有货物购销或者没有提供或接受应税劳务而为他人、为自己、让他人为自己、介绍他人开具增值税专用发票；（2）有货物购销或者提供或接受了应税劳务但为他人、为自己、让他人为自己、介绍他人开具数量或者金额不实的增值税专用发票；（3）进行了实际经营活动，但让他人为自己代开增值税专用发票。”

根据上述规定，其他企业不得代开发票，无论是专票还是普票，均不得虚开增值税发票。该小微企业应按照规定缴纳增值税。

786. 是否可以开具与“信息表”金额不一致的红字专票

某企业是增值税一般纳税人，因商品质量问题购买方要求全额退货，由于该发票已认证抵扣，购买方按规定填开了“信息表”，后经协商最终确认为部分退货。请问可否依据购买方按全额填开的“信息表”开具小于该“信息表”金额的红字增值税专用发票？

答：《国家税务总局关于红字增值税发票开具有关问题的公告》（国家税务总局公告2016年第47号）第一条第（三）款规定：“销售方凭税务机关系统校验通过的‘信息表’开具红字专用发票，在新系统中以销项负数开具。红字专用发票应与‘信息表’一一对应。”

根据上述规定，企业应按已校验通过的“信息表”金额开具红字专用发票。

787. 小规模纳税人是否可以开具增值税专用发票

某企业为小规模纳税人，2022年8月向某客户销售一批劳保用品，客户要求取得增值税专用发票。请问该企业是否可以开具增值税专用发票？

答：《营业税改征增值税试点实施办法》（财税〔2016〕36号附件1）第五十四条规定：“小规模纳税人发生应税行为，购买方索取增值税专用发票的，可以向主管税务机关申请代开。”《国家税务总局关于增值税发票管理等有关事项的公告》（国家税务总局公告2019年第33号）第五条规定：“增值税小规模纳税人（其他个人除外）发生增值税应税行为，需要开具增值税专用发票的，可以自愿使用增值税发票管理系统自行开具。选择自行开具增值税专用发票的小规模纳税人，税务机关不再为其代开增值税专用发票。”

根据上述规定，该企业可以自行开具增值税专用发票，也可以向主管税务机关申请代开。

788. 差额征税项目如何开具发票

某企业新增劳务派遣业务。请问对于这类差额征税项目该如何开票？

答：《国家税务总局关于全面推开营业税改征增值税试点有关税收征收管理事项的公告》（国家税务总局公告2016年第23号）第四条第（二）款规定：“按照现行政策规定适用差额征税办法缴纳增值税，且不得全额开具增值税发票的（财政部、税务总局另有规定的除外），纳税人自行开具或者税务机关代开增值税发票时，通过新系统中差额征税开票功能，录入含税销售额

（或含税评估额）和扣除额，系统自动计算税额和不含税金额，备注栏自动打印‘差额征税’字样，发票开具不应与其他应税行为混开。”

根据上述规定，企业对于差额征税项目应当通过系统中差额征税开票功能开具发票。

789. 购买方如何取得电子发票

某企业购买了一批办公用品，商店开具电子发票。请问如何取得电子发票？

答：《国家税务总局关于推行通过增值税电子发票系统开具的增值税电子普通发票有关问题的公告》（国家税务总局公告2015年第84号）第一条规定：“推行通过增值税电子发票系统开具的增值税电子普通发票。”第三条规定：“增值税电子普通发票的开票方和受票方需要纸质发票的，可以自行打印增值税电子普通发票的版式文件，其法律效力、基本用途、基本使用规定等与税务机关监制的增值税普通发票相同。”《企业自建和第三方电子发票服务平台建设标准规范》（税总发〔2019〕84号附件）规定：“电子发票服务平台需支持电子发票版式文件交付功能。开票方和受票方可通过电子发票服务平台自行下载电子发票版式文件或者由平台方通过邮件、短信等方式将电子发票版式文件或相关信息交付给受票方。”

根据上述规定，商店使用升级版开票系统开具电子发票，开票系统将发票信息向税务机关正常报税，同时传输给对接的电子发票服务平台，平台将发票信息加盖开票方电子签章后反馈给商店，商店通过手机短信等方式将发票信息发送给企业。该企业可登录服务平台查询、下载、打印已加盖电子签章的发票信息。

790. 电子发票是否可以作废

某企业于2022年初刚启用电子发票，开票人不小心录错发票金额。请问电子发票是否可以作废？

答：《企业自建和第三方电子发票服务平台建设标准规范》（税总发〔2019〕84号附件）规定：“电子发票服务平台数据交换信息项包括通用基础信息、开票项目信息、红字发票信息、开票方信息、受票方信息、安全信息、红字发票信息、附加信息。税务机关可根据业务管理需要适时调整相关数据信息项。”

根据上述规定，目前电子发票还没有作废功能，如开票出错可以开具红字发票。

791. 在发票查询平台查不到发票信息是否为假发票

某企业于2022年7月7日购买一批日用品取得纸质发票，7月8日登录“国家税务总局全国增值税发票查验平台”查询，平台显示“查无此票”。请问该企业取得的是否为假发票？

答：目前国家税务总局全国增值税发票查验平台可查验以下信息：1. 可查验使用增值税发票管理系统开具的发票，包括：（1）增值税专用发票；（2）增值税电子专用发票；（3）增值税普通发票（折叠票）、增值税普通发票（卷票）；（4）增值税电子普通发票（含收费公路通行费增值税电子普通发票）；（5）机动车销售统一发票；（6）二手车销售统一发票。2. 可查验使用电子发票服务平台开具的发票，包括：（1）电子发票（增值税专用发票）；（2）电子发票（普通发票）；（3）增值税专用发票；（4）增值税普通发票。3. 可以查验的时间范围：（1）可查验最近5年内增值税发票管理系统开具的发票；（2）当日开具的发票当日可进行查验。

根据上述规定，平台显示“查无此票”并不一定是假发票，原因可能如下：（1）输入的查验项有误；（2）由于开票方离线开票，发票数据未上传至税务局；（3）非增值税发票管理系统开具的发票。

792. 供应商拒绝开具增值税专用发票如何处理

某企业在异地办公，租赁了一处办公楼，要求出租方开具增值税专用发票，但遭到了拒绝。请问该如何处理？

答：《中华人民共和国发票管理办法》（国务院令第709号）第三十五条规定：“违反本办法的规定，有下列情形之一的，由税务机关责令改正，可以处1万元以下的罚款；有违法所得的予以没收：（一）应当开具而未开具发票，或者未按照规定的时限、顺序、栏目，全部联次一次性开具发票，或者未加盖发票专用章的。”《营业税改征增值税试点实施办法》（财税〔2016〕36号附件1）第五十三条规定：“纳税人发生应税行为，应当向索取增值税专用发票的购买方开具增值税专用发票，并在增值税专用发票上分别注明销售额和销项税额。”

根据上述规定，除政策规定不得开具增值税专用发票的情形外，企业可向销售方索取增值税专用发票。对方拒不开票的，可以向主管税务机关反映，请求他们协助解决。建议以后可以事先在合同中约定需要提供增值税专用发票，否则构成违约。

793. 发票保管年限届满后如何处理

某企业财务部档案室已经存放不下所有发票档案。请问10年前装订成册的发票存根联、认证相符的专用发票抵扣联、“认证结果通知书”和“认证结果清单”可以销毁吗？

答：《中华人民共和国发票管理办法》（国务院令第709号）第二十九条规定：“开具发票的单位和个人应当按照税务机关的规定存放和保管发票，不得擅自损毁。已经开具的发票存根联和发票登记簿，应当保存5年。保存期满，报经税务机关查验后销毁。”

根据上述规定，10年前装订的发票档案已超过法定保存年限，经税务机关查验后可以销毁。

794. 未按规定保管专用发票有何影响

某企业未按规定保管专用发票，2022年多次丢失专票被税务局责令改正。请问除了影响纳税信用等级外，还有什么其他影响？

答：《增值税专用发票使用规定》（国税发〔2006〕156号）第八条规定：“一般纳税人有下列情形之一的，不得领购开具专用发票：（一）会计核算不健全，不能向税务机关准确提供增值税销项税额、进项税额、应纳税额数据及其他有关增值税税务资料的。上列其他有关增值税税务资料的内容，由省、自治区、直辖市和计划单列市税务局确定。（二）有《税收征管法》规定的税收违法行为，拒不接受税务机关处理的。（三）有下列行为之一，经税务机关责令限期改正而仍未改正的：1. 虚开增值税专用发票；2. 私自印制专用发票；3. 向税务机关以外的单位和个人买取专用发票；4. 借用他人专用发票；5. 未按本规定第十一条开具专用发票；6. 未按规定保管专用发票和专用设备；7. 未按规定申请办理防伪税控系统变更发行；8. 未按规定接受税务机关检查。有上列情形的，如已领购专用发票，主管税务机关应暂扣其结存的专用发票和IC卡。”第九条规定：“有下列情形之一的，为本规定第八条所称未按规定保管专用发票和专用设备：（一）未设专人保管专用发票和专用设备；（二）未按税务机关要求存放专用发票和专用设备；（三）未将认证相符的专用发票抵扣联、‘认证结果通知书’和‘认证结果清单’装订成册；（四）未经税务机关查验，擅自销毁专用发票基本联次。”

根据上述规定，未按规定保管专用发票的，经税务机关责令限期改正而仍未改正的，不得领购开具专用发票。

⋙ 795. 收到的增值税发票税率栏为什么是星号

某企业财务资产部于 2022 年 9 月进行新员工入职培训，其中讲解了财务报销中可能涉及的多种增值税税率，基本上和发票上的税率是一致的，特殊情况发票税率栏是星号。请问为什么收到的有些增值税发票税率栏是“ * ”?**

答：《国家税务总局货物和劳务税司关于做好增值税发票使用宣传辅导有关工作的通知》（税总货便函〔2017〕127 号）第二条第（一）款规定：“‘税率’栏填写增值税征收率。免税、差额征税以及其他个人出租其取得的不动产适用优惠政策减按 1.5% 征收的，‘税率’栏自动打印‘ *** ’。”第三条第（五）款规定：“纳税人销售免征增值税的机动车，通过新系统开具时应在机动车销售统一发票‘增值税税率或征收率’栏选填‘免税’，机动车销售统一发票‘增值税税率或征收率’栏自动打印显示‘免税’，‘增值税税额’栏自动打印显示‘ *** ’；机动车销售统一发票票面‘不含税价’栏和‘价税合计’栏填写金额相等。”

根据上述规定，对于免税、差额征税以及其他个人出租其取得的不动产适用优惠政策减按 1.5% 征收情形的，使用金税盘开具发票，“税率”栏打出的是“ *** ”。

⋙ 796. 发票上盖财务章是否有效

某企业收到一张发票，该发票未盖发票章而盖了财务章。经询问得知，开票企业为新设企业，目前还没有发票专用章。请问该发票是否有效?

答：《增值税专用发票使用规定》（国税发〔2006〕156 号）第十一条规定：“专用发票应按下列要求开具：（一）项目齐全，与实际交易相符；（二）字迹清楚，不得压线、错格；（三）发票联和抵扣联加盖财务专用章或者发票专用章；（四）按照增值税纳税义务的发生时间开具。对不符合上列要求的专用发票，购买方有权拒收。”

根据上述规定，该发票可以加盖财务专用章或者发票专用章，因此有效。

⋙ 797. 发票缺少单位、数量、单价，是否为不合规票据

某企业收到一张发票，财务人员在审核时发现票面只有总价，缺少单位、数量、单价。请问该发票是否属于不合规票据?

答：《国务院关于修改〈中华人民共和国发票管理办法〉的决定》（国务院令第 587 号）第二十二条规定：“开具发票应当按照规定的时限、顺序、栏

目，全部联次一次性如实开具，并加盖发票专用章。”根据《国家税务总局关于修改〈中华人民共和国发票管理办法实施细则〉的决定》（国家税务总局令第37号）第二十八条规定：“单位和个人在开具发票时，必须做到按照号码顺序填开，填写项目齐全，内容真实，字迹清楚，全部联次一次打印，内容完全一致，并在发票联和抵扣联加盖发票专用章。”

根据上述规定，需要判断该项业务是劳务服务类还是货物资产类。如属于劳务服务类，确实没有规格、型号、单价、数量的，取得发票票面缺少规格、型号、单价、数量，属于合规票据；如属于货物资产类，则属于不合规票据，建议与对方协商换开发票。

798. 虚开发票会受到怎样的刑事处罚

目前“虚开发票行为”已经是税务系统重点针对、靶向打击的目标。随着税务征管信息化技术的进一步提高，增值税纳税申报与增值税发票开具情况、发票备注栏、发票填写信息的比对越发准确、及时。现在又有强大的“金税四期”，可以实现银行、税务、工商、社保四方信息的共享。虚开发票、偷逃骗税、洗钱等违法行为将无所遁形。请问虚开发票会受到怎样的刑事处罚？

答：《中华人民共和国发票管理办法》（国务院令第709号）第三十七条规定：“违反本办法第二十二条第二款的规定虚开发票的，由税务机关没收违法所得；虚开金额在1万元以下的，可以并处5万元以下的罚款；虚开金额超过1万元的，并处5万元以上50万元以下的罚款；构成犯罪的，依法追究刑事责任。”《中华人民共和国刑法》（2020修正）第二百零五条规定：“虚开增值税专用发票或者虚开用于骗取出口退税、抵扣税款的其他发票的，处三年以下有期徒刑或者拘役，并处二万元以上二十万元以下罚金；虚开的税款数额较大或者有其他严重情节的，处三年以上十年以下有期徒刑，并处五万元以上五十万元以下罚金；虚开的税款数额巨大或者有其他特别严重情节的，处十年以上有期徒刑或者无期徒刑，并处五万元以上五十万元以下罚金或者没收财产。单位犯本条规定之罪的，对单位判处罚金，并对其直接负责的主管人员和其他直接责任人员，处三年以下有期徒刑或者拘役；虚开的税款数额较大或者有其他严重情节的，处三年以上十年以下有期徒刑；虚开的税款数额巨大或者有其他特别严重情节的，处十年以上有期徒刑或者无期徒刑。虚开增值税专用发票或者虚开用于骗取出口退税、抵扣税款的其他发票，是指有为他人虚开、为自己虚开、让他人为自己虚开、介绍他人虚开行为之一的。”第二百零五条之一规定：“虚开本法第二百零五条规定以外的其他发票，情节严重的，处二年以下有期徒刑、拘役或者管制，并处罚金；情节特别严重的，处二年以上七年以下有期徒刑，并处罚金。单位犯前款罪的，对单位判处罚金，并对其直接负责的主管人员和其他直接责任人员，依照前款的规定处罚。”

根据上述规定，虚开发票包括虚开增值税专用发票和其他发票。虚开发票行为构成犯罪的，依法追究刑事责任。单位犯罪的，对单位判处罚金，并对其直接负责的主管人员和其他直接责任人员进行处罚。

799. 委托贷款利息发票应由哪方开具

某企业通过委托贷款方式取得资金。请问支付委托贷款利息，企业需要取得委托方开具的发票还是受托方开具的发票？

答：《中华人民共和国发票管理办法》（国务院令第 709 号）第十九条规定：“销售商品、提供服务以及从事其他经营活动的单位和个人，对外发生经营业务收取款项，收款方应当向付款方开具发票；特殊情况下，由付款方向收款方开具发票。”

根据上述规定，委托贷款业务中，由委托人提供资金，再由受托人代为向借款人发放。从资金流向而言，借款人企业向受托人支付利息。受托人只是代为发放资金和代为收取本金和利息，贷款服务的提供方不是受托人，而是委托方。因此，企业支付利息时，需要取得委托人开具的利息发票。如果企业（即借款人）向受托人支付手续费，需要取得受托人开具的发票。

800. 建筑服务预收款、结算款如何开具发票

某企业承接用户代建项目，签订合同约定由该企业立项、招标和建设，由代建企业履行建设主体责任，在项目开工前支付部分预付款，项目结束后根据最终工程造价支付余款。请问代建企业对收取的预收款、结算款应当分别如何进行税务处理？

答：《营业税改征增值税试点实施办法》（财税〔2016〕36 号附件 1）第四十五条规定：“纳税人发生应税行为并收讫销售款项或者取得索取销售款项凭据的当天；先开具发票的，为开具发票的当天。收讫销售款项，是指纳税人销售服务、无形资产、不动产过程中或者完成后收到款项。取得索取销售款项凭据的当天，是指书面合同确定的付款日期；未签订书面合同或者书面合同未确定付款日期的，为服务、无形资产转让完成的当天或者不动产权属

变更的当天。”《财政部 税务总局关于建筑服务等营改增试点政策的通知》（财税〔2017〕58号）第二条规定：“《营业税改征增值税试点实施办法》（财税〔2016〕36号印发）第四十五条第（二）项修改为‘纳税人提供租赁服务采取预收款方式的，其纳税义务发生时间为收到预收款的当天。’”第三条规定：“纳税人提供建筑服务取得预收款，应在收到预收款时，以取得的预收款扣除支付的分包款后的余额，按照本条第三款规定的预征率预缴增值税。按照现行规定应在建筑服务发生地预缴增值税的项目，纳税人收到预收款时在建筑服务发生地预缴增值税。按照现行规定无须在建筑服务发生地预缴增值税的项目，纳税人收到预收款时在机构所在地预缴增值税。适用一般计税方法计税的项目预征率为2%，适用简易计税方法计税的项目预征率为3%。”《国家税务总局货物和劳务税司关于做好增值税发票使用宣传辅导有关工作的通知》（税总货便函〔2017〕127号）所附《增值税发票开具指南》第三章第八节第七条规定：“商品和服务税收分类与编码的‘6未发生销售行为的不征税项目’，用于纳税人收取款项但未发生销售货物、应税劳务、服务、无形资产或不动产的情形。‘未发生销售行为的不征税项目’下设601‘预付卡销售和充值’、602‘销售自行开发的房地产项目预收款’、603‘已申报缴纳营业税未开票补开票’。使用‘未发生销售行为的不征税项目’编码，发票税率栏应填写‘不征税’，不得开具增值税专用发票。”

根据上述规定：（1）企业在项目开工前支付的建筑服务预收款，不产生增值税纳税义务，应在收到预收款时开具“612”编码的不征税增值税普通发票（该不征税发票实质为收款凭据，是否开具不征税的红字发票本身并不影响应税销售额，后续无须开具红字发票），税目为“*建筑服务预收款*工程预收款”，税率为“不征税”，同时在备注栏应注明建筑服务发生地县（市、区）名称及工程名称，并在收到预收款的当月或次月申报期内，以取得的预收款扣除支付的分包款后的余额，按照规定的预征率预缴增值税。其中适用一般计税方法计税的项目预征率为2%，适用简易计税方法计税的项目预征率为3%，企业预缴的增值税可以在当期抵减其他应税行为的应纳税额。（2）企业在项目结束后根据合同约定收到结算款，属于发生应税行为并收讫销售款项或者取得索取销售款项凭据，此时增值税纳税义务发生，应当按合同约定开具税目为“*建筑服务*工程结算款”的增值税发票，开票金额为预收款和结算款的合计金额，同时在备注栏应注明建筑服务发生地县（市、区）名称及工程名称。如果在此之前已经开具发票的，增值税纳税义务发生时间为开票当天。

后　记

企业经营的各个环节都包含涉税事项，需要对税务风险进行有效管理。随着税收制度不断健全、征管技术不断提高以及新兴业务的不断涌现，企业在处理涉税业务时将面临各种各样的问题，其中，涉税业务的操作处理是否规范将直接影响企业依法纳税申报的合规性、准确性、完整性和企业涉税风险的可控性，需要企业认真分析和研究，进行规范操作，落实防控措施，确保经营依法合规。

本书收集了企业日常工作中常见的800个税收问题，以最新的税收法律、法规、政策作为权威依据进行解读和分析，具有很强的指导性、实用性和操作性，可供相关人员参考使用，规范处理税务问题。本书不仅可以作为高校财会类专业的教材，供广大师生阅读参考，而且可以作为专业参考书，供企业财务人员、中介机构执业人员学习；各个企业也可以根据自身业务在本书中找到相应的内容，指导实务工作。

本书由丁伟斌担任主编，在编写过程中得到了浙江正瑞税务师事务所有限公司等单位的大力支持；杨仁标等财税专家也对本书提出了许多宝贵的修改意见，为本书的最终出版夯实了基础。在此，对浙江正瑞税务师事务所有限公司及相关专家的支持和帮助致以诚挚的感谢！

由于时间仓促，编者水平有限，本书不足之处在所难免，恳请批评指正。

编者

2023年2月